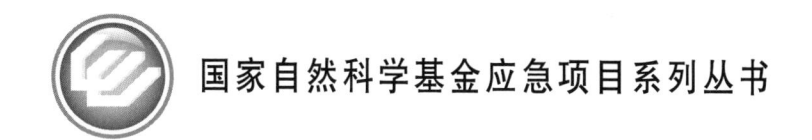

国家自然科学基金应急项目系列丛书

西方国家"非市场经济地位"标准及"双反"研究

龙小宁／主编

科学出版社
北京

内 容 简 介

本书为国家自然科学基金应急管理项目"西方国家'非市场经济地位'标准及'双反'研究"的总报告，与应急管理项目研究的要求相一致，本书的主要特色是在关注重要现实问题的同时重视科学方法的使用和科学问题的凝练。本书总结了项目中关于"双反"调查的起因、影响及应对等方面研究得到的理论和实证发现，并在此基础上提出了中国在企业、行业和国家等层级如何有效解决国际贸易纠纷的相关政策建议。

除了为政府决策机构提供翔实的数据和分析之外，本书可为国际贸易和世界经济领域的高校、政府科研人员提供经济理论和数量分析等方面的参考，也对从事国际贸易实践的企业管理人员有借鉴意义。

图书在版编目（CIP）数据

西方国家"非市场经济地位"标准及"双反"研究 / 龙小宁主编. —北京：科学出版社，2021.3

（国家自然科学基金应急项目系列丛书）

ISBN 978-7-03-066841-7

Ⅰ. ①西⋯ Ⅱ. ①龙⋯ Ⅲ. ①国际贸易-研究-西方国家 Ⅳ. ①F74

中国版本图书馆 CIP 数据核字（2020）第 221217 号

责任编辑：马　跃 / 责任校对：王晓茜
责任印制：霍　兵 / 封面设计：蓝正设计

科 学 出 版 社 出版
北京东黄城根北街 16 号
邮政编码：100717
http://www.sciencep.com

中国科学院印刷厂 印刷
科学出版社发行　各地新华书店经销

*

2021 年 3 月第 一 版　开本：720×1000 B5
2021 年 3 月第一次印刷　印张：26 1/4
字数：500 000

定价：266.00 元
（如有印装质量问题，我社负责调换）

国家自然科学基金应急项目系列丛书编委会

主　编

丁烈云　教　授　国家自然科学基金委员会管理科学部

副主编

杨列勋　研究员　国家自然科学基金委员会管理科学部
刘作仪　研究员　国家自然科学基金委员会管理科学部

编　委（按拼音排序）

程国强　研究员　同济大学
方　新　研究员　中国科学院
辜胜阻　教　授　中国民主建国会
黄季焜　研究员　北京大学
林毅夫　教　授　北京大学
刘元春　教　授　中国人民大学
汪寿阳　研究员　中国科学院数学与系统科学研究院
汪同三　研究员　中国社会科学院数量经济与技术经济研究所
王金南　研究员　生态环境部环境规划院
魏一鸣　教　授　北京理工大学
薛　澜　教　授　清华大学
赵昌文　研究员　国务院发展研究中心

本书课题组名单

总课题：中国应对"双反"调查的策略研究与政策建议

承担单位：厦门大学、中国社会科学院世界经济与政治研究所、北京理工大学

课题主持人：龙小宁（教授）、宋泓（研究员）、何海燕（教授）

课题组成员：薛荣久、韩露、武力超、叶宁华、李锴、林志帆、林菡馨、张靖、姜泽华、高凌云、苏庆义、李亚、蔡静静、李宏宽、常晓涵、单捷飞、李京、赵玉焕、张剑、乔小勇、李杨锦钰、王晨宇、陈振凤、赵奕艺

子课题 1：对华"双反"调查的成因和"非市场经济地位"的影响

承担单位：对外经济贸易大学

课题主持人：林桂军（教授）

课题组成员：荆然、裴建锁、张鹏、何昕、王聪、寇埻

子课题 2："双反"调查对我国贸易和经济增长的影响

承担单位：厦门大学

课题主持人：陈勇兵（教授）

课题组成员：蒋冠宏、杨曦、梁雅雯、方菲菲、易巍、潘夏梦、何友鑫、董玉斌

子课题 3：中国企业应对"双反"调查及"非市场经济地位"的措施研究

　　承担单位：厦门大学

　　课题主持人：沈丹阳（教授）

　　课题组成员：陈雯、傅东辉、林淑恒、张相伟、万威、黄志鸿、陈苏娇

子课题 4：WTO 争端解决机制与对华"双反"调查研究

　　承担单位：对外经济贸易大学

　　课题主持人：屠新泉（研究员）

　　课题组成员：杨荣珍、陈卫东、李思奇、娄承蓉、曹鸿宇、蒋捷媛

总　序

为了对当前人们所关注的经济、科技和社会发展中出现的一些重大管理问题快速做出反应，为党和政府高层科学决策及时提供政策建议，国家自然科学基金委员会于1997年特别设立了管理科学部主任基金应急研究专款，主要资助开展关于国家宏观管理及发展战略中急需解决的重要的综合性问题的研究，以及与之相关的经济、科技和社会发展中的"热点"与"难点"问题的研究。

应急管理项目设立的目的是为党和政府高层科学决策及时提供政策建议，但并不是代替政府进行决策。根据学部对于应急管理项目的一贯指导思想，应急研究应该从"探讨理论基础、评介国外经验、完善总体框架、分析实施难点"四个主要方面为政府决策提供支持。每项研究的成果都要有针对性，且满足及时性和可行性要求，所提出的政策建议应当技术上可能、经济上合理、法律上允许、操作上可执行、进度上可实现和政治上能为有关各方所接受，以尽量减少实施过程中的阻力。在研究方法上要求尽量采用定性与定量相结合、案例研究与理论探讨相结合、系统科学与行为科学相结合的综合集成研究方法。应急管理项目的承担者应当是在相应领域中已经具有深厚的学术成果积累，能够在短时间内（通常是9~12个月）取得具有实际应用价值成果的专家。

作为国家自然科学基金专项项目，管理科学部的应急管理项目已经逐步成为一个为党和政府宏观决策提供科学、及时的政策建议的项目类型。与国家自然科学基金资助的绝大部分（占预算经费的97%以上）专注于对经济与管理活动中的基础科学问题开展理论方法研究的项目不同，应急管理项目面向国家重大战略需求中的科学问题，题目直接来源于实际需求并具有限定性，要求成果尽可能贴近实践应用。

应急管理项目要求承担课题的专家尽量采用定性与定量相结合的综合集成方法，为达到上述基本要求，保证能够在短时间内获得高水平的研究成果，项目的承担者在立项的研究领域应当具有较长期的学术积累和数据基础。

自1997年以来，管理科学部对经济、科技和社会发展中出现的一些重大管理问题做出了快速反应，至今已启动 101 个项目，共 833 个课题，出版相关专著 57 部。已经完成的项目取得了不少有影响力的成果，服务于国家宏观管理和决策。

应急管理项目的选题由管理科学部根据国家社会经济发展的战略指导思想和方针，在广泛征询国家宏观管理部门实际需求和专家学者建议及讨论结果的基础上，形成课题指南，公开发布，面向全国管理科学家受理申请；通过评审会议的形式对项目申请进行遴选；组织中标研究者举行开题研讨会议，进一步明确项目的研究目的、内容、成果形式、进程、时间节点控制和管理要求，协调项目内各课题的研究内容；对每一个应急管理项目建立基于定期沟通、学术网站、中期检查、结题报告会等措施的协调机制以及总体学术协调人制度，强化对于各部分研究成果的整合凝练；逐步完善和建立多元的成果信息报送常规渠道，进一步提高决策支持的时效性；继续加强应急研究成果的管理工作，扩大公众对管理科学研究及其成果的社会认知，提高公众的管理科学素养。这种立项和研究的程序是与应急管理项目针对性和时效性强、理论积累要求高、立足发展改革应用的特点相称的。

为保证项目研究目标的实现，应急管理项目申报指南具有明显的针对性，从研究内容到研究方法，再到研究的成果形式，都具有明确的规定。管理科学部将应急管理项目的成果分为四种形式，即专著、政策建议、研究报告和科普文章，本丛书即应急管理项目的成果之一。

希望此套丛书的出版能够对我国管理科学政策研究起到促进作用，对政府有关决策部门发挥借鉴咨询作用，同时也能对广大民众有所启迪。

国家自然科学基金委员会管理科学部

2020 年 9 月

前　　言

一、背景介绍

　　2001年12月11日中国加入世界贸易组织（World Trade Organization，WTO）。截至2016年12月11日，中国加入WTO满15年。按照中方的理解，加入WTO时签订的《中华人民共和国加入世界贸易组织议定书》（简称《中国入世议定书》）中第15条关于对中国产品发起反倾销调查时可以选择替代国价格作为价格标准的规定理应自动到期。但临近到期之时，美国与其他西方国家却频繁发起舆论攻势，声称不承认中国的"市场经济地位"（market economy status）。西方国家质疑中国"市场经济地位"的直接后果是在各经济体频繁发起的对华反倾销及"双反"（反倾销与反补贴）调查中，替代国价格仍将被使用，导致中国企业更容易败诉，从而被征收高额惩罚性关税；而间接的影响更为严重，因"市场经济地位"受到挑战，中国在未来相关的经贸合作与谈判中也将处于被动地位，给未来的国际经贸交往带来了更多的潜在威胁。

　　针对这一重要的现实经济问题，国家自然科学基金委员会在2017年1月发布了"西方国家'非市场经济地位'标准及'双反'研究"的应急管理项目招标书，征集科研团队针对相关问题开展科学研究。由厦门大学、对外经济贸易大学和商务部国际贸易经济合作研究院共同组成的研究团队有幸在书面申请和现场答辩过程中获得评审专家的认可，于同年6月接受国家自然科学基金委员会的立项，并联合北京理工大学和中国社会科学院团队的主要人员，在国家自然科学基金委员会的支持下开展了为时一年的研究工作，于2018年6月顺利通过结题答辩。

二、内容概述

　　按照国家自然科学基金委员会的项目申请说明，研究分为四个子课题和一个总课题进行，四个子课题分别为对华"双反"调查的成因和"非市场经济地位"的影响、"双反"调查对我国贸易和经济增长的影响、中国企业应对"双反"调查及"非市场经济地位"的措施研究，以及 WTO 争端解决机制与对华"双反"调查研究，总课题为中国应对"双反"调查的策略研究与政策建议。基于上述要求，本书在项目实施过程中将课题的研究内容具体化为以下章节内容。

（一）第一章：对华"双反"调查的成因和"非市场经济地位"的影响

第一章利用中国贸易救济信息网（http://cacs.mofcom.gov.cn）、世界银行全球反倾销数据库（Global Antidumping Database，GAD，https://development-data-hub-s3-public.s3.amazonaws.com/ddhfiles/94631/ttbd-gad.zip）、世界银行全球反补贴数据库（Global Countervailing Duties Database，https://development-data-hub-s3-public.s3.amazonaws.com/ddhfiles/94631/ttbd-gcvd.zip）、WTO 综合贸易情报门户网站（Integrated Trade Intelligence Portal，http://i-tip.wto.org/goods/Default.aspx）等一手资料，全面梳理与对华"双反"调查的历史、现状及成因相关的信息，具体研究并量化中国在对华"双反"调查中被认定为"非市场经济地位"（non-market economy status）这一歧视性做法的不利影响。主要研究内容包含以下几个方面。

（1）对中国受"双反"调查的影响从商品类型、出口贸易量、占出口贸易总额的比例等方面进行统计分析，勾勒出一幅中国面对"双反"调查的全局图景，并关注"市场经济地位"在调查中所起的作用，为后续的研究进行信息收集与背景铺垫（见第一章第一节）。

（2）整合来自中国贸易救济信息网、世界银行全球反倾销数据库、世界银行全球反补贴数据库、WTO 综合贸易情报门户网站等的各经济体对华反倾销、反补贴调查的案例，基于政治选举年份、经济发展总水平、产业发展与结构、行业工会状况、失业率、法律制度起源、是否承认中国"市场经济地位"等数据信息，构建计量经济学模型对显著影响对华反倾销、反补贴调查的发起和裁决的因素进行识别（见第一章第二节）。此外，还特别关注各经济体对华"双反"调查的案例，并从政治、经济、社会发展等多角度，量化研究有哪些因素显著影响对华"双反"调查的发起和税率（见第一章第三节）。

（3）对《中国入世议定书》第 15 条中关于"市场经济地位"的认定与替代国做法之间的关系进行研究，分析中国在遭受反倾销调查时替代国的选择是否合理，同时对各经济体对华反倾销案例中选取的替代国进行数据收集与分析，研究不同的替代国选择对成本价格核算与最终认定的倾销幅度的影响。特别地，除了研究美国、欧盟对华反倾销调查的现状和影响外，还特别关注作为发展中大国的印度针对中国发起的反倾销调查（见第一章第二节）。

（二）第二章："双反"调查对我国与调查发起方的贸易和经济增长的影响

频繁地对华反倾销、反补贴及"双反"调查不仅影响了我国被调查企业和产业的发展，也影响了相关地区和上下游产业的增长，同时会对调查发起方的产业和经济发展产生影响。为了准确把握这些贸易摩擦的全面影响，第二章从美国商务部、欧盟委员会、中国贸易救济信息网等收集对华"双反"调查的案例级数据，结合中国工业企业数据库、中国海关进出口数据库、国家知识产权局专利检索数据库等一系列资料来源，使用合成控制法、面板数据冲击评估法等前沿微观计量方法，具体考察下述问题。

（1）对华反倾销、反补贴及"双反"调查对上下游产业发展和中国企业参与全球价值链程度的影响：由于中国最近二三十年的工业化过程高度依赖于产业集聚与地区内的产业间关联，一旦某一个行业因遭遇"双反"调查而出口受阻，极可能引起整个产业链的坍塌式崩溃，对上下游产业发展和中国企业参与全球价值链的程度都会产生影响。本书团队通过研究"双反"调查对我国产业上下游的损害和对企业参与全球产业链的影响，来填补相关领域研究的空白（见第二章第一节）。

（2）对华反倾销、反补贴及"双反"调查对地区层级的影响：同上所述，中国工业发展中的集聚效应可能导致贸易摩擦的影响会对相关地区的经济增长产生放大的负面效应。本书团队利用光伏反倾销案作为典型案例，具体研究此案对我国相关地区经济发展的影响（见第二章第二节）。

（3）对于"双反"调查发起方而言，主要动机在于保护自身已经失去比较优势的制造业及扭转不利的贸易收支状况，减缓经济增长下滑与失业率攀升对政府财税收入、社会稳定及汇率失衡的不利冲击，但对中国企业的产品征收高额的反倾销税与反补贴税毫无疑问将导致其内部商品价格的提高。因此，这一举措既有收益也有成本。但现有文献大多是定性层面的思考，缺乏对福利效应的研究。因此，本书团队以加拿大为例实证评估"双反"调查对调查发起方的该行业的生产、贸易、就业等方面的影响（见第二章第三节）。

（三）第三章：中国企业应对"双反"调查及"非市场经济地位"的措施研究

第三章针对中国企业应对"双反"调查采取的应诉策略和应对措施进行研

究。在过去十几年中国出口贸易大幅扩张的历程中,尽管"双反"调查往往带来严重的不利影响,但由于许多企业对国际惯例与 WTO 贸易规则不熟悉,或怀着"搭便车"等待行业内其他企业行动的心态,企业应诉不力,"坐以待毙",导致国外对华发起"双反"调查愈演愈烈,最终裁定时往往被征收最高额的反倾销税与反补贴税。因此,从企业层级研究"双反"调查至关重要,具体内容如下。

(1)针对中国企业受欧美国家"双反"调查的基本情况进行分析,总结其中的主要特点,并在上述研究基础上深入分析中国企业频遭欧美国家"双反"调查的宏观和微观层面原因(见第三章第一节和第二节)。

(2)探究欧美国家"双反"调查对中国企业产生的具体影响,包括中国企业需要承担的经济负担和因此丧失的出口竞争力,以及由"双反"调查导致的中国企业陷入"被调查—恶性竞争—被调查"的恶性循环等(见第三章第三节)。

(3)基于企业调研访问的信息及定量研究的发现,从主动应诉、对外投资和自主创新等几个方面考察中国企业如何在短期和长期内应对欧美国家"双反"调查,并基于国际经验和比较进一步提出如何更好地应对的政策建议,其中特别探讨了由商务部、地方商务主管部门、行业组织、企业组成的"四体联动"机制如何提高成效(见第三章第四节)。

(四)第四章:WTO 争端解决机制与对华"双反"调查研究

根据《中国入世议定书》第 15 条的规定,在中国加入 WTO 后的 15 年内,其他 WTO 成员在对中国出口产品发起的反倾销调查中,在满足一定条件的情况下,确定产品的正常价值时可以选择第三方替代国的替代价格作为比较基准。但在 2016 年 12 月 11 日中国加入 WTO 届满 15 年后,中国的主要贸易伙伴包括美国、日本、欧盟等并未如约终止第三方替代国的使用,导致该问题的磋商仍存争议。有鉴于此,该章着重研究以下内容。

(1)针对 WTO 争端解决机制的程序与实践情况、存在问题与相应改革,以及机制执行的影响因素进行讨论(见第四章第一节)。

(2)对《中国入世议定书》第 15 条进行法理分析和学术观点整理,阐释中国和其他 WTO 成员的具体权利和义务,结合美国和欧盟在对待中国产品反倾销调查中的具体做法和相关国内法律、法规的规定,探讨美国和欧盟是否切实履行了其在签订《中国入世议定书》时的承诺(见第四章第二节)。

(3)对欧美国家对中国发起"双反"调查时频频使用的"市场经济地位""第三方替代国""市场扭曲"等重要概念及其相互关系进行探讨,研究中国应如何争取"市场经济地位"、是否应该允许替代国或国际价格的做法,以及如果允许此做法则应如何保证替代国选取的公平与成本估算的准确等问题（见第四章第三节和第四节）。

（4）对 WTO"双反"争端案例数据进行收集，基于对全样本数据的实证检验及典型案例的详细分析，总结中国企业的胜诉经验和败诉教训，探讨如何改进中国在与美国、欧盟的"双反"争端案件中的诉讼策略（见第四章第五节）。

（五）第五章：中国应对"双反"调查的策略研究与政策建议

第五章着重从政策制定的角度研究如何应对"双反"调查，并基于前面各章的研究结论，从企业、行业及国家层面提出应对策略，具体包含以下五个研究主题。

1. 中国对外贸易形势的变化

在第五章第一节中，我们首先讨论中国当前对外贸易形势中已经、正在和将要发生的变化，以及对中国对策有何启示。具体内容包括：世界贸易的走势、中国在其中作用的变化，以及结构升级对促进我国外贸长期稳定增长的必要性（见第五章第一节的第一部分）；作为全球重要治理机制的二十国集团（G20）面临议题区域化、国际视野丧失及合法性降低等挑战（见第五章第一节的第二部分）；欧美对华关系的大调整及中国综合应对的长期需要（见第五章第一节的第三部分）；美国等主要发达经济体对我国实施贸易保护的形势及我国如何善用倒逼机制、反制措施等应对建议（见第五章第一节的第四部分）；中美大国博弈新态势、新表现及其对国际政治格局的影响及建议（见第五章第一节的第五部分）。

2. 企业层面应对"双反"调查的策略研究

本书团队从美国商务部国际贸易署（International Trade Administration，ITA）反倾销和反补贴案例信息网（https://enforcement.trade.gov/stats/iastats1.html）、欧盟委员会贸易救济信息网（http://trade.ec.europa.eu/tdi/notices.cfm）、中国贸易救济信息网、世界银行全球反倾销数据库、世界银行全球反补贴数据库、WTO 综合贸易情报门户网站等收集对华"双反"调查的案例级数据，结合调研访问数据、中国工业企业数据库、中国海关进出口数据库、中国私营企业调查数据库、中国对外直接投资企业名录、国家知识产权局专利检索数据库等一系列资料来源探讨企业如何应对"双反"调查等贸易壁垒，具体内容包括以下几个方面。

首先，针对企业面对"双反"调查应诉不力导致屡被征收重税的现象，讨论如何通过多方合力提升应对能力（见第五章第二节的第一部分）。

其次，中国企业如何通过产品的品种转变和创新来减少贸易摩擦的冲击（见

第五章第二节的第二部分和第三部分）。

再次，中国企业如何推进出口市场的多元化及对外直接投资，以分散和规避"双反"调查的风险（见第五章第二节的第三部分至第五部分）。

最后，企业如何通过海外专利布局来防患于未然，提前预防知识产权类贸易纠纷的发生（见第五章第二节的第六部分）。

3. 行业层面应对"双反"调查的策略研究

基于前面章节中关于企业不应诉是我国企业在反倾销案件总败诉和被征收高额反倾销税的重要原因的发现，第五章第三节进一步揭示出当前出口企业在面对"双反"调查时应诉不力的影响因素在于应诉成本的高昂和应诉过程中存在的外部性问题。对"双反"调查应诉机制的外部性问题进行剖析——"双反"调查往往会选取一些企业作为强制应诉主体，如果应诉企业胜诉，则对其实施零关税；而败诉企业则被征收高额惩罚性关税，同时出口同类产品的其他企业将被征收强制应诉企业的平均税率——基于这种机制，强制应诉企业需要自己承担全部诉讼成本，但是如果它们胜诉，其他非强制应诉企业可以得到"搭便车"收益。在这种情况下，一方面，很多企业由于规模较小，高额的诉讼成本令它们难以承担，外部性问题也使它们的应诉行为的成本大于收益，宁愿放弃市场；另一方面，大多数企业对国际规则不熟悉，客观上很难在短时间内组织有效的应诉，而一旦过了应诉时效，高额反倾销税便自动征收。

基于此，本书团队提出以下行业层级的政策建议。

首先，应推出反倾销、反补贴及"双反"诉讼保险业务，以帮助企业积极应对调查（见第五章第三节的第一部分）。

其次，针对前述的企业应诉困难与外部性明显的问题，提出行业协会、出口商会等行业组织应当在"双反"调查的应对过程中起到组织协调的作用，并基于具体案例深入分析行业协会如何应对"非市场经济地位"这一关键问题（见第五章第三节的第二部分）。

最后，借鉴美国行业协会在反倾销、反补贴调查中发挥作用的经验，针对我国行业协会如何在应对"双反"调查中发挥有效职能进行策略分析并提出政策建议（见第五章第三节的第三部分）。

4. 国家层面应对"双反"调查的策略研究

第一，提出反补贴调查浪潮即将到来的预测（见第五章第四节的第一部分），并针对中国如何利用 WTO 应对反倾销、反补贴调查及其他贸易纠纷提出具体建议（见第五章第四节的第二部分和第三部分）。

第二，通过定量估算反倾销、反补贴及"双反"调查对我国出口的影响，以及"非市场经济地位"在其中所起到的作用,我们指出"非市场经济地位"的影响有限的观点,并在此基础上提出政策建议(见第五章第四节的第四部分)。

第三,基于本书团队进行的对华反倾销调查动因的量化分析,我们构建了一个对华反倾销调查发起的预测模型,并据此提出建立反倾销调查预警机制,以重点关注反倾销调查的可能高发国家和行业,为维护贸易公平和稳定做好准备(见第五章第四节的第五部分)。

第四,通过收集行业层面的数据并与美国反倾销调查的案例级与企业级数据匹配,发现被发起调查的行业多为我国产业政策中实施鼓励且产能过剩的行业。可见,通过市场化改革消除要素市场和产品市场的扭曲、利用市场与价格机制实现生产要素的有效配置、减少生产领域与流通环节的政府干预,是争取主要贸易伙伴尽快承认中国的"市场经济地位",根除对我国进行"双反"调查的重要途径(见第五章第四节的第六部分)。

第五,我们还特别关注近年来发展中国家集团内出现的"保护主义"倾向,在分析"南南保护主义"的现状、特征及影响的基础上,提出应对"南南保护主义"的若干政策建议(见第五章第四节的第七部分)。

5. 我国对外反倾销调查的策略研究

鉴于反制措施的现实重要性,对其单列一节进行讨论。近年来,中国对美国、欧盟等 WTO 成员发起了若干反倾销、反补贴及"双反"调查。第五章第五节基于案例级数据对我国对外反倾销调查的具体做法和特点进行信息整理,评估这些调查对国内产业产生了怎样的救济效果及是否有效反制了国外对华频繁的"双反"调查。具体研究内容如下。

首先,针对我国发起的对外反倾销调查现状进行量化分析,发现这些调查虽然起到了一定的贸易救济作用,但这种效果却因贸易转移效应而有所削弱;在此基础上,我们提出关于如何更有效地开展对外反倾销调查的政策建议(见第五章第五节的第一部分)。

其次,在上述研究的基础上,进一步着重强调要关注对外反倾销调查引起的贸易转移效应,即进口来源国的改变。鉴于这种转移效应随涉案产品的特征不同而有不同的转移幅度,提出基于产品特征来微调对外反倾销调查程序的政策建议(见第五章第五节的第二部分)。

最后,对外反倾销调查引起的另一个影响是贸易限制效应,具体表现在国内进口企业可能会选择转换进口产品。本书团队研究发现,中国对外反倾销调查促使国内企业的进口要素密集度上升,因此需要进一步讨论这种效应如何影响对外反倾销调查的贸易救济作用(见第五章第五节的第三部分)。

（六）各章之间的关系

需要说明的是，以上各章都是相对独立地侧重从某一个角度研究对华"双反"调查的状况与影响，但各章间也有着明显的逻辑关联。例如，第一章着重研究的"非市场经济地位"在"双反"调查中的影响为第二章至第四章的研究提供了"双反"调查在发起方状况、行业分布、企业特征等方面的背景信息铺垫，同时为第五章中关于对"非市场经济地位"国家在"双反"调查中选取替代国或国际价格的做法是否合理、中国主动发起"双反"调查进行反制是否有效、如何合理制定产业政策以规避"双反"调查等讨论提供了重要事实依据。

此外，第二章主要研究行业和地区层面上在面对"双反"调查与裁决时短期内出口减少、生产率下降、就业减少等状况；基于第二章的研究结论，第三章则对企业层面上应对"双反"调查与裁决的诸多措施（如研发创新、知识产权投资、产品与出口市场多元化等）进行讨论，进而研究行业组织与国家主管部门如何通过机制设计解决企业应诉成本高、外部性明显等问题，在更高层级讨论如何提高"双反"调查应诉率并改善企业的应诉策略。

总而言之，整个项目的研究和推进既关注到各章之间的统筹协调，也保证了第五章在前四章的基础上从全局视角进行综合评估分析，并对前四章未涉及但十分重要的其他因素进行补充分析，从而得到了比较全面的研究结论和可行的政策建议。

三、本书结构安排

本书主要章节的结构基本按照国家自然科学基金委员会招标课题的内容顺序排列，而各研究团队的成果也基本根据各章安排依次出现。在少数情况下，团队研究成果因与其他部分内容关系更加紧密，会依据内容安排在其他章节。为便于读者阅读与联系作者，每一章节均提供相关负责团队和主要撰稿人信息。

本书的主体部分由各子课题和总课题提供的研究成果汇集而成，风格虽有差异，但多以政策报告的风格撰写，在介绍背景、提供信息的基础上，以政策建议的凝练和提出为主要目的。而在研究过程中，各团队成员进行了大量翔实、严谨、技术性强的理论和量化分析，为这些具体政策建议的形成提供了坚实的理论与实证依据。因此，我们在部分章的结尾部分附上与各小节的政策报告联系最为密切的相关学术研究论文，以期向读者展示国家自然科学基金应急管理项目研究在关注重要现实问题的同时重视科学方法使用和科学问题凝练的典型特征。

在后记部分,我们还基于各章的研究成果,总结一些具有普遍性的规律,与读者分享作者在此课题研究过程中形成的如何更有效地推动中国经济贸易发展和进一步改革开放的相关思考。

目　　录

第一章　对华"双反"调查的成因和"非市场经济地位"的影响 …………… 1
　　第一节　"双反"调查现状与"非市场经济地位"背景 ………………… 1
　　第二节　各方对华反倾销、反补贴单独调查的成因研究 ………………… 8
　　第三节　欧美等国家和地区对华"双反"调查的成因研究 …………… 25

第二章　"双反"调查对我国与调查发起方的贸易和经济增长的影响 …… 40
　　第一节　"双反"调查对我国出口贸易和产业的影响 ………………… 40
　　第二节　反倾销对我国地区经济的影响——以光伏产品反倾销调查为例 … 58
　　第三节　贸易保护措施无法保护发达国家落后行业的就业 …………… 68
　　第四节　本章研究论文：加拿大对华碳钢紧固件的"双反"措施
　　　　　　奏效了吗？——基于面板数据政策评估法的实证检验 ……… 72
　　参考文献 …………………………………………………………………… 81

第三章　中国企业应对"双反"调查及"非市场经济地位"的措施研究 … 84
　　第一节　中国企业受欧美国家"双反"调查的基本情况分析 ………… 84
　　第二节　中国企业近年来受欧美国家"双反"调查的原因分析 ……… 87
　　第三节　欧美国家"双反"调查对中国企业的影响 …………………… 95
　　第四节　中国企业应对欧美国家"双反"调查的主要做法及面临的挑战 … 97
　　第五节　本章研究论文：反倾销与企业创新——基于全球对华反倾销
　　　　　　调查的实证研究 ……………………………………………… 111
　　参考文献 ………………………………………………………………… 131

第四章　WTO 争端解决机制与对华"双反"调查研究 ………………… 133
　　第一节　WTO 争端解决机制及相关研究概述 ………………………… 133
　　第二节　对华"双反"调查中的关键法律问题分析 ………………… 149
　　第三节　欧盟对华反倾销调查的法律与实践分析 …………………… 155
　　第四节　美国对华反倾销调查的法律与实践分析 …………………… 168

第五节　本章研究论文：影响 WTO 反倾销和反补贴案件被起诉和
　　　　　　胜诉原因的实证分析 188
　　参考文献 218

第五章　中国应对"双反"调查的策略研究与政策建议 220
　　第一节　中国对外贸易形势的变化 220
　　第二节　企业层面应对"双反"调查的策略研究 237
　　第三节　行业层面应对"双反"调查的策略研究 269
　　第四节　国家层面应对"双反"调查的策略研究 283
　　第五节　我国对外反倾销调查的策略研究 310
　　第六节　本章研究论文成果 332
　　参考文献 386

后记 393
　　推进高水平对外开放与普惠制改革是成功应对贸易纠纷的根本路径 393

第一章 对华"双反"调查的成因和"非市场经济地位"的影响[1]

第一节 "双反"调查现状与"非市场经济地位"背景[2]

目前,"双反"措施已经成为WTO成员保护本国(地区)产业、维护公平贸易环境的重要手段。纵观全球"双反"措施实践,有两个开端值得关注。一是1982年美国首次对欧洲国家钢铁制品发起"双反"调查,虽然最终并未实施"双反"措施,但开创了WTO成员联动发起"双反"调查的做法;二是2004年加拿大首次对"非市场经济国家"——中国户外烧烤架发起"双反"调查,虽然最终并未实施"双反"措施,但开创了WTO成员对"非市场经济国家"联动发起"双反"调查的做法。结合全球宏观政治、经济背景,本章系统梳理1982~2016年全球和典型国家(地区)"双反"措施实践特征,以及1995~2016年全球和典型国家(地区)反倾销措施实践特征,剖析WTO成员发起"双反"调查的深层次原因,为后文研究我国应对"双反"调查的策略与建议提供事实依据。

---

[1] 本章内容基于子课题1"对华'双反'调查的成因和'非市场经济地位'的影响"与总课题"中国应对'双反'调查的策略研究与政策建议"成果整理而成,主持人分别为对外经济贸易大学教授林桂军和北京理工大学教授何海燕。

[2] 本节内容基于总课题"中国应对'双反'调查的策略研究与政策建议"成果整理而成,撰稿人为北京理工大学教授何海燕和河南财经政法大学讲师蔡静静,厦门大学博士研究生张靖更新了部分数据。

一、"双反"调查实施总体现状

WTO 是一个独立于联合国的永久性国际组织，其基本原则是通过实施市场开放、非歧视和公平贸易等原则，建立一个完整的、更具有活力的和永久性的多边贸易体制，从而实现世界贸易自由化的目标。自 1995 年 1 月 1 日 WTO 正式运作以来，截至 2016 年 12 月 31 日，全球范围内共发起反倾销调查 5286 起，反补贴调查 445 起，如表 1-1 所示。由于调查口径的不同，此处数据与中国贸易救济信息网数据不同。据后者数据，1995~2016 年全球发起的贸易救济案件中，反倾销 4748 起，反补贴 412 起。

表 1-1　1995~2016 年全球反倾销、反补贴调查立案总数（单位：起）

调查类型	1995年	1996年	1997年	1998年	1999年	2000年	2001年	2002年	2003年	2004年	2005年
反倾销调查	157	226	246	264	359	296	372	311	234	221	199
反补贴调查	10	7	16	25	41	18	27	9	15	8	6

调查类型	2006年	2007年	2008年	2009年	2010年	2011年	2012年	2013年	2014年	2015年	2016年
反倾销调查	203	165	218	217	173	165	208	287	236	229	300
反补贴调查	8	11	16	28	9	25	23	33	45	31	34

资料来源：由世界银行全球反倾销数据库、世界银行全球反补贴数据库和 WTO 网站资料整理得出

（一）全球"双反"调查的数量特征

截至 2016 年，全球共发起"双反"调查 556 起[1]。如图 1-1 所示，全球"双反"调查数量呈周期性波动，在 1982 年、1985 年、1992 年、1999 年、2014 年达到了五个高峰。2002~2016 年全球"双反"调查数量总体呈上升趋势，这一贸易救济措施越来越多地被使用以规避进口竞争，保护国内产业利益。

如表 1-2 所示，将 1982~2016 年全球"双反"调查数量按时间段划分，可以发现 1982~1985 年、1996~2000 年和 2011~2016 年是全球发起"双反"调查较为集中的三个阶段，表明"双反"贸易摩擦在近些年愈演愈烈，在保护主义回潮之际，全球"双反"调查有触底反弹之势。

---

[1] 统计标准为：若 2 起反倾销调查对应 1 起反补贴调查，或 2 起反补贴调查对应 1 起反倾销调查，则均按照 1 起"双反"调查统计。

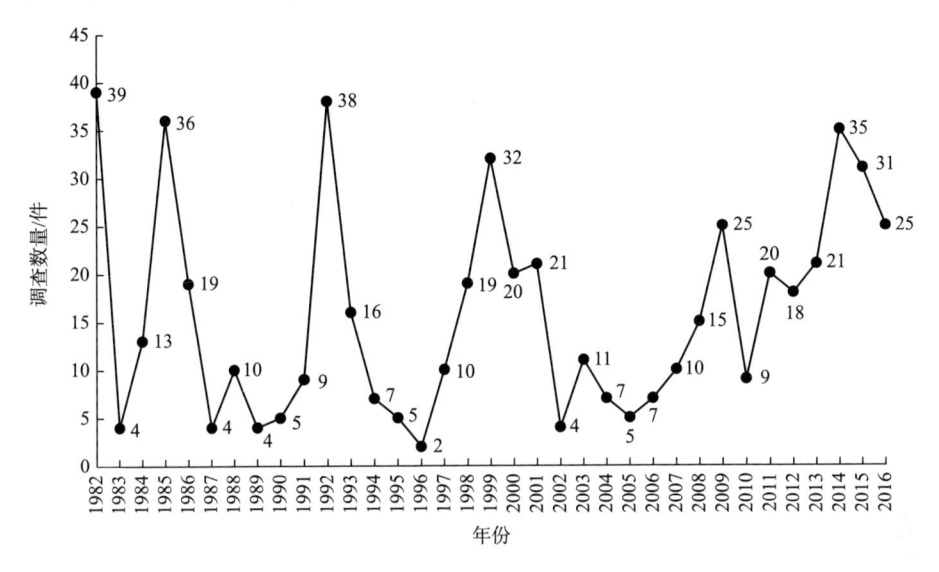

第一章 对华"双反"调查的成因和"非市场经济地位"的影响 ·3·

图 1-1 1982~2016 年全球"双反"调查数量趋势
资料来源：世界银行全球反倾销数据库、世界银行全球反补贴数据库和 WTO 网站

表 1-2 按时间阶段划分的 1982~2016 年全球"双反"调查数量

时间阶段	全球"双反"调查数量/起
1982~1985 年	92
1986~1990 年	42
1991~1995 年	75
1996~2000 年	83
2001~2005 年	48
2006~2010 年	66
2011~2016 年	150
总计	556

资料来源：世界银行全球反倾销数据库、世界银行全球反补贴数据库和 WTO 网站

将 1982~2016 年全球"双反"调查数量按发起国（地区）划分，可以发现美国是全球发起"双反"调查的首要国家，发起的"双反"调查数量占全球"双反"调查总量的 66.91%，其次是加拿大和欧盟。截至 2016 年，中国共发起了 8 起"双反"调查，数量少于墨西哥和南非这两个发展中国家，且发生时间为 2009 年后。这可能是因为中国加入 WTO 的时间较晚，发起反补贴调查的经验相对不足，所以发起的"双反"调查数量相对较少，但近年来也开始逐渐使用"双反"调查。具体如表 1-3 所示。

表 1-3　按发起国（地区）划分的 1982~2016 年全球"双反"调查数量

排名	发起国（地区）	数量/起	占比	排名	发起国（地区）	数量/起	占比
1	美国	372	66.91%	9	乌拉圭	4	0.72%
2	加拿大	59	10.61%	10	智利	2	0.36%
3	欧盟	54	9.71%	11	埃及	2	0.36%
4	澳大利亚	23	4.14%	12	秘鲁	2	0.36%
5	墨西哥	11	1.98%	13	乌克兰	2	0.36%
6	南非	10	1.80%	14	哥斯达黎加	1	0.18%
7	中国	8	1.44%	15	土耳其	1	0.18%
8	巴西	5	0.90%				

资料来源：世界银行全球反倾销数据库、世界银行全球反补贴数据库和 WTO 网站

注：本表数据因进行了四舍五入，存在比例合计不等于 100% 的情况

如表 1-4 所示，将 1982~2016 年全球"双反"调查数量按目标国（地区）划分，可以发现遭受"双反"调查的国家（地区）数量远远高于发起"双反"调查的国家（地区）数量[①]。截至 2016 年，中国是"双反"调查首要目标国，共遭受 103 起"双反"调查，远远高于其发起的"双反"调查数量，其次是印度和巴西。尤其是印度截至 2016 年还未发起任何"双反"调查，却已经遭到了 63 起"双反"调查。发达国家（地区）仍具有发起"双反"调查的主动权。截至 2016 年，美国作为"双反"调查首要发起国，仅遭受了 14 起"双反"调查；而加拿大也仅遭受 15 起"双反"调查。说明在全球"双反"措施实践中，发展中国家（地区）和发达国家（地区）仍处于不平等地位。

表 1-4　按目标国（地区）划分的 1982~2016 年全球"双反"调查数量

排名	目标国（地区）	数量/起	占比	排名	目标国（地区）	数量/起	占比
1	中国	103	18.53%	11	土耳其	16	2.88%
2	印度	63	11.33%	12	加拿大	15	2.70%
3	巴西	34	6.12%	13	美国	14	2.52%
4	韩国	31	5.58%	14	英国	12	2.16%
5	意大利	25	4.50%	15	泰国	11	1.98%
6	法国	21	3.78%	16	阿根廷	10	1.80%
7	委内瑞拉	20	3.60%	17	比利时	10	1.80%
8	德国	18	3.24%	18	西班牙	9	1.62%
9	印度尼西亚	16	2.88%	19	马来西亚	8	1.44%
10	中国台湾	16	2.88%	20	墨西哥	8	1.44%

① 由于统计时间从 1982 年开始，在欧盟成立前的统计口径为单个欧洲国家，第一起针对整个欧盟的"双反"调查为 1993 年墨西哥发起的"双反"调查。

续表

排名	目标国（地区）	数量/起	占比	排名	目标国（地区）	数量/起	占比
21	奥地利	7	1.26%	40	沙特阿拉伯	2	0.36%
22	南非	7	1.26%	41	孟加拉国	1	0.18%
23	越南	7	1.26%	42	波兰	1	0.18%
24	以色列	6	1.08%	43	丹麦	1	0.18%
25	荷兰	5	0.90%	44	厄瓜多尔	1	0.18%
26	卢森堡	5	0.90%	45	马其顿	1	0.18%
27	阿曼	5	0.90%	46	哥伦比亚	1	0.18%
28	巴基斯坦	4	0.72%	47	哥斯达黎加	1	0.18%
29	俄罗斯	4	0.72%	48	匈牙利	1	0.18%
30	澳大利亚	3	0.54%	49	瑞典	1	0.18%
31	智利	3	0.54%	50	新加坡	1	0.18%
32	挪威	3	0.54%	51	肯尼亚	1	0.18%
33	特立尼达和多巴哥	3	0.54%	52	伊拉克	1	0.18%
34	阿拉伯联合酋长国	3	0.54%	53	菲律宾	1	0.18%
35	欧盟	3	0.54%	54	秘鲁	1	0.18%
36	新西兰	2	0.36%	55	南斯拉夫	1	0.18%
37	希腊	2	0.36%	56	萨尔瓦多共和国	1	0.18%
38	伊朗	2	0.36%	57	苏联	1	0.18%
39	葡萄牙	2	0.36%	58	乌克兰	1	0.18%

资料来源：世界银行全球反倾销数据库、世界银行全球反补贴数据库和WTO网站

（二）全球"双反"调查的产品特征

全球"双反"调查涉及的产品范围较广，共包括18类[1]，但主要针对的产品

---

[1] 一起"双反"调查可能涉及两个或更多的产品类别，因此按照产品类别统计的"双反"调查频率要高于"双反"调查总数。HS编码各类产品的具体范围标注如下：Ⅰ活动物，动物产品；Ⅱ植物产品；Ⅲ动、植物油、脂及其分解产品，精制的食用油脂，动、植物蜡；Ⅳ食品，饮料，酒及醋，烟草、烟草及烟草代用品的制品；Ⅴ矿产品；Ⅵ化学工业及其相关工业的产品；Ⅶ塑料及其制品，橡胶及其制品；Ⅷ生皮、皮革、毛皮及其制品，鞍具及挽具、旅行用品、手提包及类似容器、动物肠线（蚕胶丝除外）制品；Ⅸ木及木制品，木炭，软木及软木制品，稻草、秸秆、针茅或其他编结材料制品，篮筐及柳条编结品；Ⅹ木浆及其他纤维状纤维素浆，纸及纸板的废碎品，纸、纸板及其制品；Ⅺ纺织原料及纺织制品；Ⅻ鞋、帽、伞、杖、鞭及其零件，已加工的羽毛及其制品，人造花，人发制品；ⅩⅢ石料、石膏、水泥、石棉、云母及类似材料的制品，陶瓷产品，玻璃及其制品；ⅩⅣ天然或养殖珍珠、宝石或半宝石、贵金属、包贵金属及其制品，仿首饰，硬币；ⅩⅤ贱金属及其制品；ⅩⅥ机器、机械器具、电气设备及其零件，录音机及放声机、电视图像、声音的录制和重放设备及其零件、附件；ⅩⅦ车辆、航空器、船舶及有关运输设备；ⅩⅧ光学、照相、电影、计量、检验、医疗或外科用仪器及设备、精密仪器及设备，钟表，乐器，上述物品的零件、附件；ⅩⅨ武器、弹药及其零件、附件；ⅩⅩ杂项制品；ⅩⅪ艺术品、收藏品及古物；ⅩⅫ特殊交易品及未分类商品。此处18类中不包含第Ⅷ类、第ⅩⅣ类、第ⅩⅨ类、第ⅩⅪ类。HS编码即海关编码，为编码协调制度的简称，全称为《商品名称及编码协调制度的国际公约》（International Convention for Harmonized Commodity Description and Coding System）。

类别又相对较为集中，如图 1-2 所示。第 XV 类贱金属及其制品是遭受"双反"调查最多的产品类别，其次是第 VI 类化学工业及其相关工业的产品。除上述两类产品以外，其他类别产品均遭受了不同程度的"双反"调查。

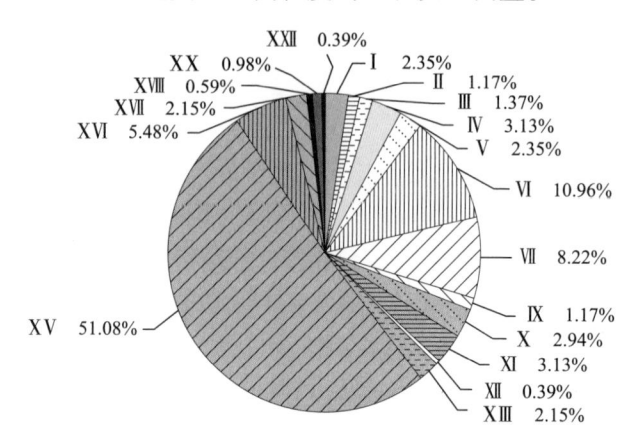

图 1-2　1982~2016 年全球"双反"调查涉案产品统计
资料来源：世界银行全球反倾销数据库、世界银行全球反补贴数据库和 WTO 网站

饼图数据：
- XXII 0.39%
- XX 0.98%
- XVIII 0.59%
- XVII 2.15%
- XVI 5.48%
- XV 51.08%
- XIII 2.15%
- XII 0.39%
- XI 3.13%
- X 2.94%
- IX 1.17%
- VIII 8.22%（VII 8.22%）
- VI 10.96%
- V 2.35%
- IV 3.13%
- III 1.37%
- II 1.17%
- I 2.35%

（三）全球"双反"调查的结果分布

在 1982~2016 年的 556 起全球"双反"调查中，截至 2016 年有 500 起"双反"调查得出终裁结果，其中有 55.60%的案件最终同时征收了反倾销和反补贴税，即实施"双反"措施；15.60%的案件最终征收了反倾销税；7.60%的案件最终征收了反补贴税；而 21.20%的案件并未征收反倾销和反补贴税，如图 1-3 所示。从全球"双反"调查的整体趋势来看，最终实施"双反"调查的比例较高。

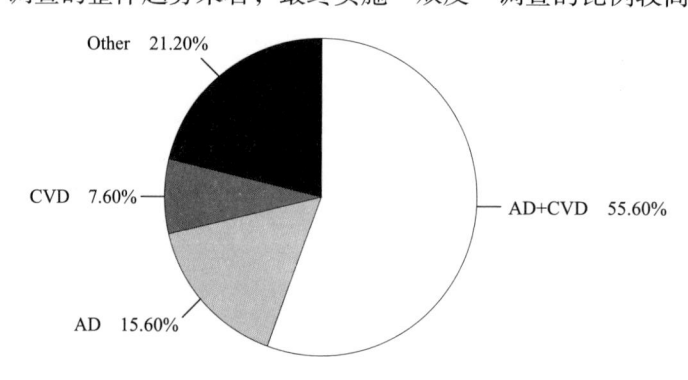

饼图数据：
- Other 21.20%
- CVD 7.60%
- AD 15.60%
- AD+CVD 55.60%

图 1-3　1982~2016 年全球"双反"调查结果分布
资料来源：世界银行全球反倾销数据库、世界银行全球反补贴数据库和 WTO 网站
AD+CVD 表示案件最终同时征收反倾销和反补贴税；AD 表示案件最终征收反倾销税；CVD 表示案件最终征收反补贴税；Other 表示案件最终并未征收反倾销和反补贴税，包括否定性裁决、案件撤销、案件中止等情况

从时间趋势来看，可以发现全球实施"双反"措施趋势与发起"双反"调查趋势相似，也呈周期性波动，在1982年、1985年、1992年、1999年和2014年达到高峰，如图1-4所示。

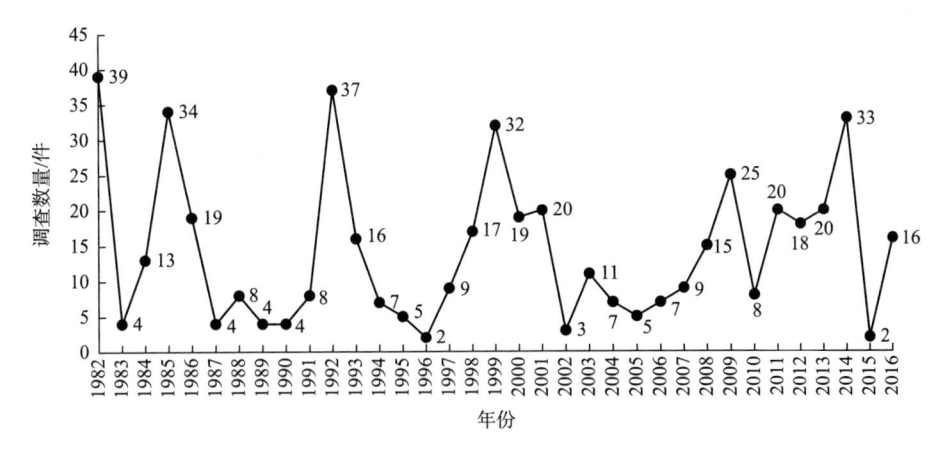

图1-4 1982~2016年全球实施"双反"措施的数量趋势
资料来源：世界银行全球反倾销数据库、世界银行全球反补贴数据库和WTO网站

二、欧美等拒不承认中国"市场经济地位"

2017年中国共遭遇21个国家（地区）发起贸易救济调查75起，涉案金额110亿美元，已连续23年成为全球遭遇反倾销调查最多的国家，连续12年成为全球遭遇反补贴调查最多的国家，并且"双反"调查的案例比例逐步升高。虽然2017年中国遭遇贸易救济调查案件数量和金额都有所下降，但中国仍然是全球贸易救济调查的最大目标国，当前中国面临的贸易摩擦总体形势依然严峻。2017年11月特朗普政府正式拒绝中国根据《中国入世议定书》第15条获得"市场经济地位"的要求，引起了其他国家和地区较大的政策模仿效应，使国外对华实施反倾销措施依然存在使用替代国且对中国企业征收高额关税的不公平贸易行为。

此外，加入WTO之前，许多经济体把中国视为"非市场经济国家"，认为反补贴不适用于中国。然而，2004年加拿大对我国连续发起三起反补贴调查，成为第一个对我国发起反补贴调查的国家；2006年美国对我国发起第一起反补贴调查，后续成为对我国发起反补贴调查最多的国家；2008年澳大利亚和南非分别对我国发起第一起反补贴调查；2009年印度首次对我国发起反补贴调查；等等。可以看出，一方面，在部分主要发达经济体、新兴经济体代表不承认中国"市场经济地位"的情况下，其不惜修改国内法且对中国发起反补贴调查，使"非市场经济地位"不再是中国企业免受反补贴调查的"保护伞"，导致中国企业面临"双反"的被动局面；另一方面，自2008年美国爆发次贷危机开始，欧美经济持续低迷，随着全球化的深入发展，世界范围内的贸易保护趋势日益增强，传统的关税、配额等贸易壁垒逐渐被反倾销、反补贴等新的贸易保护形式所取代，"双反"已成为欧美国家对中国最主要的贸易打击手段。

第二节 各方对华反倾销、反补贴单独调查的成因研究

一、美欧印对华反倾销调查对比分析与政策启示[①]

通过收集美国、欧盟、印度（简称美欧印）对华反倾销调查的案例级大样本数据，综合描述性分析和定量研究发现：一方面，对华反倾销调查在中国入世后显著增加并主要集中在产能过剩行业，同时企业遭受的反倾销税率畸高，而企业不应诉、"非市场经济地位"是抬高反倾销税率的主要因素；另一方面，美欧印对华的替代国选择与反倾销税率的决定因素均明显不同。我们分别从中国贸易发展、"非市场经济地位"、产能过剩行业特征、企业应诉成本及美欧印法律制度与执行差异等角度解释对华反倾销调查的差异，提出促进过剩产能行业转型升级、加强企业应诉意愿和能力、应诉策略"一地一策"等解决方案。

（一）美欧印对华反倾销调查分析

一方面，美欧印对华反倾销调查具有共同规律——数量多、肯定性裁决比例高、中国入世后数量进一步增加、被调查产品主要集中在产能过剩行业、反倾销税率畸高等，而企业不应诉、"非市场经济地位"是推高中国企业反倾销税率的主要因素。另一方面，美欧印对华反倾销调查的国家（地区）差异显示，美国反倾销税率显著高于欧盟和印度，三个经济体间反倾销税率的主要影响因素如替代国选择等的重要性具有明显差异。

---

① 本小节内容基于总课题"中国应对'双反'调查的策略研究与政策建议"成果整理而成，撰稿人为厦门大学教授龙小宁与博士研究生张靖。

(1)美欧印对华反倾销调查数量多,肯定性裁决比例高,发展中国家印度在中国入世后成为对华反倾销调查主要发起国。全球范围内,对华发起反倾销调查最多的前三个经济体是印度、美国和欧盟。1995~2015年印度、美国和欧盟分别对华发起反倾销调查173、131和122起[①],三大经济体调查数占对华反倾销总调查数的42.05%,肯定性裁决比例均超过65%,且发起数量多和肯定性裁决比例高这一情况在中国加入WTO后进一步恶化。其中,印度对华发起反倾销调查的数量占美欧印对华反倾销调查总数的40.61%,其肯定性裁决比例更是高达80.92%。印度大规模发起对华反倾销调查主要是在中国入世后,此趋势一直延续至今。

(2)1995~2015年美欧印对华反倾销调查针对的产品集中于中国产能过剩的行业(表1-5),位于前四位的分别是有机化学品、钢铁、钢铁制品和电气零件,占比分别为18.31%、8.22%、9.15%、7.51%,合计占总数的近50%。从被调查产品角度看,调查有机化学品的主要是印度,调查钢铁制品的主要是美国,调查电气零件的主要是印度,而欧盟的调查在四大产品间的分布较为均匀。

表1-5 1995~2015年美欧印对华反倾销调查主要产品对比

经济体	有机化学品 数量/件	占比	钢铁 数量/起	占比	钢铁制品 数量/起	占比	电气零件 数量/起	占比
美国	10	12.82%	12	34.29%	23	58.97%	5	15.63%
欧盟	21	26.92%	14	40.00%	12	30.77%	9	28.13%
印度	47	60.26%	9	25.71%	4	10.26%	18	56.25%
小计	78	100.00%	35	100.00%	39	100.00%	32	100.00%

注:本表数据因进行了四舍五入,存在比例合计不等于100%的情况

(3)与中国经济发展阶段相近的印度是对华反倾销调查肯定性裁决中替代国选择的首要目标,在所有替代国选择中占51.55%[②]。其他主要替代国分别是美国、泰国和土耳其,占比分别为8.39%、3.42%、3.42%。从替代国角度看,选择印度的主要是美国和印度,选择泰国的主要是美国,选择土耳其和美国的主要是欧盟(表1-6)。从发起方角度看,美国和印度在对华反倾销调查中使用的替代国主要是印度,占各自替代国选择的比例分别为77.65%、63.27%,而欧盟的替代国选择较为分散,分布在18个国家和地区。

---

① 资料来源:世界银行全球反倾销数据库。
② 最终获得肯定性裁决的案例共322起。

表 1-6　1995~2015 年美欧印对华反倾销调查肯定性裁决中主要替代国选择

经济体	印度 数量/起	印度 占比	美国 数量/起	美国 占比	泰国 数量/起	泰国 占比	土耳其 数量/起	土耳其 占比
美国	66	39.76%	0	0	8	72.73%	0	0
欧盟	7	4.22%	25	92.59%	2	18.18%	11	100.00%
印度	93	56.02%	2	7.41%	1	9.09%	0	0
小计	166	100.00%	27	100.00%	11	100.00%	11	100.00%

（4）反倾销税率影响因素对比分析。反倾销税率影响因素众多，复杂难辨，仅仅通过描述性对比不足以对各影响因素的效应形成准确认知，仅仅通过行业级或者国家（地区）间的分析不足以有效识别各影响因素的作用。本节基于案例级大样本数据，利用现代计量模型在控制国家（地区）、产品、年份等因素下定量检验企业应诉、中国国别特征、"非市场经济地位"和替代国选择等影响因素的具体作用，并通过对比分析，对政策的制定提供科学有效的支撑。

反倾销税率影响因素估计效应的共同规律：第一，企业应诉与否决定反倾销税率计算依据，不应诉的企业获得基于不利可得事实计算的、显著更高的反倾销税率，而积极应诉的企业通过争取到"企业市场经济地位"或单独税率而获得显著更低的反倾销税率；第二，中国的对外贸易量及国际地位的逐步提升影响反倾销税率，在入世前中国企业的反倾销税率与印度企业间并不存在显著的差异，但中国加入 WTO 后，中国企业反倾销税率显著提高，平均高出入世前 35 个百分点；第三，"非市场经济地位"在入世后具有显著的正向作用，平均而言，"非市场经济地位"国家企业的反倾销税率较"市场经济地位"国家企业的反倾销税率高 36 个百分点；第四，对"非市场经济地位"国家而言，选择经济发展水平更高的替代国将显著抬高反倾销税率，平均高出未使用替代国企业的反倾销税率 14 个百分点。

反倾销税率影响因素估计效应的国家（地区）差异：第一，从效应大小看，美国反倾销调查中各影响因素的估计效应都更大——美国基于不利可得事实计算未应诉企业的反倾销税率，其未应诉企业反倾销税率比欧盟高 40 个百分点，比印度高 30 个百分点。同时，欧盟和印度对符合条件的企业给予"企业市场经济地位"，在较低的单独税率基础上进一步降低反倾销税率 25~30 个百分点。第二，印度的反倾销调查中，虽然反倾销税率在选择经济发展水平更低的替代国与选择经济发展水平更高的替代国间没有显著差异，但其反倾销税率在选择经济发展水平更低的替代国时更高。

（二）共同规律与国家（地区）差异的原因分析

1. 共同规律的原因分析

（1）中国对外贸易的快速发展及"非市场经济地位"使中国成为反倾销调查的首要目标。2001年12月11日，中国正式加入WTO。16年后，中国已成为世界第二大经济体、第一大贸易国、第一大外资吸引国、第二大对外投资国，进出口总额从2001年的0.51万亿美元增加到2017年的4.10万亿美元，增长了7倍。反倾销是各国保护国内产业、实施贸易救济、维持公平贸易的主要措施，是WTO允许的贸易救济手段之一。但实践中，反倾销措施常常被滥用，各国实施反倾销的主要目的是缓和贸易逆差和各种国内矛盾。进一步地，由于"非市场经济地位"的争议性和替代国选择的随意性，一些国家对被认定为"非市场经济地位"的国家，特别是出口贸易较大的中国频频发起反倾销调查，滥用贸易保护措施。可见，对外贸易的快速增长及"非市场经济地位"使中国面临的贸易争端愈演愈烈，中国出口企业频繁遭到反倾销调查。

（2）美欧印对华反倾销调查中近一半针对的是中国产能过剩行业，产能过剩行业是反倾销调查的重灾区。一方面，行业产能过剩导致产品供大于求，国内市场无法完全消化过剩产品，企业只能更多地寻找其他销售市场，大量外销容易被其他经济体认定为倾销。另一方面，产能过剩行业产品同质化程度高，附加值低，企业进入门槛低，导致大量企业在国内外进行激烈的价格竞争，低价销售提高了被认定为倾销的可能性。因此，产能过剩行业极易成为其他经济体发起反倾销调查的目标。同时，行业产能过剩导致资源浪费和风险积累，频繁的国际贸易摩擦加重行业负担，行业风险高度集聚，亟须进行去产能和结构升级。

（3）应诉成本高昂、应诉成本分摊协调机制缺失使企业消极应对反倾销调查，发达国家与发展中国家在法律制度和执行上的差异给企业应诉带来困难。首先，由于反倾销调查的持续时间较长、调查信息详细、信息收集难度大、需要聘请专业律师等，被调查企业需要承担高昂的费用。一般的中小企业一方面无力承担高昂的成本，另一方面配合调查可能影响到企业的正常经营，从而陷入进退两难的困境。其次，企业应诉可以产生正外部性[①]，具有公共产品的特征，缺乏企业间或行业层面的应诉成本分摊协调机制也是企业选择不应诉或消极应诉的主要原因。最后，各国在法律制度和执行上存在较大差异，提高了企业应诉难度，降低了企业应诉意愿。因此，我国亟待完善相关政策和机制建设，以避免我国企业因上述

[①] 正外部性指企业积极应诉争取到较低的单独调查税率能够降低其他企业税率，从而，企业的应诉行为为同行业企业带来好处，但市场却无法进行定价。

原因而被迫选择不应诉或消极应诉，进而陷入出口困境的局面。

2. 国家（地区）差异的原因分析

（1）美国和欧盟法律规范性较强，印度法律的规范性较差。美国和欧盟的法律制度中一直有认定一国"非市场经济地位"的条款，法律制定与修订较为连贯一致，而印度于2001年中国入世前突击性通过国内法修订才首次明确提出"非市场经济地位"的概念和认定标准。印度2001年实施的国内法修订列出了"非市场经济地位"国家清单，其中包含中国，然而此前印度在针对中国的反倾销调查中已经使用了替代国做法。印度于2001年才明确提出"非市场经济地位"概念，可能是《中国入世议定书》第15条的规定引致其仓促修订。此后印度还对"非市场经济地位"认定进行了两次修改，修改的内容却相互矛盾。2002年修订指明如果一国被WTO成员过去三年当作"非市场经济地位"国家，那么该国也被印度认定为"非市场经济地位"国家。2003年修订中又补充指明如果一国被WTO成员经过评估给予"市场经济地位"，那么印度承认该国为"市场经济地位"国家。

（2）调查机构均有一定的自由裁量权，而发展中国家自由度更大，操作更不透明。一般而言，反倾销调查中调查机构都有关于举证合理性、替代国选择、替代价格确定等方面的一定程度的自由裁量权，不过发展中国家的法律制度不够完善，透明度低，预留给调查机构的自由裁定的空间较大。印度对"非市场经济地位"的认定标准不一致，存在法律对某些WTO成员承认是"市场经济地位"国家而某些WTO成员不承认是"市场经济地位"国家的同一国无法做出明确的判断，完全依靠调查机构决定的情况。目前，2001年同被印度认定为"非市场经济地位"国家的俄罗斯、白俄罗斯、越南、格鲁吉亚等都先后获得了"市场经济地位"，中国成为经常被印度发起反倾销调查国家中唯一的"非市场经济地位"国家。同时，在印度的反倾销案例分析中，经济发展水平更低的替代国选择（通常就是印度自身）对反倾销税率的影响效应高于经济发展水平更高的替代国选择，可能的原因就是印度调查机构在实际操作中自由裁定权大，操作不透明、不规范。

（3）替代国选择的确定各有侧重。美国的替代国选择集中度较高，一方面，普通法援引以前判例裁定后续案例导致其在替代国选择上具有持续稳定性，另一方面，美国定期发布替代国选择清单导致替代国选择范围有限。欧盟的替代国选择较为分散，主要是因为其替代国选择必须得到替代国企业的配合。如果初始选择的替代国企业不配合，则需更换为其他替代国，如果调查期满前没有替代国企业配合，欧盟只能选择自身。这种机制导致欧盟替代国选择范围大、分布散。印度主要选择自身作为替代国，印度国内法明确写明，如果申诉企业和被调查企业都没有提供合适的替代国选择，调查机构可以选择自身。中国企业往往消极应诉或难以获取备选替代国的资料，印度国内企业没有动机提出新的选择，因此，印度反倾销调查中使用自身作为替代国的频率极高。

（4）美国政策导向严厉，对"非市场经济地位"国家实施惩罚性的反倾销税率，欧盟和印度政策导向较为温和。第一，美国反倾销税率由ITA计算，美国国际贸易委员会（International Trade Commission，ITC）只判定反倾销是否导致了损害或威胁，并不计算损害幅度；欧盟和印度由一个机构同时裁定倾销幅度和损害幅度，确定的最终反倾销税率会选择两者中的较小者，在一定程度上降低了反倾销税率。第二，对于不配合调查企业的反倾销税率，美国采用不利可得事实计算惩罚性税率，欧盟和印度采用可得事实。第三，欧盟和印度对符合条件的企业给予"企业市场经济地位"，完全采用企业自身价格计算其反倾销税率。第四，对于行业普遍税率，美国区分是否拥有"市场经济地位"并采用不同标准，对"非市场经济地位"国家适用不利可得事实税率，对"市场经济地位"国家采用平均税率，而欧盟会根据所有企业配合率对税率进行适当调节，印度则并未根据国家是否拥有"市场经济地位"差别对待，一律使用可得事实税率。

（三）政策启示

与上文中的讨论相对应，表1-7总结了美欧印反倾销调查制度的对比分析。

表1-7　美欧印反倾销调查制度对比分析

对比项目	美国	欧盟	印度
管理机构	ITA（计算反倾销税率）和ITC（裁定是否存在倾销损害）	欧盟委员会	印度商务部
调查流程	发起、初审、终审、法令颁布	发起、初审、终审	发起、初审、终审
反倾销税率确定办法	以ITA计算的倾销幅度确定反倾销税率	以反倾销税率和损害幅度中较小者确定反倾销税率	以反倾销税率和损害幅度中较小者确定反倾销税率
不配合企业的税率计算	当企业未配合调查或未积极配合调查时，采用不利可得事实计算惩罚性的反倾销税率	当企业未配合调查或未积极配合调查时，采用可得事实计算反倾销税率	当企业未配合调查或未积极配合调查时，采用可得事实计算反倾销税率
全行业的税率计算	对"非市场经济地位"国家采用不利可得事实计算税率，对"市场经济地位"国家采用加权税率	配合率高则采用最高单独调查税率，配合率低则采用可得事实计算税率	对所有国家采用可得事实计算税率
国家"市场经济地位"法律认定	较早存在"非市场经济地位"概念	较早存在"非市场经济地位"概念	2001年法律中明确"非市场经济地位"概念，设定认定标准
"企业市场经济地位"认定	对"非市场经济地位"国家没有"企业市场经济地位"的单独认定	存在对"企业市场经济地位"的单独认定	存在对"企业市场经济地位"的单独认定
"非市场经济地位"国家正常价格	基于替代国价格计算的"构造产品价格"	替代国企业的对应产品价格	基于替代国价格计算的"构造产品价格"

续表

对比项目	美国	欧盟	印度
替代国价格确定	申诉人发起时提议，被调查企业提议其他替代国并举证，调查机构审核	欧盟委员会提议，相关方可举证反驳，需被选择的替代国企业配合，无法找到配合的替代国企业，则采用欧盟自身的对应产品价格	申诉人提议，被调查企业提议其他替代国并举证，若无其他提议，调查机构根据情况确定印度、国际价格等作为替代国价格

从目前形势来看，逆全球化思潮此起彼伏，给世界经济实现强劲、可持续、平衡、包容的增长带来新的不确定影响，多种形式的贸易保护主义抬头并不断加剧，尤其是特朗普上台及随后出台的一系列措施掀起越来越多的贸易争端。随着多边贸易体制遭到冷遇，双边贸易制度可能重新站上历史舞台的中央，中国必须对未来更多、更激进的贸易保护措施和双边贸易体制下争端解决机制做好准备。

第一，产能过剩行业亟须去产能、调结构、促升级。中国产能过剩行业成为反倾销调查的众矢之的和高发领域，大量外销和低价竞争极易引发他国发起反倾销调查，而产能过剩行业本身又存在资源浪费，国际贸易摩擦进一步加剧行业风险，企业经营风险提高，可能引发大量企业破产。为有效应对未来的挑战和不断集聚的风险，政府应制定行业规范标准，关闭不达标的落后产能企业，引导企业依法依规主动退出，促进行业内部的重组，调整行业的结构，促进行业向高附加值产品转型升级，提高市场竞争力。

第二，五方合力多措并举提高企业应诉能力。企业应诉的积极性是影响企业自身和行业平均反倾销税率的重要因素。然而，在企业应诉实践中存在着法律费用高昂、应诉成本分摊协调机制缺失、企业管理与财务记录不规范等困难和问题，需要政府采取多种措施有效降低企业应诉成本，通过行业协会和政府部门建立成本分摊协调机制，持续推进市场化改革和企业规范化管理，在政府、行业协会、企业、律师团队和专家学者合作下有效提升中国企业应对反倾销的能力，让企业有意愿参与应诉，有能力进行应诉，减少反倾销调查对企业的负面影响。

第三，"一地一策"、储备人才——针对性地应对不同国家的反倾销调查。发达国家和发展中国家在法律规范和法律执行中存在差异，发达国家法律制度更为完善，透明度更高，法律执行更规范。总体而言，中国在应对反倾销调查中，针对发达国家需要从法律层面进行大量的研究，从法律本身寻找突破，而针对发展中国家的调查更多需要加强与调查机构的沟通，积极应对以纠正调查中可能出现的人为扭曲。

同时，中国应该为未来双边贸易争端解决机制及早储备熟悉主要反倾销发起国法律法规的人才。从国家（地区）应对策略讲，应对美国的反倾销调查，需要特别注重企业不应诉或消极应诉问题，企业不应诉或消极应诉将被实行代价高昂的惩罚性税率;应对欧盟的反倾销调查则更需要策略性,需要对替代国选择进行提议和举证,并注意做好与替代国企业的协调以得到配合;应对印度的反倾销调查,则需要企业做好全方位的准备并积极应诉,以针对可能的不透明和不合理裁决提起反诉,主动提议其他替代国选择,并适时提起对国家或者行业层级的"市场经济地位"认定。

虽然中国作为多边经贸体系的积极参与者,一直以来坚定不移地维护WTO等国际经贸组织在解决国际经贸纠纷中的作用,但近年来随着逆全球化思潮的兴起和多国政治局势的变化,单边主义和双边主义的做法在经贸领域呈现上涨趋势,例如,美国特朗普政府提出了单边提高某些产品进口关税的威胁。在这种形势下,我国政府和企业将会面临更多的双边谈判,特别需要做好在他国法庭打官司并赢官司的准备,因此培养熟悉主要反倾销发起国经贸法律法规的专业人才变得尤为重要。

二、美国对华反补贴调查与我国应对策略[①]

美国自2006年起成为全球范围内对中国发起反补贴调查最多的国家,其调查具有单独立案数量多、覆盖产品范围广、裁决成功率高、反补贴税率高、"双反"合并使用频繁等特点,给我国企业出口造成了不利影响。本部分基于2006~2015年美国对华反补贴调查案件,分析我国企业面临的挑战和困难,并从国家政策制定、国有企业改革、行业协会职能转变、企业能力建设和意识培养等方面提出政策建议。

WTO成立以来,美国是世界上发起反补贴调查最多的国家。2005年7月27日,美国众议院通过了《美国贸易权利执行法案》(United States Trade Rights Enforcement Act),使美国的反补贴调查适用于"非市场经济国家"。此后,中国成为美国反补贴调查的首要目标国。2017年中美展开了全面经济对话,在特朗普访华期间中美签署2535亿美元经贸合作大单,然而在此背景下,美国商务部开始"自行发起"针对从中国进口的普通合金铝板的"双反"调查,打破了25年以来由产业发起申请的惯例。中美贸易面临更为复杂和不确定的形势,我国应深入、系统地研究美国对华反补贴调查,做好充足准备以应对更多的贸易摩擦。

(一)美国对华反补贴调查概况

2006~2016年中国遭受全球范围内28个国家和地区发起反补贴调查119起,

---

① 本小节内容基于子课题1"对华'双反'调查的成因和'非市场经济地位'的影响"成果整理而成,撰稿人为对外经济贸易大学教授林桂军、博士研究生何昕、王聪。

覆盖11个行业。其中，美国发起调查60起，高居发起调查国（地区）首位[①]。

（1）中国是美国反补贴调查的最大目标国。1995~2015年美国发起反补贴调查195次，被调查国家和地区分布较为分散，但针对中国的数量特征极为明显。中国遭受美国反补贴调查高达51次，几乎是排名第四位至第十位的国家遭受反补贴调查数量之和（表1-8）。2006~2015年，中国连续十年成为美国反补贴调查的首要目标国。在美国对外反补贴调查中，中国被单独调查立案的比例高达80.4%，远远超出十大目标国的平均水平。

表1-8　1995~2015年美国对外反补贴调查目标国排名

排名	国家	被调查案件数/起	被单独调查数量/起	比例	初裁确定补贴案件数量/起	初裁确定补贴案件比例	初裁确定损害案件数量/起	初裁确定损害案件比例	初裁采取反补贴措施案件数量/起	初裁采取反补贴措施案件比例	终裁采取反补贴措施案件数量/起	终裁采取反补贴措施案件比例	初裁平均税率	终裁平均税率
1	中国	51	41	80.4%	49	96.1%	50	98.0%	49	96.1%	39	76.5%	37.56%	67.23%
2	印度	22	9	40.9%	15	68.2%	17	77.3%	15	68.2%	8	36.4%	35.46%	20.59%
3	韩国	16	4	25.0%	7	43.8%	16	100.0%	5	31.3%	5	31.3%	10.21%	10.99%
4	加拿大	12	8	66.7%	6	50.0%	9	75.0%	4	33.3%	4	33.3%	9.05%	12.39%
5	印度尼西亚	10	1	10.0%	6	60.0%	9	90.0%	4	40.0%	4	40.0%	24.86%	21.15%
6	土耳其	8	2	25.0%	3	37.5%	7	87.5%	2	25.0%	4	50.0%	8.89%	5.29%
7	巴西	7	2	28.6%	4	57.1%	6	85.7%	4	57.1%	1	14.3%	9.23%	5.64%
8	意大利	7	2	28.6%	7	100%	7	100.0%	4	57.1%	6	85.7%	13.33%	14.04%
9	越南	5	2	40.0%	4	80.0%	5	100.0%	2	40.0%	3	60.0%	8.31%	112.71%
10	阿根廷	4	1	25.0%	3	75.0%	4	100.0%	2	50.0%	2	50.0%	17.59%	23.77%
合计		142	72	50.7%	104	73.2%	130	91.5%	91	64.1%	76	53.5%	17.45%	29.38%

资料来源：根据世界银行全球反补贴数据库整理计算，其中剔除了发起年份不明确的5个案例，案件编号分别为USA-CVD-1、USA-CVD-2、USA-CVD-3、USA-CVD-349、USA-CVD-350，均为纯反补贴案例

（2）中国遭受调查的产品为劳动密集型产品，且调查范围广。钢铁行业是美国对华反补贴调查最为集中的行业，从2007年开始，美国连续9年对中国钢铁行业产品（HS 72和HS 73）发起反补贴调查，涉及产品数量繁多。其次是机电设

[①] 资料来源：https://www.wto.org/english/tratop_e/scm_e/scm_e.htm[2017-11-20]。

备（HS 84 和 HS 85）和化工品（HS 28、HS 29、HS 37 和 HS 38），2006~2015 年分别有 6 年和 5 年被立案调查（表 1-9）。

表 1-9　美国对华反补贴调查涉案产品范围（产品种类以 HS-8 位编码划分）（单位：个）

年份	被调查产品种类总数	钢铁行业产品种类数	木制品种类数	纸制品种类数	机电设备种类数	化工品种类数
2006	10			10		
2007	29	8		4	2	2
2008	18	6			6	4
2009	71	27		20		3
2010	61	5	39		6	
2011	43	6			18	
2012	39	2	36			
2013	28	12				7
2014	23	6			6	1
2015	70	41		20	8	
合计	392	113	75	54	46	17

（3）中国企业的补贴认定、损害认定及反补贴措施采取比例极高。1995~2015 年美国对十大目标国的反补贴案件中，初裁确定存在补贴的案件比例为 73.2%，初裁确定损害的案件比例为 91.5%，初裁成功率极高（表 1-8）。在中国遭受的调查中，96.1% 的案件在初裁中被确定存在补贴，仍为十大目标国中首位，其终裁采取反补贴措施案件比例为 76.5%。

（4）中国企业遭受反补贴税率极高。在美国反补贴的十大目标国中，中国的平均税率位居前列，终裁的反补贴税率是印度遭受的反补贴税率的三倍以上。在针对中国单独立案的 41 起反补贴调查中，中国产品的初裁税率和终裁税率分别为 32.05% 和 54.06%（表 1-10），分别达到十大目标国平均税率水平的 1.8 倍。而美国同时对中国和其他国家的产品发起的 10 起反补贴调查中，中国产品的初裁平均税率为 59.07%，终裁平均税率为 127.46%，分别达到十大目标国平均水平的 3.4 倍和 4.3 倍。从初裁税率到终裁税率变化的角度来看，四个国家的终裁税率低于初裁税率（印度、印度尼西亚、土耳其、巴西），四个国家的终裁税率小幅提高（意大利、韩国、阿根廷、加拿大），仅中国和越南的终裁税率比初裁税率大幅提高。终裁税率的结果表明，无论是不同产品还是同一产品，只有中国遭受高反补贴税。

表 1-10 2006~2015 年美国对华反补贴税率情况

项目	对中国单独调查的案件		对其他国家同时调查的案件		总体平均税率	
	初裁税率	终裁税率	初裁税率	终裁税率	初裁税率	终裁税率
税率	32.05%	54.06%	59.07%	127.46%	37.56%	67.23%

（5）美国惯用"双反"调查，中国是遭受其"双反"调查最多的国家。美国使用"双反"手段可以追溯到 1982 年，美国对来自欧洲 7 个发达国家的钢铁产品发起了 37 起"双反"调查。自此至 2015 年底，美国共发起 363 起"双反"调查，涉及 56 个国家和地区。进入 20 世纪 90 年代以后，"双反"调查成为美国反补贴调查的主要形式。在美国对外"双反"调查的十大目标国遭受的调查中，平均每 100 起反补贴调查中就有约 69 起为"双反"调查，说明"双反"调查是美国最为青睐的手段。对委内瑞拉、印度和中国的"双反"调查占反补贴调查的比例位居前三，均超过 90%（表 1-11）。2006 年美国对华铜版纸发起首次"双反"调查，此后，中国连续十年成为美国"双反"调查的首要目标国。因此，将来针对中国的反补贴调查会延续"双反"调查的趋势是大概率事件。

表 1-11 1982~2015 年美国对外"双反"调查十大目标国

国家	排名	"双反"数量/起	反补贴调查数量/起	"双反"比例
中国	1	49	54	90.74%
印度	2	26	28	92.86%
意大利	3	23	32	71.88%
韩国	4	23	36	63.89%
巴西	5	22	48	45.83%
法国	6	19	32	59.38%
委内瑞拉	7	18	19	94.74%
加拿大	8	15	32	46.88%
土耳其	9	11	14	78.57%
比利时	10	10	16	62.50%
合计		216	311	69.45%

综上所述，随着 2005 年美国众议院通过《美国贸易权利执行法案》及 2007 年美国国际贸易法庭裁定美国商务部有权考虑是否对中国企业启动反补贴调查，美国对华反补贴调查成为常态。尽管每年立案数量不多，但中国连续十年成为其首要目标国，"双反"调查是美国对华反补贴调查的主要形式。单独针对中国立案

调查的案件数量大，初裁及终裁成功率极高，涉案产品主要为我国具有传统出口优势的劳动密集型产品，且覆盖范围较广。因此，随着中国遭遇的贸易摩擦的焦点已经沿着产品—产业—制度—体制的路径在逐渐升级[①]，特朗普政府扭转对华贸易逆差态度的明确及其"反全球化"贸易政策的贯彻，美国对华反补贴调查很可能延续合并调查、高税率、高成功率、覆盖范围广的趋势，值得中国企业和政府提高警惕。

（二）我国企业在应对反补贴调查时面临的问题和挑战

（1）我国的补贴政策是美国反补贴调查的重要依据。在被调查数量超过10起的国家中，初裁中国企业享受政府补贴的认定率接近100%，同为发展中国家的印度认定率为68%，印度尼西亚仅为60%。这毫无疑问地说明了美国认为中国的补贴政策较为普遍和广泛，凡是立案调查的产品基本上会在初裁后采取反补贴措施。换句话说，可以认为美国的反补贴调查更大程度上是针对中国的补贴政策。从美国2016年向WTO提供的半年度反补贴报告中可以看到，目前中国的产业政策贷款、土地使用权优惠、高新技术企业税收优惠、行业用电优惠、生产线升级补助、本地中小企业扶持项目、高科技基地拨款、出口资金补贴等仍是美国反补贴调查的理由。

（2）"不利可得事实"条款使中国企业蒙受高税率损失，未被单独调查的企业税率受应诉企业税率影响。中国企业是美国商务部采用不利可得事实裁定高税率的重点对象，如2015年6月对耐腐蚀钢制品的调查中，由于美国商务部认为鞍钢集团香港有限公司、宝山钢铁股份有限公司、常熟科弘材料科技有限公司、邯郸钢铁集团有限责任公司、德高钢铁公司、河钢集团有限公司、唐山钢铁集团有限公司未尽力配合调查，根据美国《1930年关税法》第776（b）条中不利可得事实裁定上述公司的反补贴税率为241.07%，同时被调查的公司烨辉（中国）材料科技有限公司未被采用该条款，最终税率仅为39.05%。根据美国《1930年关税法》第705条规定，对于其他未被单独调查的企业适用的税率是除去第776条下认定的补贴率、0或极轻微税率之外的企业税率的加权值。在美国《1930年关税法》的框架下，中国企业积极应诉能降低被适用第776条的不利可得事实的概率，避免被认定惩罚性的补贴率。同时，积极应诉的企业还能给未被单独调查的企业带来正的外部性，即积极应诉的企业获得的较低的补贴率同样使得未被单独调查的企业获益。

---

① 反补贴纷至沓来 欧美盯上中国"补贴"用心颇深. https://www.chinanews.com/cj/2011/05-18/3047786.shtml [2018-08-30].

（3）美国专项性补贴认定范围扩大，国有企业及其下游企业遭受反补贴调查的风险提高。2010年，美国商务部公布了关于现行反补贴调查中的国有企业专向性认定方法，专向性很强的补贴成为这次美国加强贸易救济执法的主要目标。这类专项性的补贴包括企业专向性（一国政府针对一个或几个特定公司进行补贴）、产业专向性（一国政府针对某一个或几个特定产业部门进行补贴）和地区专向性（一国政府对其领土内特定地区的生产进行补贴）等几种类型。在《美国贸易权利执行法案》中，国有企业除了被认为其经营行为受政府控制、不取得"市场经济地位"之外，亦被认为是公共机构的一种。而WTO制定的《补贴与反补贴措施协议》中，来自公共机构的补贴也被纳入反补贴的范畴之内。这意味着不仅受到国家补贴的国有企业会成为反倾销调查的主体，与其有贸易往来的下游企业也会同时被认为通过贸易传导性而获得了补贴，因而可能会被纳入调查范畴，反补贴调查的影响面进一步扩大[①]。以美国2015年8月发起的对中国冷轧钢板产品案为例，鞍钢集团香港有限公司、本溪钢铁集团特钢有限责任公司、迁安市金宝商贸有限公司被立案调查，美国商务部认为该案涉及国有企业的补贴政策包括国有企业优惠贷款、振兴东北的有关贷款和利率优惠、债务置换、国有企业的分红豁免、亏损国有企业补贴、国有企业土地使用权优惠等，并裁定高达256.44%的反补贴税率。

（三）中国应对策略

美国频繁采用反补贴、反倾销等措施来平衡美国的贸易逆差[②]，根据WTO数据统计，2016年美国对中国发起反补贴调查9起，已接近2009年全球金融危机困局下的最高水平。随着美国贸易保护主义的不断深化，反补贴调查应引起政府、行业协会和企业的高度重视。

（1）调整补贴政策，形成部门间联动机制迫在眉睫。中国目前的经济发展阶段无法完全取消补贴措施，因此应对补贴政策进行调整，逐步取消与《补贴与反补贴措施协议》不符的禁止性补贴，严格审查专项性补贴。由于美国专项性补贴调查范围进一步扩大，将来的对华反补贴调查很可能出现从散点状分布的同质产品生产企业调查转向产业链型上下游企业聚集调查的现象。因此，在国内制定有关产业发展、经济结构调整等的财政、金融政策前，应当加强与贸易救济部门的沟通，充分考虑这些政策在我国企业遭受反补贴调查中的不利影

---

① 产业扶持政策成焦点 反补贴恐成贸易摩擦主流. http://finance.qq.com/a/20101211/000786.htm[2018-08-30]。

② 作者根据美国贸易代表办公室（Office of the United States Trade Representative, USTR）中国代表处前副贸易代表 Wendy Cutler 女士2017年在对外经济贸易大学"特朗普政府的贸易政策及其影响"专题报告会上的发言整理。

响，从措辞、行文到具体条款都应根据 WTO 有关规则进行调整，避免授人以柄，以降低我国企业补贴认定率。在遭受反补贴调查后，贸易救济部门及时与政策制定部门反馈调查涉及的各类政策，形成更紧密的互动，有利于进一步推动政策的调整。

（2）中国的国有企业改革进程中应考虑引起企业海外贸易摩擦的不利因素。一是国有企业做大做强的过程中，无法避免垂直的产业链整合，因此专项性补贴的"传导效应"对于国有企业及与其有贸易往来的企业的不利影响要纳入考虑范围。二是我国对于处于充分竞争行业和领域的商业类国有企业的混合所有制改革的目标是国有资本出资人和各类非国有资本出资人以股东身份履行权利和职责，使混合所有制企业成为真正的市场主体。在推进混合所有制企业市场化的过程中，应尽量减少政府的行政支持，避免以政令的方式对国有企业和混合所有制企业的明文补贴和政策优惠。引导国有企业和混合所有制企业利用自身资产规模、经营效率、偿债能力、盈利能力等经营优势从市场获得较为优惠的贷款利率、电力和水力等优惠待遇，推进国有企业和混合所有制企业的市场化。

（3）行业协会应发挥好统筹、服务、联合的功能。一是应凝聚力量进行智囊团建设，为企业出口保驾护航。从美国对中国产品的损害认定 98%的成功率可以看到，研究产业损害认定指标十分重要。行业协会可利用自身的信息资源优势，充分发挥统筹作用，研究美国反补贴调查的机制和程序，尤其是产业损害指标的认定体系。建立起覆盖美国反补贴损害认定体系的有关行业生产、销售、利润、市场份额的指标跟踪预警系统，为行业出口提供定期提醒，尽量避免过度的市场集中或产品集中触发的反补贴调查，降低损害认定的可能性。二是协助企业应诉，降低被诉损失应当作为行业协会的重要服务职能之一。被调查企业多为劳动密集型企业，利润率低，应诉成本高，可能导致企业应诉动力不足，或应诉能力欠缺。因此，一方面，行业协会应发挥好服务作用，组织人员或借助专业机构研究美国反补贴调查的程序，协助企业做好信息搜集传递、应诉工作，提供必要的应诉资金和智力支持，最大化利用美国《1930 年关税法》第 705 条从而降低整个行业的补贴率；另一方面，行业协会可以研究与商业保险公司开发与贸易摩擦有关的保险方案，转移部分或全部应诉成本。三是行业协会可组织被诉企业与美国行业协会或起诉企业进行谈判，从中斡旋，争取美方撤诉。四是在中国产业由于外国产品的严重冲击而受到损害时，行业协会可以代表受冲击企业向商务部发起贸易救济请求，对不公平竞争的外国产品和企业发起反补贴或反倾销调查，促进行业的健康发展。五是行业协会应加大预防和应对贸易摩擦的公益类培训，培养我国企业的风险防范意识，提升企业国际市场风险管控能力。

（4）规范管理、积极应诉是企业减少反补贴调查损失的有效途径。终裁税率数据显示，未应诉或不配合调查的企业遭受的反补贴税率远高于积极应诉的企业。首先，企业应加强自身管理的规范，保存好重要的销售、财务文档，以随时应对反补贴调查，体现良好的合作意识，在保护好商业秘密的前提下尽量提供翔实的信息。其次，企业应当正视反补贴调查，积极应诉有利于降低最终的补贴率，从而尽可能减少损失。最后，企业应寻求行业协会的资金和智力支持，借助专业力量提高应诉能力。

三、世界各国（地区）对华反倾销及反补贴动因的异同[①]

中国是全球遭受反倾销和反补贴调查最多的国家，各国对华实施反倾销和反补贴调查的动因不尽相同。为更全面地研究中国遭受"双反"调查背后的动因，以便根据反倾销和反补贴的差异，及时、有效地采用不同的预警和策略应对，我们基于国家和行业层面数据，采用严谨的现代计量回归分析方法量化分析了中国遭受"双反"调查的影响因素。研究结果表明，从全球来看，中国对一国反倾销，以及中国对外反倾销会使该国增加对华反倾销的可能及对华反倾销的数量；而中国对一国反补贴也会使该国增加对华反补贴的可能及对华反补贴的数量。承认中国"市场经济地位"和与中国签订自由贸易协定并没有显著影响其对华反倾销的可能和数量，却可以减少其对华反补贴的可能及数量。同时，一国的国内生产总值（gross domestic product，GDP）增长可以减少其对华反补贴的可能和数量，失业率上升也会显著增加其对华反补贴的可能和数量，但没有影响其反倾销的行为。从行业层面来看，反补贴有较强的行业特征，其中钢铁和钢铁制品行业的反补贴案件数占到47.21%。

（一）中国遭受反倾销和反补贴概况

中国是全球遭受反倾销和反补贴调查数量最多的国家，并且每年新增案件数稳居世界第一。1980~2015年中国遭受反倾销调查1340起，遭受反补贴调查101起。如表1-12所示，1980~2015年对中国发起反倾销调查排名前十的经济体分别为美国、印度、欧盟、巴西、土耳其、阿根廷、墨西哥、澳大利亚、秘鲁和南非，总数达到1062起，占中国遭受反倾销调查总数的79.25%。

[①] 本小节内容基于总课题"中国应对'双反'调查的策略研究与政策建议"成果整理而成，撰稿人为厦门大学教授龙小宁和硕士研究生黄志鸿。

表 1-12　1980~2015 年对华反倾销调查数量排名前十的经济体

经济体	对华反倾销调查/起	全球反倾销调查/起	对华反倾销调查比重	对华反补贴调查/起	全球反补贴调查/起	对华反补贴调查比重	从中国进口占中国出口比重
美国	190	1342	14.16%	52	620	8.39%	19.17%
印度	179	764	23.43%	2	2	100%	2.72%
欧盟	161	778	20.69%	6	85	7.06%	15.78%
巴西	97	451	21.51%	0	23	0%	1.28%
土耳其	94	282	33.33%	0	2	0%	0.87%
阿根廷	93	371	25.07%	0	11	0%	0.41%
墨西哥	76	285	26.67%	1	23	4.35%	1.58%
澳大利亚	63	575	10.96%	11	21	52.38%	1.88%
秘鲁	59	115	51.30%	0	15	0%	0.30%
南非	50	306	16.34%	1	13	7.69%	0.74%
总和	1062	5269	20.95%	73	815	8.96%	44.74%

（二）中国遭受反倾销和反补贴动因探究的实证结果

本部分将世界各国对华反倾销和反补贴的因素划分为两大类：经济因素和政治因素。其中，政治因素又进一步划分为策略因素和国际环境因素。

首先，从全球视角来看，实证结果显示，在策略因素中，全球对华反倾销数的增加，可以降低一国对华反倾销的可能和数量，中国对一国进行反制和对外反制数量的增加也可以降低一国对华反倾销的可能和数量。而国际环境因素和经济因素并没有显著影响一国对华反倾销的可能和数量。从反补贴来看，全球对华反补贴数的增加，可以降低一国对华反补贴的可能和数量，中国对一国进行反补贴调查和对外反补贴数量的增加也可以增加一国对华反补贴的可能和数量。与反倾销不同，国际环境因素中，承认中国"市场经济地位"和与中国签订自由贸易协定可以降低一国对华反补贴的可能和数量。

其次，将全球划分为发达国家和发展中国家来看，策略因素对发达国家和发展中国家的影响同样显著，与从全球来看，影响是相同的。但是中国对发达国家发起反补贴可以减少其对华反补贴的可能和数量，而发展中国家则相反。但是在国际因素中，发达国家加入 WTO 会显著增加其对华反倾销的可能和数量，但发展中国家则不显著。承认中国"市场经济地位"和与中国签订自由贸易协定可以减少发达国家对华反倾销的可能和数量，但发展中国家同样并不显著。在经济因素中，发达国家和发展中国家的经济因素没有影响其对华反倾销的可能和数量。在反补贴方面，策略因素对发达国家和发展中国家的影响与全球样本相同。同时，发达国家加入 WTO 显著增加其对华反补贴的可能和数量，但发展中国家则不显著。承认中国的"市场经济地位"会减少发达国家对华反补贴的可能和数量，与中国签订自由贸易协定也会降低发达国家对华反补贴的可能和数量，却没有影响发展中国家对华反补贴行为。经济因素对发展中国家和发达国家对华反补贴行为并无显著影响。

综上所述，策略因素对全球，包括发达国家和发展中国家，在其对华反倾销和反补贴中的影响相同。在国际环境因素中，发达国家加入 WTO 会增加其对华反倾销和反补贴的可能和数量，发展中国家则没有影响。承认中国"市场经济地位"会减少发达国家对华反倾销和反补贴行为，却没有影响发展中国家对华反倾销及反补贴行为。

（三）应对世界各国对华反倾销和反补贴的政策建议

针对我们的研究结果，根据世界各国对华反倾销和反补贴的异同，本小节认为中国在对外贸易方面要更加科学审慎地对待世界各国对华反倾销和反补贴行为，区别反倾销和反补贴背后动因的差异，形成有效的预警和协调机制，适时采取反制措施，因此我们提出以下几点建议。

1. 根据不同国家的特点，制定有效的预警和协调机制

不同国家对华反倾销和反补贴的行为和动机存在差异，但一国的基本国情是影响其对华反倾销和反补贴行为的重要因素，包括失业率、GDP 增速、GDP、该国货币对人民币的汇率等重要经济指标，还有一国是否加入 WTO，以及其与中国的自由贸易协定，同时关注重点行业，尤其在反补贴调查中，特别关注钢铁及其制品行业，关注行业的动态，包括行业增长、失业率、中国对其进口量等。对使用过反倾销和反补贴调查的国家及其行业进行专门的分析，建立档案长期跟踪，及时、有效地形成预警机制。采用积极协商的外交手段，从国家政府层面入手，外交协商相关的部门，形成应急协商机制，切实保护我国的利益。

2. 积极应对世界各国对华反倾销和反补贴调查，合理科学采用反制策略

中国对一国的反制可以减少一国对华的反倾销和反补贴行为，但是同时中国对外反倾销和反补贴总数增加也会增加一国对华的反倾销和反补贴行为。因此，使用反制行为要谨慎科学，合理分析使用反制策略的可能和后果。不能简单地对外使用反制，要科学评估其可能带来的影响。发展中国家与发达国家在反倾销和反补贴上都对我国的反制措施有较大反应，应以此为契机，和有关国家进行谈判协商。

3. 科学对待各国对华"市场经济地位"的认定

承认中国的"市场经济地位"对发达国家和发展中国家的影响不尽相同，总体上还是会在一定程度上减少发达国家对华反倾销及反补贴的可能和数量，却没有影响发展中国家对华反倾销及反补贴的数量和动机。对于不同国家不承认中国的"市场经济地位"要科学看待，不必一味追求其承认。要评估使其承认的成本和中国方面的受益。从全球角度来看，承认中国"市场经济地位"没有显著影响一国对华的反倾销行为，而是影响其对华反补贴行为。因此，要防止其他国家以"市场经济地位"为借口在谈判中要挟中国，但也要积极谈判使发达国家承认中国"市场经济地位"。

4. 合理结合国情适当减少对落后产能的补贴，加大对企业遭受反倾销和反补贴的帮助

首先从基本国情入手，针对遭受反倾销和反补贴的行业与企业采取不同的方案及解决措施，帮助中国企业在国际市场上更加有效地应对反倾销和反补贴行为。适当放开一些限制行业和外资投资，利用淘汰过剩产能，积极引导企业转型升级，加大技术创新和产品研发，适当减少对企业的补贴，以免一国以此为借口对华反补贴，实现对等的贸易开放和监管，也可以增加与不同国家外交谈判的筹码。

第三节 欧美等国家和地区对华"双反"调查的成因研究

一、对华"双反"调查的成因及政策建议——以美国、欧盟、加拿大和澳大利亚为例[①]

随着全球政治经济环境不确定性的增强，我国面临更为复杂的国际贸易形势。自2004年加拿大对我国首次发起"双反"调查以来，我国已连续16年成为遭受"双反"调查最多的国家。本小节通过对1995~2015年美国、欧盟、加拿大和澳

---

① 本小节内容基于子课题1"对华'双反'调查的成因和'非市场经济地位'的影响"成果整理而成，撰稿人为对外经济贸易大学教授林桂军，博士研究生何昕、王聪。

大利亚对华"双反"调查的分析表明，我国补贴政策和产品价格低廉的事实使我国出口产品在"双反"调查中处于"天然弱势"。利益集团游说、选举政治压力及对我国经济和产业政策的关注与忧虑是对华发起"双反"调查的主要政治因素。宏观经济层面的指标如GDP增长率和通货膨胀率与外国对华发起"双反"调查负相关，而贸易逆差、人民币贬值和进口渗透率与其正相关。行业层面因素如行业就业人数和行业人均工资与这一可能性正相关，行业人均产出和劳动生产率与其负相关。"非市场经济地位"在外国对华"双反"调查中也起到了重要作用，反倾销调查的替代国做法和反补贴调查的外部基准使发起国更容易做出肯定性裁决或得出较高的反倾销税率和反补贴税率。

（一）对华"双反"调查概况及特点

随着我国对外贸易的迅速发展，遭遇的贸易摩擦与日俱增。我国自2006年起连续十余年成为全球遭受"双反"调查最多的国家。据统计，我国2006~2016年共遭受来自美国（60起）、加拿大（23起）、欧盟（10起）、澳大利亚（16起）等国家和地区发起的119起反补贴调查。对华"双反"调查始于2004年加拿大对华烧烤架调查案件，自此拉开了各国（地区）对华"双反"调查的序幕，截至2016年底，我国共遭受"双反"调查106起，占反补贴调查总数的89%[1]。

除了涉案金额不断扩大之外，被进行"双反"调查行业的领域有扩大趋势，受调查对象从钢铁制造业等传统重工业部门，逐步扩展到轻工业、新兴产业，较为典型的是2013年欧盟对中国出口的光伏产品的"双反"调查，涉案金额高达200多亿美元。此外，各国（地区）对华"双反"裁决的成功率高，侧面反映出我国出口产品和企业在调查中的弱势地位，被诉产品在肯定性裁决后除了被征收普通关税外，还要被同时征收反倾销税和反补贴税。2004~2015年，初裁被认定采取"双反"措施的案件高达72起，终裁被认定采取"双反"措施和特殊保障措施的案件高达56起，成功率达到78.3%和60.9%[2]。

虽然近年来国际经济形势有所回暖，但尚未出现根本性转变。因此，在充满不确定性的国际大背景下，我国必然面临更为复杂的贸易形势，尤其是特朗普执政期间中美贸易争端更为瞩目。当前，中国高科技行业正遭受知识产权有关贸易摩擦，如LED（light emitting diode，发光二极管）产业频频被美国企业指控侵犯其专利权[3]，给我国出口产业结构调整和国内经济转型增加了不确定性。与此同时，

---

[1] 资料来源：根据世界银行全球反补贴数据库、中国贸易救济信息网手动整理。
[2] 资料来源：根据世界银行全球反补贴数据库整理。
[3] 美国对我LED照明设备及其组件发起337调查。http://gpj.mofcom.gov.cn/article/cx/cp/bz/201804/20180402729255.shtml[2018-08-30]。

传统行业也仍频频面临"双反"调查等贸易壁垒。鉴于"双反"调查在近年来的频繁使用及其作为新一轮贸易保护措施的代表性，各国发起"双反"调查的驱动因素应受到政府、行业协会和企业的重视，以形成"政府顶层设计—行业协会协调服务—企业积极配合"的良好预防与应对机制，帮助中国企业更妥善地应对贸易纠纷。

（二）对华"双反"调查的内外驱动因素分析

在分析外国对华进行"双反"调查的外部驱动因素之前，需要先从我国自身情况进行梳理。一方面，我国的确存在补贴事实。根据 WTO 反倾销规则和反补贴规则，如果存在倾销和专项性补贴，并且因此对进口国国内产业产生了实质损害，那么进口国可以对该产品发起反倾销和反补贴调查。以加拿大向 WTO 提交的年度反补贴报告为例，2016 年 3 月加拿大对华某些大口径碳合金钢管进行了反补贴调查，列出了涉及国家、省和地市级的 160 条补贴项目，所诉补贴范围极广，覆盖税收、优惠贷款、债务豁免、债转股、地方产业发展战略、出口信贷保险等。另一方面，我国企业由于生产过程中的原材料和人工成本相对低廉，再加上政府部门的补贴，容易造成对低价竞争的依赖，导致出口产品定价极低。加之我国出口产品金额巨大，市场集中度高，因此比较容易对进口国国内产业造成冲击，而后者为保护自身利益，往往会寻求贸易救济，提出"双反"调查请求。正是由于以上几个方面事实的存在，我国出口产品具有天然的"易被调查"属性。

从外部因素来看，宏观政治因素、宏观经济因素和行业因素是外国对华"双反"调查的三个主要驱动力，此外，"非市场经济地位"在外国对华"双反"调查中也产生了较为重要的影响。

1. 宏观政治因素

（1）利益集团游说、选举政治的压力使"双反"调查案件很容易被立案。美国是对华发起"双反"调查最多的国家，也是发起调查申请方中行业协会和工人组织占比最大的国家（24.1%），包括美国钢铁、造纸、森工、橡胶、制造、能源以及联合工业和服务业工人国际工会（United Steel, Paper and Forestry, Rubber, Manufacturing, Energy, Allied Industrial and Service Workers International Union）和美国劳工联合会-产业工会联合会（American Federation of Labor and Congress of Industrial Organizations, AFL-CIO）（9 起）、美国钢铁工人联合会（United Steelworkers of America）（3 起）、墨西哥湾虾业联盟（Coalition of Gulf Shrimp Industries）（1 起）、国际机械师和航空航天工人联合会（International Association of

Machinists and Aerospace Workers）(1起)等。行业协会和工会往往代表实力雄厚的利益集团，具有很强的组织能力，可以通过各种形式影响国会立法者，如游说、抗议和示威、诉讼、选举活动等，从而影响本国的对外贸易政策的制定和实施。一国的决策者在政治选举中是倾向于推动贸易自由化还是采取贸易保护政策，往往取决于所依赖的利益集团的态度。一旦行业在政治上形成了利益联盟，"双反"调查就会向有利于利益联盟的方向倾斜。

（2）其他国家对我国经济和产业政策的关注与忧虑是各国对华频频发起"双反"调查的深层次原因。较为常见的我国受指责政策包括高新技术企业的税收优惠、特定行业的金融支持（优惠贷款利率和优先融资）、低价土地使用权、低价水电等。外国政府试图通过对我国出口产品进行"双反"调查来获得谈判筹码，以迫使我国政府削减补贴、开放市场准入等。最为典型的就是特朗普政府提出的要求中国停止对"中国制造2025"涉及行业的补贴和其他政府支持。

2. 宏观经济因素

研究发现，宏观经济指标的剧烈波动，如一国的经济增长率、失业率、通货膨胀、汇率等会影响到反倾销、反补贴政策的实施。政府反经济周期运作既能在一定程度上与利益团体的期望保持一致，又能实现更佳的经济效益。特别是在经济不景气时，政府更有政治压力发起贸易争端。

（1）GDP增长率和通货膨胀率与发起"双反"调查存在负相关关系。通常情况下，经济增长速度较高时，就业机会较为充裕，失业率下降；相反，通货膨胀率过低会引发失业率走高。金融危机后，全球经济放缓，导致各国为保护国内产业、增加就业机会，逆全球化思想抬头，贸易保护主义增强，各国政府倾向于采取更多的"双反"调查。

（2）贸易逆差扩大、进口渗透率提高会增大外国对华"双反"调查的可能性。贸易逆差是外国采取反倾销、反补贴等贸易救济措施的重要原因之一。居高不下的贸易逆差是调查发起国国内产业和利益集团不断向政府施压并促使其实施贸易保护的直接原因。进口渗透率是指一国某产业国内消费数量中进口所占比重。进口渗透率越高，进口比重越大，国内产品所占市场份额越小，国内产业受到损害的可能性越大，进而产业提出"双反"调查申请的概率越高。

（3）汇率是外国对华发起"双反"调查的重要因素。当人民币相对贬值时，在进口国市场将以更低的价格与进口国国内产品竞争，从而提高了价格"低于公平价值"的可能性。同时，由于低价产品的出现，市场竞争愈发激烈，进口国生产企业的市场份额、财务表现将受到较大冲击，从而更容易得出从中国的进口与产业受到实质性损害存在因果关系的结论。

3. 行业因素

（1）行业就业人数是衡量行业规模大小的重要指标之一。雇佣人数多的行业更容易形成影响力较强的利益联盟，进而对政府进行捐献和游说，从而在"双反"调查中获得有利地位。因此，行业雇佣人数增加时，行业对"双反"调查立案的影响力越大，当行业受到进口产品冲击时，政府越容易发起"双反"调查。

（2）行业人均产出和行业劳动生产率（计算公式：劳动生产率=行业增加值/行业就业人数，即行业人均增加值）反映了行业的生产效果和效率。研究发现，一国行业人均产出越低、劳动生产率越低，越容易对华发起"双反"调查。当行业的人均产出和劳动生产率提高时，往往意味着该行业的发展前景较好，反之，则该行业前景堪忧。因此，在面临激烈的价格竞争时，行业人均产出和劳动生产率降低的行业，更容易受到冲击而出现"实质损害"，进而更容易提起"双反"调查申请。

（3）行业人均工资是反映行业经济效益的重要指标之一。一般来说，行业（制造业）人均工资越高，该行业经济状况越好，更容易获得政府的关注和保护。研究发现，制造业行业人均工资越高，进口国对华发起"双反"调查的可能性越大。从另一个角度可以理解为，当人均工资增加时，企业的人工成本也会相应提高，进而当市场上竞争激烈、出现大量进口产品抢占市场份额时，企业面临更大的压力，因此更容易提出"双反"调查立案申请。

4. "非市场经济地位"因素

"非市场经济地位"对外国发起对华"双反"具有重要影响，主要是通过反倾销调查中的替代国做法和反补贴调查中的外部基准使发起国更容易对中国出口产品做出肯定性裁决或得出较高的反倾销税率和反补贴税率。

（1）"非市场经济地位"给中国企业在应诉反倾销中带来了困难，主要体现在美国、欧盟、加拿大、澳大利亚等国家和地区均在其反倾销法规中加入了"非市场经济地位"条款，规定对来自"非市场经济国家"的产品实施反倾销调查时，可以不采用该国（地区）的国（地区）内市场价格数据，而采取计算价格方法或替代国价格方法。根据《中国入世议定书》第15条规定，中国加入WTO后15年内，其他WTO成员在对华反倾销时，可以继续采用替代国做法，即不采用中国的价格进行比较，而采用第三国的价格。其后果是中国企业更容易被认定为倾销，而且倾销幅度可以定得更高。

（2）外部基准同替代国做法的本质相同，使我国出口产品价值容易被低估，从而得出"低于正常价值"的结论和征收较高的反补贴税率。美国、欧盟、澳大利亚和加拿大在反补贴调查中频繁使用外部基准计算产品价格。总体上看，外部基准适用于一次性赠款、贷款（担保）、原材料投入品和土地等四类政府财政补贴的利益度量。在具体调查中，外部基准采用频率明显高于内部基准，例如，中国的银行利率和土地价格市场化程度未得到美国和欧盟的认可，因此采用外部基准利率［如 LIBOR（London interbank offered rate，伦敦同业拆借利率）］和土地价格（其他发展中国家如马来西亚、泰国的土地价格）。上述国家（地区）对政府或国有企业提供的原材料或中间投入品价格计算也采用外部基准，其原因是政府是相关原材料和中间投入品的主导提供者，例如，美国认为中国的热轧钢大部分由国有企业生产，因而扭曲了市场价格，故采用国际市场价格作为外部基准。

反倾销调查主要关注产品价格的市场化程度，反补贴则主要关注要素和中间投入品是否存在政府主导。对于市场化程度仍有待不断提高、政府干预经济程度仍有待不断降低的中国来说，"非市场经济地位"对"双反"调查发起的影响还将持续一段时间。

（三）政策建议

（1）进一步推动市场化建设和国有企业改革，让市场在资源配置中起决定性作用，使企业在公平、合理、有序的市场环境下运营，是减少调查"双反"的根本途径。国家应当进一步简放政权，减少对企业和市场的干预，逐步将政府职能从指导向监管转换，维护市场经济秩序。我国还应当进一步深化国有企业改革，尤其是对于处于充分竞争行业和领域的商业类国有企业要推进混合所有制改革，使这类国有企业与民营企业处于公平的市场竞争秩序中，尽量减少政府的行政支持，避免以政令的方式发布对国有企业和混合所有制企业的补贴和政策优惠。从长远来看，我国还应调整发展思路，避免对战略产业的政策支持导致的一窝蜂投资、行业大而不强、产能过剩等问题。

（2）增强行业协会的引领和服务职能，重视预警机制的建立和完善，加强企业自救能力培养。行业协会应充分发挥引导作用，通过多种渠道获取信息，对出口目的国的政治、经济、行业层面的指标进行跟踪，对关键信息进行分析并及时传达给国内产业。行业协会还应重点关注出口目的国的主要利益集团，即与竞争产业相关的主要利益集团，如纺织行业、钢铁行业等的动向，通过与不同行业的利益集团谈判或合作，利用不同集团之间的利益冲突，降低对我国出口产业不友好的行业利益集团在贸易政策制定和实施上的影响。行业协会还应当提升服务职能，为企业应诉提供"双反"调查程序、法律、财务信息等多方面的支持与服务，帮助提高我国企业的应诉能力。此外，行业协会还可以在中国产业由于外国产品的严重冲击而受到损害时，代表受冲击企业向商务部发起贸易救济请求，对不公平竞争的外国产品和企业发起反补贴或反倾销调查，以促进我国各行业的健康发展。

（3）企业的规范管理、积极应诉是减少"双反"调查损失的有效途径。研究发现，未应诉或不配合调查的企业遭受的反倾销税率或反补贴税率远高于积极应诉的企业。企业应加强自身管理的规范性，保存好重要的销售、财务文档，以随时应对"双反"调查，并在调查中体现良好的合作意识，在保护好商业秘密的前提下尽量提供翔实的信息。企业还应与行业协会保持紧密联系，及时获取预警信息，对产品结构和出口市场进行及时的调整，在被调查后积极寻求行业协会的专业帮助，以最大可能地减少损失。

二、深化中加经贸关系需应对加拿大对华"双反"调查[①]

中国与加拿大经贸关系潜力巨大，而加拿大对华持续发起"双反"调查是影响中加经贸关系失衡，进而影响深化两国经贸关系的重要障碍。本小节分析了近年来加拿大对华"双反"调查演变的特点，分析结果表明，加拿大对华"双反"调查涉及行业范围扩大、涉案产品增多、频繁使用日落复审给中国带来挑战的同时，也为进一步深化中加经贸关系提供了机遇，加拿大出口市场为中国的国内改革提供了良好的试验场。据此，本小节从应对加拿大对华"双反"调查入手提出深化两国经贸关系的政策建议：中国政府需完善本国法律体系，提高政府治理和服务能力，重新审视本国长期存在的体制问题，积极开展中加自由贸易区谈判，协调逆全球化对两国的影响，从而进一步扩大两国的贸易基础和合作空间。

2017年12月，加拿大总理特鲁多再次访华并与习近平主席和李克强总理进行会谈，两国领导人均表示中加两国进一步发展经贸合作的潜力巨大。然而，加拿大持续对华发起"双反"调查，"双反"调查影响两国正常的贸易关系，阻碍两国双边贸易在各自对外贸易中地位的再平衡，还涉及对等市场关系的建立，这无疑成为中加深化经贸关系的障碍。面对加拿大对华持续发起"双反"调查，中国政府应该如何应对，从而不断加深两国经贸关系显得尤为重要。在此背景下，我们分析了两国经贸关系失衡的特点、近年来加拿大对华"双反"调查的特点、中国应对加拿大对华"双反"调查面临的挑战，并提出了化解加拿大对华"双反"调查、深化两国经贸关系的政策建议。

[①] 本小节内容基于子课题1"对华'双反'调查的成因和'非市场经济地位'的影响"成果整理而成，撰稿人为对外经济贸易大学教授林桂军和博士研究生王聪，获得中华人民共和国常驻世界贸易组织代表、特命全权大使张向晨批示。

（一）中加经贸关系失衡的三大表现

第一，两国双边贸易对于双方的重要性存在严重的失衡。近年来，中国已发展成加拿大重要的贸易伙伴国，但加拿大对于中国进出口的重要性远比不上中国之于加拿大。数据显示，目前中国是加拿大第二大出口国和第二大进口来源国，而中加双边贸易规模不足中国进出口规模的2%，差距十分明显。从中国对加拿大进出口贸易的情况可以看到，中国对加拿人主要的进口和出口产品差异明显，两国的双边贸易存在较好的互补性，双边贸易存在较大的提升空间，在中国经济增长乏力、出口增速放缓的背景下，进一步深化中加贸易往来对于中国经济提质增效意义重大。

第二，两国之间的经贸往来存在对等市场关系失衡。加拿大是典型的发达市场经济体，市场化程度高，企业对市场变化的反应更加敏感，而中国是由计划经济向市场经济转型的新兴经济体，尽管多年来中国的市场化程度取得了显著提高，但是中国在国有企业、知识产权保护等领域的改革还相对滞后，中国国有企业受到政府过多的补贴，预算软约束问题突出，中国产业政策还带有较为明显的选择性和干预性特征，上述问题的存在往往扭曲了中国企业的经济行为，中国企业对市场变化的反应相对滞后。由此，加深两国双边经贸关系需要进一步加强对等市场关系的建立。

第三，两国相互发起的"双反"调查数量失衡。根据WTO和加拿大边境服务署（Canada Border Services Agency，CBSA）网站，截至2016年，加拿大对华共发起了23起"双反"调查，而中国未对加拿大发起过"双反"调查。近年来，两国贸易摩擦不断，加拿大对华持续使用"双反"调查，加之以美国为代表的贸易保护主义的兴起，逆全球化思潮不断扩大其影响范围，这有可能进一步提高加拿大对华使用"双反"调查的频率，两国进一步加深经贸往来的可能性受到严重挑战。

（二）近年来加拿大对华"双反"调查的特点

1. 反补贴调查全部为"双反"调查

截至2017年11月，加拿大对华共发起了24起反补贴调查，而这24起调查全部为"双反"调查。具体表现为：第一，2004年至2017年11月，加拿大对华累计发起了24起"双反"调查，仅次于美国，远高于其他国家和地区，而中国对加拿大未曾发起"双反"调查，两国之间的"双反"调查呈现显著的差异。第二，加拿大对华反补贴调查全部为"双反"调查,加拿大对中国发起反补贴调查的同时也会发起反倾销调查。

2. 单件案件涉案产品数目创新高

2004年至2017年11月,加拿大对华发起的24起"双反"调查案件涉及HS-6位编码产品63种,后期呈现出较为明显的新变化,主要体现在:2015年至2017年11月,加拿大对华"双反"调查单件案件涉案产品种类呈现较大波动,2016年平均单件案件涉案产品种类达到6.5种之多,远高于历年单件案件平均涉案产品种类数量,特别是2016年加拿大对华发起的装配式工业钢构件案件,单件案件涉案产品多达10种,以HS-10位编码计算则高达21种。上述现象意味着未来加拿大对华"双反"调查单件案件呈现涉案产品种类多的特点的可能性将会增加。

3. 涉案产品行业分布呈现扩大趋势

加拿大对华"双反"调查涉及行业呈现出由行业集中向行业适度分散变化的趋势。由表1-13可以看到,2004~2012年加拿大对华"双反"调查主要集中在金属及其制品业(包括钢铁,钢铁制品,铜及其制品,铝及其制品,核反应堆、锅炉、机器、机械器具机器零件),而2013~2017年,加拿大对华"双反"调查除涉及金属及其制品业外,还扩展到无机化学品、有机及无机化合物,塑料及其制品,玻璃及其制品,以及电机、电气设备及其零件等行业。从上述阶段性变化可以进一步总结未来加拿大对华"双反"调查的两个趋势:第一,"双反"调查涉及的行业范围扩大,包括向非钢铁及其制品行业扩大;第二,"双反"调查扩大的另一个方向是朝钢铁及其制品的下游产品所属行业扩展,如向使用钢铁原材料及其制品的机械器具及其零件与电气设备行业扩展。

表1-13 2004~2017年加拿大对华"双反"调查行业分布

HS-2位编码	案件涉及行业数/个 2004~2012年	2013~2017年	行业名称
28		1	无机化学品、有机及无机化合物
39		1	塑料及其制品
44	1		木及木制品、木炭
70		1	玻璃及其制品
72		3	钢铁
73	9	4	钢铁制品
74	1	1	铜及其制品

续表

HS-2 位编码	案件涉及行业数/个		行业名称
	2004~2012 年	2013~2017 年	
76	2	1	铝及其制品
84	1	1	核反应堆、锅炉、机器、机械器具及其零件
85		1	电机、电气设备及其零件等
合计	14	14	

资料来源：加拿大边境服务署和中国贸易救济信息网；案件涉及行业数针对每件案件涉及行业的数目进行统计

注：2017 年数据为截至 2017 年 11 月的统计情况

4. 案件频繁使用日落复审

近年来，加拿大频繁使用日落复审延长"双反"措施的实施期，由于加拿大是对华发起"双反"调查次数较多的国家之一，按照日落复审的规定，在执行"双反"措施后的第五年，加拿大通常会再次发起相应"双反"案件的日落复审，从而确定是否继续实行相应"双反"措施。根据加拿大边境服务署和中国贸易救济信息网，2017 年加拿大对 2012 年做出损害终裁的不锈钢水槽、钢管桩案件启动日落复审，并在当年就不锈钢水槽案件做出肯定性终裁，钢管桩案件则在 2018 年初做出肯定性终裁。

5. "双反"调查主要针对国有企业

从加拿大对华"双反"调查对中国出口产生的实际效果来看，加拿大对华"双反"调查的贸易抑制效果并不明显，对华"双反"调查主要针对与政府相关的国有企业。以 2004 年加拿大对中国发起的碳钢紧固件案件和复合地板案件为例，加拿大"双反"调查后中国出口企业数量表现出明显的不减反增的现象。通过统计中国海关进出口数据库中向加拿大出口涉案产品企业的数目后发现，中国出口涉案产品的企业在损害终裁之前的数目为 1876 家，损害终裁之后该数字上升到 2265 家，并且企业构成发生了显著的变化，损害终裁之后，出口涉案产品的私有企业增加了 20% 多，而国有企业则下降了约 10%，其他类型出口涉案产品的企业占比也不同程度地出现了下降。

（三）中国应对加拿大"双反"调查的主要挑战

近年来加拿大对华"双反"调查呈现出来的阶段性特征，对中国政府的合理应对构成了一定的挑战，主要体现在三个方面。

第一，考验中国政府治理能力。一是对政府建立合理的本国产业救济体系提出了挑战。涉案行业的扩展和涉案产品的增多意味着相关法律程序更加复杂，企业和政府需要了解更多的加拿大"双反"调查操作细节，且政府为保护本国产业短期内不被摧毁，采用何种产业保护措施及确定保护程度也是不小的挑战。二是对中国政府服务企业的能力提出了挑战。案件的复杂化使企业更有可能找到政府部门寻求帮助，而各级地方政府往往对企业进行区别对待，产业救助过程中防止必要的"所有制歧视"和"规模歧视"也是中国政府转变治理理念过程中的挑战。

第二，挑战中国政府经济体制改革。中国在经济转型过程中政府对市场的过度干预一直是贸易伙伴国家，特别是发达国家拿来指责中国市场化程度欠缺的地方。此外，诸如中国普遍的国有企业产权安排、行政垄断、知识产权保护欠缺等问题，都在一定程度上催生了包括加拿大在内的国家与中国频繁的贸易摩擦。因此，如何正视中国经济发展中存在的制度性问题，成为摆在中国政府面前的巨大挑战，中国急需一个出口市场作为实验场所，纠正自己本国的制度问题，同时使双方受益。

第三，挑战中国政府协调全球贸易保护主义负面影响。特朗普当选美国总统后，全球贸易保护主义开始盛行，特别是美国减税法案的通过使美国有可能发行国债弥补财政收入，这就有可能带来美国政府财政和贸易的双重赤字，这就需要美国进一步以更加严厉的贸易保护主义来平衡本国的贸易收支。在这种背景下，美国和加拿大，以及美国和中国之间的贸易势必受到负向影响，因此，中国在应对加拿大对华"双反"调查的过程中还会遇到协调逆全球化影响的挑战。

（四）深化中加经贸关系需合理应对加拿大对华"双反"调查

加拿大对华"双反"调查也为中国政府深化与加拿大的经贸关系带来了一定的机遇，主要表现在：中国政府可以改善本国法律体系及提升政府治理和服务能力；可以改革本国产业政策，倒逼本国制度建设；加拿大市场是中国进行一系列改革的良好试验场；中加两国具有共同的利益诉求，解决"双反"调查可以进一步扩大两国的贸易基础和合作空间。针对以上机遇本小节提出如下具体政策建议。

1. 完善相关法律建设和人才培养，改善政府服务企业能力

第一，加拿大对华"双反"调查越来越趋复杂化和扩大化，中国政府应在本国"双反"调查法律制度建设方面进一步予以补充和完善，跟踪加拿大最新的"双反"调查案例，及相应日落复审案件的处理流程，研究制定可供本国借鉴的法律制度。第二，中国政府应进一步完善企业申请政府贸易摩擦援助的规章制度，提供透明化的信息平台，开通专门服务多种贸易救济措施合并应用的综合性贸易摩

擦援助平台。第三，中国政府可适当协调相关教育和科研院所，为企业和学校，以及政府和学校之间联合培养相关法律人才牵线搭桥，研究制订相关法律人才的培养方案。第四，政府网站建立申诉体系，防止政府服务企业存在"所有制歧视"和"规模歧视"。

2. 调整中国产业政策，营造本国公平竞争的市场环境

中国目前的经济发展阶段决定了中国需要进一步对外开放以扩大其国际影响力，但这并不意味着中国仅仅需要贸易自由化，中国同样需要公平贸易，公平贸易包括国与国之间贸易的公平，更包括本国出口企业之间竞争的公平性，还包括本国非出口企业在生产经营上的公平竞争，只有打好中国本土企业之间公平竞争的基础，规范政府干预市场的行为边界，中国企业的出口行为对市场的反应才会更加敏感，企业受到竞争压力才能表现出更强的创新意识。具体体现在以下几点。

第一，中国政府可将加拿大的出口市场作为试点，取消向加拿大市场出口企业的纵向补贴，尽可能地减少对出口加拿大企业的横向补贴，建立统一的信息公布平台，公布各级地方政府对各行业和企业的补贴政策，对各级地方政府的补贴行为加强合规性审查，同时，进一步发展中国的金融市场，提升股票市场、债券市场和保险市场等金融市场在企业投融资中的作用。

第二，各类行业协会应进一步形成共识，积极规范本行业企业的出口行为，禁止企业以各类名义向政府索取补贴，避免企业的出口倾销行为。

第三，取消企业对加拿大出口退税制度。目前各级地方政府对出口企业仍给予不同程度的优惠政策，该类政策有必要全面取消。首先中国本土企业间及本土企业与国外企业间需要更加公平的竞争环境，其次中国的外汇储备规模足够大，不再需要刻意地追求出口换汇的目的。最后，该政策有可能导致企业通过出口套利，扭曲企业在市场中的行为。因此，各级政府可先从取消对加拿大出口退税、出口补贴政策开始，然后逐步推开。

第四，规范与加拿大存在交易行为的国有企业的相关政策，减少政府和相关金融系统对该类企业的补贴和选择性支持。

3. 改革中国进口制度，降低民营企业参与进口门槛

目前中国对加拿大发起"双反"调查的次数为零的很大一个原因在于，中国进口贸易还主要由外资和国有企业主导，相比出口，进口贸易中民营企业的比重还非常低。中国政府通常对外资企业给予较好的政策支持，外资企业与国外市场对接程度高，其受到"双反"调查影响相对较少，而国有企业进口的产品多是服务于特定产业发展目的，这就削弱了中国政府对外发起"双反"调查的可能性。

因此，中国政府应为民营企业参与进口营造更加良好的营商环境，降低民营企业参与进口贸易的门槛。

4. 推进中加自贸区谈判，规避贸易保护主义的负面影响

第一，中加两国政府应积极进行自贸协定谈判和开展双边对话，在涉及两国利益的问题，如进出口贸易、投资、移民、旅游、国际经贸规则制定等问题上求同存异，减小两国经贸往来过程中不必要的成本。第二，两国政府应为企业在两国进行跨国直接投资提供必要的服务，这样一来既顺应全球化趋势，提高两国生产分工的效率，还可以起到避免不必要的贸易摩擦的效果。第三，政府可以建立信息公布机制，向企业提供投资目的国投资环境、法律法规及人文地理相关信息，两国政府也可以积极沟通，提供对双方具有互补作用的投资信息。第四，两国政府还可以在移民政策上对两国因投资发生的短期移民提供一定的便利，如为外资企业修建必要的教育、餐饮、医疗、娱乐基础设施，建立更加便利快捷的移民签证手续，方便两国企业更好地开展跨境投资和经营。

三、坚持改革开放，应对发达国家对华"双反"调查[①]

近年来，全球贸易保护主义盛行，发达国家频繁对华引发贸易纠纷，其中发达国家对华"双反"调查的使用频率在逐渐增多。本小节分析发达国家对华"双反"调查对中国企业出口和全球价值链参与程度造成的影响。基于企业数据的研究发现，加拿大等国对华"双反"调查使中国出口企业对加拿大出口不减反增，其原因在于中国政府适时调整了本国的产业补贴政策，令其更具普惠性。此外，加拿大市场对涉案产品的需求弹性较小及中国企业适时调整出口产品质量也是造成上述现象的原因。本小节还实证分析了美国对华"双反"调查对中国企业全球价值链参与程度的影响，研究发现，美国对华"双反"调查在一定程度上造成了中国企业价值链参与程度的下降，但该影响并不显著。这意味美国对华发起的"双反"调查并未起到抑制中国企业全球价值链参与程度的效果。上述发现在一定程度上为中国政府继续坚持改革开放、不断深化国内体制改革、加大对外开放水平，以应对国际"双反"调查等贸易争端的政策选择提供了支持。

近年来，发达国家对华频繁使用"双反"调查以限制来自中国的进口，这一贸易政策区别于单纯使用反倾销或反补贴调查的贸易救济措施，具有混合性（多

[①] 本小节内容基于子课题 1 "对华'双反'调查的成因和'非市场经济地位'的影响"成果整理而成，撰稿人为对外经济贸易大学教授林桂军，博士研究生何昕、王聪。

种措施并用)和同步性(多种措施调查进程同步)的特点,近年来被采用的频率逐渐增多。"双反"调查的贸易效应混杂了反倾销和反补贴调查的效应,难以区分其经济效应是由具体哪种调查造成的,因此,其经济效应特别是直接的贸易效应特别需要引起政府的重视。本小节利用企业层级数据识别了发达国家对华"双反"调查对中国企业造成的贸易效应,并基于研究结论给出了相应政策建议。

(一)政府普惠性补贴政策有助于应对"双反"调查

本小节使用2000~2006年加拿大对华"双反"调查案例,利用微观数据考察了"双反"调查对中国企业造成的贸易效应,研究发现如下。

加拿大对华"双反"调查使中国企业对加拿大涉案产品出口不减反增,加拿大损害终裁的认定使中国企业出口额平均上升126.8%。为揭示"双反"调查的这一贸易效应为何与预期完全相反,本小节通过进一步的机制分析发现,中国政府适时调整了涉案企业所在行业的补贴政策,令其更具普惠性,即相应产业中企业间的补贴差异和企业得到的补贴规模均出现了下降。此外,市场因素也在其中扮演了重要角色。一方面,"双反"调查中的涉案产品在加拿大市场具有较小的需求弹性,这使得征收关税后中国企业出口额不减反增;另一方面,中国企业能够灵活地调整出口产品的质量结构,企业出口更低质量的类似产品也在一定程度上抵消了"双反"调查的影响。

(二)美国对华"双反"调查未对中国企业价值链参与程度产生实质影响

本小节利用2000~2014年中国上市公司财务数据和中国海关进出口数据,较为全面地测算了制造业上市公司的全球价值链参与程度。在此基础上,利用世界银行临时性贸易壁垒数据库中美国对华"双反"调查信息,分析了"双反"调查对中国上市公司全球价值链参与程度的影响,研究发现如下。

(1)整体上,2000~2014年上市公司全球价值链参与程度呈现下降趋势,且上市公司价值链参与程度低于制造业企业价值链参与程度。以出口国外增加值率作为衡量,2014年上市公司平均全球价值链参与程度不足15%。对全球价值链参与度变化的分解表明,存活上市企业是上市公司价值链参与程度下降的主要贡献者,其贡献了上市公司全球价值链参与程度下降的133%,进入企业提升了整体企业全球价值链参与程度,而退出企业对上市公司价值链参与程度变化无贡献。

(2)美国对华"双反"调查在一定程度上造成了中国企业价值链参与程度的下降,美国对华"双反"调查使上市公司全球价值链参与程度下降了2.5%,但该影响并不显著。这意味着美国对华发起的"双反"调查并未起到抑制中国企业全球价值链参与程度的效果。

（三）坚持改革开放是应对国际"双反"调查的最优选择

本小节通过研究得到以下重要政策启示：继续坚持改革开放政策是应对"双反"调查的最优选择。在此基础上，提出以下具体政策建议。

（1）改革现有补贴政策导向，普惠性补贴政策及出台政府补贴正面清单符合未来改革方向。努力营造企业间公平竞争的市场环境及高标准开放，需要中国主动改革产业补贴政策导向。更具普惠性的补贴政策，以及进一步出台在各产业领域政府补贴的正面清单，以明确具体补贴项目的合法性十分必要。这些改革一方面为国内企业间公平竞争提供基本的制度保证，另一方面能够有效降低企业遭受国外贸易纠纷的概率，从而为中国抵御贸易纠纷提供制度基础。

（2）以制度建设为依托，进一步放开外资准入，实现本国企业和国外企业相互嵌入式价值链。以负面清单管理模式为依托，发挥国务院在各部门中的协调作用，统一部门监管口径，进一步放开资本的准入范围和准入门槛，特别是进一步放开服务业的准入范围和门槛，实现外资、民营资本和国有资本公平竞争。通过放开外资准入，带动本土企业的发展，实现本国企业和国外企业相互依托的嵌入式价值链。只有实现企业之间相互依托、你中有我、我中有你的全球价值链形态，中国企业参与全球价值链的过程中才不会沦为配角，才能更有效地抵消"双反"调查对中国企业价值链参与程度的负面影响。

第二章 "双反"调查对我国与调查发起方的贸易和经济增长的影响[①]

第一节 "双反"调查对我国出口贸易和产业的影响

一、加拿大对华"双反"调查案例的贸易效应分析[②]

逆全球化背景下,对华贸易纠纷越来越多地针对边境后规则,并且具有多种措施合并发起的趋势,"双反"调查便是典型代表。本小节使用2000~2006年中国海关月度数据,采用双重差分(difference-in-difference,DID)法,研究加拿大对华"双反"调查如何影响中国企业出口。研究发现:①"双反"调查显著促进了涉案产品出口,对扩展边际(出口涉案产品企业数目)有正向影响,且上述结论高度稳健;②"双反"调查对私营企业产品出口的促进程度更大,其次为国有企业,最后为外资企业;③进一步分析显示,国内产业补贴政策的调整、加拿大市场涉案产品需求弹性小及中国企业的出口质量结构变化,是造成上述影响的可能原因。在此基础上,本小节提出了应对发达国家"双反"调查的相应政策建议。

(一)近年来全球对华贸易壁垒背景概述

近年来,全球贸易保护主义思潮开始崛起,特朗普上台以后,美国先后宣布退出跨太平洋伙伴关系协定(Trans-Pacific Partnership Agreement,TPP),对中国

[①] 本章内容基于子课题2"'双反'调查对我国贸易和经济增长的影响"成果整理而成,主持人为厦门大学教授陈勇兵。
[②] 本小节内容基于子课题1"对华'双反'调查的成因和'非市场经济地位'的影响"成果整理而成,撰稿人为对外经济贸易大学教授林桂军,博士研究生何昕、王聪。

发起"301调查",推动与中国实行互惠投资。1995~2017年中国连续23年成为遭遇反倾销调查最多的国家,2006~2017年中国连续12年成为遭遇反补贴调查最多的国家。1995~2014年各WTO成员对中国发起了82起"双反"调查,其中,美国发起的"双反"调查的占比为53.7%,加拿大发起的"双反"调查的占比也高达24.4%,美国和加拿大对华发起"双反"调查的占比接近八成。不仅如此,欧洲议会通过欧盟反倾销调查新方法修正案,增加出口国"严重市场扭曲"相关认定标准,加拿大自2004年以来每年均对中国发起"双反"调查,截至2017年11月加拿大对中国已累计发起24起"双反"调查案件。

一系列事件表明,全球多边贸易体系正在受到挑战,贸易摩擦频发趋势明显,发达国家对中国实行贸易救济措施的可能性不断上升,并且,贸易救济措施的实行与边境后规则联系越来越紧密。未来,出口国市场状况极有可能成为发达国家对华发起贸易救济措施时关注的重点。长期以来,中国政府补贴合规性受到贸易伙伴国的普遍关注,这也是贸易伙伴国使用与边境后规则相关的贸易保护措施的重要原因,其中"双反"调查便是上述贸易保护措施的典型代表。

不同于单纯使用反倾销或反补贴的做法,"双反"调查具有同时针对出口国企业和政府的双重效应,并最终以反倾销税和反补贴税双重税收的形式提高进口产品价格。在逆全球化趋势下,发达国家采取"双反"调查的形式限制中国出口的可能性在不断增加,这必将引起学术界和政府部门的广泛关注。在此背景下,本小节试图结合加拿大对华"双反"调查具体案例,分析特定发达国家对华"双反"调查对中国企业出口的影响,以及这种影响产生的可能原因。加拿大是包括反倾销和反补贴在内的多种贸易救济措施的传统发起国,加拿大对华"双反"调查不容忽视。2004年至2017年11月加拿大对华持续发起24起"双反"调查,仅次于美国对华"双反"调查数目。并且,加拿大是第一个对华发起"双反"调查的国家,本小节所研究的案例为加拿大最早发起的两个案例,其发起时间均早于美国发起的第一例"双反"调查。此外,加拿大还是美国重要的经贸伙伴,两国对华"双反"调查的流程十分相似,因此,研究加拿大对华"双反"调查案例对于理解美国对华贸易保护措施的影响也具有一定的借鉴意义。

(二)加拿大"双反"调查基本流程及涉华案例介绍

反倾销调查与反补贴调查程序非常相似,根据加拿大《特别进口措施法》的规定,本小节涉及的加拿大对华"双反"调查中的反倾销调查和反补贴调查主要环节时间节点完全一致。加拿大负责反补贴(反倾销)调查的机构包括加拿大边境服务署和加拿大国际贸易法庭(Canadian International Trade Tribunal,CITT),前者负责对补贴(倾销)进行调查,后者负责对补贴(倾销)造成的损害进行调查和认定。

两个机构均对反补贴（反倾销）调查做出两次裁定，包括初始裁定和最终裁定。

加拿大"双反"调查基本流程见图 2-1。

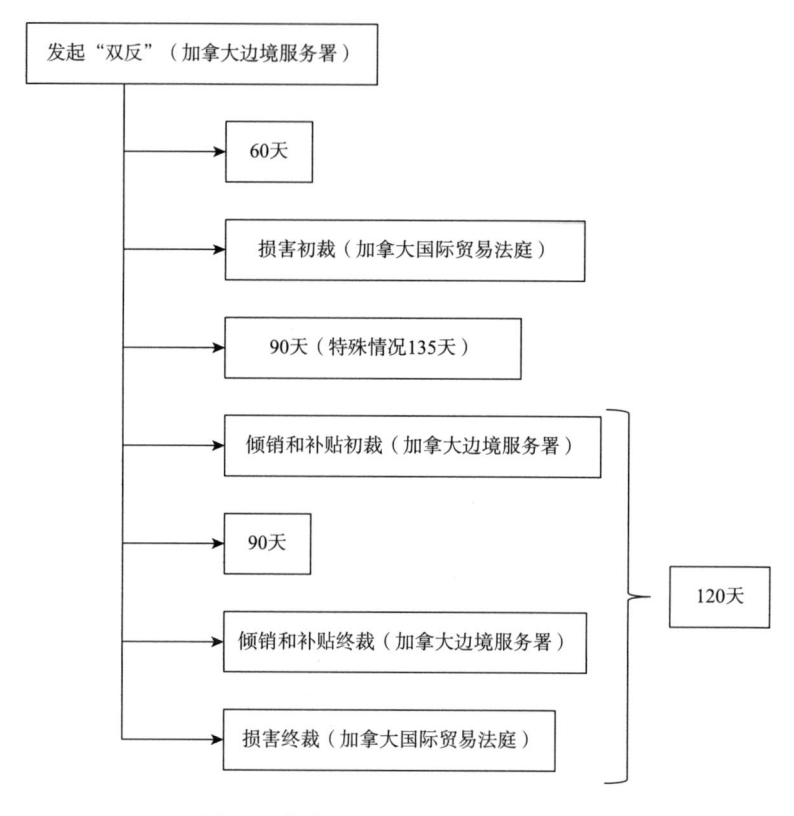

图 2-1 加拿大"双反"调查基本流程

首先"双反"诉求被提出，加拿大边境服务署决定启动"双反"调查，在接下来的 60 天内，加拿大国际贸易法庭做出损害初裁。若损害初裁认为不存在实际损害，则调查中止，若损害初裁认定损害，加拿大边境服务署继续进行调查，并在接下来的 90 天内做出倾销和补贴初裁，在特殊情况下该时间限制可以增加到 135 天，倾销和补贴初裁通常与损害初裁一致，主要作用在于确定出口倾销和补贴产品的倾销与补贴金额等情况，倾销和补贴初裁做出后，若加拿大边境服务署署长认为必要，则可以对所有受调查产品征收临时反倾销和反补贴税。并且，加拿大边境服务署会在接下来的 90 天内做出倾销和补贴终裁，一般情况下倾销和补贴终裁的结果与倾销和补贴初裁的结果基本一致，其作用一是进一步明确倾销和补贴金额，二是可以终止调查。

若倾销和补贴终裁未终止调查,按照加拿大反倾销和反补贴的相关法律规定，加拿大国际贸易法庭需要在收到倾销和补贴初裁后的 120 天内做出损害终裁，损害终裁的认定结果包括：倾销和补贴未造成损害、倾销和补贴造成损害、倾销和补贴造成损害威胁。对于倾销和补贴未造成损害的认定，该裁定意味着将终止"双反"调查的一切程序，加拿大边境服务署退还已征收的临时反倾销和反补贴税或其他担保。对于认定造成损害的情况，在临时税征收期间及损害终裁认定至终裁撤销前，对所有进入加拿大的涉案产品征收反倾销和反补贴税。对于认定倾销和补贴造成损害威胁的情况，向出口商退还临时反倾销和反补贴税，对于损害终裁日之后进口的涉案产品征收反倾销和反补贴税。

由以上反补贴调查流程可知，"双反"调查过程包括五个关键节点：发起"双反"调查、损害初裁、倾销和补贴初裁、倾销和补贴终裁、损害终裁。就加拿大而言，其"双反"调查中加拿大国际贸易法庭做出肯定性裁决的比例非常高，在截至 2017 年 11 月加拿大对华发起的 24 起"双反"调查中，有 80%以上的案件以肯定性裁决结束，而在所有加拿大国际贸易法庭做出肯定性裁决的案例中，加拿大边境服务署基本上也以肯定性裁决为主。换言之，只要相关调查流程进行到加拿大边境服务署这一步，加拿大边境服务署通常会做出肯定的裁决。这意味着，发起"双反"调查、损害初裁、损害终裁是"双反"调查中影响企业出口的重要节点，这三个节点可以作为"双反"调查中的重要时间节点予以考察。

在本小节研究的样本期内（2000~2006 年月度样本）加拿大对中国发起的"双反"调查主要涉及 HS-4 位编码下的"7318"（紧固件类产品）和"4411"（木地板类产品）类产品，相关案例情况见表 2-1。中国涉案产品对加拿大出口额变化情况如图 2-2 所示，图中垂直虚线由左到右依次为发起"双反"调查、损害初裁、损害终裁时间节点，上述三个时间节点是"双反"调查过程中最重要的三个时间节点，可以看到，涉案产品对加拿大出口额在加拿大对华发起"双反"调查后整体呈现上升趋势，这与本小节的计量分析结果保持了较高的一致性，这也为本小节深入分析造成上述影响的原因提供了线索，相信对相关案例的分析有助于中国理清应对发达国家"双反"调查的思路。

表 2-1 加拿大对华"双反"调查案例描述

项目	紧固件类产品案件	木地板类产品案件
发起调查时间	2004 年 4 月 28 日	2004 年 10 月 4 日
损害初裁时间	2004 年 6 月 28 日	2004 年 12 月 3 日
补贴和倾销初裁时间	2004 年 9 月 10 日	2005 年 2 月 16 日
补贴和倾销终裁时间	2004 年 12 月 9 日	2005 年 5 月 17 日
损害终裁时间	2005 年 1 月 7 日	2005 年 6 月 16 日
涉案产品 HS 编码	731811、731812、731814、731815、731816	441119

资料来源：世界银行临时性贸易壁垒数据库

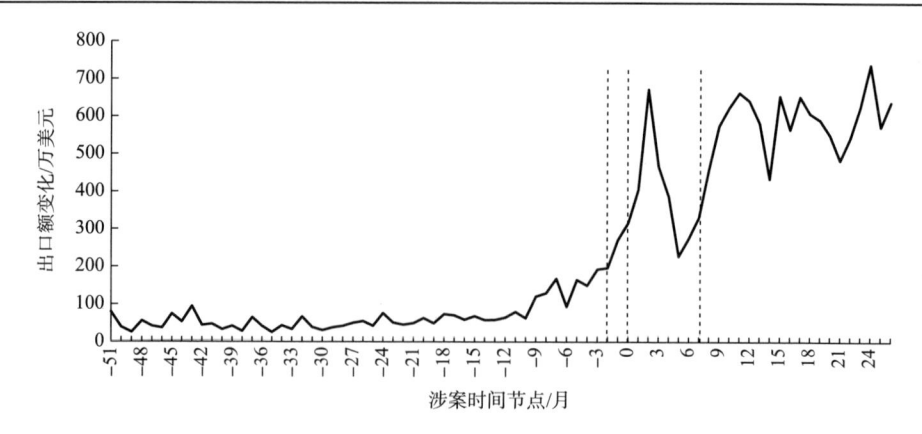

图 2-2　加拿大对华"双反"调查案例涉案产品出口额变化

根据"双反"调查损害终裁前后涉案企业所有制形式、企业贸易方式对样本进行统计,相关统计情况见表2-2和表2-3。可以看到,首先,"双反"调查损害终裁后,实际涉案企业总数量远高于损害终裁前,考虑到样本的时期跨度,以及损害终裁发生在样本期的中后期,这说明在统计意义上损害终裁中出口涉案产品的企业数目存在增加的现象。其次,损害终裁后私营企业比重明显增加,由损害终裁前的10.87%增加到损害终裁后的 33.29%,与此同时,国有企业比重出现明显下降。最后,损害终裁后一般贸易企业比重增幅明显,加工贸易企业比重出现明显下降。

表 2-2　涉案产品企业情况：所有制

企业类型	损害终裁后 数量/个	损害终裁后 比重	损害终裁前 数量/个	损害终裁前 比重
国有企业	675	29.80%	757	40.35%
集体企业	121	5.34%	104	5.54%
私营企业	754	33.29%	204	10.87%
外商独资企业	392	17.31%	481	25.64%
中外合资企业	271	11.96%	231	12.31%
中外合作企业	52	2.30%	99	5.28%
合计	2265	100.00%	1876	100.00%

注：表中数据根据海关企业数据进行统计,样本期为 2000~2006 年；本表数据因进行了四舍五入,存在比例合计不等于 100%的情况

表 2-3　出口涉案产品企业情况：贸易方式

贸易方式	损害终裁后比重	损害终裁前比重
一般贸易	93.16%	77.45%
加工贸易	6.84%	22.55%
合计	100.00%	100.00%

注：表中数据根据海关企业数据进行统计,样本期为 2000~2006 年

(三)加拿大对华"双反"调查贸易效应及原因

1. 贸易效应

本小节所分析的加拿大对华"双反"调查对中国产品层面的出口具有显著的促进作用,特别是损害终裁对产品层面的出口影响最大,就损害终裁的经济效应来说,损害终裁使得中国涉案产品出口增长了 126.8%。"双反"调查增加了出口涉案产品企业的数目,损害终裁对出口企业数目的正向影响最大,损害终裁的认定使得出口企业数目增加了约 113.0%。损害初裁次之,损害初裁的认定使得出口企业数目大概增长了 74.2%,发起"双反"调查对出口企业数目影响程度最小,发起"双反"调查使得出口企业数目增加了 53.5%。"双反"调查对企业平均出口额的影响并不明显。

加拿大对华"双反"调查案例中各类企业的出口均受到了一定程度的正向影响,各类企业的扩展边际相比集约边际对"双反"调查的反应更显著,私营企业受到"双反"调查损害终裁的影响更大,在非涉案产品的转移效应上,外资企业受到的正向影响更大。具体可从以下几个方面来叙述。

(1)产品层面反应方面。"双反"调查的发起未能对私营企业产生显著影响,"双反"调查的发起对国有企业和外资企业起到了显著正向影响,且对外资企业的正向影响程度大于对国有企业的影响;损害初裁对私营企业和外资企业起到了显著正向影响,且对私营企业的影响程度大于对外资企业的影响程度;损害终裁对私营企业、国有企业和外资企业产品层面出口均产生了显著正向影响,并且损害终裁对私营企业产品层面出口的影响程度更大,其次为国有企业,最后为外资企业。

(2)集约边际反应方面。"双反"调查的发起对国有企业的集约边际产生了显著正向影响;损害终裁对民营企业的集约边际产生了显著的正向影响,对于其他类型企业的影响则不显著。

(3)扩展边际反应方面。私营企业、外资企业和国有企业在各阶段均受到"双反"调查的显著正向影响,并且私营企业在"双反"调查各阶段受到的正向影响程度最大,其次为外资企业,最后为国有企业。

2. 原因分析

加拿大对华"双反"案例中,中国国内产业补贴政策的调整、加拿大市场涉案产品需求弹性小及中国企业的出口质量结构的变化,是解释上述影响的可能机制。

国内产业补贴强度和差异方面，本国内部相关产业补贴政策存在一定的变化。2004年国家层面上存在淡化对出口涉案产品所属行业的支持性政策，比如，2004年底修订的《外商投资产业指导目录》中鼓励类行业中减少了与紧固件相关的产业，上述国家政策层面上的淡化处理使得涉案产品所属行业受到的政府影响减少，企业更能够按照市场需求生产和经营，私营企业得以大量进入出口市场。本小节利用中国海关进出口数据库与中国工业企业数据库匹配数据识别出涉案企业所在行业的补贴情况，并测算了各涉案企业所在四位数行业[①]补贴的均值和标准差。图2-3绘制了各行业内部补贴均值和标准差的按行业计算的算数平均值，可以发现，"双反"调查开始的2004年相比2003年，涉案企业所在行业的企业获得的政府补贴的均值及标准差均出现了显著下降，特别是体现行业内企业享受补贴政策差异水平的补贴标准差出现了显著下降，这在一定程度上体现出了涉案企业所在行业补贴政策的弱化。2005~2007年相关涉案企业所在行业的补贴差异性出现上升，这也是涉案产品在损害仲裁前后出现先下降后上升波动的可能原因，其影响机制有待后续深入分析。

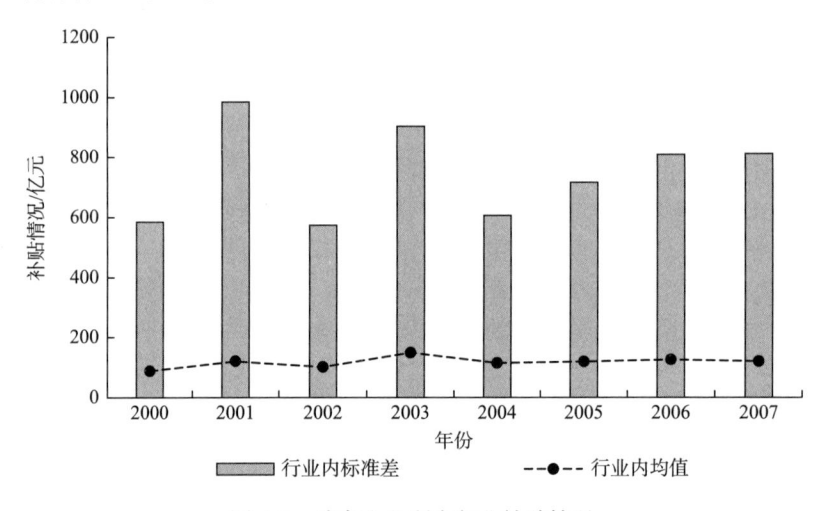

图2-3 涉案企业所在行业补贴情况

加拿大市场涉案产品需求弹性小。加拿大国内对来自中国的涉案产品需求弹性较低，导致"双反"调查提高中国出口产品价格，却使得中国涉案产品出口不减反增。一般来说，对于需求缺乏弹性的产品，或者产品需求与价格呈现正相关的产品来说，产品价格的提升会使得产品销售收入上升。本小节对涉案产品需求弹性的估计表明，"双反"调查发起前、"双反"调查发起、损害初裁和损害终裁阶段企业面临的市场需求弹性状况均为缺乏弹性。由此可知，较小的产品需求弹

---

① 指《国民经济行业分类与代码》中四位数代码指代的行业。

性可以在一定程度上解释"双反"调查各阶段的出口增加。

中国企业出口质量结构变化方面，企业遭受"双反"调查有可能会通过改变出口产品的质量结构予以应对。本小节的测算结果显示，"双反"调查各阶段对企业出口产品质量起到了正向影响，但是该影响并不显著，表现为各阶段的核心解释变量的系数为正，但系数未能通过显著性检验。还可以看到，"双反"调查对企业出口产品质量的影响受到各产品内部细分产品数目的显著影响，表现为当HS-6位编码内部的10位数产品越多时，企业出口的产品质量受到"双反"调查的负向影响越大，这在一定程度上说明了"双反"调查改变了企业出口产品的质量结构，"双反"调查使得企业在出口替代涉案产品的类似产品时，向目的国出口更多的低质量、与涉案产品类似的产品，通过低质低价的竞争模式实现了出口不减反增的结果。

（四）政策建议

近年来，贸易保护主义开始崛起，发达国家对中国实行"双反"调查的可能性在不断上升。对于转型国家来说，出口是经济发展的重要动力来源，"双反"调查的发起对于发展中国家的后发赶超造成威胁。因此，"双反"调查对企业出口的影响如何，值得一国政府认真对待，对这一问题的回答有助于更好地制定产业和贸易政策。本小节对加拿大对华"双反"调查案例的贸易效应进行了深入分析，考察"双反"调查对中国出口的影响，有助于政府深入了解影响"双反"调查贸易效应的可能机制。本小节选取的加拿大对华"双反"调查的贸易效应与已有研究不尽相同，其显著促进了我国涉案产品的出口，这也为我们从中找到破解"双反"调查对贸易的不利影响提供了突破口。根据现有的研究结论，本小节提出以下政策建议。

首先，适当地改革本国补贴政策是中国政府应对外国对华"双反"调查的重要措施。本小节的研究显示，面对外国对华"双反"调查时涉案产品出口不减反增，在很大程度上与中国政府适时调整相关行业的补贴政策相关，涉案企业所在行业补贴差异化的缩小是产品出口不减反增的关键。补贴政策的适当调整使得中国本土企业之间竞争更加公平，使得企业更加有机会进入出口目的地，从而增加中国产品的出口规模。未来，国际经贸环境的变化有可能使中国面临越来越多的"双反"调查，因此，适时调整涉案产品的补贴政策是关键，由重点扶持型产业补贴政策向普惠制产业补贴政策转型是中国政府化解"双反"调查的重要措施。此外，理顺国内补贴项目，加强各级各类补贴的合规性审查有助于中国减少遭受不必要的"双反"调查的可能。

其次，营造公平竞争的市场环境是应对短期"双反"调查剧增的重要举措。

一方面，本小节的研究表明，中国出口的涉案产品有可能在出口目的地具有一定的市场势力，对于具有竞争优势的产品中国政府应积极维护产品出口商之间公平竞争的市场环境，通过市场的"优胜劣汰"保证出口企业间的竞争关系，从而保证中国出口贸易的数量和质量。另一方面，本小节研究发现，对于相似产品越多的企业，其越有可能通过出口产品质量更低的类似产品，以低质低价的竞争模式获得市场份额。对于企业的上述贸易行为，应合理看待，政府不必太过担心上述行为的发生，政府应立足于为该类企业营造国内公平竞争的环境，让市场充当筛选竞争优胜者的角色,企业出口产品的质量结构是依托于市场需求状况而决定的，只要保证企业所在市场上公平竞争的市场环境，企业转型升级只是时间问题，这也在一定程度上有利于宏观上稳定国内就业，优化营商环境。

最后，健全相关法律人才队伍的培养体系是出口长期发展的必要保障。企业能够顺利实现出口，并在出口目的国实现顺利经营，离不开对出口目的国法律制度的了解，而国内相关法律人才队伍的建设是为企业出口保驾护航的重要保障。相关法律人才队伍的建设，有利于中国及时发起反制措施，也有利于企业顺利地应对相关产品的贸易救援措施。因此，政府、企业、法律业界机构和高校可以通过建立起联动机制，健全相关法律人才的培养体系，及时传递相关行业对法律人才的需求，有序推进法律人才队伍的建立、成长和壮大。

二、需重视"双反"调查对我国产业上下游的损害[①]

当反倾销涉案产品是一种中间产品时，反倾销措施不仅对涉案产业自身产生影响，而且会对其上下游产业产生关联影响。这种关联影响由于涉案产业的国内自给能力、上游产业的进口依赖程度，以及下游产业成本上升情况而有较为复杂的表现。因此，我国在应对"双反"调查时需重视和评估"双反"调查对我国产业上下游的损害。

随着中美贸易摩擦的不断演进，贸易摩擦给双边经济及全球经济带来的负面影响不断深化。作为贸易摩擦导火线的"双反"调查，以及其对各国经济及产业的负面损害问题逐渐引起了学界的重视。作为全球"双反"调查的首要目标国，我国面临的贸易救济形势不容乐观。

---

① 本小节内容基于子课题2 "'双反'调查对我国贸易和经济增长的影响"成果整理而成，撰稿人为厦门大学教授陈勇兵。

（一）对华"双反"调查的概况

1. 美国对华的"双反"调查是重点

根据美国 ITC 公布的数据，2012~2016 年中国连续 5 年成为遭遇美国反倾销调查、反补贴调查和"双反"调查最多的国家。2012~2016 年美国对全球发起的反倾销和反补贴案件共 230 起，涉华案件 64 起，占比 27.83%。其中，反倾销案件共 149 起，涉华案件 34 起，占比 22.82%；反补贴案件共 81 起，涉华案件 30 起，占比为 37.04%[①]。调查重点主要涉及化工、电器设备、钢铁、金属制造、建筑、轮胎、机械器具等行业，产品范围由传统产品向附加值较高的产品扩展。案件的法律焦点包括：正常价值、涉案产品范围、诉讼主体资格、产业损害、预防性临时禁止令发布等（王威，2018）。

2. 全球对华"双反"调查趋势加剧

总体而言，全球对华"双反"调查表现出如下特征。第一，传统"双反"调查（叠加使用反倾销和反补贴措施）发起国（地区）强化了贸易保护手段，如美国、欧盟、澳大利亚等我国贸易伙伴国（地区）近年来在法律层面频繁修改反倾销和反补贴相关法律。第二，对华实施"双反"调查的 WTO 成员不断增加，由于反倾销调查程序较为简捷等，近年来巴西、阿根廷、印度等新兴国家对我国的反倾销调查数量快速增加，已经逐渐成为对华反倾销的主体。第三，对华"双反"涉案产品范围不断扩大，光伏等新兴产业逐渐成为外国（地区）对华反倾销和反补贴调查的目标，导致我国的这些新兴产业发展的阻力不断增大。

3. 中国遭受"双反"调查的损害不断恶化

近年来，特别是美国等发达国家通过修改立法和增强实践，对华"双反"措施已经成为其常态化的贸易救济方式。1995~2020 年全球发起的贸易救济案件中，反倾销 5757 起，占比 83.56%；反补贴 606 起，占比 8.80%[②]。印度、美国、欧盟、巴西和阿根廷是发起反倾销调查最多的五个 WTO 成员，反倾销已不再是发达成员的"专利"，而是被诸多发展中成员广泛使用。但反补贴调查的主动权仍然掌握在发达成员手中。美国、欧盟和加拿大是发起反补贴调查较多的 WTO 成员，其中美国发起的反补贴调查占全球反补贴调查总量的比例高达 41.05%，但也有越来越多的发展中成员开始尝试使用反补贴措施维护国内产业利益（李思奇，2016）。

---

① 资料来源：中国贸易救济信息网。
② 资料来源：中国贸易救济信息网。

（二）"双反"调查对我国被诉产业上下游的损害

1. 被诉产业深受其害

"双反"调查给相关涉案产业所带来的冲击是巨大的。更进一步地，诸多学者发现"双反"调查会对我国被诉产业及其上下游产业产生深远的影响（朱钟棣和鲍晓华，2004；杨海艳和杨仕辉，2006；奚俊芳等，2007；郝亮，2017）。沈瑶等（2005）以我国聚氯乙烯反倾销案为例，讨论反倾销措施的产业关联影响。研究发现，当反倾销涉案产品是一种中间产品时，反倾销措施不仅对涉案产业自身产生影响，而且会对其上下游产业产生关联影响。这种关联影响由于涉案产业的国内自给能力、上游产业的进口依赖程度，以及下游产业成本上升情况而有较为复杂的表现。

2. 产业关联深化损害

谢建国和杨婷婷（2014）使用1994~2009年美国对华贸易反倾销案例数据，并结合投入产出表，研究了反倾销对中国相关产品上下游产业的影响，并对反倾销出口损害值进行了测算。研究结果表明，受美国对华贸易反倾销影响最大的是钢压延加工业，损害值高达79 042.05万美元；其次是其他通用设备制造业，损害值为32 400.27万美元；紧随其后的是橡胶制品业，损害值为31 246.18万美元。研究还发现，反倾销不仅影响特定涉案产品的出口与生产，还会影响涉案产品的上游与下游产业的生产。从总体上看，美国反倾销给钢压延加工业带来的损害通过产业关联进而给其上下游产业带来的损害最大，反倾销实施后前两年，钢压延加工业给其上下游相关产业带来了141 838.11万美元的损害；位列第二的是其他通用设备制造业，反倾销对其上下游产业的损害值为52 305.93万美元；紧随其后的是橡胶制品业，损害值为47 178.16万美元。更具体地，其中对上游产业影响最大的是钢压延加工业的反倾销，美国对钢压延加工业的反倾销导致在反倾销实施后前两年给其上游产业带来了65 068.99万美元的损害；其次是橡胶制品业，反倾销给其上游产业带来了25 087.96万美元的损害；紧随其后的是其他通用设备制造业，反倾销给其上游产业带来的损害值为24 945.41万美元。此外，对下游产业影响最大的同样是钢压延加工业，美国对专用化学产品制造业的反倾销导致在反倾销后前两年给其下游产业带来76 769.12万美元的损害；其次是其他通用设备制造业，美国对它的反倾销引发了出口减少，进而给其下游产业带来了27 360.52万美元的损害。

（三）政策建议

总体而言，外国对华"双反"调查呈现出突然性、密集性、针对性、同时性、难应对、牵涉广、结果差、影响大的特点，由此产生的双重贸易限制极大地损害了我国产业及上下游产业的长期生存、成长和发展。

因此，考察"双反"调查对我国产业的影响不仅要考虑对涉案产业出口行为的影响，更需要考虑"双反"调查对涉案产业相互关联的上下游产业的影响，同时考虑上下游产业间政策上的相互作用，这对于全面分析"双反"调查给我国产业带来的影响是具有前瞻意义的。鉴于反倾销不仅对遭遇反倾销的特定行业有影响，且会给其上下游产业带来很大的损害，这些上下游产业遭受的损害甚至超过遭遇反倾销产业本身的损害，因而我们要积极采取相应措施。

1. 遵守透明度原则

首先，在贸易领域，相关政策措施要公开发布，征求公众意见，允许公众评论，有可预见性。其次，要履行通报义务。在非农领域，每两年向 WTO 提交中央和地方各级政府实施的所有补贴政策和措施通报；在农业领域，每年向 WTO 提交涉及补贴的农业国内支持通报。此外，还有不定期通报义务，尤其是在技术性贸易措施、卫生与植物卫生措施领域，如果不存在国际标准，或拟议内容与国际标准不一致，且对贸易有重大影响的，要进行通报，且通报后要预留一般不少于 60 天的评议期以征求公众意见，在公布和生效之间一般留出不少于 6 个月的过渡期，供相关产业进行调整。

2. 遵守关于补贴的相关纪律

在经济贸易领域，补贴可能造成市场扭曲、不公平竞争。政府对某个产业补贴越多，企业生产越多，可能造成产能过剩；或导致某些应该倒闭的企业勉强维持，形成"僵尸企业"。而如果没有补贴，企业将根据市场规律、价格机制进行生产经营，公平竞争，优胜劣汰。根据 WTO《补贴与反补贴措施协议》，构成补贴需要四个要素，一是行为主体，即政府或公共机构。美欧等 WTO 成员将中国的国有企业、国有银行都视为公共机构。二是支持形式，即提供了财政资助。三是利益传导，即补贴使获得补贴者得到了较市场条件下更加优惠的条件。四是专向性，即补贴针对特定产业、地区或企业。

应认真落实合规方面的有关政策，同时积极寻求上下游产业发展的突破口与新思路，减少外国对华"双反"调查次数，特别是对关键产品的"双反"调查，降低"双反"调查通过产业关联给国内产业带来的不良影响，以免给国内产业带来更大的损害。

三、美国对华"双反"调查：全球价值链参与效应评估及应对措施①

近年来，发达国家对华贸易纠纷不断，特别是中美贸易摩擦频发，发达国家采取"双反"调查限制中国企业贸易行为的情况时有发生，这有可能对依靠融入全球价值链进入国外市场的中国企业造成不利影响。本小节使用2000~2014年中国上市公司财务数据、海关企业进出口数据及世界银行临时性贸易壁垒数据，首先对中国341家制造业上市公司参与全球价值链程度进行了全面分析，然后识别了美国对华"双反"调查对企业全球价值链参与程度的影响。本小节研究发现：①2000~2014年上市公司平均全球价值链参与程度处于下降趋势，2014年上市公司平均全球价值链参与程度不足15%，上市公司的全球价值链参与程度变化主要由存活上市公司贡献；②美国对华"双反"调查对上市公司全球价值链参与程度造成了负向但不显著的影响，"双反"调查对涉案企业总出口和中间品进口产生了负向但不显著的作用，且总出口的下降程度小于中间品进口的下降程度是造成上述影响的原因；③当企业进口中间品来源国越多时，涉案企业能进口越多的中间品，该影响十分显著，"双反"调查使得企业国内中间投入和国内销售额均有一定程度的提升，但不显著。本小节的研究结论意味着，扩大进口中间品来源国范围、提高国内中间产品配套能力和进一步开放与培育国内市场有助于企业应对"双反"调查带来的影响。

（一）美国对华"双反"调查频发

本小节以中美贸易摩擦为背景，关注了美国对华不断增长的"双反"调查对中国企业的价值链参与程度的影响。"双反"调查区别于单独发起的反倾销调查或反补贴调查，"双反"调查在案件的审理流程上具有如下特点。

首先，审理流程上体现为同步性，同时发起的反倾销调查和反补贴调查在案件审理过程中几乎完全同步。反倾销调查和反补贴调查都需要经历案件发起、损害初裁、倾销或补贴初裁、倾销或补贴终裁、损害终裁五个主要环节，"双反"调查中反倾销调查和反补贴调查在上述五个主要节点的时间几乎完全一致。2000~2014年

---

① 本小节内容基于子课题1"对华'双反'调查的成因和'非市场经济地位'的影响"成果整理而成，撰稿人为对外经济贸易大学教授林桂军，博士研究生何昕、王聪。

美国对中国成功实施的 26 起"双反"调查中,有 25 起的流程完全一致。

其次,"双反"调查的贸易效应具有混合性。由于同时发起的两类调查在调查过程中具有显著的同步性,"双反"调查造成的贸易效应同时混合了两类调查的影响,且难以区分贸易效应的具体来源。

最后,也是最重要的,"双反"调查成为越来越重要的贸易保护工具。由于单独发起的反倾销调查或反补贴调查只能限制出口国企业行为,或者针对出口国国内政府行为,对于美国频繁针对中国发起的贸易纠纷,美国政府及进口竞争行业对中国企业和中国政府行为的关注度均在不断上升,美国相关产业和政府部门采用"双反"调查形式,对中国出口部门进行限制的可能性在增大。从实际案例来说,进入 21 世纪以来,2006 年之前美国均未对中国发起过"双反"调查,但 2006 年至 2014 年美国对华"双反"调查案例数剧增到约 30 起,成功发起了 26 起,可见"双反"调查正成为美国限制中国出口的一项重要措施。因此,需要对"双反"调查影响中国企业价值链参与的情况予以评估。

特朗普上台以后,中美贸易摩擦不断。2018 年 3 月 23 日,特朗普宣布对进口自中国价值 500 亿美元的商品征收惩罚性关税,这也是截至 2018 年 3 月中美贸易史上美国对华发起的涉案金额最大的一起贸易纠纷。中美贸易纠纷的不断升级有可能给相关产业和企业带来一定的影响。同时需要看到的是,中国经济发展较为依赖出口部门,并且中国出口企业高度参与全球价值链,企业的价值链参与程度一旦受到抑制,将会对中国出口部门造成较为不利的影响。

(二)中国上市公司全球价值链参与程度

1. 上市公司历年全球价值链参与程度情况

本小节以中国制造业上市公司作为研究样本,分析美国对华"双反"调查对企业全球价值链参与程度的影响。本小节使用出口中包含的进口投入品比重来衡量企业全球价值链参与程度,通过测算样本价值链参与程度平均值来描述上市公司全球价值链参与程度。图 2-4 是 2000~2014 年制造业上市公司平均全球价值链参与程度变化趋势,可以看到,制造业上市公司全球价值链参与程度整体呈下降趋势,从 2000 年的接近 30%,下降到 2014 年的不足 20%,2014 年制造业上市公司全球价值链参与程度为 17%。2013 年制造业上市公司全球价值链参与程度接近 10%,主要原因在于 2013 年上市公司的进口出现大幅下降。2008 年全球金融危机之前,制造业上市公司全球价值链参与程度一直保持在 15% 以上,2008 年之后逐渐下降到接近 15%。

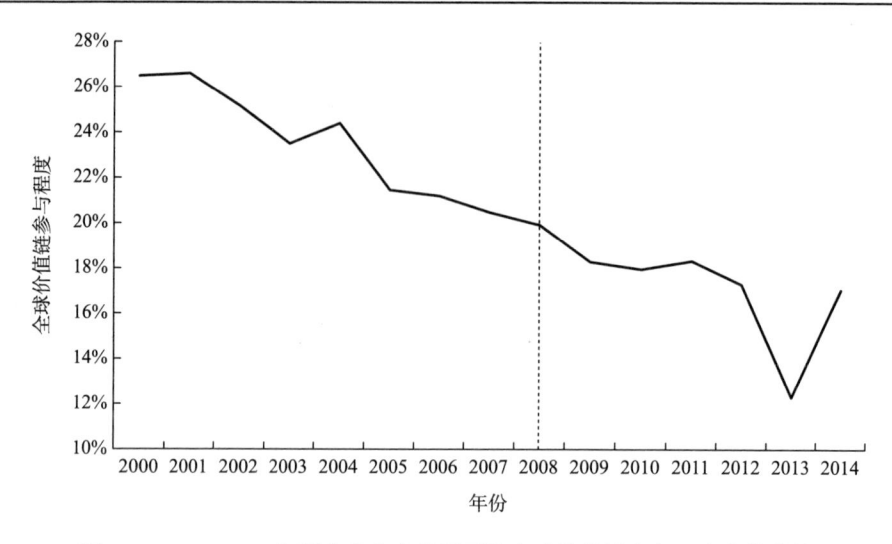

图 2-4　2000~2014 年制造业上市公司平均全球价值链参与程度变化趋势

本小节的测算结果并不意味着中国上市公司参与全球价值链的程度出现了下降，其深层含义更多地体现为本土企业对上市公司配套能力的上升。此外，中国上市公司进口贸易中一般贸易比重长期维持在较高比重也对此有一定的影响，相比加工贸易，一般贸易进口产品并不完全被用于出口产品生产，2001 年中国上市公司进口贸易中一般贸易比重为 63.2%，2011~2014 年中国上市公司进口贸易中一般贸易比重一直维持在 80%以上，其他大部分时间也均维持在接近 80%的水平，这对上市公司全球价值链参与程度不断下降起到了一定的支持作用。同时，本小节的研究结论也揭示出了与整体样本下中国企业全球价值链参与程度不一样的地方，中国上市公司价值链参与程度要小于全国样本下中国企业全球价值链参与程度，如已有研究指出测算的中国企业出口国内附加值率在 2006 年上升到 57.3%，对应的国外附加值率为 42.7%，明显高于同期上市公司的国外附加值率，这也说明在全球价值链参与程度上存在较为明显的企业异质性。

2. 不同行业上市公司全球价值链参与情况

不同行业上市公司全球价值链参与情况以分行业平均全球价值链参与程度来衡量，表 2-4 是 2014 年不同行业上市公司全球价值链参与程度。2014 年纺织、服装、皮毛行业，电子行业，造纸、印刷行业，其他制造业，石油、化学、塑胶、塑料行业的全球价值链参与程度从高到低均大于 2014 年上市公司平均全球价值链参与程度，其余行业的全球价值链参与程度小于 2014 年上市公司平均全球价值链参与程度，其中食品、饮料行业的平均全球价值链参与程度最低，仅为 4.4573%。上述结果表明，不同行业平均全球价值链参与程度作为行业融入全球价值链的表现，在不同行业间表现出较为明显的行业异质性。

表 2-4 2014 年不同行业上市公司全球价值链参与程度

行业代码	行业名称	全球价值链参与程度
C0	食品、饮料	4.4573%
C1	纺织、服装、皮毛	26.1537%
C2	木材、家具	9.8244%
C3	造纸、印刷	19.2210%
C4	石油、化学、塑胶、塑料	14.8382%
C5	电子	23.6236%
C6	金属、非金属	12.5726%
C7	机械、设备、仪表	8.1573%
C8	医药、生物制品	8.9116%
C9	其他制造业	15.5348%

3. 上市公司全球价值链参与程度变化分解

为进一步厘清上市公司全球价值链参与程度变化的来源，本小节对上市公司全球价值链参与程度进行了分解，本小节将上市公司在 2000~2014 年的全球价值链参与程度变化分解为存活企业贡献、进入企业贡献和退出企业贡献。

表 2-5 给出了 2000~2014 年上市公司全球价值链参与程度变化的分解结果，可以看到，以加权价值链参与程度来衡量，2000~2014 年上市公司全球价值链参与程度下降了 38.8656%；存活企业贡献了上市公司全球价值链参与程度下降的绝大部分，其贡献了 133.0562%；进入企业提升了上市公司全球价值链参与程度，整体上进入企业使 2000~2014 年上市公司全球价值链参与程度上升了 12.8475%；退出企业对上市公司全球价值链参与程度变化没有贡献，这在一定程度上与上市公司企业退出机制不健全相关，众所周知，企业在中国股市上市需要经过严格的审核，进入困难，实际上，上市公司的退出更加困难，2000~2014 年上市公司进入了约 1500 家，但退出企业不足 100 家，上市公司进入和退出股市数量差别巨大。

表 2-5 2000~2014 年上市公司全球价值链参与程度变化分解

统计项目	总计	存活企业	进入企业	退出企业
贡献额	−38.8656%	−51.7131%	12.8475%	0
贡献率	100.0000%	133.0562%	−33.0562%	0

（三）美国对华"双反"调查的全球价值链效应

1. 整体呈现负向影响，但影响还不显著

本小节首先使用一对一近邻匹配法对实验组和控制组的全球价值链参与程度进行了识别。分析结果显示，使用倾向得分匹配方法找到的控制组个体与实验组相比，控制组企业全球价值链参与程度高于相应的实验组企业，并且这一差异无论在匹配前或匹配后均保持一致，匹配后涉案企业全球价值链参与程度比控制组企业低约1.17%，但相应影响系数不显著。

进一步，本小节利用使用倾向得分匹配方法找到的控制组进一步进行DID估计。结果显示，无论控制企业相关变量与否，美国对华发起"双反"调查均对中国上市公司全球价值链参与程度产生了负向影响，但相应的估计系数并不显著，这一结果与单独使用倾向得分匹配方法得到的结果保持一致。在控制了一系列影响企业价值链参与程度的变量后，美国对华发起"双反"调查使得上市公司全球价值链参与程度下降了2.5%。

2. 美国对华"双反"调查全球价值链效应不明显的原因

本小节的研究结果表明，美国对华"双反"调查对中国上市公司全球价值链参与程度产生了一定的负向影响，但是该影响并不显著，这意味着美国对华发起的"双反"调查并未起到抑制中国企业全球价值链参与程度的效果。

企业遭受"双反"调查，企业对"双反"发起国的出口若出现下降，在存在全球价值链分工的情况下，企业进口中间品会受到相应的影响，该影响包括直接效应（受到"双反"调查使得企业在出口目的国订单减少，从而产量下降，使用进口中间品数量下降）、报复效应（出口国对美国采取报复行为使得企业进口出现下降）和间接效应（企业在"双反"发起国出口下降，企业转而选择从国内采购，替代进口中间品）。当企业受到"双反"调查影响，对"双反"发起国的出口出现显著下降，而企业可以选择向其他国家出口，或者增加国内销售，此时企业总出口受到的影响具有不确定性。以企业国外附加值为衡量指标来进行分析，当中间品进口下降程度大于总出口下降程度时，企业参与全球价值链程度会出现下降。根据上述理论分析，我们预期涉案企业对美国出口会出现下降，遭受美国对华"双反"调查的企业总出口额和中间品进口会出现下降，且中间品进口下降幅度大于总出口下降幅度，而企业使用的国内中间投入和企业国内销售会出现上升。

本小节利用海关数据和上市公司财务数据进一步对相应原因进行了检验。结

果显示,"双反"调查使得上市公司对美国的出口出现了显著的下降,美国对华"双反"调查使得上市公司的中间品进口出现了下降,大约下降了21.1%,但这一影响如同"双反"调查对企业全球价值链参与程度的影响一样,影响不显著。造成影响不显著的原因与企业从不同来源国进口中间品有关,当企业进口中间品来源国越多时,"双反"调查使得进口中间品增多,这在一定程度上抵消了企业中间品进口受到"双反"调查的负向影响。

同时,"双反"调查使得企业对世界的总出口额出现了下降,其下降幅度为3.8%,小于企业中间品进口的下降幅度,这一影响同样不显著,这也解释了美国对华"双反"调查使得企业全球价值链参与程度出现了一定程度的下降,但影响不显著这一现象。

此外,进口中间品多元化、国内中间投入在一定程度上是弥补美国对华"双反"调查对企业中间品进口的负向作用的途径,而企业国内销售市场可以在一定程度上弥补"双反"调查对企业出口的负向影响。当企业进口中间品来源国越多时,涉案企业能够进口更多中间品,这在一定程度上抵消了"双反"调查对企业中间进口的负向影响。进一步检验"双反"调查对企业国内中间投入和国内销售的影响发现,美国对华"双反"调查使得企业增加了国内中间投入的使用,企业国内中间投入大约增加了1.3%,同时"双反"调查使得企业国内销售额大约增加了8.6%,上述两项影响均不显著,造成上述影响不显著的原因可能为国内中间品生产企业对出口上市公司的配套能力不强,以及受制于国内市场需求、国内制度和市场结构扭曲等,企业无法很好地利用国内市场作为缓冲"双反"调查影响的手段。

(四)美国对华"双反"调查的全球价值链效应需引起高度重视

本小节的研究说明,一方面,美国对华"双反"调查未能起到有效抑制中国上市公司全球价值链参与程度的作用,这为中国企业深入融入全球价值链提供了必要的基础。本小节发现,相比整体的制造业企业全球价值链参与程度,上市公司的全球价值链参与程度明显偏低,"双反"调查不会显著影响上市公司全球价值链参与程度,有利于上市公司进一步融入全球产业链。

另一方面,尽管"双反"调查还未起到显著抑制中国企业全球价值链参与程度的作用,但"双反"调查对企业全球价值链参与度的负向影响需要引起我们的高度重视。

本小节研究发现,进口中间品来源国多元化、国内中间投入和国内市场是企业缓冲"双反"调查影响的潜在途径。对这三类途径的有效利用符合中国改革开放的大方向。进一步放宽各类资本的准入范围,放宽企业进口权,降低从事进口企业的注册登记和经营等成本，使得各类企业可以从事跨国生产分工，这样可以保证企业有能力和有可能在遭遇"双反"调查时从更多的国外市场采购中间品。放宽各类资本在国内市场的准入标准和经营范围限制，可以保证企业逐渐建立起与出口企业间的市场交易关系，并提升企业的国内配套能力，以及有利于拓宽出口企业的国内销售渠道，上述措施尽管对维持企业的全球价值链参与程度的作用并不直接和明显，但可以保证中国出口企业能以更多的途径获得国外中间产品，并且能帮助中国本土企业维持甚至提高其全球价值链地位，长期来看这对中国出口企业的发展更具战略意义。

第二节　反倾销对我国地区经济的影响——以光伏产品反倾销调查为例[①]

世界各经济体对我国发起的反倾销调查，不但会直接影响我国商品出口，还会通过影响地区贸易、就业、产业结构等，最终影响我国各地区的经济发展，而这在以往有所忽视。本节以欧盟和美国发起的光伏反倾销为例，考察地区遭受反倾销的经济后果。欧盟和美国光伏反倾销后，光伏产业集中的地级市的贸易、地区生产总值、就业均在不同程度上受到影响。相关结论通过了合成控制法的精确检验。这表明，应当重视反倾销的经济后果，以更好地应对愈加频繁的贸易摩擦。

自加入 WTO 以来，我国不断受到反倾销、反补贴指控，由"双反"所引起的贸易摩擦愈演愈烈。世界各国和地区于 1995~2011 年发起的总共 4010 起反倾销指控中，就有 853 起反倾销案是针对我国发起的。并且，所遭受"双反"的产品范围逐渐从劳动密集型产品如纺织转向通信设备、机电和新能源等高科技产品，波及行业越来越广泛，涉案金额也越来越大。在此背景下，深入探究其他国家和地区对我国发起的反倾销行为如何影响我国地区经济十分重要。

2011~2012 年美国和欧盟相继对我国光伏产业发起的反倾销无疑是其中最受关注也是涉案金额最大的反倾销案。光伏产业属于可再生新能源行业，是世界众多国家和地区的重点发展行业，在我国也被列为战略性新兴产业，受到各级地方政府的大力支持。欧盟和美国的反倾销调查势必会使我国新生的光伏产业遭受巨大打击，也相应地对我国各地区经济发展造成不可忽视的影响。全面客观地研究

[①] 本节内容基于子课题 2 "'双反'调查对我国贸易和经济增长的影响"成果整理而成，撰稿人为厦门大学教授陈勇兵。

光伏反倾销地区的经济后果不但有利于我国更好地布局战略性行业，而且为深入评估地区遭受反倾销案的经济后果提供了典型样本。

一、光伏反倾销案例回放

（一）此次反倾销发生背景

在全球能源安全和气候问题日趋严峻的形势下，太阳能发电作为清洁可再生的绿色能源技术日益受到各国的高度重视，战略地位不断提高。2003年至今，我国光伏产业飞速增长，多年增长率超过100%。2008年我国光伏电池建厂数量已经位居世界第一，我国光伏产品产量和出口量均稳居世界首位。光伏产业作为我国战略性新兴产业受到一系列政府政策支持，如金太阳示范工程、光伏发电标杆上网电价等政策。

然而，受限于国内光伏发电并网困难，我国光伏行业内需不足，产品长期依赖海外需求，尤其是对欧盟和美国市场高度依赖。光伏行业95%左右的产品都依赖出口，一旦遭受反倾销将损失巨大。如图2-5所示，光伏反倾销事件前，欧盟是我国光伏组件出口最大的市场，占比达到65%，其次是美国市场，占比为20%。光伏相关产品贸易规模也占比巨大，出口欧盟产值占我国与欧盟贸易总额的7%。并且，我国光伏行业严重依赖外需，图2-6说明我国光伏市场规模虽然扩张迅速，但距离全球光伏市场依然相差甚远，而我国光伏产能却足够满足全球市场需求。

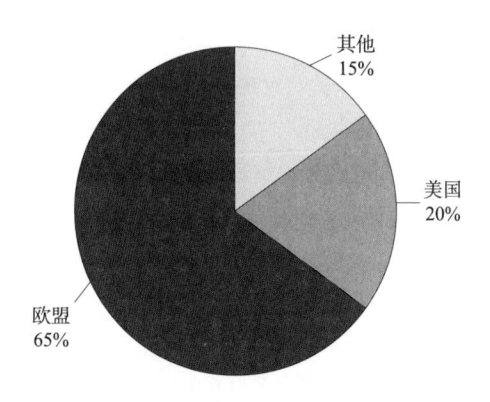

图2-5 光伏反倾销事件前我国光伏组件出口分布情况

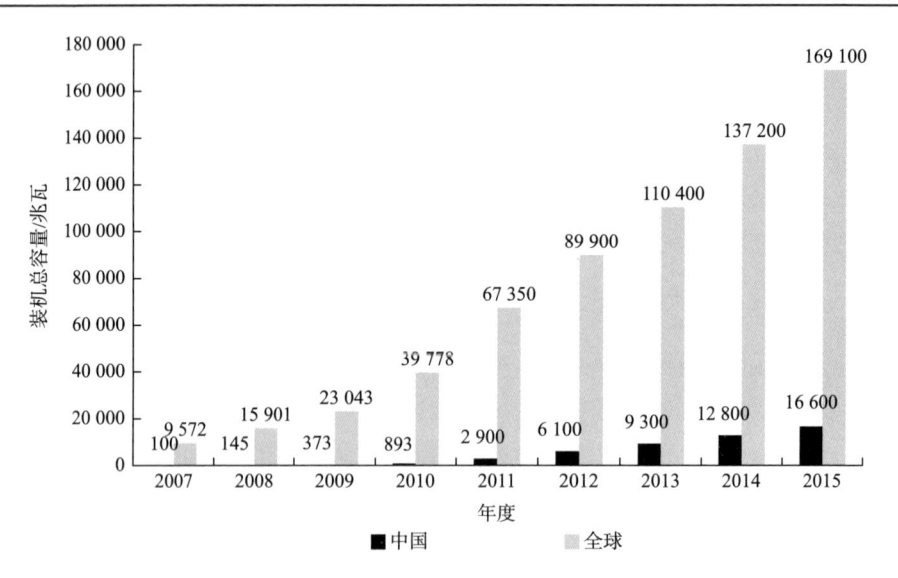

图 2-6　我国光伏装机总量相对全球市场的大小
资料来源：根据欧洲光伏产业协会 2015 年研究报告整理

（二）光伏反倾销案经过

表 2-6 记录了欧盟和美国对我国光伏反倾销案的主要时间节点。2012 年 10 月 10 日，美国公布对我国光伏产品"双反"终裁结果，对中国涉案企业征收 18.32%~249.96%的反倾销税，以及 14.78%~15.97%的反补贴税。2013 年 6 月 5 日，欧盟裁决征收我国光伏产品 37.3%到 67.9%不等的反倾销税。欧盟和美国对我国光伏产品相继发起的反倾销行为使得我国光伏产业进入前所未有的寒冬。

表 2-6　欧盟和美国对我国光伏反倾销案大事记

时间点	事件
2011 年 11 月	美国开始立案调查中国 75 家光伏企业
2012 年 5 月	美国初裁对从我国进口的光伏产品征收 31.14%~249.96%的高额反倾销税
2012 年 9 月	欧盟正式通知，将启动对我国光伏产品的反倾销调查
2012 年 10 月	美国商务部终裁，认定我国光伏产品存在倾销和补贴行为
2012 年 11 月	欧盟对我国光伏反补贴调查正式立案
2012 年 12 月	美国 ITC 终裁，对我国光伏电池征收反倾销税
2013 年 6 月	欧盟裁决征收我国光伏产品 37.3%到 67.9%不等的反倾销税
2013 年 12 月	欧盟做出反倾销和反补贴终裁

二、光伏反倾销对地区经济的整体影响

（一）影响企业出口，使地区贸易受创

根据传统贸易理论，反倾销行为产生的贸易限制效应将使出口方出口贸易量显著下降，继而直接影响 GDP。美国发起"双反"时，我国国内就有 80% 以上的多晶硅企业被迫停产。根据海关统计数据，欧盟针对我国光伏反倾销立案后，我国光伏出口中欧盟市场所占份额急剧下降。直至 2013 年第三季度，欧盟市场所占份额已经下降到 19%。由表 2-7 可知，由于美国和欧盟相继发起的反倾销诉讼，我国光伏产品 2012 年出口总额下降高达 42.13%。

表 2-7 欧美反倾销前后我国光伏产品出口状况

项目	2011 年	2012 年	2013 年	2014 年	2015 年
出口额/亿美元	258.7	149.7	122.9	144.1	146.8

以山东省为例，2011 年全省光伏主营业务收入为 101 亿元，光伏电池及组件产量为 197 兆瓦，同比增长 16% 以上。但在美国和欧盟发起反倾销诉讼以后，2012 年第一季度全省光伏企业主营业务收入急剧下降近 50%，利润下降 61%，税收下降 31.7%，大量企业停产减产，多条流水线关闭，甚至破产。另外，光伏产业作为我国各地区大力发展的战略性新兴产业，在各地区工业占比上越来越重要。截至 2017 年，内蒙古呼和浩特光伏产值达 74.3 亿元，占全市工业的比重达 5.6%。由于光伏产业在各地区经济中的重要性，欧美反倾销对光伏产业的巨大打击也势必挫伤地区经济发展。

通过加总 2012 年和 2013 年工业企业数据，我们得到这两年地级市光伏产业发展状况，如表 2-8 和表 2-9 所示。我国光伏产业主要集中在江苏、江西、浙江等地，并且产业规模相当大，在新余市甚至占到全市规模以上企业总产值的 17.10%。但由于欧盟和美国相继发起的反倾销，2013 年各大光伏产业基地产值和光伏产品出口均遭受了相当大的冲击。无锡市光伏总产值由 38 279 728 000 元下降至 28 091 968 000 元，损失在百亿元以上，总出口也挫伤至原有的近一半，经济占比也大幅降低。此次欧盟和美国对我国的光伏反倾销，使得我国地区经济受到很大影响。

表 2-8　2012 年地级市光伏产业状况（前十名）

城市	省（市）	光伏总产值/元	光伏总出口/元	光伏总就业/人	光伏产值占比
无锡市	江苏省	38 279 728 000	13 015 226 000	24 970	2.68%
苏州市	江苏省	28 867 516 000	12 648 692 000	7 086	1.02%
新余市	江西省	22 261 390 000	4 474 070 000	25 175	17.10%
扬州市	江苏省	15 926 718 000	3 594 039 000	3 972	2.24%
市辖区	上海市	12 738 329 000	7 416 713 000	12 429	0.42%
合肥市	安徽省	8 558 029 000	409 761 000	6 993	1.21%
杭州市	浙江省	6 705 055 000	3 029 955 000	5 315	0.48%
西安市	陕西省	6 389 759 000	184 341 000	472	1.17%
常州市	江苏省	6 204 923 000	1 704 941 000	7 461	0.70%
德州市	山东省	5 239 099 000	0	3 919	0.87%

资料来源：根据中国工业企业数据库数据整理

注：我们将中国工业企业数据库中企业名称包含"光伏""太阳能"的企业，或者主营业务活动范围包含"光伏"的企业定义为光伏企业。光伏组件制造的《国民经济行业分类》行业代码为 3825，但中国工业企业数据库中行业类别为 3825 的企业数目为零，因此并不能通过光伏行业代码来识别光伏企业，而只能通过企业名称和主营业务范围中是否包含"光伏""太阳能"相关字眼来识别。表 2-9 同

表 2-9　2013 年地级市光伏产业状况（前十名）

城市	省（市）	光伏总产值/元	光伏总出口/元	光伏总就业/人	光伏产值占比
无锡市	江苏省	28 091 968 000	5 401 681 000	28 625	1.92%
新余市	江西省	23 572 132 000	2 893 241 000	27 440	17.80%
苏州市	江苏省	22 436 064 000	1 937 133 000	10 338	0.75%
扬州市	江苏省	15 152 581 000	2 321 166 000	4 869	1.80%
合肥市	安徽省	10 417 269 000	526 333 000	8 054	1.23%
市辖区	上海市	8 684 292 000	4 545 474 000	13 380	0.28%
常州市	江苏省	7 038 634 000	459 219 000	8 935	0.71%
南通市	江苏省	6 597 584 000	101 883 000	5 374	0.60%
德州市	山东省	5 992 859 000	29 320 000	5 435	0.80%
杭州市	浙江省	5 897 628 000	579 554 000	5 936	0.43%

资料来源：根据中国工业企业数据库数据整理

（二）影响地区就业

在欧盟和美国提出反倾销调查后，我国光伏产业众多企业停产，大量中小

企业纷纷破产，即便是我国光伏产业领头企业也损失惨重。2013年，美国MaximGroup投资机构发布调查数据显示，我国光伏行业占比最大的10家企业累计债务已高达175亿美元。各大上市公司，如重庆大全新能源有限公司、无锡尚德太阳能电力有限公司、晶澳太阳能有限公司等企业，股价暴跌，频繁收到退市警告。整个光伏产业可以说命悬一线。2011年光伏组件企业统计总数为262家，欧盟和美国反倾销后已经降至112家，预计至少产生100万名相关失业人员。而金融危机以后，由于全球经济疲软，就业难本已成为各地区普遍的现状。此次反倾销造成的光伏企业倒闭潮带给各地区的就业压力也尤为严重。并且，大量工人失业待业也会形成社会秩序不稳定因素。

（三）影响地区产业布局

太阳能是地球上资源最丰富、分布最广的可再生能源。随着相关技术的飞速进步，太阳能发电成本稳步降低，早已成为继风电之后可大规模开发利用的可再生能源技术。作为未来能源支柱，光伏产业布局事关国家长远发展大计。国家对于光伏产业的支持可谓不遗余力，并确立了其战略性新兴产业地位。在全国31个省区市，光伏产业都被列为优先扶持发展的新兴产业；在全国600多个城市中，有300多个城市发展光伏太阳能产业，100多个城市建立了光伏产业基地。然而，欧盟和美国相继发起的反倾销对于光伏产业打击惨痛，大量企业停业破产，地区政府巨额补助付之东流，各个地区产业布局战略遭受破坏。

（四）反倾销的潜在影响

除了上述较大的负面影响外，反倾销还可能波及光伏产业相关的上下游行业，实际损失可能远超涉案金额。美国和欧盟光伏反倾销两案成立后，我国光伏企业不仅将失去200亿美元的出口市场，甚至会产生3500亿元的产业价值损失。另外，美国和欧盟的光伏反倾销还可能产生连锁效应，引起其他经济体对我国产品相继采取反倾销措施，从而恶化我国外贸环境。总的来说，光伏反倾销带来的负面影响非常大，但是此次美国和欧盟的反倾销诉讼也会产生一定积极作用。首先，光伏产业此次遭受的严重反倾销案能够阻止国内行业低价竞销，有利于改善行业内市场竞争混乱、无序的局面，阻止过剩产能的进一步扩大。其次，反倾销案能够刺激国内光伏企业放弃原有的低价低质的粗放扩张模式，加强科技研发，通过行业"洗牌"达到优胜劣汰。最后，光伏产业此次的惨痛教训将促使地方政府反思原有的产业发展战略，谨慎盲目跟风投资。

三、光伏反倾销经济影响的计量分析

（一）既有文献的综述

在新的全球一体化背景下，反倾销逐渐成为重要的贸易保护形式。作为贸易自由化的对立面，反倾销愈加为学者所重视。现有文献主要考察反倾销对出口的影响。王孝松等（2017）从内涵边际和广延边际两方面研究了反倾销壁垒对出口增长的影响，结果发现贸易伙伴发起的反倾销措施显著抑制了中国出口增长的内涵边际和外延边际，并且实证表明反倾销措施对外延边际的抑制效应要大于对内涵边际的抑制效应。现有文献中更多的是从行业和企业层面考察反倾销对出口的影响。Lu等（2013）关注受影响的出口商如何根据贸易环境的变化调整它们的出口产品范围、产品组合和其他产品调整。此外，研究发现反倾销壁垒抑制了我国出口企业的生产率（Chandra and Long，2013）。贸易壁垒会加剧民营企业的生存风险，但对国有企业影响不显著（Bown，2011）。反倾销对中国出口具有一定的抑制效应，主要原因是低效率企业的退出（Lu et al.，2013）。

中国是受到反倾销调查最多的国家，研究反倾销对中国经济的影响具有重要的现实意义。此外，中国遭受的反倾销主要集中于劳动密集型行业，而光伏行业下游是中国传统加工制造业的典型代表，所以研究光伏行业反倾销可以较好地刻画中国整体所面临的反倾销问题。现有文献发现反倾销因素对我国光伏产业出口具有显著的负向影响，反倾销严重抑制了光伏产品出口，且对我国光伏产业有着严重的破坏效应（Chandra and Long，2013；Prusa，1996；Brenton，2001）。还有研究发现对光伏产业实施反倾销对上市公司股价和日报酬率具有显著的负向影响（Prusa，1996）。由现有文献可知，反倾销对经济有着显著的负向效应，对于这个结论学者从行业、企业和产品层面都有阐释，但是关于反倾销如何影响地区经济发展这个问题鲜有文献涉及。因此本小节接下来考察反倾销措施对地区经济产生的不利影响，并结合中国数据进行实证分析。

（二）计量方法与数据说明

全面考察光伏反倾销的经济影响，首先需要我们识别出各地区遭受反倾销前光伏产业的发展状况。本小节通过计算2011年中国工业企业数据库中光伏企业在各个地级市的分布占比①作为各地级市遭受反倾销的影响程度，采用合成控制法，以江西省新余市为例，实证考察光伏反倾销的经济后果。之所以选择新余市为例是因为新余市是光伏产业发展的代表城市，其光伏企业产值占全市规模以上企业总产值高达 15%以上，如表 2-8 和表 2-9 所示。

首先收集各地级市 2000~2016 年的地区生产总值、就业等数据。处理组设定为新余市，控制组为其他与新余市较类似的地级市（除去沿海城市），政策时间为 2011 年，借鉴 Abadie 等（2010）的研究，采用合成控制法为新余市寻找一个政策前最为接近的"假"新余市，再对比二者的各项指标，从而得出结论。表 2-10 展示的是新余市与其他控制城市各项指标的对比。可以看出，将其他城市指标的简单平均并不是新余市的一个很好的控制组，有必要采用合成控制法。在采用合成控制法以后，二者指标除个别指标外十分接近。

表 2-10 处理组与控制组指标统计

统计量	新余市	控制组平均	合成控制组
平均工资/元	20 691.670	26 355.980	22 083.010
投资率	688.643	561.743	610.387
财政支出占比	64.880	56.401	60.464
城建土地占比	0.013	0.008	0.008
贷款占比	589.097	788.102	569.974
民企就业占比	0.228	0.710	0.585
出口占比	20.710	9.320	1.289
第三产业占比	0.311	0.360	0.324
第二产业占比	0.590	0.472	0.606
2010 年地区生产总值/亿元	55 492.000	27 847.830	54 556.970
2006 年地区生产总值/亿元	19 174.000	14 674.570	20 273.890
2001 年地区生产总值/亿元	6 851.700	6 690.751	6 382.590

注：合成控制组的组成权重为榆林市 0.635，乌海市 0.174，吉林市 0.191，其他城市为 0。

（三）实证结果

实证结果如图 2-7 所示。在 2011 年（图 2-7 中垂直虚线）之前，合成新余市

---

① 同样，我们将中国工业企业数据库中企业名称包含"光伏""太阳能"的企业，或者主营业务活动范围包含"光伏"的企业定义为光伏企业。值得一提的是，部分文献采用世界银行全球反倾销数据库或临时性贸易壁垒数据库中反倾销的具体 HS 商品类别来识别反倾销影响，而这很可能会低估反倾销的经济影响。

和真实新余市的人均地区生产总值增长十分吻合，这表明我们合成的控制组比较准确，与新余市在反倾销前大体一致。而在 2011~2012 年欧盟和美国反倾销发起后，新余市人均地区生产总值尽管仍有增长，但相较合成新余市有明显的下降，2012 年人均地区生产总值降幅达到 6000 元，下降将近 10%。这表明，欧盟和美国发起的光伏反倾销调查确实使我国地区的经济增长遭受严重挫伤。

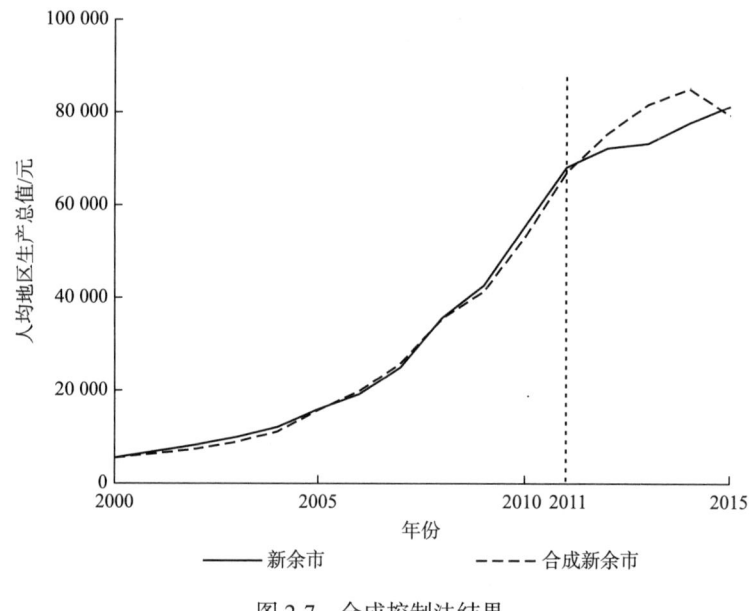

图 2-7　合成控制法结果

（四）稳健性检验

我们还进一步检验了合成控制法的稳健性。随机设定其他地级市为处理组，进行多次回归，结果如图 2-8 所示。真实新余市的结果如图 2-8 中黑实线所示，其余各条均为处理组的安慰剂检验结果。新余市在欧盟和美国反倾销发起后两年内的人均地区生产总值下降非常明显，只有 5 个安慰剂结果溢出，这表明其发生的概率只有 3.1%（=5÷162），在 5% 的置信水平下显著。

（五）如何应对

1. 政府方面

光伏产业事关国家长期经济发展战略，政府面对国外可能发起的反倾销诉讼，首先，应当通过协商谈判，为遭受反倾销的行业争取将损失降到最低。事实表明，

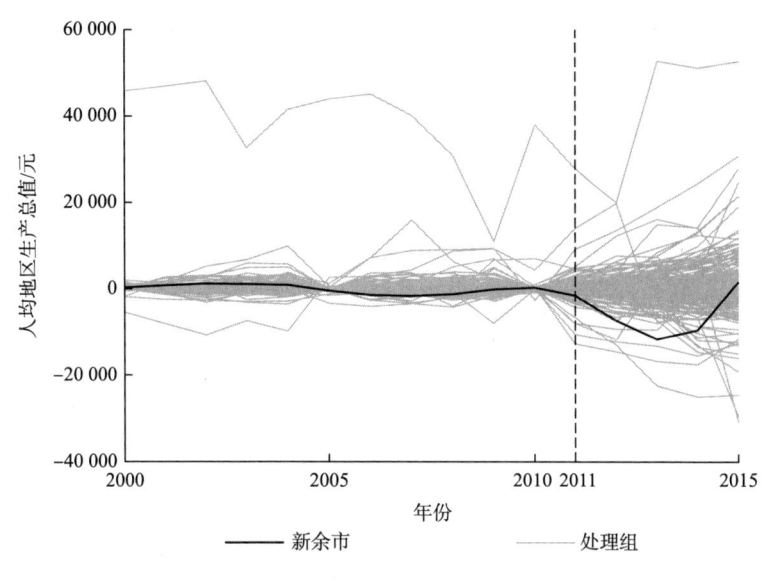

图 2-8 合成控制法的稳健性

我国对欧盟相应发起的"报复"威胁起到很好的作用,欧盟光伏产业上游行业甚至呼吁欧盟取消对我国的制裁。

其次,调整相关产业发展战略,扩大内需,摆脱高度依赖国外市场的局面。我国光伏产业常年以来都是"两头"在外,上游原料和下游市场均依靠国外,这就势必会在反倾销当中处于十分被动的局面。

最后,在反倾销和反补贴愈加频繁的背景下,大力培养一批应对非关税壁垒与贸易谈判的专业人员,以期能更好地应对反倾销、反补贴诉讼。反倾销调查过程中,相当数量的中小光伏企业不了解反倾销过程,甚至没有主动与欧美国家达成价格协定的意识,到最后只能面临巨额加税。

2. 行业方面

自我国加入 WTO 以来,遭受反倾销和反补贴指控的行业越来越多。类似于光伏产业这样的新兴行业初次面临"双反"指控,缺乏经验,几无对策。这就客观上要求行业内部进行一些改良。一方面,应当充分发挥行业协会的协调作用。各个行业协会对于全球相关市场行情要正确了解并及时传达,为行业内企业提供适当的发展建议。另一方面,行业协会应当设立反倾销应诉基金,在面临反倾销诉讼时,补贴应诉费用,保护中小企业发展。

3. 企业方面

企业是反倾销、反补贴行为最直接的受影响者。面对反倾销诉讼,企业应转变过去仅仅依靠低价来粗放发展的理念，加强自律，以合理、合法的定价策略开拓海外市场。反倾销期间，针对我国光伏产业大敌当前依然"窝里斗"的相关报道屡见不鲜。面对欧盟和美国咄咄逼人的反倾销威胁，我国光伏企业应当积极联合，加强在应对反倾销信息方面的沟通交流，抱团取暖。

同时，我国光伏企业应努力提高自身研发投入，依靠产业升级和技术进步，提高产品竞争力。无锡尚德太阳能电力有限公司的案例应当作为所有光伏企业的"前车之鉴"。在企业鼎盛发展之时，不思积极加强研发投入，却费尽心机地争取加拿大原料供应商的长期供应合同，最终在国际晶硅原料价格腰斩后损失惨重，举步维艰。

另外，企业应依据自身发展状况，实施多元化的发展战略，避免反倾销时市场过于集中带来的风险。光伏企业对于欧盟和美国、加拿大等地的对外直接投资（foreign direct investment，FDI）不但可以直接规避反倾销调查，而且能更好地吸收发达经济体的技术溢出效应，最终走上创新驱动道路。

第三节 贸易保护措施无法保护发达国家落后行业的就业[①]

本节运用前沿的计量经济学方法，评估加拿大 2005 年起对中国出口的碳钢紧固件执行的"双反"措施是否起到了保护本国产业的效果。结果发现，贸易保护措施仅保护了加拿大碳钢紧固件的资方利益，而使劳方的就业利益进一步受损。

加拿大于 2004 年 4 月对中国出口的碳钢紧固件发起的"双反"调查是外国对华"双反"调查的典型案例。2005 年 1 月加拿大开始征收反倾销和反补贴税，中国企业适用的反倾销税率为 3.46%~170%，反补贴税率为 32%。该"双反"措施已于 2010 年与 2015 年经过两轮日落复审，均维持原审裁决。加之欧盟也于 2009 年起对中国出口的紧固件征收高额反倾销税[②]，我国紧固件产业遭受重大损失，许多企业被迫退出国际市场，当前已经倒闭或濒临破产。

---

① 本节内容基于总课题"中国应对'双反'调查的策略研究与政策建议"成果整理而成，撰稿人为厦门大学教授龙小宁与北京师范大学特聘副研究员林志帆。

② 欧盟已于 2016 年 3 月取消对中国出口的紧固件的反倾销措施，详见 http://www.ccpit.org/Contents/Channel_3938/2016/0301/588195/content_588195.htm。

碳钢紧固件的 HS-4 位编码为 7318，我们根据 HS 制度与 ISIC[①]制度间的转换表[②]找到相应的 ISIC-REV3 代码为 2899，因此将碳钢紧固件所属的行业简称为 HS2899 行业。本节运用前沿的面板数据政策评估计量经济学方法，基于联合国工业发展组织的四位数制造业行业跨国数据库，系统评估"双反"措施是否起到了保护加拿大国内行业（即 HS2899 行业）的效果。结果发现，"双反"措施对加拿大 HS2899 行业的企业数量、总产值具有正向影响，体现出一定的保护效果；但对行业的就业人数、工资总量的影响为负；尽管劳均产值、劳均增加值上升，劳均工资仅短暂提高。

这样的结果说明，虽然发达国家在对中国出口产品发起"双反"调查时往往打着"保护就业"的旗号，但事实上贸易保护措施保护资方利益，而劳方的利益被"暗度陈仓"地牺牲。诸如加拿大钢铁生产协会等利益集团积极推动针对中国钢铁制品的贸易保护措施，游说政府违背 WTO 规则拒绝承认中国的"市场经济地位"[③]，本质上是在以牺牲劳动者、下游行业厂商的利益和终端消费者的福利为代价保护一小撮企业的利益。

一、贸易保护政策效果评估

本节基于计量经济学方法研究发现，在 2005~2008 年，相对于由没有对中国采取贸易保护措施的国家[④]"合成"的"反事实"（counter-factual）对照物而言，加拿大对中国出口的碳钢紧固件执行的"双反"措施使得加拿大 HS2899 行业的企业数年均增加约 9.73%，总产值年均增加约 10.46%，增加值在政策保护后先上升后下降，年均下降约 6.07%，体现出一定的保护效果。然而，就业人数年均下降约 5.94%，工资总量年均下降约 12.37%，劳动者的利益反而受损。在效率维度上，劳均产值年均提高约 5.46%，劳均增加值年均提高约 5.49%，但劳均工资仅短暂提高后转而下降，年均下降约 1.19%。可以发现，对华"双反"措施仅使资方受益；无论在就业总量、工资总量还是劳均工资上，HS2899 行业的劳动者都未能从贸易保护措施中受益。数据揭示，加拿大 HS2899 行业在"双反"

---

① 全称为《全部经济活动国际标准行业分类》(*International Standard Industrial Classification of All Economic Activities*)。

② 可参见 https://unstats.un.org/unsd/trade/classifications/correspondence-tables.asp。

③ 中国国际贸易促进委员会. 全球钢铁工业游说反对中国的市场经济地位. http://www.ccpit.org/Contents/Channel_3674/2015/1230/554401/content_554401.htm[2020-05-24]。

④ 这些国家包括：奥地利、丹麦、法国、爱尔兰、意大利、立陶宛、吉尔吉斯斯坦、新西兰、挪威、新加坡、斯洛伐克、瑞典、土耳其。

措施提供的保护窗口期采取了更为资本密集的生产技术,恶化了要素收入分配状况,降低了劳动收入份额。

以上的评估仅关注了加拿大对 HS2899 行业进行贸易保护的直接成本与收益。而贸易保护措施在投入—产出链上的溢出效应所引致的间接成本也不容忽视。由于碳钢紧固件在工业体系的投入—产出链上处于较为上游的位置,对质优价廉的中国产品征收高额的反倾销税和反补贴税将对下游的汽车制造业、机械制造业、建筑业等行业造成严重伤害。"牵一发而动全身",这些行业面临大幅上升的原材料成本,或被迫采用价高质劣的本国产品。而它们为加拿大经济贡献的增加值、就业量、投资量远大于 HS2899 行业,从而贸易保护政策是"因小失大""因噎废食",无益于加拿大整体经济的发展。

二、贸易保护措施为何无法保护就业

本节的定量分析发现,加拿大对中国出口的碳钢紧固件执行的"双反"措施未能扭转就业下降的趋势,HS2899 行业的就业量相较于对照组国家的就业量反而进一步减少。可能的原因有以下两个方面。

(1)企业利用贸易保护的"喘息机会"积极改进技术设备,采取劳动节约型生产技术以尝试重构竞争优势。发达国家大规模的钢铁行业发展至今已有逾百年的历史,当前产业发展面临着技术落伍与设备老化的瓶颈,而行业工会过于强势的议价地位也导致工资水平过高,劳动力雇佣无法适时调整,中低端金属制品的生产成本远高于中国、马来西亚、韩国等新兴经济体,严重侵蚀了钢铁行业的贸易竞争力。尽管利益集团往往打着"保护就业"的旗号向政府游说采取贸易保护措施,但是,当厂商得到"双反"措施的暂时保护而在短期内免于破产时,有动机利用保护窗口期改进生产技术,加紧采取"以资本替代劳动"的先进生产技术以期在中长期恢复竞争优势。而厂商采取更为资本密集的生产技术无助于创造更多的就业岗位。

(2)行业工会以"最大化工会成员收入"的内部收益而非"最大化就业"为目标,缺乏动机对雇主施加增设就业岗位的压力。当资方利益集团尝试联合工会组织向政府游说采取贸易保护措施,往往达成"未来削减劳动力成本时避免裁退工会成员""保障工会成员工资上涨"等利益交换,使得工会组织沦为一部分劳动者追求内部利益的工具与资方集团利益诉求的"传声筒"。此时,工会并不以"最大化就业"为目标,而是通过牺牲非工会劳动者来保护工会成员的利益,缺乏动机对厂商施加压力阻止劳动节约型生产技术的采用。

综上分析可知,贸易保护无法扭转 HS2899 行业的就业颓势。

三、应对措施建议

（1）加强与国外政府沟通，敦促综合考虑贸易保护成本。商务部与地方商务部门应积极向国外政府传达"贸易保护主义'损人不利己'，既不利于经济发展和就业增长，更不利于世界经济复苏"的观点。当资方利益集团笼络工会组织打着"促增长、保就业"的幌子游说贸易保护时，中国政府部门应敦促国外政府部门综合考虑贸易保护措施对下游行业与终端消费者福利造成的损失成本，避免"图小利而失大局"，并使对方政府意识到在劳资双方利益交换背景下工会组织可能沦为资方"传声筒"，无法真正代表全体劳动者的利益。

（2）积极与国外（非工会）劳动者代表和下游行业厂商联系，争取制衡力量。本节研究发现，加拿大对中国出口的碳钢紧固件执行"双反"措施并未取得保护就业的效果。这是因为企业为了在中长期降低生产成本，重构竞争优势，有强烈动机在保护窗口期调整生产技术，使用资本替代劳动，使劳方在就业人数和劳均工资上都受损，劳资间收入分配状况恶化。而工会组织往往与资方达成某些利益交换，缺乏对资方施压增设就业岗位的动机。并且，贸易保护措施抬高了下游行业的生产成本，亦使下游厂商利益受损。因此，从利益相关的角度出发，拟对中国发起"双反"调查的行业中的全体劳动者（尤其是非工会劳动者）与下游行业厂商属于可争取为制衡力量的对象。中国企业和行业协会应积极与对方联系，阐明贸易保护措施可能给对方带来的损失，建议非工会劳动者与下游行业厂商向政府施压反对贸易保护措施。在这一过程中，商务部、地方商务主管部门应帮助行业组织与企业收集相关信息，做好组织工作，协调跨国沟通，提供经费支持，充分发挥"四体联动"机制的作用。

（3）推进供给侧结构性改革，削减过剩产能，实现转型升级。欧美国家频频对中国出口的金属制品发起贸易保护的根本原因在于，全球钢铁行业已普遍陷入中低端产品产能过剩、竞争激烈、同质化严重的僵局。而钢铁行业又具有固定成本高、边际成本低的典型规模经济特征，难以快速关停退出，因此许多钢铁企业的经营仅维持边际盈利但整体亏损，只能依赖贸易保护减少亏损或扭亏为盈。钢铁行业的供给侧结构性改革已刻不容缓。中国在解决钢铁产能过剩的问题上已开始采取行动，国务院2016年2月出台的《国务院关于钢铁行业化解过剩产能实现脱困发展的意见》[①]规定，"各地区、各部门不得以任何名义、任何方式备案新增

---

① 国务院. 国务院关于钢铁行业化解过剩产能实现脱困发展的意见. http://www.gov.cn/zhengce/content/2016-02/04/content_5039353.htm[2020-05-24].

产能的钢铁项目，各相关部门和机构不得办理土地供应、能评、环评审批和新增授信支持等相关业务"，还制定政策引导企业退出，"鼓励企业通过主动压减、兼并重组、转型转产、搬迁改造、国际产能合作等途径，退出部分钢铁产能"。

另外，中国的高端和特种金属材料面临着供给不足、严重依赖进口的问题。供给侧结构性改革中应加强钢铁行业生产加工与下游用钢行业需求对接，引导企业推进与高铁、核电、汽车、船舶与海洋工程等领域重大技术装备相关的高端材料的研发和推广应用，通过产品的转型升级实现"弯道超车"，有效规避在中低端产品上陷入恶性竞争，招致贸易摩擦。

第四节　本章研究论文：加拿大对华碳钢紧固件的"双反"措施奏效了吗？——基于面板数据政策评估法的实证检验[①]

本小节运用前沿的面板数据"反事实"政策评估法，基于联合国工业发展组织的四位数制造业行业的跨国数据，评估加拿大于2005年起对中国出口的碳钢紧固件执行的"双反"措施是否起到了保护本国产业的效果。结果发现，"双反"措施对加拿大金属制品业的企业数量、总产值、增加值具有正向影响，但对就业人数、工资总量具有负向影响，进而反映为劳均产值、劳均增加值的上升与劳均工资水平的短暂提高。这意味着，加拿大针对中国的"双反"措施实际上仅保护了资方，而使劳方进一步受损，发达国家对丧失比较优势的落后行业进行贸易保护无法实现"增加就业"的政策初衷。

一、研究背景

加拿大于2004年4月对中国出口的碳钢紧固件进行的"双反"调查是外国对华"双反"调查的典型案例，这一贸易保护措施使我国紧固件产业蒙受重大损失，许多企业被迫退出国际市场，当前已经倒闭或濒临破产。

既有研究已较多地从中国产业发展的角度进行了解答。而另一未解答的关键

[①] 本节内容基于总课题"中国应对'双反'调查的策略研究与政策建议"成果整理而成，撰稿人为厦门大学教授龙小宁与北京师范大学特聘副研究员林志帆。

问题是,加拿大这一贸易保护措施的目的在于"拯救"碳钢制品业这一典型夕阳产业,但对华"双反"是否真正起到了保护其国内产业的效果?对该问题的解答有助于我们理解发达国家频频对中国发起的"双反"调查背后的政治经济逻辑,对未来更有效、更科学地制订应对方案具有重要的意义。

本小节后续部分的安排如下:第二部分对面板数据政策评估法的基本原理进行介绍;第三部分陈述数据与模型设定,并讨论实证回归结果;第四部分总结全文。

二、面板数据"反事实"政策评估法

政策效果评估的难题在于:我们不可能在同一时点上观察到同一个体同时处于两种状态(即"受政策影响"与"不受政策影响"),而在现实中受到政策影响的个体在受到政策冲击与其不受政策冲击的"反事实"状态间的差异正是政策效果评估的关键所在。有鉴于此,应用微观计量经济学领域研究者较多采用的 DID 法或经倾向得分匹配(propensity-score-matching,PSM)后的 DID 法构造"反事实"对照组以评估政策效果。

然而,将这些方法运用于"双反"措施的效果评估可能存在两方面问题:第一,DID 法识别准确的关键在于冲击前共同趋势假设(common trend assumption)是否成立。但不同国家间的经济发展水平、地理区位特征、文化与政治因素、产业结构及细分行业内的生产技术等方面都存在着较大的差异,我们很难在现实中为加拿大的碳钢紧固件行业找到满足共同趋势假设的对照物;第二,碳钢紧固件行业的发展受到经济系统中多种因素的影响(诸如上下游行业的供需情况、加总层面上的经济增长与就业状况或其他不可观测的因素),而这些因素往往也与"双反"调查的政策存在相互联系,在它们的数据信息获得难度较大的情况下,计量模型无法充分控制这些因素的影响,将引致遗漏变量偏误问题。

而前沿的面板数据"反事实"政策评估法(Hsiao et al.,2012)在"双反"措施的效果评估上具有明显的优势。一方面,该方法认为经济系统(在本小节为各国的金属制品业)中的一些共同因子(common factor,可理解为行业生产技术、全球范围的原材料供给与产品需求形势等)驱动着各个个体的运行,虽然影响形式与程度不尽相同,但个体间在截面上具有一定的相关性。从而,我们可以利用"双反"措施发起前加拿大的金属制品业(实验对象)与其他国家的金属制品业(潜在控制组)的截面相关性,通过回归估计构造实验对象的线性组合,用于预测"双反"措施后冲击对象的"反事实"状态,从而无需 DID 法所必需的共同趋势假设,也能够观测到"双反"措施随时间变化的影响效应(time-varying treatment effect）。另一方面，该方法有助于克服政策评估中的模型构建复杂、遗漏变量、时间序列数据不平稳等问题（Hsiao et al.，2012），并且由于仅利用了我们关心的结果变量的数据信息，在一定程度上削弱了控制变量选择与估计方法对研究结论稳健性的干扰。

以下对面板数据"反事实"政策评估法进行简要介绍。假设 N 个个体中只有一个个体受到政策冲击（在本小节中即为对中国执行了"双反"措施的加拿大金属制品业），从而当 $i=1$（假设第一个个体为冲击对象）且 $t>T_0$ 时，有 $D_{it}=1$；在其他情形中，$D_{it}=0$。

使用 Y_{it}^1 和 Y_{it}^0 表示两个潜在结果，Y_{it} 表示观测结果，则有

$$Y_{it} = D_{it}Y_{it}^1 + (1-D_{it})Y_{it}^0 = Y_{it}^0 + \tau_{it}D_{it} \quad (2\text{-}1)$$

其中，$\tau_{it} = Y_{it}^1 - Y_{it}^0$，为个体 i 在第 t 期的政策效应。我们关心的是冲击对象的政策效应，即 $\tau_{1t} = Y_{1t}^1 - Y_{1t}^0$（$t=T_0+1, T_0+2, \cdots, T$）。估计 τ_{1t} 的困难在于，Y_{1t}^1 和 Y_{1t}^0 不能同时被观测到。在加拿大金属制品业对中国执行"双反"措施后，我们仅能观测到结果变量（如总产出、增加值、就业、生产效率等）现实中的表现 Y_{1t}^1，但未受政策干预影响的结果变量 Y_{1t}^0（$t=T_0+1, T_0+2, \cdots, T$）缺失。为估计 τ_{1t}，我们需要构造在 $T_0+1, T_0+2, \cdots, T$ 上的"反事实"结果 Y_{1t}^0。

根据 Hsiao 等（2012）的研究，我们可以利用其他未对中国碳钢紧固件实施"双反"措施的国家金属制品业的信息来拟合"双反"措施实施前冲击对象（加拿大的金属制品业）的各个结果变量，用于构造"双反"措施实施后的"反事实"结果。具体而言，假设所有个体的基准潜在结果服从以下的线性共同因子模型：

$$Y_{it}^0 = \mu_i + b_i^T f_t + \varepsilon_{it} \quad (2\text{-}2)$$

其中，$i=1, 2, \cdots, N$；$t=1, 2, \cdots, T$；μ_i 为个体固定效应；f_t 为 $K \times 1$ 维的可随时间变化的共同因子向量；b_i 为不随时间变化但允许在个体间不同的系数向量；ε_{it} 为扰动项。可以看出，同一时间点上的各个个体都受到多个共同因子（金属制品业的生产技术、资本与劳动等要素、全球范围内上下游行业的供需状况与价格信息等）的影响，尽管共同因子本身不能直接观测，也难以估计出来，对各国金属制品业的影响不尽相同（即允许因子系数 b_i 在各个个体间不同），但共同因子的作用将使结果变量的截面观测值间存在相关性，从而可以利用政策冲击前冲击对象与潜在控制组的相关性估计出政策冲击后冲击对象"如果没有受到政策冲击"时的"反事实"结果。

全球范围其他国家的金属制品业可作为潜在控制组，利用 $Y_t^0 = \left(Y_{2t}^0, Y_{3t}^0, \cdots, Y_{Nt}^0\right)^T$ 替代共同因子向量，通过回归拟合并预测得到 $t>T_0$ 时 Y_{1t}^0 的"反事实"值。首先，使用 $t \leq T_0$ 时加拿大与其他国家金属制品业相关变量的平衡面板数据进行时间序列回归：

$$Y_{1t}^0 = \hat{\alpha}_0 + \hat{\alpha}_1 Y_{2t}^0 + \cdots + \hat{\alpha}_{N-1} Y_{Nt}^0 + u_t \tag{2-3}$$

再基于估计系数进行 Y_{1t}^0 的样本外（$t>T_0$）预测，得到"反事实"结果 $\hat{Y}_{1t}^0$：

$$\hat{Y}_{1t}^0 = \hat{\alpha}_0 + \hat{\alpha}_1 Y_{2t}^0 + \cdots + \hat{\alpha}_{N-1} Y_{Nt}^0 \tag{2-4}$$

从而，加拿大金属制品业对华实施"双反"措施的政策效应（$t>T_0$）为

$$\hat{\tau}_{1t} = Y_{1t}^1 - \hat{Y}_{1t}^0 \tag{2-5}$$

在实际操作中，控制组可以灵活选取，可以不必是所有国家的金属制品业。最优控制组的选择与政策效应的估计可以依照以下策略进行。

（1）依次选择 $1,2,\cdots,N-1$ 个潜在控制组个体进入式（2-3），选择拟合效果最佳的模型：当有 m 个控制组个体进入模型时（$m \leq N-1$），需要估计 $C_{N-1}^m = \dfrac{(N-1)!}{m!(N-m-1)!}$ 个模型，利用拟合优度 R^2 选择解释力最强的模型，记为 $M^*(m)$。重复这一流程可得到 $N-1$ 个备选最优模型 $M^*(j)$，$j=1,2,\cdots,N-1$。

（2）使用赤池信息准则（Akaike information criterion，AIC）[①] 从 $N-1$ 个备选最优模型中选出最优控制组对应的模型 $M^*(j^*)$，其中 $j^* = \arg\min \text{AIC}\left[M^*(j)\right]$。

（3）利用最优控制组 m^* 对应的模型 $M^*(j^*)$ 进行样本外（$t>T_0$）预测得到加拿大金属制品业各结果变量的最优"反事实"值 $\hat{Y}_{1t}^0(j^*)$，从而加拿大金属制品业对华实施"双反"措施的政策效应的最优估计为

$$\hat{\tau}_{1t}^* = Y_{1t}^1 - \hat{Y}_{1t}^0(j^*) \tag{2-6}$$

面板数据"反事实"政策评估法已经得到了较多的应用。Hsiao 等（2012）研究发现，《内地与香港关于建立更紧密经贸关系的安排》使香港的实际 GDP 增长率提高了约 4%；Zhang 等（2015）研究了美国与加拿大签署的自由贸易协定对加拿大的影响，发现在经历调整"阵痛期"后，加拿大的实际 GDP 增长率年均提升约 1.86%，劳动生产率年均提升约 2.39%；Ke 等（2017）研究了开设高铁线路对中国城市经济增长的影响，发现高铁通行可使人均实际 GDP 提高约 5%~59%。

在某种程度上，面板数据"反事实"政策评估法与 Abadie 和 Gardeazabal（2003）提出的合成控制法较为相似。两种方法的关键不同在于合成控制法为冲击对象构造的对照物是控制组的凸组合（即权重非负且加总为 1），从而，使用合成控制法的隐含条件为冲击对象与控制组在匹配协变量上需要有共同支撑（common support）——如果冲击对象用于匹配的某些可观测特征严格大于或小于控制组的

[①] 赤池信息准则的计算公式为 $\text{AIC}(m) = T_0 \ln\left(e_m^T e_m / T_0\right) + 2(m+2)$，$m$ 为模型中包含的控制组个体数，e_m 为回归残差序列向量，最优模型是 AIC 值最小者。直观地看，增加解释变量个数能够提高模型的解释力，使第一项变小；但同时第二项会增大，即对引入过多的解释变量进行了"惩罚"。简而言之，AIC 准则旨在寻找在"最好地解释数据"与"包含最少解释变量"中取得最佳平衡的模型设定。

对应特征，则无法找到合适的权重拟合冲击对象，合成控制法也就无法使用。相比之下，面板数据"反事实"政策评估法未对权重进行任何限制、甚至允许权重为负，亦在式（2-3）的回归中引入了常数项以控制结果变量在冲击对象与控制组间的差异，假设的放松使得其适用范围更广。此外，合成控制法需要利用诸多协变量的信息进行匹配，而面板数据"反事实"政策评估法仅利用了结果变量的信息，从而在数据信息相对匮乏的情况下更为适用[①]。

三、数据、模型与结果分析

（一）资料来源与匹配

加拿大对中国出口的碳钢紧固件的"双反"原审调查发起于 2004 年 4 月，于 2005 年 1 月开始征收反倾销税和反补贴税，中国企业的反倾销税率为 3.46%~170%，反补贴税率为 32%。该"双反"措施已于 2010 年与 2015 年经过两轮日落复审，均维持原审裁决。我们关注的是"双反"措施是否起到了保护加拿大本国金属制品业的效果。具体而言，从以 ISIC 代码编制的联合国工业发展组织的四位数制造业行业的跨国数据库中获取加拿大及数据可得的潜在控制组国家（包括奥地利、丹麦、法国、爱尔兰、意大利、立陶宛、吉尔吉斯斯坦、新西兰、挪威、新加坡、斯洛伐克、瑞典、土耳其共 13 个在样本期末对中国出口的碳钢紧固件采取贸易保护措施的国家）金属制品业的企业数量、总产值、增加值、就业人数、工资总量的相关信息，我们进而计算了劳均产值、劳均增加值及劳均工资变量，将这些变量用于实证研究。由于这些变量数据均为较大的货币数值（单位：现价美元），为削弱异方差的影响，提高回归模型拟合效果，我们对这些变量取自然对数。

我们选取的数据样本期为 1992~2008 年[②]，我们将 1992~2004 年划分为"双反"措施实施前的时间段，共 13 期；将 2005~2008 年划分为政策冲击发生后的观测窗口，共 4 期。政策冲击前样本期长于政策冲击后观测期符合面板数据政策评估法的要求。

（二）实证结果与分析

根据前述的面板数据政策评估法步骤，利用加拿大实施"双反"措施前的样

[①] 这两种方法的详细比较可参见 Gardeazabal 和 Vega-Bayo（2017）的研究，囿于篇幅限制本小节不再赘述。
[②] 2009 年 1 月欧盟决定对中国碳钢紧固件产品征收 26.5%~85%的反倾销税。潜在控制组中大部分国家亦受到政策冲击使得我们无法评估 2008 年后加拿大"双反"措施的效果。

本数据拟合式（2-3）所示的模型，并由 AIC 值挑选最优控制组，各个结果变量所对应的最优模型回归结果如表 2-11 所示。可以看到，尽管政策冲击前可用于回归构造"反事实"参照物的样本量较小，但由于潜在控制组多为中高收入国家，与加拿大的经济发展水平和工业生产技术较为接近，故各回归均取得了令人满意的拟合效果（可决系数 R^2 基本上都大于 0.90）。

表 2-11 各个结果变量最优控制组权重估计结果

项目	企业数量	总产值	增加值	就业人数	工资总量	劳均产值	劳均增加值	劳均工资
奥地利		1.464*			0.655*	0.512		
		（3.85）			（2.72）	（1.36）		
丹麦		−1.934**	−0.853**					
		（−4.83）	（−2.58）					
法国	0.306	1.010		1.296***	−2.138***	−0.710	−1.207*	−0.162
	（1.92）	（2.53）		（3.64）	（−6.41）	（−1.50）	（−2.11）	（−1.55）
爱尔兰	−2.598*	−0.746	1.502**		2.698**	−0.530	0.510*	1.163***
	（−2.54）	（−2.16）	（2.99）		（4.97）	（−1.83）	（2.22）	（9.12）
意大利	0.121	0.995**	1.103***		0.944**	0.999**		
	（1.48）	（4.92）	（7.12）		（4.25）	（3.36）		
立陶宛		0.126						
		（2.21）						
吉尔吉斯斯坦	0.842**				−0.209**			−0.097**
	（3.60）				（−3.52）			（−4.01）
新西兰	−2.423**							
	（−3.91）							
挪威	1.321**	−0.853*			0.730**		0.597*	−0.789***
	（4.77）	（−3.25）			（4.22）		（2.15）	（−5.24）
新加坡	0.583	0.057	−0.293	1.147***	−1.198**	0.130	0.428*	−0.092
	（0.93）	（0.60）	（−1.37）	（4.55）	（−3.41）	（1.22）	（1.96）	（−1.78）
斯洛伐克	0.233	−0.212		0.323	0.303*	0.060		
	（1.41）	（−1.22）		（1.73）	（2.71）	（0.82）		
瑞典		0.386	−1.042***		−0.536***	−0.240		0.349**
		（2.40）	（−3.92）		（−5.90）	（−2.09）		（3.87）

续表

项目	企业数量	总产值	增加值	就业人数	工资总量	劳均产值	劳均增加值	劳均工资
土耳其	−0.122					0.177	−0.145	0.102**
	(−0.71)					(1.16)	(−1.35)	(2.82)
常数项	18.859*	10.186	13.022*	−17.732***	1.517	7.144**	8.918***	5.450***
	(3.05)	(2.17)	(2.33)	(−4.75)	(0.51)	(4.32)	(4.22)	(6.39)
N	13	13	13	14	13	13	13	13
R^2	0.984	0.998	0.911	0.914	0.995	0.930	0.788	0.986
AIC	−24.979	−67.099	−22.495	−39.885	−53.134	−47.418	−36.559	−63.777

注：括号中为 t 统计量

***、**、*分别表示在 1%、5%、10%的显著性水平下显著

进而利用表 2-11 中得到的最优控制组权重估计进行样本外预测便可以得到 2005~2008 年加拿大的金属制品业在未对中国出口的碳钢紧固件采取"双反"措施这一"反事实"情境下企业数量、总产值、增加值、就业人数、工资总量、劳均产值、劳均增加值、劳均工资的演变情况，它们与现实中观测到的数据的差异即为"双反"措施的影响。为便于解读，我们在图 2-9~图 2-16 中直观地展示了相应的结果。

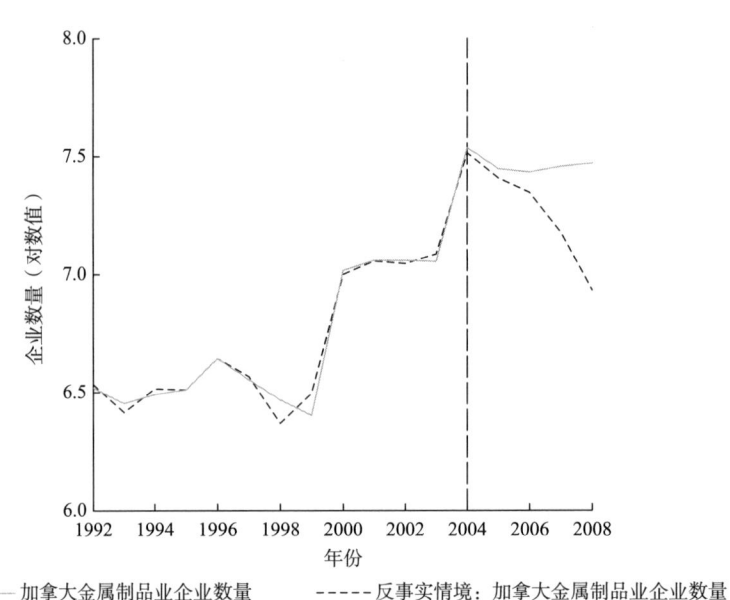

图 2-9 "双反"对加拿大金属制品业企业数量的影响

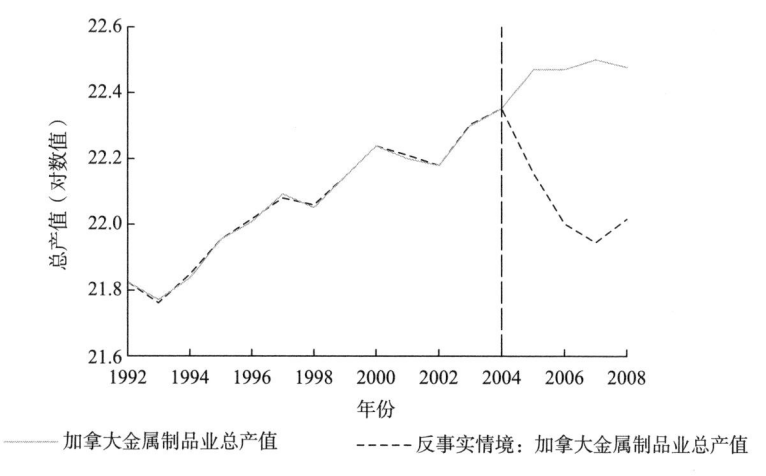

图 2-10 "双反"对加拿大金属制品业总产值的影响

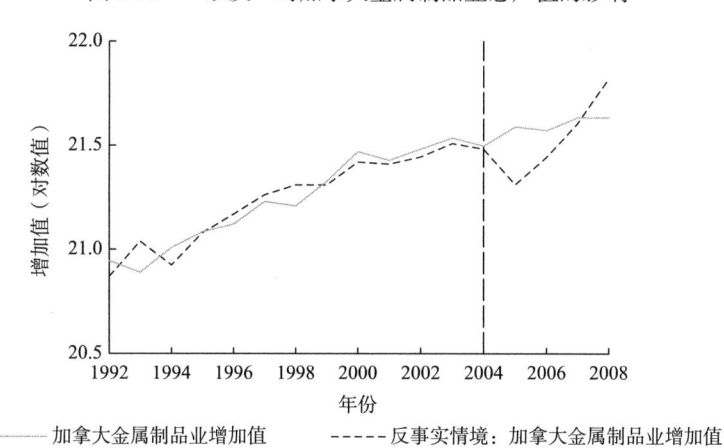

图 2-11 "双反"对加拿大金属制品业增加值的影响

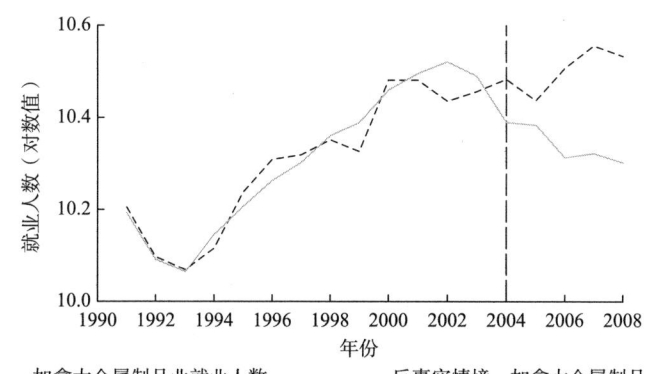

图 2-12 "双反"对加拿大金属制品业就业人数的影响

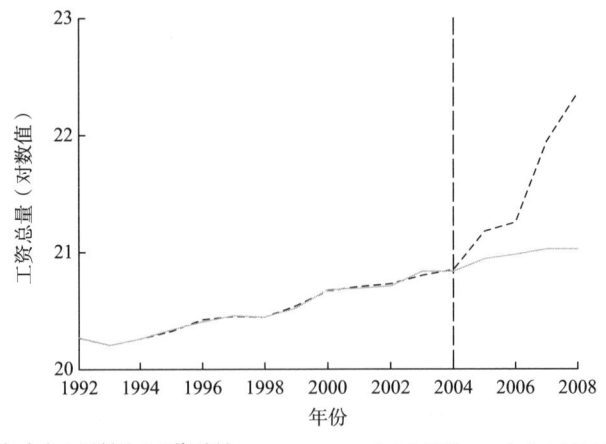

图 2-13　"双反"对加拿大金属制品业工资总量的影响

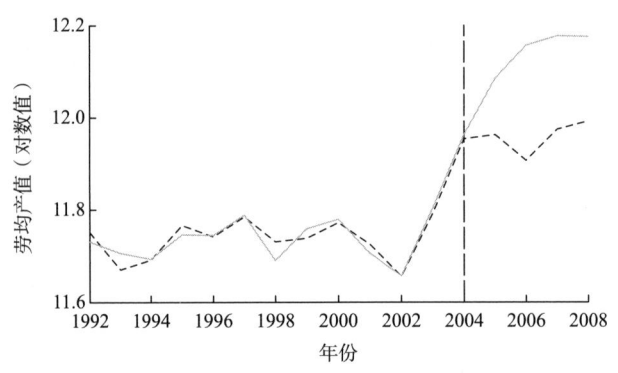

图 2-14　"双反"对加拿大金属制品业劳均产值的影响

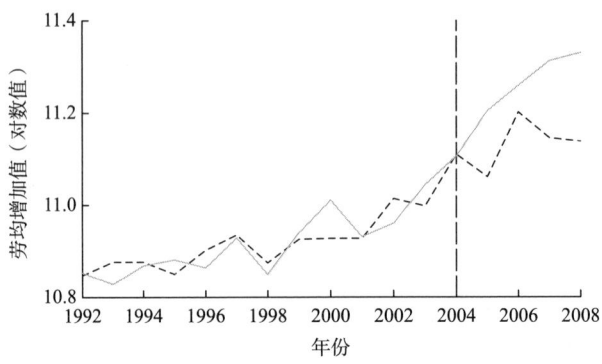

图 2-15　"双反"对加拿大金属制品业劳均增加值的影响

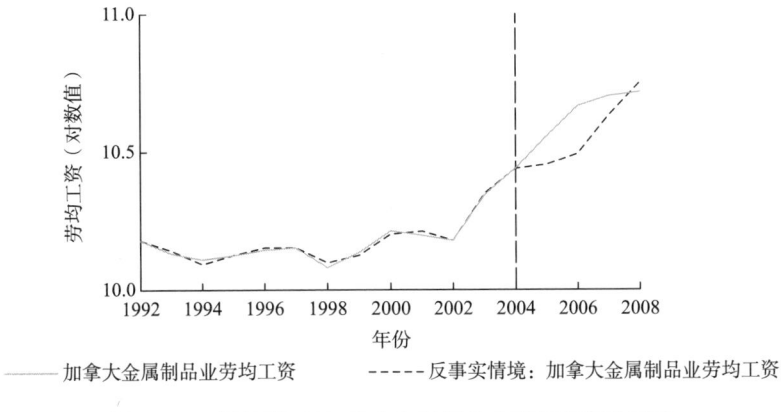

图 2-16 "双反"对加拿大金属制品业劳均工资的影响

图 2-9~图 2-16 联合显示，在 2005~2008 年，相对于由没有对中国采取贸易保护措施的国家"合成"的"反事实"对照物而言，加拿大对中国出口的碳钢紧固件执行的"双反"措施使得加拿大 HS2899 行业的企业数量年均增加约 9.73%，总产值年均增加约 10.46%，增加值在政策保护后先上升后下降，年均下降约 6.07%，体现出一定的保护效果。然而，就业人数年均下降约 5.94%，工资总量年均下降约 12.37%，劳动者的利益反而受损。在效率维度上，劳均产值年均提高约 5.46%，劳均增加值年均提高约 5.49%，但劳均工资仅短暂提高后转而下降，年均下降约 1.19%。综上可知，对华"双反"措施仅使资方受益；无论在就业总量、工资总量或者劳均工资上，HS2899 行业的劳动者都未能从贸易保护措施中受益。这说明，加拿大 HS2899 行业在"双反"措施提供的保护窗口期采取了更为资本密集的生产技术，恶化了要素收入分配状况，降低了劳动收入份额。

参 考 文 献

迟铮. 2016. 欧盟对华光伏反倾销的影响研究. 国际商务财会，(10)：65-70, 86.
郝亮. 2017. 市场结构、产业关联与反倾销税率的确定. 中央财经大学学报，(2)：63-71.
何有良. 2018. 贸易壁垒会加剧中国出口企业生存风险吗——以中国企业遭遇反倾销为例. 国际贸易问题，(1)：145-153.
李思奇. 2016. 国际反倾销和反补贴规则新演变及中国对策[J]. 国际贸易，(7)：43-48.
欧福永. 2014. 欧盟对中国光伏产品反倾销和反补贴税案及其启示. 国际税收，(5)：69-71.
钱强，高凛. 2017. 反倾销对我国光伏企业出口发展的影响——基于引力模型分析. 对外经贸，(10)：9-12, 21.
沈瑶，朱益，王继柯. 2005. 中国反倾销实施中的产业关联研究:以聚氯乙烯案为例. 国际贸易问题，（3）：83-87.

王威. 2018. 美国对华"双反"调查发展态势、成因与应对[J]. 国际经济合作，（7）：40-46.

王孝松，吕越，赵春明. 2017. 贸易壁垒与全球价值链嵌入——以中国遭遇反倾销为例. 中国社会科学，（1）：108-124，206-207.

巫强，崔欣欣，马野青. 2015. 财政分权和地方政府竞争视角下我国出口增长的制度解释：理论与实证研究. 国际贸易问题，（10）：142-151.

奚俊芳，唐宗明，钟根元. 2007. 垂直市场结构下继发性反倾销税率优化机制. 系统管理学报，（5）：483-486.

谢建国，杨婷婷. 2014. 美国对华反倾销的产业涟漪效应——基于135部门的投入产出分解. 经济评论，（3）：87-99.

谢申祥，张铭心，黄保亮. 2017. 反倾销壁垒对我国出口企业生产率的影响. 数量经济技术经济研究，（2）：105-120.

杨海艳，杨仕辉. 2006. 印度反倾销对中国产业的影响：以氧化锌为例. 中国经贸导刊，（19）：40-41.

喻琬月. 2014. 反倾销税对我国光伏产业的影响. 西南财经大学硕士学位论文.

张燕，车翼. 2018. 发展中国家反倾销对中国出口的影响——以印度为例. 世界经济文汇，（1）：44-67.

朱钟棣，鲍晓华. 2004. 反倾销措施对产业的关联影响——反倾销税价格效应的投入产出分析. 经济研究，（1）：83-92.

Abadie A, Diamond A, Hainmueller J. 2010. Synthetic control methods for comparative case studies: estimating the effect of California's tobacco control program. Journal of the American Statistical Association, 105（490）: 493-505.

Abadie A, Gardeazabal J. 2003. The economic costs of conflict: a case study of the Basque country. American Economic Review, 93（1）: 113-132.

Bown C P. 2011. The great recession and import protection: the role of temporary trade barriers. London: Centre for Economic Policy Research and the World Bank.

Brenton P. 2001. Anti dumping policies in the EU and trade diversion. European Journal of Political Economy, 17(3), 593-607.

Chandra P, Long C. 2013. Anti-dumping duties and their impact on exporters: firm level evidence from China. World Development, 51: 169-186.

Gardeazabal J, Vega-Bayo A. 2017. An empirical comparison between the synthetic control method and Hsiao et al.'s panel data approach to program evaluation[J]. Journal of Applied Econometrics, 32（5）: 983-1002.

Hsiao C, Ching H S, Wan S K. 2012. A panel data approach for program evaluation: measuring the benefits of political and economic integration of Hong Kong with mainland China. Journal of Applied Econometrics, 27（5）: 705-740.

Ke X, Chen H Q, Hong Y M, et al. 2017. Do China's high-speed-rail projects promote local economy?—New evidence from a panel data approach. China Economic Review, 44: 203-226.

Lu Y, Tao Z G, Zhang Y. 2013. How do exporters respond to antidumping investigations?. Journal of

International Economics, 91 (2): 290-300.
Prusa T J. 1996. The trade effects of US antidumping actions. NBER Working Papers 5440.
Zhang L, Du Z C, Hsiao C, et al. 2015. The macroeconomic effects of the Canada-US free trade agreement on Canada: a counterfactual analysis. The World Economy, 38 (5): 878-892.

第三章 中国企业应对"双反"调查及"非市场经济地位"的措施研究[①]

第一节 中国企业受欧美国家"双反"调查的基本情况分析[②]

随着经济发展提速,中国出口商品频繁遭遇反倾销和反补贴调查。案件数量增多的同时,也呈现出覆盖产品范围扩大、裁决成功率高、税率水平提升、持续时间长等特点。

一、欧美国家[③]对中国"双反"调查基本情况

根据 WTO 公布的数据,截至 2016 年,中国连续 22 年成为遭遇反倾销调查最多的国家,连续 11 年成为遭遇反补贴调查最多的国家。1995~2016 年国外对华发起反倾销和反补贴调查共计 1336 起,实施反倾销和反补贴措施达 940 起。据统计,全球发起的约 23%的反倾销调查和 27%的反补贴调查针对中国;实施的约 25%的反倾销措施、31%的反补贴措施针对中国。

欧美国家对中国发起和实施反倾销和反补贴的数量保持较高水平。1995~2016 年欧美国家共对中国发起反倾销和反补贴调查 402 起,占全球对华发起反倾销和

[①] 本章内容基于子课题 3 "中国企业应对'双反'调查及'非市场经济地位'的措施研究"成果整理而成,主持人为厦门大学教授沈丹阳。

[②] 本节内容基于子课题 3 "中国企业应对'双反'调查及'非市场经济地位'的措施研究"成果整理而成,撰稿人为厦门大学教授沈丹阳与商务部国际贸易经济合作研究院研究员张威、副研究员韩露等。

[③] 本章"欧美国家"指欧盟、美国及加拿大。

反补贴调查总数的 30%；同期，欧美国家共对中国实施反倾销和反补贴措施共计 294 起，占全球对华实施措施的 31%。

2016 年，中国遭遇反倾销和反补贴调查案件数量达到 2009 年以来的历史最高点，涉及 27 个国家（地区）发起的 119 起案件，金额共计 143.4 亿美元。其中，欧美国家共对中国发起 30 起反倾销和反补贴调查，案件数量同比上升 66.7%，占当年全球对华反倾销和反补贴调查案件总数的 25.2%，涉案金额共计 59 亿美元，同比上升 140.3%，占全球对华反倾销和反补贴调查案件涉案总金额的 41.1%。

2017 年，中国遭遇反倾销和反补贴调查案件数量下降了 37%，涉案金额下降了 23%，涉及 21 个国家（地区）发起的 75 起案件，金额共计 110.1 亿美元。但欧美国家对华贸易救济形势依然严峻，呈现数量基本持平、平均涉案金额上升的态势。2017 年，欧美国家对华发起反倾销和反补贴调查案件 27 起，同比下降 10%，但涉案金额上涨近 8000 万美元，平均涉案金额上涨 4.8%，处于较高水平。欧美国家是全球对华发起反倾销和反补贴调查较多的地区之一，以下是具体国家（地区）情况。

（一）欧盟对华"双反"调查情况

1979 年欧盟对中国出口的糖精等产品首次进行了反倾销调查。自中国加入 WTO 后，欧盟对华的反倾销调查数量呈逐年上升的趋势。根据 WTO 公布的数据，1995~2016 年，欧盟共对外发起 493 起反倾销调查，77 起反补贴调查，其中，对华反倾销调查高达 129 起，反补贴调查 10 起，占欧盟反倾销和反补贴立案总数的 24%。2016 年至 2017 年底，欧盟对华发起反倾销立案调查 8 起、反补贴立案调查 3 起。从反倾销措施的实施情况来看，1995~2016 年，欧盟共采取 314 起反倾销措施，其中针对中国的有 91 起，占总数的 29%。

（二）美国对华"双反"调查情况

自 1980 年对中国发起第一起薄荷醇反倾销调查起至 2017 年底，美国共对中国发起了 289 起反倾销和反补贴调查案件，其中，尚在执行的反倾销税令和反补贴税令总计 155 起。2016 年，美国共发起 53 起反倾销和反补贴调查，其中对华 20 起，占当年美国反倾销和反补贴调查发起总量的 38%。2017 年美国共发起 79 起反倾销和反补贴调查，其中对华 22 起，占当年美国反倾销和反补贴调查发起总量的 28%。

(三)加拿大对华"双反"调查情况

加拿大是世界上首个对中国发起反补贴调查的国家。自 2004 年起,加拿大频频对华发起反倾销和反补贴调查。根据 WTO 公布的数据,1995~2016 年加拿大共对外发起 213 起反倾销调查、54 起反补贴调查,其中 39 起反倾销调查、23 起反补贴调查涉及中国,分别占加拿大对外发起反倾销和反补贴调查总量的 18% 和 43%。从反倾销措施的实施情况来看,加拿大共采取 135 起反倾销措施、28 起反补贴措施,其中 29 起反倾销措施和 19 起反补贴措施针对中国,分别占加拿大对外实施反倾销和反补贴措施总数的 21% 和 68%。

二、欧美国家对中国"双反"调查的主要特点

欧美国家对中国反倾销和反补贴调查呈现出以下特点。

(一)涉案行业从劳动密集型行业向新兴产业、基础产业延伸

根据 WTO 数据统计,中国面临反倾销立案调查的商品类别中,分布在前五位的依次为贱金属、化工产品、机电产品、纺织品及塑料、橡胶制品。国外对华反倾销和反补贴调查的主要目标集中在轻工、机电等劳动密集型产品上。近年来,中国新兴优势产业也开始面临着反倾销和反补贴调查的压力。以我国光伏产品为例,已连续在美国、欧盟、澳大利亚、加拿大、印度等主要出口市场遭遇反倾销和反补贴调查,累计涉案金额超过 300 亿美元。

从欧美国家对华反倾销和反补贴调查案件的行业特征看,钢铁、化工、机电等行业是重灾区,其中化工行业又以低端化工品为主;其次为造纸、纺织、家具等行业。具体而言,2016~2017 年美国对华发起的 42 起反倾销和反补贴案件中,12 起分布在钢铁行业,10 起分布在化工行业,7 起分布在轻工行业;欧盟对华发起的 11 起反倾销和反补贴案件中有 6 起分布在钢铁行业。加拿大 2016 年对华发起的 4 起反倾销和反补贴案件全都是针对钢铁产品。

(二)绝大多数对华"双反"案件以采取最终措施结案

欧美国家反倾销和反补贴调查通常会采用 3 种方式结案,包括征税、承诺和中止。近年来,欧美国家对华反倾销调查很少采用价格承诺结案或者中止案件,

而征税结案在全部案件中的比重上升。2016~2017年欧美国家对华发起的案件中，仅美国有2起无措施结案，分别是美国对华新充气非公路用轮胎的反倾销和反补贴调查，其余案件采取征税措施结案；欧盟和加拿大的案件则全部采取征税措施。

（三）对华征收的终裁反倾销和反补贴税率水平不断提高

欧美国家明确表示不放弃使用或将变相使用《中国入世议定书》第15条下的替代国做法，导致中国钢铁等敏感案件超过100%，甚至500%的反倾销和反补贴税率屡见不鲜。2016~2017年美国对华做出终裁的18起案件中，税率超过100%的多达12起，占比超过66%。2017年1月美国商务部先后对中国硫酸铵征收高达493.46%的最终反倾销税和206.72%的最终反补贴税，对中国碳合金钢定尺板和双轴土工格栅分别征收251.00%的最终反补贴税和372.81%的最终反倾销税。

（四）对华"双反"调查最终措施持续时间长

根据欧美国家反倾销和反补贴调查的惯例，当裁定征收反倾销税后，对进口产品征收的税率会持续5年，期限届满后决定是否延长。实践中，欧盟通常会寻求再次延长对华产品征税期限，有的案件甚至通过多次日落复审维持税率长达几十年。例如，自1993年起欧盟就对中国自行车展开了无休止的反倾销攻势，截至2016年反倾销税已经实施了24年。欧美的反倾销期限常常会给中国的出口产品带来长久阻碍。

第二节　中国企业近年来受欧美国家"双反"调查的原因分析[①]

中国频繁遭遇欧美国家的"双反"调查，既有中国对外贸易规模和贸易顺差增长过快、国际经贸规则不完善等宏观层面上的原因，也有企业竞争手段不合理等微观层面上的原因。可以说，中国频繁遭遇"双反"调查存在一定的必然性。

---

① 本节内容基于子课题3"中国企业应对'双反'调查及'非市场经济地位'的措施研究"成果整理而成，撰稿人为厦门大学教授沈丹阳与商务部国际贸易经济合作研究院研究员张威、副研究员韩露等。

一、中国企业遭遇欧美国家"双反"调查的宏观层面原因

随着第三次产业转移,中国与欧美国家间发展速度的差异拉大,对华"双反"调查已成为欧美国家遏制中国国际竞争力提升的工具,对中国企业来说,外部挑战日益加剧。

(一)产业转移带动中国出口增速明显加快,与欧美国家的贸易顺差加大成为导致"双反"的首要原因

在价值链全球布局背景下,产业转移会带动产业承接经济体出口增长,即当某一经济体处于产业转入状态,其出口增速通常高于非产业承接经济体。出口增长常伴随贸易顺差,进而引发经济体之间的贸易摩擦。从贸易史看,日本作为新兴工业化国家,是第一次产业转移的重要承接国,与欧美国家,特别是美国之间的贸易摩擦贯穿了整个经济发展过程。从20世纪50年代到2000年左右,仅日美之间就有以纺织品为主的轻工业贸易摩擦,钢铁、造船等重工业贸易摩擦,彩电、汽车等加工组装产业摩擦,电子产品、半导体等高技术产品产业摩擦,以及服务业、网络业贸易摩擦等。韩国自20世纪70年代末起成为第二次产业转移的主要承接国之一,出口增速明显高于欧美国家及日本等经济体,在美国外贸总逆差中所占份额逐年上升,导致美韩双方的贸易摩擦愈演愈烈,仅1982~1986年双方就发生了87起贸易争端。

20世纪90年代后,伴随着第三次产业转移,中国成为全球最主要的产业承接国,与欧美国家等产业转出国(地区)出口增速之间的相对优势逐渐显现,直接导致了与这些国家(地区)之间的巨额贸易顺差(表3-1)。

表 3-1　欧美国家与中国的贸易差额(单位:百万美元)

经济体	2012 年	2013 年	2014 年	2015 年	2016 年
美国	-315 053	-318 417	-342 633	-365 695	-347 038
欧盟	-187 856	-174 553	-181 924	-200 580	-193 465
加拿大	-31 381	-31 243	-35 601	-35 452	-32 752

资料来源:商务部《国别贸易报告》

传统观点认为,一国贸易逆差的扩大往往标志着该国经济竞争力或国际竞争力下降。例如,美国竞争力委员会成员认为,贸易赤字说明美国公司的竞争力下降,在国际市场上买多卖少,这显示了美国正在失去它的核心竞争力。美国

国会贸易赤字调查委员会和经济合作与发展组织（Organization for Economic Co-operation and Development，OECD）也认为国际竞争力是一国既能提供满足国际市场检验标准的产品和服务，又能长期持续地提高国民生活水平的能力。这种观点将国家之间的竞争直接表现为国际市场上各个国家产业之间的实力较量，而其中"国际市场检验标准"又主要是通过国际贸易实现的：一是国际贸易反映出一国经济实力、投资、就业和价格等经济运行要素，二是国际贸易间接反映一国企业效率。基于这一认识，有学者直接将国际竞争力看作一国商品在国际市场上所处的地位，即商品在市场上是否具有竞争力取决于同样质量的产品在国际市场是否具有较便宜的价格，或者说同样质量的产品是否具有较低的成本，这也就成为对华实施"双反"并征收高额的反倾销税和反补贴税的重要动机。

尽管多个国家的经验数据已经说明，巨额贸易逆差是一国经济增长、旺盛的社会总需求与国际分工和产业结构高级化的结果，不仅不是国际竞争力下降的标志，反而是其经济强大、竞争力优势的表现，但出于传统、僵化的思维方式，以及巨大贸易逆差带来的心理不平衡，欧美国家仍旧围绕贸易逆差大做文章，把"双反"作为平衡贸易收支、维护国际竞争力的重要手段。

（二）WTO规则和争议处理机制存在缺陷成为中国企业遭遇欧美国家频繁"双反"的重要原因

WTO规则经过几十年的演变，规范和约束作用逐渐加强，但仍存在重要缺陷，导致欧美国家使用"双反"成本更低，更易实现其遏制中国的目的。

一是WTO规则的模糊性为欧美国家对华实施"双反"创造了条件。目前WTO《反倾销协议》在倾销确定、损害确定、国内产业定义、期限和复审等关键法律术语方面，均没有给出明确解释，各成员在进行反倾销时可以根据自身利益进行随意解释。这一点在提交到贸易争端解决机构（Dispute Settlement Body，DSB）进行争端解决的案件可得到反映。目前争端解决争议多集中在规则解释和适用上，可见WTO规则存在较大的模糊性，这为欧美国家滥用反倾销提供了便利。

二是WTO争端解决机制权威性不足，导致滥用"双反"调查成本更低。一方面，WTO争端解决机制不适用先例原则，而是依据个案情况裁定，导致各经济体在反倾销、反补贴上可根据自身利益随意改变立场。例如，美国在美国诉中国白羽肉鸡案中对反倾销成本分摊方法的主张与加拿大诉美国软木案中的立场不同，甚至直接对立，仅仅因为美国在白羽肉鸡案中是原告，而在软木案中是被告。另一方面，WTO争端解决机制存在执行期过长等缺陷，不仅不能及时停止，反而可能加剧被调查方的损失。在一定程度上可以说，WTO争端解决机制的权威性不足，导致欧美国家对华"双反"成本更低，更易实现其经济或政治目的，因而造成了中国与欧美国家贸易摩擦的恶化。

三是中国在反倾销和反补贴规则中持续遭遇歧视性待遇。《中国入世议定书》第 15 条规定,反倾销发起方有权利选择替代国的同类产品价格作为"非市场经济"经济体出口产品"正常价值"的参照。基于这一规定,在大多数情况下,我国只能任由发起方选用替代国同类产品来计算"正常价值"。欧美国家常常滥用替代国价格规则,选择收入水平偏高的经济体作为替代国,从而大大提高了对华反倾销成功的概率,导致反倾销成为遏制中国产品和中国发展的利器。2016 年 12 月 11 日起,根据《中国入世议定书》第 15 条的规定,对中国产品采用替代国价格的做法不再合法,但这并没有从根本上改变中国的歧视性待遇。由于《中国入世议定书》第 15 条还约定,如果由中国根据进口方的国内法,证明自己是一个市场经济体(China has established, under the national law of the importing WTO Member, that it is a market economy),则"双反"调查的价格可比性均不予适用。欧美国家牢牢抓住这一规定,以自身国内法为标准,拒不承认中国的"市场经济地位"。并在此基础上,采用各种借口规避 WTO 义务。美国于 2017 年 10 月发布备忘录,根据美国《1930 年关税法》规定的六个要素,直接认定中国是一个"非市场经济国家",不能充分践行市场原则,因此在反倾销分析中,中方的价格和成本不能得到使用。2017 年 11 月,欧洲议会通过欧盟反倾销调查新方法修正案,创设"市场扭曲"概念及标准,确定在符合扭曲标准的情况下,欧盟可选择使用第三方或国际价格来确定出口产品是否存在倾销。在此基础上,欧盟发布首份《市场扭曲报告》,直称中国市场严重扭曲。美国和欧盟的行动直接或变相延续了替代国价格的做法,保持了其在反倾销调查中对中国企业的绝对优势地位,也在一定程度上助长了对华反倾销的频发。此外,欧美国家不但在对华反倾销中利用替代国制度进行肆意歧视,而且突破贸易救济传统,一方面不承认中国"市场经济地位",另一方面又对中国企业展开反补贴调查,进行双重歧视,使中国成为反倾销与反补贴调查的靶心。

(三)我国政策体系与欧美存在差异成为欧美对华"双反"的根本原因

在传统国际贸易理论中,无论是亚当·斯密绝对优势论还是赫克歇尔和俄林的要素禀赋论,都认为如果国家之间始终能够在均衡条件下开展国际分工与合作,并通过国家间自由贸易最终实现福利最大化,就不会产生贸易摩擦。但完全竞争市场和均衡条件都只存在于理论中。随着经济全球化程度不断加深,国际产业间贸易与产业内贸易日益繁荣,一国国内产业政策与贸易政策的影响也逐渐跨越国界,对其他国家在国际贸易中竞争力的消长产生波及性影响。当贸易不平衡和一定程度的政府政策介入同时存在,贸易摩擦就不可避免。中国入世前后正处在从计划经济向市场经济的转型过程中，其后15年更是处于产业转型升级的大背景下，政府和市场的关系正在逐步趋于理性，特别是十八大以来大幅度减少政府对资源的直接配置，让市场充分发挥在资源配置中的决定性作用，但在特定时间段仍然存在经济领域政府干预较多的问题。从这个角度看，中国与欧美国家在政策体制上存在的巨大差异就成为欧美国家对华"双反"，特别是反补贴调查逐年增长的根本原因之一。

  首先，产业政策存在差异。《补贴与反补贴措施协议》是欧美国家反补贴法的基础。《补贴与反补贴措施协议》规定了禁止性补贴，包括授予特定企业的专向性补贴等。为刺激经济发展，我国曾对出口企业和重点扶持产业实行过大量资金支持、税收减免等优惠政策，与上述协议的要求存在一定的差异。例如，中国针对风电行业的《风力发电设备产业化专项资金管理暂行办法》规定向关键零部件中的薄弱环节实施扶持，并对新产品研发予以资金补助。但由于该办法扶持补助的对象是国内企业，尽管该办法已经取消，美国仍于2010年向WTO提出申诉请求，指控该办法已构成法律上的禁止性补贴。此外，我国还曾对钢铁、纺织、化工等七个行业实施了行业补贴，刺激出口，也受到了美国的质疑。虽然我国已取消了绝大多数有针对性的产业专项补贴政策，但产业政策体系仍是欧美"双反"的主要针对焦点之一。

  其次，出口扶持政策存在差异。以出口信贷为例，一国可以为支持和扩大本国商品出口而对本国的出口商、外国的进口商或其银行提供利率较低的中长期贷款。美国进出口银行、加拿大出口发展公司、英国出口信贷担保局都是出口信贷机构，可以说国际社会视出口信贷为对外贸易促进与支持体系的核心，并把出口信贷作为政府外贸发展战略的重要内容。但是，《补贴与反补贴措施协议》附件"出口补贴例示清单"的第（j）项、第（k）项对官方出口信贷是否构成禁止性补贴行为进行了认定。根据该清单，低于市场利率的出口信贷基准利率、给予特定企业的低价服务等都可认定为出口补贴。由于我国金融管理体制的特殊性，有省地方政府曾公开提出要求金融机构把支持外贸出口放在重要位置，在对特定企业贷款时利率可以适当下浮，这在一定程度上给予了欧美国家对华反补贴的重要借口。

  最后，财政管理体制存在差异。中国行政管理层级较多，各级各类政府及其行政部门都掌握着一定的财政资金调度使用权，可用以调控辖区地方经济发展，实现行政职能。在实践中，有部分行政机关对国际贸易摩擦认识不足，在分配资金和提供扶持政策时常过分强调国内政策目标而忽视国际规则，例如，国内某些经济开发区给予区内企业特定的税收减让和其他补贴，其本意并非补贴出口，但可能无意中触犯了反补贴规则。

  除了上述三点原因外，"冷战思维"正日益成为欧美国家对华"双反"的深层次原因。改革开放40多年来，中国对世界经济发展的影响力、对全球经济治理的话语权大幅提升，但我国对国际事务的参与被欧美国家看作对现有秩序的挑战、对欧美国家的排斥，因此欧美国家对中国崛起的焦虑、围堵和冲突也在增加。2018年1月，美国贸易代表甚至在提交的美国国会报告中历史性地首次公开表示，2001年支持中国加入WTO是美国做出的错误决定。在这种思维推动下，"双反"由于法律依据明确、启动程序简单、实施成本低、效率高等特点，就成为欧美国家打压中国的工具。必须看到，欧美国家对华"双反"调查明显具有遏制中国的政治目的和效果：首先，通过"双反"调查和极端税率，限制中国商品进入本国市场，打击中国企业，减缓中国市场份额的增长；其次，通过"双反"调查，将中国设定为假想敌，有效转移国民注意力，转嫁国内压力，缓解政府的政治压力；最后，通过"双反"调查站上道德的制高点，质疑和挑战中国的体制机制，遏制中国在国际话语权上的提升。因此可以预见，从宏观环境上看，"双反"已日益成为欧美国家维护旧有优势、与中国博弈的砝码，未来欧美国家对华"双反"将长期存在，且有可能进一步加剧。

二、中国企业遭遇欧美国家"双反"调查的微观层面原因

在严峻的外部形势下，中国企业自身在发展中体现出的思维局限性、竞争力不足也成为引发欧美国家对华"双反"的重要因素。

（一）企业核心竞争力不足

首先，从出口货物贸易统计看，我国企业出口产品主要集中在劳动密集型商品。经验数据显示，一国出口发展通常是由不需要体力和智力支持的资源密集型产品开始，发展到劳动密集型产品，最后发展为资本密集型和技术密集型产品。随着我国科技实力的提升及"中国制造2025"等规划的出台，中国企业正经历从出口劳动密集型产品向出口资本、技术密集型产品过渡的重要阶段。但必须看到，我国出口在国际分工中仍处于劣势，尽管现阶段劳动密集型产品在出口中的比重略有下降，但出口规模仍然很大，例如，2017年服装及衣着附件、纺织纱线织物及制品、鞋类、箱包及类似容器、玩具、家具及其零件、塑料制品等七类主要劳动密集型产品出口额合计达到34 172亿元，约占我国出口总额的22%。

其次，企业普遍缺乏自主知识产权和自有品牌。由于我国在国际分工上处于不利位置，企业过于依赖加工贸易，扮演着国际产业链上加工工厂、制造基地的角色，核心技术、核心零部件、品牌和销售渠道都被外方控制，即使是高科技产品和成套设备出口也缺少自有品牌。因此，企业及其出口产品的可替代性很强。

（二）企业出口过于依赖欧美市场

2017 年 1~12 月，中国对欧美国家的出口额占出口总额的 36.8%，同比增长了 1 个百分点。再进一步研究中国企业对欧美国家出口的货物类型，2016 年中国分别对美国、欧盟、加拿大出口额排名前十的产品中，轻工业、基础行业等的劳动密集型产品占主要地位（表 3-2~表 3-4）。由此可见，低附加值商品的出口企业对欧美市场依赖度较高。

表 3-2 2016 年美国自中国进口主要产品构成

序号	主要产品	进口额/百万美元
1	电机、电气、音像设备及其零附件	129 006
2	核反应堆、锅炉、机械器具及零件	97 411
3	家具；寝具等；灯具；活动房	29 054
4	玩具、游戏或运动用品及其零附件	23 796
5	鞋靴、护腿和类似品及其零件	14 820
6	针织或钩编的服装及衣着附件	14 573
7	塑料及其制品	14 495
8	非针织或非钩编的服装及衣着附件	13 679
9	车辆及其零附件，但铁道车辆除外	13 579
10	光学、照相、医疗等设备及零附件	11 326

资料来源：商务部《国别贸易报告》

表 3-3 2016 年欧盟自中国进口主要产品构成

序号	主要产品	进口额/百万美元
1	电机、电气、音像设备及其零附件	107 513
2	核反应堆、锅炉、机械器具及零件	75 699
3	家具；寝具等；灯具；活动房	18 129
4	非针织或非钩编的服装及衣着附件	16 396
5	玩具、游戏或运动用品及其零附件	14 797
6	针织或钩编的服装及衣着附件	14 187
7	光学、照相、医疗等设备及零附件	10 484
8	塑料及其制品	9 989
9	鞋靴、护腿和类似品及其零件	9 625
10	有机化学品	8 973

资料来源：商务部《国别贸易报告》

表 3-4　2016 年加拿大自中国进口主要产品构成

序号	主要产品	进口额/百万美元
1	电机、电气、音像设备及其零附件	11 930
2	核反应堆、锅炉、机械器具及零件	9 248
3	家具；寝具等；灯具；活动房	2 960
4	玩具、游戏或运动用品及其零附件	2 551
5	针织或钩编的服装及衣着附件	1 818
6	塑料及其制品	1 754
7	非针织或非钩编的服装及衣着附件	1 747
8	车辆及其零附件，但铁道车辆除外	1 641
9	钢铁制品	1 583
10	鞋靴、护腿和类似品及其零件	1 220

资料来源：商务部《国别贸易报告》

（三）企业竞争模式不合理

总的来说，我国企业主要向欧美国家出口较低附加值的劳动密集型产品。但是近年来，劳动密集型产品的需求弹性越来越小，且随着第四次产业转移，越来越多的发展中国家开始成为劳动密集型产品的出口主力军。在激烈的国际竞争中，中国企业竞争模式的局限性逐渐显现出来。

一方面，我国部分企业受传统"薄利多销"的经营思路影响，倾向于以低价手段实现扩大市场份额的目标。这种"低价格、高份额"的经营模式和竞争思路直接导致中国产品首当其冲成为反补贴、反倾销诉讼的目标。

另一方面，中国的外向型企业很多是建立在低劳动力成本和低自主创新能力基础上的小企业，在国际市场上只是价格的接受者，存在信息成本高、市场拓展能力弱的问题。且由于企业过于分散，缺乏组织和约束，一旦发现国外有市场需求或国家的补贴政策有利可图，就一哄而上，导致产品在短期内过剩，只能通过压低价格尽快出售。这是中国产品被认为是倾销，以及经常被认定为倾销和补贴双重身份的另一个重要原因。但这实际上是一种"倾销假象"，即中国产品虽然低价出口，但是既没有在成本以下出口又无垄断国外市场的目的，且不存在国内外价格的不一致。"倾销假象"导致中国产品和企业成为全世界受反倾销、反补贴危害最大的对象。而对于欧美国家来说，无论其"双反"调查是否成功，都能够在短期内减少中国产品的出口数量，缓解国内的竞争压力。

第三节 欧美国家"双反"调查对中国企业的影响[①]

中国企业是应对反倾销、反补贴调查的主体，更是反倾销、反补贴措施的承受者，因此受"双反"调查的影响最大。

一、"双反"调查加重了中国企业的经济负担

企业应对欧美国家的反倾销、反补贴调查，往往需要投入大量人力、物力和精力。一方面，一旦反倾销、反补贴调查程序启动，往往要经历较长时间，程序极为烦琐，且无论是反倾销调查还是反补贴调查，都需要企业填写大量问卷，多次往返调查发起方接受质询等。根据企业反映，在应对反倾销调查中，销售和生产成本领域的应诉工作量较大；应对反补贴调查更为复杂，除销售和生产外，还涉及政府的各种补贴政策，以及上下游企业的经营情况等。如果同时遭遇反倾销和反补贴调查，则还需增加大量额外的协调工作。另一方面，欧美国家的"双反"调查还经常显示出一定的随意性和不确定性，例如，要求某位业务员在指定时间内多次前往调查发起方接受质询，或要求企业多次、反复提供相似的补充材料等，对企业的正常工作秩序造成很大干扰。

虽然不同行业、不同企业在"双反"调查中的参与度和投入度不同，但"双反"调查无一例外地增加了企业经济负担。例如，华北制药集团有限责任公司每年应对反倾销、反补贴调查的花费为 60 万~80 万元。

二、"双反"调查导致中国企业丧失出口竞争力

首先，"双反"调查导致中国企业出口额下降。企业作为"双反"措施最终的承受者，直接遭遇反倾销税和反补贴税，导致产品成本增加，最终反映在销售价格上。价格提高削弱了市场竞争力，从而造成出口数量大幅下降。关于"双反"及贸易摩擦对我国产品出口额的影响已有大量实证研究。以钢铁产品为例，研究

[①] 本节内容基于子课题 3"中国企业应对'双反'调查及'非市场经济地位'的措施研究"成果整理而成，撰稿人为厦门大学教授沈丹阳与商务部国际贸易经济合作研究院研究员张威、副研究员韩露等。

发现中美贸易摩擦与中国钢铁出口到美国的出口规模呈负相关关系，即中美贸易摩擦每增加一起，会导致我国钢铁产品对美出口减少 0.0935 亿美元。

其次，"双反"调查导致中国丧失国际市场份额。如前所述，欧美国家"双反"调查和高额反倾销、反补贴税率最终的目的和结果是将中国企业赶出欧美市场。不仅如此，欧美国家的"双反"调查还会引发"羊群效应"，即一个案件的发生非常容易引起其他相关案件的发生，造成极大的消极影响。2004 年加拿大首次对产自我国的烧烤架发起"双反"调查，随后美国商务部在铜版纸案中也宣布对中国产品适用反补贴调查；美国 2011 年对中国的晶体硅光伏电池进行反倾销立案调查，欧盟随即在 2012 年对晶体硅光伏组件及关键零部件进行反倾销立案调查；欧盟、加拿大、俄罗斯、美国先后对我国紧固件产品发起反倾销调查。另外值得注意的是，在一经济体"双反"调查中产生的法律文件也很可能被其他经济体援引，特别是在反补贴调查中，政府部门在填写问卷调查时提供的信息可能会被其他经济体使用，从而出现传导效应，使某一种产品的调查结果成为其他产品反补贴调查的依据。"羊群效应"导致中国企业出口贸易面临的国际环境愈加严峻，从欧美国家到发展中国家的市场份额都有被挤占的可能。

最后，"双反"调查导致中国商业机密被迫向调查方公开，未来竞争力堪忧。在欧美国家"双反"调查中，中国企业需要填写大量的调查问卷。以美国反倾销调查为例，企业问卷通常包括四部分：一是有关企业组织结构、在中国和美国经常性活动及会计账方式等一般性问题；二是该产品生产能力、产量、存货、本国市场装运量、向美国和其他市场出口量、内部消耗、公司转换、雇员、工时、工资支付和采购方面的数据；三是财务会计数据，包括销售额、财务收入和费用、企业研究开发费用和资产评估等；四是销售价格、销售对象及与销售价格有关的信息。其中企业内部管理方式、成本数据、客户信息、价格策略都属于企业商业秘密，关系企业的经营核心，一旦被竞争对手知悉，可能直接影响到企业的生存发展。虽然在反倾销、反补贴调查中，中国企业可以要求对方政府予以保密，但各经济体在证据透明度与商业秘密保护方面的平衡还有着一定的差距和摇摆，中国企业商业秘密的潜在威胁较大。

三、"双反"调查导致中国企业陷入"被调查—恶性竞争—被调查"的恶性循环

如前所述，目前我国企业出口竞争手段仍较为单一，普遍采用价格竞争方式。这些企业生产过程中，通常是充分利用国内低廉成本和政府补贴，以低价出口产品。但低价策略导致利润稀薄，发展后劲不足，难以培育技术、质量、信息、人

才等新竞争优势,只能陷入压价竞争的恶性循环。在遭遇欧美"双反"措施后,没有其他竞争优势的前提下,压价竞争的态势反而会进一步激烈。例如,在欧盟对中国光伏组件"双反"的过程中,双方达成了价格承诺和配额协议,全年的进口配额只有7吉瓦,而中国年产量已经达到40吉瓦。在生产能力严重过剩的情况下,光伏企业急需国际市场,再加上企业间处于无组织状态,缺乏约束,恶性竞争不断出现。应该说,如果中国企业不提高核心竞争力,不改善竞争模式,将很可能陷入压价竞争—承担高额税率—再压缩成本—再被调查的死循环,最终失去生存和发展的空间。

四、"双反"调查遏制了新兴行业的整体发展

对于新兴行业来说,在发展初期遭遇"双反",失去欧美或国际市场,可能给予行业致命打击,甚至导致整个行业发展停滞。仍以光伏行业为例,在光伏产业兴起之初,我国大约有2000多家光伏企业,行业发展态势良好。但经历欧美国家"双反"后,由于被征收高额的反倾销税和反补贴税,很多小企业失去了唯一的价格优势,被迫退出欧美市场。行业协会统计,欧盟对华光伏产业"双反"导致国内近30%的光伏企业倒闭,这在一定程度上限制了中国新能源产业的发展速度和发展活力。

总的来说,欧美国家"双反"给中国企业造成了巨大的负面影响,甚至影响部分中小企业的生存能力。中国企业有必要认真面对欧美国家"双反"调查,增强风险意识,采取合理的应对措施。

第四节 中国企业应对欧美国家"双反"调查的主要做法及面临的挑战[①]

鉴于欧美国家"双反"调查对中国企业有着巨大的负面影响,近年来,中国企业越来越重视"双反"调查,并采取了一定的应对措施。

---

① 本节内容基于子课题3"中国企业应对'双反'调查及'非市场经济地位'的措施研究"成果整理而成,撰稿人为厦门大学教授沈丹阳与商务部国际贸易经济合作研究院研究员张威、副研究员韩露等。

一、主动应诉欧美国家"双反"调查

企业是反倾销、反补贴调查和极端税率的直接承受者，仅依靠政府出手扶助或与调查方外交谈判是远远不能解决问题的，企业要想降低损失必须迎头面对、积极应诉。

（一）中国企业应诉的主要做法及其成效

经过多年的历练，中国企业已经摆脱了先前面对"双反"调查的恐慌情绪，越来越多的企业愿意积极应诉，并取得了大量胜诉的先例。在应诉过程中，中国企业的主要做法包括以下几点。

第一，多体联动，团结一致。我国目前已经形成以商务部、地方商务主管部门、行业组织、企业为核心的"四体联动"应对机制，随着欧美国家对华"双反"的频繁发生，律师、贸易促进组织、智力支持等服务机构在应对"双反"调查中的地位也日益凸显。以我国轮胎业首胜案例——中国输美卡车和公共汽车轮胎案为例。美国钢铁、造纸、森工、橡胶、制造、能源以及联合工业和服务业工人国际工会等于2016年1月向美国商务部申请启动对中国出口的卡车和公共汽车轮胎的"双反"调查，随后美国ITC在3月裁定中国涉案产品对美国国内相关产业造成了实质性损害。2017年1月24日该案终裁阶段行业损害听证会召开。据媒体报道，中方组织各方代表团参会，其中中国五矿化工进出口商会副会长担任团长，成员包括商务部贸易救济调查局、山东省商务厅、浙江省商务厅、东营市商务局、中国五矿化工进出口商会、中国橡胶工业协会，三角轮胎股份有限公司美国公司、中策橡胶集团有限公司、浦林成山（山东）轮胎有限公司、赛轮金宇集团股份有限公司等主要对美出口轮胎企业的代表，美国速通中国轮胎资源有限公司北京代表处等美国轮胎经销商代表，以及本案代理律师事务所主要负责律师、中国驻美使馆经商处工作人员等[①]。在多方努力下，美国ITC就卡车和公共汽车轮胎"双反"案终裁阶段进行行业损害投票，最终以3:2的结果认定中国卡车和公共汽车轮胎没有对美国产业造成实质性损害及损害威胁，中国企业胜诉。中国输美卡车和公共汽车轮胎案应诉成功是中国轮胎业对美"双反"取得的首次胜诉，也是中国企业在应诉阶段实现多体联动的重要经验。

---

① 轮胎业"双反"首胜提升中国企业话语权. http://ah.people.com.cn/n2/2017/0308/c358336-29821819.html [2017-10-08].

此外，越来越多的企业认识到团结应诉的重要性，在应诉中凸显"1+1>2"的效用。在早期应对"双反"调查阶段，企业缺乏经验和有效组织，表现在应诉上一是放弃应诉，二是企业各自抱着自己的利益诉求，对同行大加提防，结果是投入了大量的人力、物力、财力、精力之后，还是被迫承担高额税率，导致出口减少，失去市场。现阶段，随着国家开放格局的发展，越来越多的企业已经认识到欧美国家"双反"调查的实质，并对其程序、规则有了较明确的认识，因此心态上更加镇定，更趋向于团结一致。

以中国木材行业应对美国"双反"调查为例。2010年，美国硬木地板商联盟提出中国出口美国的多层实木地板出口定价过低且接受国家违法补贴，向美国商务部要求对中国多层实木地板进行"双反"调查，同时建议征收242.2%的反倾销税。美国ITC同年12月初步裁定中国相关产品对美国的实木地板产业造成损害。这次"双反"调查涉及169家中国地板企业，涉案金额超过100亿元。在该案中，中国企业积极应诉，70多家中国木材与木制品流通协会会员企业在商务部、协会的带领帮助下共同发起抗诉，抗诉费用来自协会应急基金（来源于会员每年缴纳的会费）。2011年美国商务部最终裁定向78家应诉企业征收不超过5%的综合税率，对其他未参加应诉的近百家企业则将征收58.84%的反倾销税及26.73%的反补贴税，综合税率高达85.57%。这个终审裁定意味着，企业只有积极应诉、抱团应诉才能维护自身的合法利益，放弃应诉就可能会被直接排挤出美国市场。

第二，以关键要素切入，有的放矢。综合我国胜诉企业在诉讼过程中的表现来看，胜诉的根本在于应诉企业深入了解欧美贸易法规，并善于利用规则，找准关键点，从而掌控话语权。从实践中看，由"非市场经济地位"所衍生的替代国价格及相关倾销幅度计算是反倾销抗辩的最重要关键点。《中国入世议定书》第15条规定，反倾销发起方有权利选择替代国的同类产品价格作为中国出口产品"正常价值"的参照。欧美国家通过滥用替代国"正常价值"掌握主动权，从而极大提高了对华反倾销成功的概率。但从欧盟对中国紧固件反倾销案的成功经验看，中国企业在这一关键问题上并非全无办法。

2007年11月，欧盟对中国紧固件发起原审调查。调查机关滥用了WTO反倾销的程序规则和实体规则，无视中国紧固件是一般用途紧固件的事实，采用印度一家汽车紧固件企业的产品销售价格作为替代国价格，裁定对大部分企业征收77.5%至85%的反倾销税。2009年7月，中国紧固件产业为维护自己的合法权利请求中国商务部诉诸WTO争端解决机制。2011年7月，原审上诉机构裁定欧盟委员会局部违反WTO规则，要求其在调查中进一步贯彻透明原则。欧盟委员会在败诉执行中不得不延长中方企业抗辩时间。中国企业及其律师团队积极收集印度汽车紧固件与中国普通紧固件各种成本差异的证据，在抗辩时提交了大量材料，导致欧盟计划被打乱，不得不在一个半月之内召开了四次听证会，做了五次披露，接连两次下调税率，把原反倾销税率先从 77.5%下降至 70.4%，再降至 54.1%。中国商务部于 2013 年 10 月再次向 WTO 争端机制提起执行之诉。执行审查专家组裁定中方 5 项胜诉，3 项败诉，但却并未触及欧盟滥用替代国价格的核心规则。双方对裁定结果均表示不服，并于 2015 年 9 月先后发起交叉上诉。最终上诉机构于 2016 年 1 月做出执行原审上诉裁决，裁定欧盟没有切实执行 WTO 原审上诉机构裁决，没有纠正对替代国价格的滥用，裁定欧盟全败，中国全胜，要求欧盟彻底纠错。

这是中国入世 15 年首告欧盟的全胜案。在该案件的立案、调查和裁决过程中，中国企业紧紧咬住"价格可比性调整的信息披露问题""价格公平比价条款对'非市场经济'国家的适用性问题""替代国企业是否为利害关系方问题"等关键问题，强调欧盟用印度汽车紧固件与中国出口的普通紧固件价格比价是明显不公正的。紧固件案的胜诉不仅凸显了企业积极应诉的重要意义，更是在中国争取国际经贸平等地位方面做出的突破性尝试。

第三，充分利用规则，积极反制。随着中国企业"走出去"能力的不断提升，越来越多的企业深入了解欧美国家的法律环境和规则程序，能够在应对"双反"调查时充分利用发起方的法定救济武器捍卫自身利益。

司法审查是监督美国商务部违法行为和滥用职权的有效武器，中国企业察觉美国商务部对自身构成不公平、不公正行为或美国商务部程序上存在瑕疵等，可选择适当时机将美国商务部诉至美国法院。2007 年美国对华轮胎"双反"案中，一家涉案中国企业不仅积极应诉，还着手根据美国国内法申请司法审查，提请认定商务部裁定违法。最终美国国际贸易法院和联邦巡回上诉法院支持了该企业的申诉，最终导致美国国会专门为此加急通过《1930 年关税法》修订案。

此外，中国企业在应对国外"双反"调查基础上也在逐渐成长、成熟，能够主动合理、合法利用中国反倾销、反补贴等措施，维护自己的切身利益，反制欧美国家。例如，长期受欧美"双反"调查困扰的橡胶行业就奋起反击。2017 年 8 月，浙江信汇新材料股份有限公司和盘锦和运新材料有限公司代表国内卤化丁基橡胶产业提交反倾销调查申请，提请中国商务部对原产于美国、欧盟和新加坡的进口卤化丁基橡胶进行反倾销调查。经初步审查，中国商务部依据《中华人民共和国反倾销条例》第十六条规定，决定自 2017 年 8 月 30 日起对该产品进行反倾销立案调查。

（二）中国企业应诉面临的挑战

虽然中国企业在应对欧美国家"双反"调查方面已经积累了重要的经验，但是随着国际和国内环境、贸易竞争、产业结构的变化，中国企业仍要面对一系列挑战。

一是替代国价格问题将长期存在。如前所述,虽然2016年12月11日后,欧美国家不能直接援引《中国入世议定书》的规定使用替代国价格,但美国和欧盟还是根据各自的国内法,明确表明或变相表明不放弃替代国价格做法:美国《1930年关税法》规定,认定中国不能充分践行市场原则,因此不能在反倾销分析中使用中方的价格和成本;欧盟一边发布《市场扭曲报告》,一边又根据其反倾销调查新方法修正案,认定在中国符合扭曲标准的情况下,弃用中国价格,选择使用第三方或国际价格来确定出口产品是否存在倾销。鉴于此,替代国价格作为欧美国家掌控主动权的工具将长期存在,中国企业在替代国价格面前处于绝对弱势,未来的挑战较为严峻。

2016~2017年欧盟对华反倾销中使用替代国价格的做法主要呈现出四个方面的特点。

第一,《欧盟反倾销基本条例》修正案"市场扭曲"条款实际是替代国价格的新变种。欧盟委员会《欧盟反倾销基本条例》修正案提出了"市场扭曲"条款认定正常价值的新模式,以此规避对《中国入世议定书》第15条应承担的终止替代国价格适用义务,达到换汤不换药的目的。《欧盟反倾销基本条例》修正案在《欧盟反倾销基本条例》中增加了第2.6a条,引入了对不点名的"市场扭曲"国家实行"新替代价",即采用"无扭曲的国际价格、成本或基准,或某个相同发展水平的、有代表性国家的相应的生产和销售成本"。这一替代国价格新方法可以概述如下。①以不点名的"市场扭曲"的WTO成员替换现行法中WTO非市场经济成员名单,以"无扭曲的国际价格"或者"某个相同发展水平的、有代表性国家的相应生产和销售成本"为基准来替换现行法中某市场经济替代国生产企业的价格或成本。②新增加认定"市场扭曲"的具体规定,涉及价格、成本和原材料价格扭曲。新设认定"重大扭曲"应关注的各项因素,包括国企所有制、政府控制或政策性监管和政府指导、政府对企业价格和成本的干预、公共政策和对外企歧视性措施,以及国有银行贷款融资条件等。③欧盟委员会将针对特定国家和行业根据第2.6a条(b)项出具"市场扭曲"报告,为欧盟起诉方和欧盟委员会调查机关继续采用变相替代国价格提供"事实"依据。④允许欧盟起诉方采用《市场扭曲报告》作为指控倾销的申诉依据。⑤为采用变相替代国或替代国价格规定了10天抗辩程序。此外,新方法还设定了单方面的"祖父条款",相当于把《中国入世议定书》第15条(d)项关于替代国价格无条件终止条款对旧案延长了若干年。

第二,对华反倾销拒不自动终止替代国价格的适用。2001年《中国入世议定书》第15条为替代国价格适用规定了15年期限,但欧盟目前对华反倾销却仍然执行着替代国价格条款,无论是2016~2017年发起的跨期新调查案和跨期日落复审案,还是2017年发起的新调查案和日落复审案件,从申诉书、调查通知、对中国出口商调查问卷的标准格式，以及初裁和终裁中对替代国价格、价格比较和倾销认定，都沿用了原有方法。这些案件包括：2017年发起的新案调查——低碳铬铁案（2017年6月23日）、卡客车轮胎案（2017年8月11日）；2016年12月11日后发起2017年继续或裁决的日落复审案——三氯异氰尿酸日落复审案（2016年12月20日）、酒石酸日落复审案（2017年4月19日）；2016年12月11日前发起2017年继续或终裁的新案——热轧板材案（2016年2月13日）、厚钢板案（2016年2月13日）、无缝钢管案（2016年2月13日）、耐腐蚀钢案（2016年12月9日）、铸铁制品案（2016年12月10日）；2016年12月11日前发起2017年继续或裁决的日落复审案——不锈钢无缝钢管案（2016年12月10日）等。

第三，在调查中滥用替代国价格。中国向WTO诉欧盟紧固件反倾销案胜诉，从实体和程序五个方面彻底否定了欧盟对替代国价格的滥用：①欧盟对替代国企业产品特征信息违规保密，违反了WTO《反倾销协议》第6.5条和第6.5.1条程序规则；②欧盟未及时披露替代国企业产品特征信息，违反了WTO《反倾销协议》第6.4条知情权和第6.2条抗辩权的程序规则；③欧盟错误认定替代国企业是非利害关系方，并以此为由拒不提供非保密信息，违反了WTO《反倾销协议》第6.1.2条利害关系方应提供非保密信息的义务；④欧盟对影响价格可比性的各种差异因素拒绝给予适当调整，违反WTO《反倾销协议》第2.4条价格公平比较的实体规则；⑤欧盟未把不同于替代国产品型号的中国产品出口价纳入倾销计算，违反了WTO《反倾销协议》第2.4.2条倾销幅度计算实体规则。中国诉欧盟紧固件案胜诉后，欧盟按照WTO上诉机构的裁定，于2016年2月27日撤销了对中国紧固件征收的反倾销税。但欧盟委员会其他反倾销调查中仍存在类似的滥用替代国价格行为，如对不可比出口规格产品做倾销推定、削弱中国出口企业对替代国价格的知情权和抗辩权等。

第四，倾向于拒绝认定中国企业"市场经济地位"。欧盟反倾销调查中拒绝了中国企业对"市场经济地位"的申请，或者正在考虑如何进一步拒绝中国企业对"市场经济地位"的申请，如阿斯巴甜案调查（2015年5月30日）中，欧盟认为存在补贴就是非市场经济；耐腐蚀钢案（2016年12月9日）中，以时限为由不接受未抽样企业申请市场经济待遇和单独审查等。

此外，欧盟在适用替代国价格时还存在其他歧视性做法。例如，在阿斯巴甜案中，当欧盟申诉方企业被选定为替代国企业时，国内产业的价格就是中国的替代价格，但是在计算削价幅度时对于不同产品规格间影响价格差异的各种成本因素差异却不做调整。

二是欧美国家"双反"调查日趋极端化。美国在案件调查中采用不利可得事实做出裁决，导致我国被征收税率高达百分之几百的高额惩罚性关税。在美国无取向电工钢"双反"案中，宝山钢铁股份有限公司被裁以反补贴税率158.88%、反倾销税率 407.52%，合并税率高达 566.4%；在美国耐腐蚀板"双反"案中，宝山钢铁股份有限公司被初裁以 235.66%的反补贴税率、255.8%的反倾销税率。此外，法律依据也越来越隐蔽，2017 年 11 月 28 日，美国商务部宣布针对中国出口的铝合金薄板展开自发性"双反"调查，该调查的依据是美国《1930 年关税法》。

三是国有企业的处境恶化。近年来，美国将所有的中国国有企业都视为被政府控制的关联企业，因此拒绝给予单独税率。欧盟也试图跟随美国做法，导致国有企业利用法律手段维护自身权利的可能性越来越小。

四是即使应诉成功仍会遭遇反复纠缠和实质性打击。以中国硬木胶合板"双反"案为例。2012 年 10 月，美国商务部曾对自中国进口的硬木胶合板进行"双反"调查。经过企业应诉，美国 ITC 于 2013 年 11 月否决了商务部对该产品征收"双反"关税的决定，中国企业胜诉。然而，2016 年 12 月，美国商务部应美国硬木胶合板公平贸易联盟及其六家会员企业要求，再次对从中国进口的硬木胶合板发起"双反"调查，随后美国 ITC 投票决定对从中国进口的硬木胶合板做出反倾销、反补贴产业损害肯定性初裁。2017 年 4 月，美国商务部宣布初裁结果，认定从中国进口的硬木胶合板存在补贴行为；10 月，ITC 就该调查举行听证会；11 月，美国商务部终裁认定中国硬木胶合板受到补贴并实施倾销，最终裁定的反倾销税率高达 183.6%、反补贴税率达 194.9%；12 月，美国 ITC 再次认定，中国产硬木胶合板对美国相关产业造成实质性损害或威胁。中国硬木胶合板相关企业至今仍未能摆脱"双反"税率的实质性打击。

二、通过对外投资规避部分"反倾销"调查

2016 年，中国企业海外并购持续升温，全年交易额突破 2000 亿美元大关，欧美地区的发达经济体成为中国企业海外投资的热门目的地。2016 年中国对美国直接投资 169.81 亿美元，同比增长 111.5%；对欧盟投资 99.94 亿美元，同比增长 82.4%。从应对"双反"调查的角度看，对外直接投资有着"壁垒跨越"的作用，是企业"走出去"的诱因之一。但是由于反补贴税的征收是基于出口企业获得了政府补贴，如果企业在得到政府补贴的情况下才具有竞争力，那么对外投资反而会使其丧失优势。因此，从理论和实践看，反补贴较少引发企业对外直接投资行为；而实证研究表明，以反倾销和关税为代表的贸易壁垒是刺激中国企业对外投资的重要因素。

（一）通过对外投资规避欧美"反倾销"调查的基本做法

一是在欧美国家投资建厂，规避已遭受的反倾销措施。对于已经遭受"反倾销"制裁且被挤出进口方市场之外的中国企业来说，通过对外直接投资，可以改变产品的原产地，绕开关税壁垒，从而规避反倾销调查和制裁，其中又以向"双反"调查发起方投资的方式最为直接。以钢铁行业为例，欧美国家长期对我国多种钢铁产品征收反倾销税。美国商务部 2009 年裁定对中国企业输美油井管征收 36.53%~99.14%的反倾销税。在这种背景下，为获取美国市场，天津钢管集团不得不在美国墨西哥湾投资 10 亿美元，兴建大型钢管加工厂，年产量可达 50 万吨。通过对美直接投资，天津钢管集团不仅切实规避了已遭遇的反倾销制裁，还获得了更加优良的港口区位优势、更接近销售市场的优势和更低的运输成本。2012 年天津钢管集团在美投资项目的无缝钢管产销量突破 300 万吨，成为世界第一，销售收入突破千亿元。

二是并购高技术企业，提高产品附加值。如前所述，中国企业屡遭"反倾销"调查，其原因之一是出口产品存在低技术含量、低附加值的问题，导致企业迫于生存压力不得不压低价格，过分看重"竞价"而非"竞质"。但国际反倾销的历史和现状表明，高技术含量产品由于替代性低，不易遭遇反倾销调查。通过并购欧美高技术企业、研发中心，中国企业可更接近本行业科技创新前沿，最大限度获取技术集聚产生的外溢效应，从低端市场的恶性竞争中解脱出来，从根本上规避反倾销调查。以美的集团股份有限公司（简称美的集团）为例。我国空调、电视机、洗衣机等家电产品一直以来都是反倾销重灾区，美的集团于 2016 年 5 月以 40 亿美元价格并购德国世界级工业机器人制造商库卡（KUKA），同时通过一系列收购，将美的家电企业转型升级为走在全球前列的集消费电器、暖通空调、机器人与自动化系统、智能物流为一体的科技集团。对库卡的收购将以规避反倾销为目的的"被迫"海外并购转型为以加速产品转型升级为目的对世界优质企业的"主动"投资。美的集团 2017 年上半年财报显示，2017 年上半年美的集团实现营收 1244.5 亿元，同比增长 60.53%；净利润 108.11 亿元，环比增长 13.85%；其每股收益为 1.67 元。该报告同时指出，2017 年上半年，其收购的库卡实现营业收入 135.13 亿元，同比增加 35%；净利润 4.51 亿元，同比增加 98%，经营业务保持有效增长。

（二）中国企业对欧美投资规避反倾销面临的挑战

必须指出，当越来越多的中国企业走入欧美市场后，反倾销调查的风险并非必然消除，还应当结合投资目的地的相关法律法规和社会治理情况，综合考虑。

一是必须充分了解和注意欧美国家反倾销法律中的反规避规定。欧美国家作为贸易保护主义的发源地，其法律系统历经上百年的演进已经日臻完善。欧盟早在欧洲共同体（简称欧共体）时期就设计了针对日本和韩国的"组装规避"规定，即在1761/87号《欧盟反倾销基本条例》中增加了"反规避"的条款，此后还对反规避规定进行了调整和完善。同时，从20世纪80年代末开始，欧盟根据反规避条款对日本企业实施了五次反倾销征税措施，针对的产品都是日本企业在欧共体内部生产的产品。由此可见，企业试图通过在海外设立组装或简单加工工厂而规避反倾销调查已经无法奏效。同时，欧盟还将反规避措施与原产地规则相结合，防止出口商将"逃避欧盟法律规定"作为在其他经济体生产出口产品的唯一目的，并且为此又对许多产品制定了特定的原产地规则。以高技术产品的特殊原产地规则为例，早在1987年，欧共体理事会就决定对日本产的复印机征收反倾销税，税率为20%。其中涉及是否应对该日本公司在美国的一家子公司征收反倾销税。该日本公司向美国子公司提供复印机高技术部件，由美国子公司制造其余部件并组装复印机出口欧共体。欧共体理事会依据反规避条款，将组装复印机的原产地视为日本，从而将之认定为反倾销税的征税对象。可见通过直接投资改变产品原产地，以规避反倾销调查并没有想象得那么简单。

二是当前欧盟各成员国、加拿大及美国各州对外资的态度差异巨大，有些甚至背道而驰。例如，前文提到天津钢管集团通过对美国进行直接投资设厂，取得了良好的效果和收益。然而，2010年鞍山钢铁集团有限公司（简称鞍钢）在美国的投资却遭到来自美国国会议员的反对。当时鞍钢与美国钢铁发展公司签订股权投资协议，约定在密西西比州合资建设螺纹钢厂。50名美国国会钢铁联线议员联名上书美国财政部部长，以"威胁就业市场与国家安全"为由，抗议鞍钢在美投资计划。法国总统马克龙也曾公开表示希望在欧盟设置外资投资监管机构，以限制中国对欧盟关键产业的投资。鉴于此，企业在进行投资前，必须对投资目的国进行深入调研，一味跟随和复制他人经验并不可取。

此外，当企业完成直接投资后，其在欧美设立或并购形成的企业就是欧美企业。当这些企业意识到中国出口产品价格偏低后，也会反过来产生对国内企业"双反"的驱动力，甚至成为申请主体，反而加剧对中国企业的"双反"调查。

三、通过自主创新适度规避欧美国家"双反"调查

根据WTO公布的数据，中国企业被反倾销立案调查的商品类别前五位依次为贱金属，化工产品，机电产品，纺织品，塑料、橡胶制品。也就是说凭借劳动

力优势参与国际竞争的轻工、机电行业等劳动力密集型产品，由于产品技术含量低，没有差异化定价优势，易成为"双反"调查的主要目标。从这个角度看，培养企业自主创新能力，培育自有品牌、知识产权和技术，提高出口产品附加值和不可替代性才是规避欧美国家"双反"的根本出路。

（一）中国企业通过自主创新规避"双反"调查的主要做法

第一，提高产品的不可替代性以摆脱反倾销调查。中国产品附加值低，具有较大的替代性，是中国企业遭受欧美国家频繁反倾销调查的根本原因。由于这些产品并不是进口方消费和生产中不可或缺的，或其他经济体不能提供的，欧美国家可以毫无顾忌地通过征收反倾销税将这些产品拒于市场之外。这种情况下，只能通过提高企业的自主创新能力，实现产业和产品的升级换代，出口高技术含量、高附加值、高价值的产品，培养进口方对产品的依赖性。目前中国企业已经认识到品牌、技术创新在应对反倾销中的作用，并有了较好的实践。无锡小天鹅电器有限公司在国际化发展中注重提高产品技术含量，其生产的"小天鹅"洗衣机耗水量、耗电量、洗净度比国际标准有大幅度的提高。2005年该产品出口美国后，美国政府不仅不排斥，反而出于支持节能的目的，给予消费补贴，即购买一台"小天鹅"大容量洗衣机，可获得70~100美元的补贴。可见，欧美国家的贸易政策直接体现其自身利益，既对中国普通家电产品等进行反倾销，也对高技术产品进行补贴。这意味着中国产品并不是只能受制于人。从长远看，只有提升产品核心竞争力，改变"地摊货""廉价品"的形象，才能把贸易主动权掌握在自己手中。

第二，加大技术研发投入，提高企业竞争力。欧美国家的"双反"调查和措施，加大了企业面临的市场压力，倒逼中国企业反思自身发展路径。许多企业从中吸取教训，认识到自主研发的重要性。例如，作为近年欧美对华"双反"调查的重点，部分光伏企业迎难而上，以技术创新带动转型升级。海南英利新能源有限公司设立产品设计研发中心，在N型单晶双面高效电池领域研发"熊猫"技术，并引入认证模式，制定行业标准，再通过量产成为世界上第一家成功规模化生产N型单晶双面高效电池的厂家，从而掌控光伏产业的核心竞争力，在国外"双反"压力和行业残酷的竞争中占有了优势地位。

第三，积极争取基础研发政策扶持避免反补贴调查。《补贴与反补贴措施协议》中将补贴分为禁止性的补贴（"红灯"）、可申诉的补贴（"黄灯"）和不可申诉的补贴（"绿灯"）。禁止性补贴是一种可以在WTO的争端解决机制下提起申诉的补贴，如出口补贴、进口替代补贴等。这类补贴应该马上撤销，或者根据协议条款被征收反补贴税。可申诉的补贴是指需要申诉方有证据说明对方的补贴行为对自身产业或企业造成了不利影响，否则就应该被看作允许的补贴。一旦认定补贴损害了申诉方的内部产业或者生产者的利益，则可以对其征收反补贴税。不可申诉的补贴指通常情况下不得对其采取反补贴措施或征收反补贴税的补贴，包括：①不具有专向性的补贴；②尽管具有专向性，但其目的是促进研发和落后地区的发展，或者是环保目的的补贴。由上述协议约定可见，并非所有促进科技发展的扶持政策都是符合国际规则的。随着中国企业对国际规则的逐步了解，越来越多的外向型企业在申请补贴前会考虑反补贴的潜在威胁。

（二）中国企业自主创新面临的挑战

中国企业自主创新面临的挑战如下。

一是创新能力不足。尽管越来越多的企业已经认识到创新对于企业发展、规避"双反"调查的作用，已经具备了创新动力，但是能力建设仍显不足。首先，企业建立和完善技术开发和产品创新体制，需要大量的研发投入和基础环境建设，以及不断追加研发资金保证技术上的领先优势。如果仅依靠企业本身，尤其是中小企业，往往很难均衡长期利益和短期收益的关系，很难实现制度化自主创新。其次，小企业创新往往以跟踪、模仿为主，原始创新不足，创新层次不高。据澎湃新闻统计，截至2016年应用难以复制的复杂技术的企业占比仅为2.5%。最后，国内知识产权保护力度仍需加大，某些企业仅靠非市场化手段占据垄断地位就能获得收益，一些创新的中小企业被违规"抄袭"，创新收益难以显现，出现"劣币驱逐良币"的现象。

二是从短期看，创新可能会加剧遭受"双反"的风险。无论是技术创新还是管理创新，都会提高劳动生产率、节约成本，这就带来一个问题，创新后的产品与传统产品相比一定是"物美价廉"的，因此可能会对进口方的同类产品造成更大的冲击，从而加剧"双反"调查的可能性。

四、对中国企业应对欧美国家"双反"调查的建议

如前所述，中国企业频繁遭遇欧美国家"双反"调查有着深入的宏观层面和微观层面原因，在短期内不可避免。因此，中国企业必须正视"双反"调查，在现有成功实践的基础上，借鉴国际先进经验，寻求最佳的应对措施，以降低其带来的负面影响。

（一）进一步提高企业自身综合应对能力

应对欧美国家"双反"调查，对企业内部管理机制提出了较高的要求，无形中倒逼企业提高综合能力建设。

一是进一步加强应诉能力，从容应对调查。首先，充分重视应诉各环节，早准备、早着手。在反倾销案件发起之初，认真填写问卷，及时、客观、真实地提供本企业信息；尽可能搜集调查发起方案件审查信息，特别是在替代国价格做法下，依法要求替代国企业作为利害关系方披露相关产品特征信息，这是目前中国企业应对反倾销调查的重中之重。其次，谨慎选择专业的律师团队。由于"双反"调查涉及大量专业知识，没有专业律师的指导和帮助，企业很难单独完成应诉。尽可能选择有相关教育和工作背景的律师，并对律师团队人员数量和质量提出明确和具体的要求。与律师团队共同商定应诉策略，提前测算倾销和补贴税率，尽可能把握应诉时机并利用复审程序，为企业争取最大利益。最后，强化企业内部管理制度。严格依据国际贸易规则及应诉需求，处理销售数据、财务报表和补贴项目文件，建立完善的文件留存制度。

二是提高经营能力，降低"双反"调查的负面影响。首先，实施多元化战略。深挖出口潜力，全力开拓国际市场空间，在保持对欧美等重要市场竞争优势的同时，适当将目光转向新兴市场；有能力的企业应当在市场多元化的同时，实施产品多元化战略，寻求差异化比较优势，尝试做到"东边不亮西边亮"，将"双反"调查的影响降到最低。其次，调整发展策略，加强产业链延伸和上下游合作。我国中小企业长期倾向于在产业链水平方向聚集，产品雷同，竞争性明显，易受进口方同类产品的反倾销诉讼。可尝试向产业链上下游延伸，突破发展瓶颈，提升销售规模，同时增强抗风险能力。最后，提升管理经营能力，降低企业对价格的依赖程度，由单一价格竞争策略，转化为产品策略、渠道策略、促销策略并重，以有效应对外部环境，尽可能减少欧美国家"双反"调查。

（二）实施有效的投资策略

如前所述，欧美国家对中国企业发起"双反"调查的最终目的是设立一个高额税率，给中国企业设置新的合法贸易壁垒，阻止中国企业和中国产品占有本国市场。因此，对外投资，特别是对欧美国家的直接投资能绕过壁垒，实现企业的经济利益。在这方面日本和韩国已有成功经验。韩国作为产业转移的重要承接地，与欧美国家的贸易摩擦延续至今。2011年美国惠而浦公司针对韩国三星集团和韩国 LG 集团在韩国和墨西哥生产的家用洗衣机提起反倾销调查申请。美国政府认定韩国三星集团、韩国 LG 集团在美国倾销事实成立，对上述洗衣机征收反倾销税。韩国三星集团与韩国 LG 集团随即在中国投资设立生产工厂，以寻求规避高额惩罚性关税。2015 年底，美国惠而浦公司再次向美国政府发起反倾销调查申请，称韩国三星集团与韩国 LG 集团将输美洗衣机生产转移到中国，以规避美国政府的处罚。美国 ITC 又对韩国三星集团和韩国 LG 集团产自中国的大型家用洗衣机做出反倾销肯定性终裁，决定征收反倾销税。韩国三星集团与韩国 LG 集团再次将主要生产基地转移至越南和泰国。2017 年美国惠而浦公司第三次指控韩国三星集团、韩国 LG 集团这两家企业将洗衣机生产转移到越南和泰国，以规避美国政府对其出口美国产品征收的反倾销关税，再次得到美国 ITC 的支持。在多次转移生产基地失败之后，韩国三星集团、韩国 LG 集团尝试在美国进行生产，先后公布了在美国本土建厂的计划，最终绕开了美国的贸易保护壁垒。日本则是通过扩大对外直接投资，有效改善了美日贸易逆差状况，减少欧美国家对日本贸易保护的动机。例如，美日签订彩电协议后，日本被迫主动限制对美国的彩电出口，于是开始鼓励彩电厂家到海外投资。结果从表面上看是美日签订的彩电协议在试用期还未结束便自动失效，实质上是日本将彩电厂转移至美国造成的假象。这不仅缓解了美国对日本"双反"的压力，也为日本企业更好地利用美国资源和市场提供了助力。从日本和韩国的经验来看，中国企业，特别是产能过剩的大型出口导向型企业对欧美国家直接投资可能仍然是应对这些经济体"双反"调查的核心措施之一。

（三）加大自主创新实现产品升级

要从根本上避免欧美国家的"双反"调查，只能提高企业的自主创新能力，实现产业和产品的升级换代，出口高技术含量、高附加值、高价值的产品，培养进口方对产品的依赖性。这一结论可以从日本与欧美国家贸易摩擦的发展历程中得以体现。研究认为，美日经济摩擦的发展历程几乎可以看作日本产业升级之路。"双反"涉及行业从服装等纤维制品、钢铁、电视机等劳动密集型行业逐渐演变为技术含量相对较高的机床、汽车、半导体行业，日本的产业结构也被迫发展强大，从最初的劳动密集型低附加值行业发展到技术含量相对较高的行业，直到开发出光机电一体化技术产品、现代光纤通信技术产品等高技术产品。目前日本微电子产品中的元器件、传感器等许多零部件产品，在世界市场占有率高达 80%，却从未遭受反倾销起诉。其核心原因就在于这些产品几乎没有可替代性，即使进口量再大，欧美国家也无法对其进行反倾销调查。

基于理论研究和国际经验，中国企业应针对当前挑战，加大自主创新力度，争取掌握核心竞争力。

一是充分利用国家非专项性、基础性研发补贴政策，补充自身能力的不足。调研发现，我国目前关于自主创新的多项补贴政策都属于不可诉补贴，如对中间实验、试制、重大科研补贴中的科技三项费用和税收减免，新产品、新技术开发补贴，以及中小企业技术创新基金中资本金投入补贴等。这些补贴政策既能为企业初期成长提供经济帮助，培育良好的产业环境；又能帮助企业改善产品结构和提高产品技术含量，增强企业竞争力。最重要的是，这些补贴受到 WTO 规则的认可，能从根本上避免反补贴调查。此外，从政府层面上看，应借鉴欧美国家经验，进一步转变我国的补贴援助政策方向，向非专向性领域倾斜、向研究领域而非最终产品倾斜，注重培养企业研发能力系统建设而非针对特定产品。

二是积极开展创新合作。加强与产业链纵向伙伴和横向伙伴的合作，并可联合出口目的国上下游企业，甚至竞争对手，建立研发联盟，整合需求，摊薄成本，提高创新能力，并加强与出口目的国的利益联系。同时加强与高校、研究机构的合作，充分利用此类机构的人才优势、平台优势和基础设施优势，节约企业资源。

三是加大对自主知识产权的保护力度，完善知识产权海外布局。目前我国企业对研发成果的使用和保护普遍还停留在"技术秘密内部保护"和"发挥时间上先发优势"两种思路上。据澎湃新闻统计，申请过专利的企业仅占中国企业总数的 7.3%，形成国家或行业标准的企业占被调查企业总数的 6.3%。必须打破现有的思维定式，充分认识知识产权对企业发展的重要性，将知识产权放在与产品输出、资本输出相同的地位上，统筹国内、国际两个市场布局，真正实现创新推动发展的良性循环。

总的来说，随着创新能力和水平的提高，企业出口将转向高附加值产品，出口利润不断增加，企业才有可能将更多的资金投入研发和创新中，最终形成"研发—自主创新—高收益—研发"的良性循环，真正扭转中国企业在国际市场上打价格战的被动局面，从根本上规避"双反"调查和措施的发生。

（四）发挥四体联动合力

随着中国的崛起，欧美国家对华"双反"承担了越来越多的政治功能。在国家的博弈中，企业是相对弱小和分散的，国家必须给予充分的支持和帮助。目前，中国已建立了商务部、地方商务主管部门、行业组织、企业"四体联动"的贸易摩擦应对机制。统筹协调各方力量，从法律抗辩、对外交涉、公关游说等方面开展"双反"的应对工作。这一机制充分发挥了"横向协作、纵向联动"的作用，对化解贸易风险、维护产业和企业利益具有重要的意义。应进一步不断加强"四体联动"工作机制的合力。

商务部和地方商务主管部门应加强对企业的宣传培训和个案指导，帮助企业尽快熟悉国际规则，做好案件调查各个环节的应诉工作。同时强化企业的主体地位，推动企业提升综合应诉能力，协调应诉企业团结合作，推动行业组织发挥作用，组织涉案企业开展无损害抗辩、参加听证会、与调查发起方相关行业组织或企业进行谈判等。商务部和地方商务主管部门还应听取行业组织和企业的诉求，加大预警监测工作力度，建立数据库，为企业提供正确的数据信息支持。

商务部应积极参与多边规则制定，提高中国在国际经贸规则建立、完善过程中的话语权和影响力，反击单边做法，争取国际社会支持，积极为中国"市场经济地位"发声。地方商务主管部门则应根据本地区企业和行业特点，厘清反倾销和反补贴工作的重点、难点，以及争议的焦点，排查涉案可能，有针对性地加强应对；特别是应重视反补贴工作中地方政策的合规评估，对与国际规则不符的政策规定进行清理或调整。

行业组织应提高行业管理能力和水平，加强行业自律，引导企业转变经营思路，减少出口企业间的恶性竞争。尝试引导企业共同设立"双反"应诉基金，由企业按照出口量大小确定认缴份额，用于培养法律人才、支持企业应诉及信息搜集，进一步提高企业参与"双反"调查应诉的积极性。

综上所述，商务部、地方商务主管部门、行业组织、企业应进一步完善联系机制，加强信息沟通，打好组合拳。此外可积极整合律师、贸易促进组织、智力支持机构等社会各方的资源，借助多方力量，形成自上而下、全面立体的工作网络。

第五节 本章研究论文：反倾销与企业创新——基于全球对华反倾销调查的实证研究[①]

一、研究背景

反倾销是指对外国商品在本国市场上的销售价格低于公平价值的行为而采取的抵制措施，其主要目的在于维护贸易的公平。自 WTO 成立以来，贸易市场自由化程度加深，关税的地位逐渐被贸易救济措施替代，反倾销等临时性贸易壁垒已经成为各国政府最主要的贸易保护措施之一。据世界银行全球反倾销数据库统计，1995~2015 年中国共遭受来自 33 个国家和地区 1243 起反倾销调查，涉及产品达到

---

① 本节内容基于总课题"中国应对'双反'调查的策略研究与政策建议"成果整理而成，撰稿人为厦门大学教授龙小宁与中山大学博士后方菲菲。

3258 起（以 HS-6 位编码为准）。面对来自世界各国（地区）越来越多的反倾销调查，中国的出口企业应当如何积极应对，以保持企业在国际贸易中的竞争力显得尤为重要。

现有的文献中，企业应对反倾销调查（措施）的对策主要有以下三种：第一，出口企业可以通过同类产品的出口地转移来规避反倾销调查（措施）的影响（Bown and Crowley，2006，2007；Chandra，2014，2019）；第二，出口企业可以对出口产品的种类进行调整，即产品的转移来减少反倾销调查（措施）对企业的不利影响（Baylis and Perloff，2010；沈国兵，2008）；第三，出口企业还可以通过"反倾销跨越型国际投资"，即在反倾销发起国进行直接投资来保持原有市场的份额（Belderbos，1997）。那么，除了以上举措之外，企业是否可以通过增强企业创新能力来应对反倾销调查（措施）呢？

我们知道，创新能够提升产品的科技含量和附加值，增强企业的创新能力是出口企业能够在国际市场竞争中持续盈利的关键。但是，从理论上看，反倾销调查（措施）对于企业创新的影响并不确定。一方面，反倾销调查可能导致受影响的企业生产率降低（Chandra and Long，2013a），那么企业可能无法拥有充足的资金用于研发投入，创新活动可能减少；另一方面，企业可以通过产品转移来规避反倾销调查（措施）的影响，而企业通过创新研发出的新产品恰恰可以帮助企业避免争夺国际市场而打"价格战"，进而避免遭受反倾销调查。为了探讨反倾销调查（措施）对企业创新的影响，本小节结合 2000~2006 年中国海关进出口数据库、世界银行临时性贸易壁垒数据库（Bown，2011）、中国工业企业数据库和中国专利数据库四个微观数据库，运用面板双重差分模型重点研究对华反倾销调查（措施）对企业专利申请数的影响。具体而言，本小节研究对华实施的反倾销调查（措施）对企业专利申请总数、发明专利申请数和非发明专利申请数的影响。我们发现，对华反倾销调查使得受影响企业的非发明专利申请数增加了 0.62%，与此同时，反倾销措施使得受影响企业的专利申请总数增加了 0.66%，非发明专利申请数增加了 0.56%，而发明专利申请数没有显著变化，这些结果表明反倾销调查（措施）显著提高了企业的创新水平。进一步的异质性分析表明，只有外资企业和国有企业的专利申请数在反倾销调查（措施）后显著提高，而私营企业的专利申请数则没有显著变化；与此同时，反倾销调查（措施）仅提高了调查的高频行业的企业的创新水平，而非高频行业的企业创新则没有显著变化。稳健性检验的结果表明，对照组与处理组在反倾销调查（措施）实施之前没有时间趋势上的差异，我们的主要结果是稳健的。

和以往的文献相比，本小节的贡献主要体现在以下三个方面：第一，现有的文献仅从企业出口市场多元化、出口产品转移和对外直接投资探讨了反倾销调查（措施）的对策，尚未有文献探究反倾销调查对企业创新的影响，而我们的研究填补了这一空白；第二，大部分文献从宏观层面（国家或者行业）上探讨反倾销带来的效应，而本小节的样本由四个微观数据库匹配而成，相比于现有的研究而言数据更加翔实，可以在企业层面考察反倾销调查（措施）对企业创新的影响；第三，本小节的结论对企业应当如何积极应对反倾销调查（措施）具有重要的实践意义。除此之外，本小节还丰富了使用中国微观数据研究贸易政策对企业绩效影响的文献（Lu et al.，2013；Chandra and Long，2013a，2013b）。

本小节余下部分将做如下安排：第二部分对文献进行回顾和总结；第三部分介绍本小节所使用的数据、研究问题和估计方法；第四部分对本小节的实证结果进行说明，包括基准回归结果、异质性检验和稳健性检验；第五部分是本小节的结论及启示。

二、文献综述

本小节从微观层面探讨了反倾销调查（措施）对企业创新的影响，与研究反倾销效应的文献相关。这类文献大部分集中在研究反倾销调查（措施）带来的四种贸易效应，一是贸易转移效应（trade diversion），即反倾销调查（措施）将使得进口从被指控国向其他国家转移（Prusa，1997）；二是贸易破坏效应（trade destruction），即反倾销调查（措施）等临时性贸易壁垒还将减少指控国与被指控国之间的贸易（Brenton，2001；Prusa，2001；Bown and Crowley，2006，2007；Bown，2010；Ganguli，2008；Park，2009；Chandra，2014）；三是贸易抑制效应（trade depression），即反倾销调查（措施）使得被指控国的产品国内销售额增加，进而减少该产品从其他国家的进口；四是贸易偏转效应（trade deflection），即反倾销调查（措施）使得被指控国相应增加了被调查产品对非指控国的出口（Bown and Crowley，2006，2007；Chandra，2014，2019）。由此可见，反倾销调查（措施）可能转移、破坏或者抑制一个企业或行业甚至一个国家的贸易，而贸易偏转效应是应对反倾销调查（措施）的重要举措之一。但是，大部分研究是仅从宏观层面对此问题进行探讨，仅有少数文章从微观层面分析反倾销调查（措施）对被指控国的影响及对策，如 Brambilla 等（2012）、Chandra（2019）等的研究。

本小节还与探讨对华反倾销问题的文献相关。自 WTO 成立以来，反倾销等政策逐渐成为各国政府主要的贸易保护措施之一，而中国又是反倾销调查的主要对象，因此，有不少文献研究了对华反倾销的问题。部分文献从国家或者行业层面上探讨了反倾销调查对中国出口的影响，这些研究表明反倾销调查不仅显著抑制了中国的出口（杨仕辉等，2012；王孝松等，2015），而且对比较优势不同的行业的影响存在差异（沈国兵，2012；杨仕辉等，2012）。只有少数文献使用多行业的微观数据探讨对华反倾销的贸易效应，如 Lu 等（2013）使用 2000~2006 年海关交易数据探讨了美国对华反倾销调查对中国出口企业的影响，发现美国对华反倾销调查显著减少了中国出口企业数目，而企业的平均出口量则没有显著变化；Chandra 和 Long（2013a）使用 2000~2006 年中国海关进出口数据库，探讨了美国对华反倾销调查对中国出口企业生产率的影响，发现反倾销调查显著降低了受影响企业的生产率。

此外，本小节还与关税变化对创新的影响相关。反倾销税的实施实际上是出口产品关税的上升，是贸易壁垒的一种。现有文献中，仅有少量文献探讨了贸易壁垒中关税变化对出口和企业创新的影响。首先，现有的研究表明，关税的减少将导致进口国的创新发生变化，一方面，关税的减少导致的进口增加使得进口国市场竞争更加激烈，为了稳固企业的市场份额，企业的创新增加（Bloom et al., 2016）；另一方面，关税的减少使得出口国生产成本减少，价格降低，因此，进口国企业利润空间降低，这些企业则可能更没有动力进行创新，创新减少（Autor et al., 2016）。其次，关税的减少也将对出口国的创新造成影响，Liu 和 Qiu（2016）使用 1998~2007 年中国工业企业数据库，基于 2002 年 WTO 对中间品关税的调整，首次探讨了中间品进口关税的减少对企业创新的影响，他们的研究表明，关税的减少将不利于企业的创新。这些文献的结论表明，关税的变化将对进口国或出口国企业的创新造成影响，但是尚未有文献研究临时性贸易壁垒导致的税率变化对企业创新的影响。

与现有的研究不同，第一，本小节使用的样本包含所有工业行业，相比于针对某一特定行业反倾销调查的研究而言，本小节的结论更具一般性；第二，与大部分研究从宏观层面考察了反倾销措施的贸易效应相比，本小节从企业级微观层面上探讨反倾销调查（措施）的影响，数据更加翔实丰富；第三，现有的文献大多以一个国家对另一个国家发起的反倾销调查为例进行探讨，本小节则使用了所有对华发起的反倾销调查进行分析，结论更客观；第四，以往的文献主要考察了反倾销调查（措施）的贸易效应，尚未有文献探讨反倾销措施对受影响企业创新的影响，即反倾销措施是否导致受影响企业创新发生变化，本小节的研究试图填补这一空白；第五，本小节还丰富了使用中国微观数据研究贸易政策对企业绩效影响的文献。

三、研究设计

（一）资料来源及说明

本小节的样本为 2000~2006 年企业级年度数据，该数据由四个微观数据库匹配得到。其中，企业的产品出口信息来自中华人民共和国海关总署，该数据包含2000~2006年每个企业每月每种产品进口或出口的交易信息，如产品的HS-8位编码、目的地国、企业的名称、地址等指标。

对华反倾销措施的数据来自世界银行临时性贸易壁垒数据库，该数据库涵盖了33个国家和地区1980~2015年发起的所有的反倾销调查，包括各个被调查产品的名称、HS-10位编码、调查时间、调查结果、反倾销裁决的时间等信息。为了考察反倾销调查对企业创新的影响，我们选取了在2006年及之前对中国发起的所有反倾销调查案例，该样本包含21个国家和地区[①]2006年及之前对华发起的反倾销调查的642个案例，其中，2000~2006年共有20个国家和地区对华发起了307起反倾销调查。另外，为了进一步探讨反倾销措施对企业创新的影响，我们对以上样本进行如下筛选：①保留在2000年之前对华发起的反倾销调查，且执行期一直延续到2000年及之后的案例；②保留在2000~2006年被最终"有罪"裁决（倾销裁决）的案例。最终，该样本含有来自20个国家和地区的368个被最终"有罪"裁决的案例。

我们用企业每年申请的专利数作为企业创新的指标，这些资料来源于中国专利数据库，该数据库涵盖了1985年《中华人民共和国专利法》实施以来至2010年所有专利的信息，如专利申请日期、授权日期、失效时间、专利类型、申请单位或机构名称、地址等指标。我们通过该数据库计算出企业每年申请的专利数，并根据专利的类型分别计算出企业每年申请的发明专利、实用新型专利和外观设计专利的数量。

企业的其他指标由中国工业企业数据库计算得出，该数据库包括了企业的销售额、增加值、利润等主要财务指标，以及企业名称、雇佣人数、成立年份等其他企业特征指标。

在数据处理过程中，我们首先将中国海关进出口数据库中进口国（地区）、产品HS-6位编码与世界银行临时性贸易壁垒数据库反倾销调查发起国（地区）[②]、涉案产品HS-6位编码分别进行匹配；其次，基于以上数据，通过反倾销调查的年

---

① 在发起反倾销调查的33个国家和地区中，共有23个国家和地区在2006年及之前对华发起了反倾销调查。其中，2006年之前埃及的8个反倾销调查及波兰在加入欧盟之前（2004年之前）的2个反倾销调查没有提供涉案产品的HS编码，无法与中国海关数据相匹配，因此，我们的样本不涉及来自这两个国家的10个反倾销调查案例。

② 其中，若反倾销调查发起方为欧盟，那么则认为欧盟当年所有成员国都为反倾销调查的发起国。2000~2006年欧盟的成员国包括奥地利、比利时、塞浦路斯、捷克、丹麦、爱沙尼亚、芬兰、法国、德国、希腊、匈牙利、爱尔兰、意大利、拉脱维亚、立陶宛、卢森堡、马耳他、荷兰、波兰、葡萄牙、斯洛伐克、斯洛文尼亚、西班牙、瑞典、英国等25个国家；其中，塞浦路斯、捷克、爱沙尼亚、匈牙利、拉脱维亚、立陶宛、马耳他、波兰、斯洛伐克、斯洛文尼亚等10个国家于2004年加入欧盟。若反倾销调查的发起方为海湾阿拉伯国家合作委员会（Gulf Cooperation Council，GCC），那么则认为其成员国当年都为反倾销调查的发起国，GCC的成员国包括巴林、科威特、阿曼、卡塔尔、沙特阿拉伯和阿拉伯联合酋长国等6个国家。

份、最终倾销裁决的年份信息判断企业是否受到反倾销调查或反倾销措施的影响；最后，我们通过企业名称、地址及年份[①]信息，将以上数据与中国工业企业数据库、中国专利数据库进行匹配。我们除了参照戴觅等（2014）的做法剔除了中国工业企业数据库中不合理的观测值之外[②]，还剔除了样本中与埃及发生出口贸易的企业及2004年之前与波兰发生出口贸易的企业（共有9586家企业、18 162个观测值），以排除这两个国家反倾销调查（措施）对结果的影响。据此得到本小节主要的研究样本，该样本为2000~2006年企业级年度数据，包括79 652家企业[③]、23万余个观测值。

（二）研究问题与估计方法

1. 研究问题

本小节针对截至2006年世界范围内21个国家和地区对华发起的反倾销调查，重点考察反倾销调查或措施对企业创新行为的影响。具体而言，我们引入一个关键的解释变量 $AD_{it}^{1,2}$，其中 i 表示企业，t 表示时间（以年为单位）。$AD_{it}^{1,2}$ 实际上是两个虚拟变量的交叉项，表示为 $AD_{it}^{1,2} = D_{ij}^{1,2} \cdot D_{t_j}^{1,2}$，其中，$j$ 表示发起反倾销调查的国家（地区），上标1和2分别指代反倾销调查和反倾销措施。$D_{ij}^{1,2}$ 为企业 i 是否出口被调查产品至国家（地区）j 的虚拟变量，$D_{ij}^{1,2}=1$ 表示企业 i 生产的产品出口至国家（地区）j，且国家（地区）j 对该企业生产的至少一种产品发起了反倾销调查（措施）；反之，$D_{ij}^{1,2}$ 为0。$D_{t_j}^{1,2}$ 为是否受到国家（地区）j 发起的反倾销调查（措施）影响的虚拟变量，若 t 在国家（地区）j 发起反倾销调查之后且在反倾销措施实施之前，那么 $D_{t_j}^{1}=1$，否则 $D_{t_j}^{1}=0$；类似地，若 t 在国家（地区）j 发起反倾销调查之后且该措施仍在继续实施，那么 $D_{t_j}^{2}=1$，否则 $D_{t_j}^{2}=0$。换句话说，处理组对应的是 $AD_{it}^{1,2}=1$，表示出口的产品受到由贸易伙伴发起的反倾销调查（措施）影响的企业，而对照组则对应 $AD_{it}^{1,2}=0$，表示出口的产品不受反倾销调查（措施）影响的企业。

---

① 其中，与中国专利数据库匹配时使用的年份是专利申请的年份。

② 具体而言，我们对中国工业企业数据库做了如下三个处理：第一，剔除工业销售额、营业收入、雇佣人数、固定资产总额、出口额、中间投入品总额中任何一项为负或者缺省的观测值；第二，剔除企业雇佣人数小于8人的观测值；第三，剔除企业出口额超过企业工业销售总额的观测值。

③ 该数目与其他使用中国工业企业数据库和中国海关进出口数据库匹配数据的研究相接近［如戴觅等（2014）］，匹配成功率较高。

2. 估计方法

我们研究的重点是关注 $\mathrm{AD}_{it}^{1,2}$ 的系数 β_1，该系数在数学上表示处理组与对照组的差异。同时，为了控制其他因素对企业创新的影响，我们还加入了一组企业特征作为控制变量，并且控制了各种固定效应。具体的计量模型表达式如下：

$$Y_{it} = \beta_1 \cdot \mathrm{AD}_{it}^{1,2} + B \cdot X_{it} + \alpha_i + \alpha_t + \varepsilon_{it} \tag{3-1}$$

其中，Y_{it} 为被解释变量，表示企业创新的指标，包括企业当年申请的专利总数，并按照专利的类型分别计算企业当年申请的发明专利数、非发明专利数（为实用新型专利数和外观设计专利数之和）；X_{it} 为企业级随时间变化的控制变量，包括企业的规模、企业年龄及企业劳动生产率；α_i 为企业-产品固定效应，以控制每个企业产品不随时间变化的特征；α_t 为以年度为单位的时间固定效应；ε_{it} 为误差项；B 为系数向量。同时，所有系数的标准误都进行了企业级聚类处理。

3. 对照组的选取问题

根据上文所述，本小节选取的处理组为出口的产品受到由贸易伙伴发起的反倾销调查（措施）影响的企业，而对照组为出口的产品不受反倾销调查（措施）影响的企业。为了排除生产率和规模效应对结果造成的影响，我们在回归中加入了企业的劳动生产率和企业规模（即企业雇佣人数）作为控制变量，并且加入企业固定效应以控制不随时间变化的企业特征，以及时间固定效应以控制随时间变化的趋势。但是，我们仍无法排除处理组企业和对照组企业在反倾销调查或反倾销裁决前存在时间趋势的差异。为了排除这一可能，我们参照 Lu 等（2013）的做法，在回归中加入一个新的变量 $\text{Pre-AD}_{it}^{1,2}$，该变量实际为两个虚拟变量的交叉项，表示为 $\text{Pre-AD}_{it}^{1,2} = D_{i_j}^{1,2} \cdot \text{Pre-time}_{it}^{1,2}$。其中，$D_{i_j}^{1,2}$ 的定义与上文相同，而 $\text{Pre-time}_{it}^{1,2}$ 的表达式为

$$\text{Pre-time}_{it}^{1,2} = \begin{cases} 1, & t \in [t_i^{1,2} - 1, t_i^{1,2}) \\ 0, & \text{其他} \end{cases} \tag{3-2}$$

其中，$t_i^{1,2}$ 为企业 i 第一次受到来自国家（地区）j 的反倾销调查（措施）影响的时间[①]。当 t 为在企业受到反倾销调查（措施）影响前1年，$\text{Pre-time}_{it}^{1,2} = 1$；否则，$\text{Pre-time}_{it}^{1,2} = 0$。此时，相应的表达式如下：

$$Y_{it} = \beta_0 \cdot \text{Pre-AD}_{it}^{1,2} + \beta_1 \cdot \mathrm{AD}_{it}^{1,2} + B \cdot X_{it} + \alpha_i + \alpha_t + \varepsilon_{it} \tag{3-3}$$

我们关注的是 $\text{Pre-AD}_{it}^{1,2}$ 的系数 β_0，若 β_0 显著，则表示处理组和对照组在反

[①] 若企业同时受到多个国家（地区）反倾销调查（措施）影响，则选择最早对企业造成影响的反倾销调查（措施）的时间。

倾销调查（措施）前就已经存在时间趋势上的差异；若 β_0 不显著，则表示处理组和对照组在反倾销调查（措施）前并不存在时间趋势上的差异，对照组的选取是合理的[①]。

（三）变量定义及描述性统计

（1）衡量企业创新的指标。本小节以企业的专利申请数作为企业创新的指标，这些变量由中国专利数据库计算得出，包括企业当年申请的专利数（Patent），并按照专利的类型分别计算企业当年申请的发明专利数（Invention patent）和非发明专利数（Non-invention patent）这两个指标，其中，非发明专利数等于实用新型专利数和外观设计专利数之和。在回归中我们使用专利数的自然对数作为被解释变量，需要说明的是，若企业当年没有申请专利，则认为企业专利数为 0，因此，在取自然对数时，我们都先加上 1。

（2）解释变量。本小节的关键解释变量为 $AD_{it}^{1,2}$，其定义如上文所示。我们使用上标对反倾销调查和反倾销措施进行区分，其中，AD_{it}^{1} 为企业是否受到反倾销调查的影响的变量，AD_{it}^{2} 为企业是否受到反倾销措施的影响的变量。

（3）控制变量。参照 Chandra 和 Long（2013a）的设定，本小节使用企业年龄（Age）和企业规模作为控制变量，其中，企业的规模以企业的雇佣人数（Employee）表示。另外，诸多研究表明较高的生产率是企业出口的重要原因（Melitz，2003；de Loecker，2007），因此我们引入企业的劳动生产率（Labor productivity）作为控制变量，该指标等于企业人均增加值。在回归中，所有的控制变量都取了自然对数。

除此之外，本小节还控制了时间固定效应和企业固定效应，以控制随时间变化的趋势及每个企业不随时间变化的特征。为了更直接地对比处理组和对照组的差异，除了关键解释变量 $AD_{it}^{1,2}$ 之外，表 3-5~表 3-7 列出了两组相关变量的描述性统计及 t 检验结果。

表 3-5 关键解释变量的统计性描述

变量名	观测值	均值	标准差	最小值	最大值
AD^1	215 150	0.046 9	0.211 3	0	1
AD^2	215 150	0.102 3	0.303 1	0	1

[①] 该部分结果在稳健性检验部分展示。

表 3-6　处理组和对照组的变量统计性描述（以 AD^1 为分组依据）

变量	处理组 观测值	处理组 均值	对照组 观测值	对照组 均值	t 检验
Patent	2 929	0.121 7	45 365	0.080 7	***
Invention patent	2 929	0.012 8	45 365	0.016 8	不显著
Non-invention patent	2 929	0.122 3	45 365	0.070 9	***
Age	2 925	2.166 5	45 278	2.136 9	***
Employee	2 929	5.552 6	45 365	5.161 6	***
Labor productivity	2 887	3.831 9	44 194	4.028 8	***

***表示 t 值在 1%显著性水平下显著

表 3-7　处理组和对照组的变量统计性描述（以 AD^2 为分组依据）

变量	处理组 观测值	处理组 均值	对照组 观测值	对照组 均值	t 检验
Patent	6 856	0.120 2	41 438	0.077 4	***
Invention patent	6 856	0.019 2	41 438	0.016 1	*
Non-invention patent	6 856	0.108 4	41 438	0.068 3	***
Age	6 850	2.181 9	41 353	2.131 5	***
Employee	6 856	5.517 4	41 438	5.130 3	***
Labor productivity	6 714	3.965 4	40 376	4.025 2	***

***、*分别表示 t 值在 1%、10%显著性水平下显著

由表 3-5 可知，受反倾销调查影响的企业仅占总样本的 4.69%，而受反倾销措施影响的企业则占总样本的 10.23%。为了排除时间趋势对被解释变量和控制变量的影响，我们仅展示了样本末年（2006 年）处理组与对照组主要指标的统计性描述（表 3-6 和表 3-7）[①]，我们发现，与对照组企业相比，处理组企业的专利申请数、非发明专利申请数都显著高于对照组企业，而发明专利申请数则几乎没有显著差异；与此同时，处理组企业通常拥有更大的规模且经营时间更长，但是对照组企业劳动生产率较高。

---

① 我们还使用了其他年份的样本对处理组和对照组进行对比，也得到了类似的结果。

四、实证结果分析

（一）基准回归结果

基准回归的结果如表 3-8 所示。表 3-8 中，第（1）列~第（3）列的主要解释变量为 AD^1，其系数表示反倾销调查对企业创新的影响；第（4）列~第（6）列的主要解释变量为 AD^2，其系数表示反倾销措施对企业创新的影响。

表 3-8 基准回归结果

变量名	（1）Patent	（2）Invention patent	（3）Non-invention patent	（4）Patent	（5）Invention patent	（6）Non-invention patent
AD^1	0.005 9	0.000 5	0.006 2*			
	(0.003 8)	(0.001 3)	(0.003 7)			
AD^2				0.006 5**	0.001 2	0.005 6*
				(0.003 2)	(0.001 1)	(0.003 1)
Age	−0.006 8*	−0.003 4***	−0.006 1*	−0.006 8*	−0.003 4***	−0.006 1*
	(0.003 5)	(0.001 2)	(0.003 4)	(0.003 5)	(0.001 2)	(0.003 4)
Employee	0.025 2***	0.004 0***	0.023 2***	0.025 1***	0.003 9***	0.023 1***
	(0.002 0)	(0.000 7)	(0.002 0)	(0.002 0)	(0.000 7)	(0.002 0)
Labor productivity	0.007 1***	0.000 8**	0.006 7***	0.007 1***	0.000 8**	0.006 7***
	(0.001 1)	(0.000 4)	(0.001 1)	(0.001 1)	(0.000 4)	(0.001 1)
常数项	−0.092 6***	−0.013 9***	−0.084 4***	−0.091 9***	−0.013 7***	−0.083 9***
	(0.013 2)	(0.004 5)	(0.012 8)	(0.013 2)	(0.004 5)	(0.012 8)
年度固定效应	是	是	是	是	是	是
企业固定效应	是	是	是	是	是	是
观测值	207 281	207 281	207 281	207 281	207 281	207 281
R^2	0.665	0.613	0.660	0.665	0.613	0.660

注：括号内为标准误，并已在企业级上进行聚类处理

***、**、*分别表示在 1%、5%、10%的显著性水平下显著

根据表 3-8 的结果，我们发现反倾销调查使得受影响企业的非发明专利申请

数显著增加了 0.62%①,而发明专利申请数和专利申请总数则没有显著变化;另外,反倾销措施使得受影响企业的非发明专利申请数显著增加了 0.56%,专利申请总数则增加了 0.66%,发明专利申请数仍旧没有显著的变化。以上结果表明,无论是反倾销调查,还是反倾销措施都将促进企业的创新,企业的非发明专利申请数都显著提高,而发明专利的申请数则没有显著的变化。这可能有以下三个原因:第一,与实用新型专利和外观设计专利不同,企业在申请发明专利时,除了申请费之外还需要缴纳发明专利实质审查费,在授权和公布印刷时也需要缴纳额外的费用,因此,发明专利的申请成本更高。第二,相比于实用新型专利和外观设计专利,发明专利从申请到授权通常需要更长的时间,因此,发明专利的申请周期更长。第三,根据《中华人民共和国专利法》对不同类型专利的定义,发明专利是指对产品、方法或者其改进所提出的新的技术方案,注重的是产品生产方法或流程的革新,技术水平要求较高;而实用新型专利是指对产品的形状、构造或者其结合所提出的适于实用的新的技术方案,外观设计专利则是指对产品的形状、图案或其结合及色彩与形状、图案的结合所做出的富有美感并适于工业应用的新设计,这两种专利着重于增加产品的种类,与企业的新产品联系更为紧密。我们已经知道,反倾销调查或反倾销措施实施之后,受影响的企业可以通过将出口转移至其他产品来规避反倾销调查(措施)的影响,这可能将进一步鼓励受影响企业在短期内通过申请成本较低、周期较短、技术要求较低且与新产品联系更为紧密的非发明专利来增加企业新产品的种类。因此,在短期内,受影响企业的非发明专利申请数显著提高。

(二)反倾销调查(措施)对企业创新影响的异质性研究

如果反倾销调查(措施)对企业创新产生了影响,造成了企业专利申请数发生变化,那么,这种影响是否因为企业所有制不同或行业不同而有所差异呢?本小节接下来将从企业所有制、是否属于反倾销调查(措施)的高频行业这两个方面入手,探讨反倾销调查(措施)对受影响企业创新影响的异质性。

(1)不同所有制的差异。外资企业、国有企业和私营企业在资本构成、公司治理等方面存在差异,因此,反倾销调查(措施)对不同所有制企业的影响也可能有所不同。

为了探讨反倾销调查(措施)对不同所有制企业创新影响的差异,我们将样本中外资企业、国有企业和私营企业分别独立出来,生成三个子样本。我们首先

---

① 由式(3-1)推导可得,专利申请总数、发明专利申请数和非发明专利申请数变化的比例与系数 β_1 的关系为 $[\exp(\beta_1)-1]\times 100\%$,本小节中所有因变量变化比例的大小均由该式计算得出。

保留样本中的外资及港澳台企业①，该样本包含 47 409 家企业共 14.4 万余个观测值，使用外资及港澳台企业的子样本进行回归的结果如表 3-9 所示。表 3-9 中，第（1）列~第（3）列的主要解释变量为 AD^1，其系数表示反倾销调查对企业创新的影响；第（4）列~第（6）列的主要解释变量为 AD^2，其系数表示反倾销措施对企业创新的影响。表 3-9 的结果表明，反倾销调查对外资及港澳台企业的创新没有显著的影响，专利申请数没有发生显著的变化；另外，反倾销措施的实施显著提高了外资企业的创新水平，非发明专利申请数显著增加了 0.62%，高于基准回归结果的 0.56%，但是发明专利的申请数和专利申请总数没有显著变化。

表 3-9 外资及港澳台企业子样本的回归结果

变量名	（1） Patent	（2） Invention patent	（3） Non-invention patent	（4） Patent	（5） Invention patent	（6） Non-invention patent
AD^1	0.006 3 （0.004 3）	−0.001 0 （0.001 2）	0.006 6 （0.004 2）			
AD^2				0.006 0 （0.003 7）	0.000 3 （0.001 0）	0.006 2* （0.003 6）
Age	−0.000 7 （0.005 3）	−0.001 9 （0.001 5）	−0.000 7 （0.005 2）	−0.000 8 （0.005 3）	−0.001 9 （0.001 5）	−0.000 8 （0.005 2）
Employee	0.023 7*** （0.002 2）	0.002 6*** （0.000 6）	0.022 6*** （0.002 2）	0.023 6*** （0.002 2）	0.002 6*** （0.000 62）	0.022 5*** （0.002 2）
Labor productivity	0.004 8*** （0.001 2）	0.000 2 （0.000 3）	0.004 7*** （0.001 2）	0.004 8*** （0.001 2）	0.000 2 （0.000 3）	0.004 7*** （0.001 2）
常数项	−0.095 5*** （0.015 0）	−0.009 9** （0.004 2）	−0.090 6*** （0.014 6）	−0.094 9*** （0.015 0）	−0.009 8** （0.004 2）	−0.090 0*** （0.014 6）
年度固定效应	是	是	是	是	是	是
企业固定效应	是	是	是	是	是	是
观测值	139 054	139 054	139 054	139 054	139 054	139 054
R^2	0.639	0.591	0.635	0.639	0.591	0.635

注：括号内为标准误，并已在企业级上进行聚类处理
***、**、*分别表示在 1%、5%、10%的显著性水平下显著

接下来，我们仅保留样本中的国有企业，该样本包括 7537 家企业共 15 153 个观测值，使用国有企业的子样本进行回归的结果如表 3-10 所示。表 3-10 中，

---

① 这里的外资及港澳台企业指的是所有含有外资及港澳台资本成分的企业。

第（1）列~第（3）列的主要解释变量为 AD^1，其系数表示反倾销调查对企业创新的影响；第（4）列~第（6）列的主要解释变量为 AD^2，其系数表示反倾销措施对企业创新的影响。与外资及港澳台企业不同，反倾销调查后，国有企业的发明专利申请数显著增加了 2.5%，而非发明专利申请数和专利申请总数依旧没有显著改变；与此同时，反倾销措施对国有企业创新的影响与外资企业也不相同，反倾销措施实施后，国有企业发明专利申请数增加了 2.3%，而非发明专利申请数却没有显著变化。

表 3-10 国有企业子样本的回归结果

变量名	(1) Patent	(2) Invention patent	(3) Non-invention patent	(4) Patent	(5) Invention patent	(6) Non-invention patent
AD^1	0.025 7 (0.028 6)	0.024 7* (0.013 9)	0.013 7 (0.026 7)			
AD^2				0.028 0 (0.022 4)	0.022 8** (0.010 9)	0.007 0 (0.020 9)
Age	0.008 2 (0.015 3)	0.000 2 (0.007 5)	0.003 9 (0.014 3)	0.008 1 (0.015 3)	0.000 2 (0.007 5)	0.003 9 (0.014 3)
Employee	0.084 4*** (0.015 9)	0.030 5*** (0.007 7)	0.063 3*** (0.014 8)	0.083 8*** (0.015 9)	0.030 0*** (0.007 8)	0.063 3*** (0.014 8)
Labor productivity	0.026 3*** (0.007 8)	0.007 7** (0.003 8)	0.021 9*** (0.007 2)	0.026 2*** (0.007 8)	0.007 7** (0.003 9)	0.021 9*** (0.007 2)
常数项	−0.542 0*** (0.111 0)	−0.206 0*** (0.054 1)	−0.391 0*** (0.103 0)	−0.538 0*** (0.111 0)	−0.203 0*** (0.054 1)	−0.391 0*** (0.104 0)
年度固定效应	是	是	是	是	是	是
企业固定效应	是	是	是	是	是	是
观测值	13 795	13 795	13 795	13 795	13 795	13 795
R^2	0.745	0.672	0.742	0.745	0.672	0.742

注：括号内为标准误，并已在企业级上进行聚类处理
***、**、*分别表示在 1%、5%、10% 的显著性水平下显著

第三个子样本仅保留了原样本中的私营企业，该样本包含 22 865 家企业共 46 703 个观测值，使用该样本进行回归的结果如表 3-11 所示。表 3-11 中，第（1）列~第（3）列的主要解释变量为 AD^1，其系数表示反倾销调查对企业创新的影响；第（4）列~第（6）列的主要解释变量为 AD^2，其系数表示反倾销措施对企业创新

的影响。根据表 3-11 的结果，无论是反倾销调查，还是反倾销措施的实施，受影响的私营企业的创新水平都没有发生显著的变化，发明专利申请数、非发明专利申请数和专利申请总数保持不变。

表 3-11　私营企业子样本的回归结果

变量名	（1）Patent	（2）Invention patent	（3）Non-invention patent	（4）Patent	（5）Invention patent	（6）Non-invention patent
AD^1	0.011 9	0.000 3	0.013 3			
	(0.008 6)	(0.003 2)	(0.008 2)			
AD^2				0.004 2	−0.001 9	0.004 9
				(0.007 6)	(0.002 8)	(0.007 3)
Age	−0.012 7*	−0.003 5	−0.011 7*	−0.012 6*	−0.003 5	−0.011 6*
	(0.007 4)	(0.002 8)	(0.007 1)	(0.007 4)	(0.002 8)	(0.007 1)
Employee	0.022 6***	0.006 2***	0.018 8***	0.022 6***	0.006 3***	0.018 8***
	(0.005 5)	(0.002 1)	(0.005 3)	(0.005 5)	(0.002 1)	(0.005 3)
Labor productivity	0.006 8**	0.000 81	0.006 7**	0.006 9**	0.000 8	0.006 7**
	(0.003 4)	(0.001 3)	(0.003 2)	(0.003 4)	(0.001 3)	(0.003 2)
常数项	−0.044 3	−0.023 3*	−0.031 6	−0.044 8	−0.023 6*	−0.032 1
	(0.037 3)	(0.013 9)	(0.035 6)	(0.037 3)	(0.013 9)	(0.035 6)
年度固定效应	是	是	是	是	是	是
企业固定效应	是	是	是	是	是	是
观测值	45 852	45 852	45 852	45 852	45 852	45 852
R^2	0.727	0.672	0.725	0.727	0.672	0.724

注：括号内为标准误，并已在企业级上进行聚类处理

***、**、*分别表示在 1%、5%、10% 的显著性水平下显著

以上分析表明，反倾销调查（措施）仅提高了外资及港澳台企业的非发明专利申请数和国有企业的发明专利申请数，而对私营企业的专利申请数则没有显著影响。这可能是因为外资及港澳台企业可以直接使用母公司现有的生产技术和无形资产，在应对新的市场需求和法规时仅需要适当调整产品或工艺（Dachs and Ebersberger, 2009），因此，技术要求较低、强调产品实用性和美观性的非发明专利申请数在反倾销措施实施后显著增加。国有企业受到更多政府在资金和技术等方面的支持，企业规模较大，能够进行自主研发，完成更高难度的开发工作，因此，反倾销调查（措施）实施后，国有企业的发明专利申请数显著增加。与

外资企业和国有企业不同,中国的私营企业以中小规模为主,并集中在中、低技术行业,创新意识较为淡薄,因此,反倾销调查(措施)对私营企业的创新没有显著影响。

(2)是否为对华反倾销调查(措施)针对的高频行业。虽然大部分工业行业[以《国民经济行业分类》(GB/T4754-2002)2位代码为准]都曾遭受其他国家(地区)对华发起的反倾销调查(措施),但是有部分行业频繁地遭受来自不同国家(地区)的反倾销调查(措施),如化学原料及化学制品制造业、黑色金属冶炼及压延加工业、纺织业等。根据我们的统计,2000~2006年平均每个行业遭受反倾销调查13.46起,其中,化学原料及化学制品制造业遭受的反倾销调查次数最多,共计75次,而皮革、毛皮、羽毛(绒)及其制品业仅遭受过1次反倾销调查,还有一些行业甚至从未被调查,如饮料制造业、金属制品业等。那么,反倾销调查(措施)对企业创新的影响是否与该企业所在的行业遭受调查(措施)的频率有关呢?我们推测,若某行业被调查频率较高,那么该行业的企业则可能会更积极地通过创新来减少反倾销调查(措施)的不利影响;相反,若某行业被调查频率较低,那么该行业的企业则可能缺乏有效的激励机制进行创新。

为了验证这一推断是否成立,我们首先通过以HS-4位编码为标准的产品分类名称与《国民经济行业分类》2位代码行业名称相匹配,并分别计算出每个行业于2000~2006年遭受反倾销调查的数目和仍在继续实施的反倾销措施的数目,受影响的行业遭受反倾销调查(措施)的数目如图3-1所示。根据图3-1的结果,我们发现反倾销调查(措施)并非在行业间平均分配,而是在某些行业上更加集中,如化学原料及化学制品制造业、黑色金属冶炼及压延加工业、有色金属冶炼及压延加工业、纺织业等;而另一些行业被调查或实施反倾销措施的频率则很低,如煤炭开采和洗选业、非金属矿采选业、医药制造业等。接下来,我们根据不同行业在样本区间内被反倾销调查(或仍在继续实施的反倾销措施)的数目定义反倾销调查(措施)的高频行业。在我们的样本中,平均每个行业在2000~2006年遭受反倾销调查13.46起,而仍在继续实施的反倾销措施则达到15.50起。若某行业在样本区间内遭受的反倾销调查数不低于13.46起,那么则认为该行业为反倾销调查的高频行业;同样地,若仍继续针对某行业实施的反倾销措施数不低于15.50起,则认为该行业为反倾销措施的高频行业[①]。

根据反倾销调查(措施)高频行业的定义,我们先剔除了样本区间内从未遭

---

① 反倾销调查的高频行业包括纺织业、纺织服装、鞋、帽制造业,文教体育用品制造业,化学原料及化学制品制造业,塑料制品业,非金属矿物制品业,黑色金属冶炼及压延加工业,有色金属冶炼及压延加工业等8个行业;除了以上行业之外,反倾销措施的高频行业还包括电气机械及器材制造业。

受反倾销调查（措施）的行业①，并将剩余的样本分为反倾销调查（措施）的高频行业和非高频行业两个子样本，其中，第一个子样本包含 37 090 家企业共 98 902 个观测值，第二个子样本包含 38 545 家企业共 103 576 个观测值。我们首先使用第一个子样本进行回归，结果如表 3-12 所示。

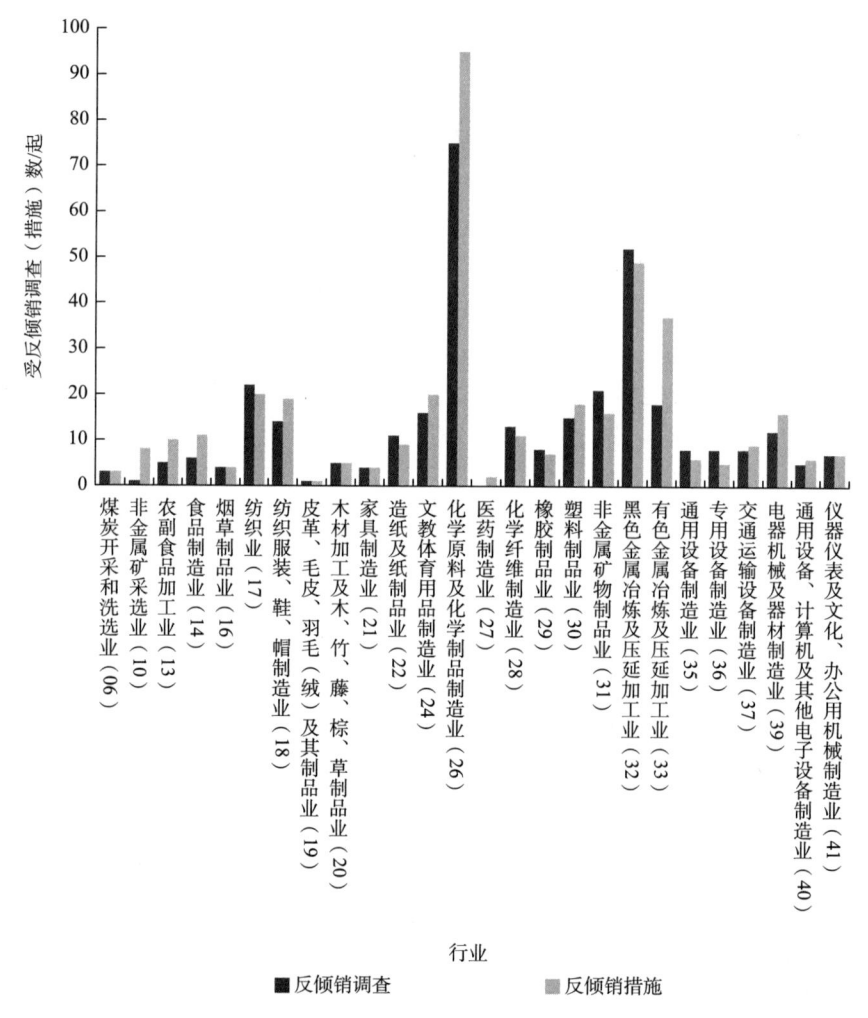

图 3-1　2000~2006 年受影响行业遭受反倾销调查（措施）数
括号内为该行业的《国民经济行业分类》2 位代码

---

① 样本区间内未遭受反倾销调查的行业包括饮料制造业，印刷业和记录媒介的复制，石油加工、炼焦及核燃料加工，医药制造业，金属制品业，工艺品及其他制造业，废弃资源和废旧材料回收加工业等 7 个行业。

表 3-12　反倾销调查（措施）高频行业子样本的回归结果

变量名	（1）Patent	（2）Invention patent	（3）Non-invention patent	（4）Patent	（5）Invention patent	（6）Non-invention patent
AD^1	0.008 4	−0.000 5	0.010 6**			
	（0.005 4）	（0.002 0）	（0.005 1）			
AD^2				0.009 6**	0.003 4**	0.006 5
				（0.004 9）	（0.001 7）	（0.004 7）
Age	0.000 6	0.000 1	−0.000 7	−0.004 5	−0.000 5	−0.005 5
	（0.004 4）	（0.001 6）	（0.004 2）	（0.004 7）	（0.001 6）	（0.004 5）
Employee	0.014 6***	0.003 9***	0.011 5***	0.021 9***	0.004 1***	0.019 2***
	（0.002 8）	（0.001 0）	（0.002 6）	（0.002 9）	（0.001 0）	（0.002 7）
Labor productivity	0.003 8**	0.001 1**	0.002 5*	0.004 7***	0.001 3**	0.003 7**
	（0.001 5）	（0.000 6）	（0.001 5）	（0.001 6）	（0.000 5）	（0.001 5）
常数项	−0.063 8***	−0.020 1***	−0.044 4***	−0.083 7***	−0.020 6***	−0.067 5***
	（0.018 1）	（0.006 6）	（0.017 2）	（0.018 6）	（0.006 3）	（0.017 8）
年度固定效应	是	是	是	是	是	是
企业固定效应	是	是	是	是	是	是
观测值	81 706	81 706	81 706	95 562	95 562	95 562
R^2	0.644	0.577	0.644	0.673	0.587	0.673

注：括号内为标准误，并已在企业级上进行聚类处理
***、**、*分别表示在1%、5%、10%的显著性水平下显著

表 3-12 中，第（1）列~第（3）列的主要解释变量为 AD^1，其系数表示反倾销调查对企业创新的影响；第（4）列~第（6）列的主要解释变量为 AD^2，其系数表示反倾销措施对企业创新的影响。如表 3-12 所示，反倾销调查后，若企业属于被反倾销调查的高频行业，其非发明专利申请数显著增加了 1.07%，高于基准回归的 0.62%，发明专利申请数和专利申请总数则没有显著变化。与此同时，反倾销措施使得这些企业的发明专利申请数显著增加了 0.34%，专利申请总数也增加了 0.97%，而非发明专利申请数则没有显著变化。以上结果表明，反倾销调查（措施）提高了高频行业的企业创新水平，专利申请数显著增加。接下来，我们使用非高频行业的子样本进行回归，结果如表 3-13 所示。

表 3-13　反倾销调查（措施）非高频行业子样本的回归结果

变量名	(1) Patent	(2) Invention patent	(3) Non-invention patent	(4) Patent	(5) Invention patent	(6) Non-invention patent
AD^1	0.004 4	−0.000 8	0.005 7			
	(0.006 2)	(0.002 0)	(0.006 0)			
AD^2				0.002 4	−0.000 5	0.003 1
				(0.005 3)	(0.001 7)	(0.005 2)
Age	−0.010 1*	−0.005 2***	−0.009 5*	−0.008 3	−0.005 5***	−0.007 6
	(0.005 9)	(0.001 9)	(0.005 8)	(0.006 1)	(0.002 0)	(0.005 9)
Employee	0.032 3***	0.003 7***	0.031 0***	0.027 0***	0.003 4***	0.025 8***
	(0.003 2)	(0.001 0)	(0.003 2)	(0.003 4)	(0.001 1)	(0.003 3)
Labor productivity	0.009 5***	0.000 7	0.009 7***	0.009 7***	0.000 4	0.009 9***
	(0.001 8)	(0.000 6)	(0.001 7)	(0.001 9)	(0.000 6)	(0.001 8)
常数项	−0.113 0***	−0.009 3	−0.110 0***	−0.095 6***	−0.006 0	−0.093 4***
	(0.021 0)	(0.006 6)	(0.020 4)	(0.021 9)	(0.007 1)	(0.021 3)
年度固定效应	是	是	是	是	是	是
企业固定效应	是	是	是	是	是	是
观测值	99 402	99 402	99 402	85 546	85 546	85 546
R^2	0.691	0.662	0.685	0.691	0.673	0.683

注：括号内为标准误，并已在企业级上进行聚类处理
***、*分别表示在1%、10%的显著性水平下显著

表 3-13 中，第（1）列~第（3）列的主要解释变量为 AD^1，其系数表示反倾销调查对企业创新的影响；第（4）列~第（6）列的主要解释变量为 AD^2，其系数表示反倾销措施对企业创新的影响。根据表 3-13 的结果，无论是反倾销调查，还是反倾销措施的实施，非高频行业的企业的发明专利申请数、非发明专利申请数和专利申请总数都没有发生显著变化，这说明反倾销调查（措施）对非高频行业的企业创新水平都没有显著影响。以上结果表明，反倾销调查（措施）仅对高频行业的企业的创新水品产生影响，而非高频行业的企业的创新水平则没有显著变化，这与我们的预期一致。

综上所述，对华反倾销调查（措施）显著提高了创新水平，企业非发明专利数增加，专利申请总数也显著提高，这一效应随着企业所有制和是否属于反倾销调查（措施）针对的高频行业而有所不同。具体而言，反倾销调查（措施）仅提高了外资及港澳台企业的非发明专利申请数和国有企业的发明专利申请数，而私营企业的专利申请数没有发生显著变化；若企业属于反倾销调查（措施）针对的

高频行业，那么其创新水平也将显著提高，若企业不属于反倾销调查（措施）针对的高频行业，那么其创新水平则没有发生显著变化，这些异质性检验的结果符合我们的理论预期。

（三）时间趋势检验结果

在实证检验中，我们选取了出口的产品受到由贸易伙伴发起的反倾销调查（措施）影响的企业作为处理组，出口的产品不受反倾销调查（措施）影响的企业为对照组。我们虽然已经控制了企业的劳动生产率和企业规模以排除生产率和规模效应对结果造成的影响，并且加入企业和时间固定效应以控制不随时间变化的企业特征和随时间变化的趋势。但是，我们仍无法排除处理组企业和对照组企业在反倾销调查或反倾销裁决前存在时间趋势的差异。

为了检验处理组和对照组企业在反倾销调查（措施）实施之前是否存在时间趋势上的差异，我们通过式（3-3）对该问题进行检验，结果如表3-14所示。

表 3-14 处理组与对照组时间趋势的检验

变量名	（1）Patent	（2）Invention patent	（3）Non-invention patent	（4）Patent	（5）Invention patent	（6）Non-invention patent
Pre-AD^1	0.005 0	−0.002 3	0.006 6			
	(0.007 3)	(0.002 5)	(0.007 0)			
AD^1	0.005 2	0.000 7	0.005 6			
	(0.004 2)	(0.001 4)	(0.004 0)			
Pre-AD^2				0.005 9	−0.002 1	0.006 9
				(0.007 2)	(0.002 4)	(0.006 9)
AD^2				0.006 6*	0.000 9	0.005 7*
				(0.003 4)	(0.001 2)	(0.003 3)
Age	−0.006 9**	−0.003 3***	−0.006 4*	−0.007 0**	−0.003 3***	−0.006 5*
	(0.003 5)	(0.001 2)	(0.003 4)	(0.003 5)	(0.001 2)	(0.003 4)
Employee	0.024 9***	0.003 9***	0.022 9***	0.024 8***	0.003 9***	0.022 8***
	(0.002 1)	(0.000 7)	(0.002 0)	(0.002 1)	(0.000 7)	(0.002 0)
Labor productivity	0.007 1***	0.000 9**	0.006 6***	0.007 1***	0.000 9**	0.006 6***
	(0.001 1)	(0.000 4)	(0.001 1)	(0.001 1)	(0.000 4)	(0.001 1)
常数项	−0.090 9***	−0.013 8***	−0.082 3***	−0.090 2***	−0.013 7***	−0.081 7***
	(0.013 3)	(0.004 5)	(0.012 8)	(0.013 3)	(0.004 5)	(0.012 8)

续表

变量名	（1）Patent	（2）Invention patent	（3）Non-invention patent	（4）Patent	（5）Invention patent	（6）Non-invention patent
年度固定效应	是	是	是	是	是	是
企业固定效应	是	是	是	是	是	是
观测值	205 246	205 246	205 246	205 246	205 246	205 246
R^2	0.666	0.616	0.661	0.666	0.616	0.661

注：括号内为标准误，并已在企业级上进行聚类处理

***、**、*分别表示在1%、5%、10%的显著性水平下显著

表3-14中，第（1）列~第（3）列为基于表3-8第（1）列~第（3）列结果进行的时间趋势检验，第（4）列~第（6）列为针对表3-8第（4）列~第（6）列结果进行的时间趋势检验。表3-14的Pre-AD^{1}一行和Pre-AD^{2}一行的结果即为式（3-3）中Pre-AD$_{it}^{1,2}$的系数β_0，该结果表明无论是反倾销调查之前，还是反倾销措施实施之前，β_0都不显著，因此，处理组与对照组在反倾销调查（措施）实施之前并无时间趋势上的差异，对照组的选取是合理的。与此同时，β_1的结果与基准回归的结果相接近（第二行和第四行），反倾销措施显著增加了受影响企业的非发明专利申请数和专利申请的总数，结果是稳健的。

五、小结与启示

为了研究对华反倾销调查（措施）对企业创新的影响，本小节通过匹配2000~2006年中国海关进出口数据库、世界银行临时性贸易壁垒数据库、2000~2006年中国工业企业数据库及2000~2006年中国专利数据库这四个微观数据库，运用面板双重差分模型从企业层面考察了对华反倾销调查（措施）对企业专利申请总数、发明专利申请数和非发明专利申请数的影响。

本小节的研究表明，对华反倾销调查（措施）使受影响企业专利申请数显著增加，具体而言，反倾销调查后，受影响企业的非发明专利申请数增加了0.62%，与此同时，反倾销措施使得受影响企业的专利申请总数增加了0.66%，非发明专利申请数增加0.56%，而发明专利申请数没有显著变化。异质性分析的结果表明，对华反倾销调查（措施）仅对外资及港澳台企业、国有企业和反倾销调查（措施）高频行业的企业的创新有促进作用，而对私营企业和非反倾销调查（措施）高频行业的企业的专利申请数则没有显著影响。稳健性检验结果表明，反倾销调查（措施）实施之前，处理组与对照组企业没有时间趋势上的差异，该结果进一步支持

了本小节的结论。因此，本小节的结果为反倾销调查（措施）对企业创新水平的影响提供了有力的证据，反倾销调查（措施）的实施可能导致企业的专利申请数增加，促进了企业的创新。

随着贸易全球化不断深化，以及各国对本国产业的保护力度越来越强，反倾销调查已经成为各国重要的贸易保护工具之一。在以出口为导向的经济增长模式下，中国的进出口总额占全球贸易总额的比重不断上升，中国的出口产品可能将面临更多的反倾销调查。因此，本小节对企业应当如何积极、妥善地应对各国对华反倾销调查，减少反倾销调查（措施）带来的不利影响有十分重要的指导意义。具体而言，私营企业应当不断创新、开发新产品，将创新的成果真正转化实施，以避免反倾销调查（措施）带来的不利影响；非反倾销调查（措施）高频行业的企业不可因为被调查的次数较少而麻痹大意，而应当增强自身创新意识，以灵活应对各国对华发起的反倾销调查（措施）。综上所述，企业在面对国外反倾销调查（措施）时，应当不断创新，积极开拓新产品，发挥创新在国际市场竞争中的作用，利用创新研发出的新产品规避为争夺国际市场而打"价格战"，进而避免遭受反倾销调查（措施）的影响，这对保持企业在国际市场上的竞争力具有十分重要的实践意义。

参 考 文 献

戴觅，余淼杰，Maitr M. 2014. 中国出口企业生产率之谜：加工贸易的作用. 经济学（季刊），13（2）：675-698.
沈国兵. 2008. 美国对中国反倾销的贸易效应：基于木制卧室家具的实证分析. 管理世界，（4）：48-57，186-187.
沈国兵. 2012. 显性比较优势与美国对中国产品反倾销的贸易效应. 世界经济，（12）：62-82.
王孝松，翟光宇，林发勤. 2015. 反倾销对中国出口的抑制效应探究. 世界经济，（5）：36-58.
杨仕辉，许乐生，邓莹莹. 2012. 印度对华反倾销贸易效应的实证分析与比较. 中国软科学,（5）：48-57.
Autor D, Dorn D, Hanson G H, et al. 2016. Foreign competition and domestic innovation: evidence from US patents. NBER Working Paper, No.22879.
Baylis K, Perloff J M. 2010. Trade diversion from tomato suspension agreements. Canadian Journal of Economics, 43（1）：127-151.
Belderbos R A. 1997. Antidumping and tariff jumping: Japanese firms' DFI in the European Union and the United States. Review of World Economics, 133（3）：419-457.
Bloom N, Draca M, van Reenen J. 2016. Trade induced technical change? The impact of Chinese

imports on innovation, IT and productivity. The Review of Economic Studies, 83（1）: 87-117.

Bown C P. 2010. Taking stock of antidumping, safeguards, and countervailing duties, 1990-2009. The World Bank.

Bown C P. 2011. The great recession and import protection: the role of temporary trade barriers. London: Centre for Economic Policy Research and the World Bank.

Bown C P, Crowley M A. 2006. Policy externalities: how US antidumping affects Japanese exports to the EU. European Journal of Political Economy, 22（3）: 696-714.

Bown C P, Crowley M A. 2007. Trade deflection and trade depression. Journal of International Economics, 72（1）: 176-201.

Brambilla I, Lederman D, Porto G. 2012. Exports, export destinations, and skills. American Economic Review, 102（7）: 3406-3438.

Brenton P. 2001. Anti-dumping policies in the EU and trade diversion. European Journal of Political Economy, 17（3）: 593-607.

Chandra P. 2014. WTO subsidy rules and tariff liberalization: evidence from accession of China. The Journal of International Trade & Economic Development, 23（8）: 1170-1205.

Chandra P. 2019. Multiproduct firms and antidumping duties: evidence from India. The Journal of International Trade & Economic Development, 28(7): 801-828.

Chandra P, Long C. 2013a. Anti-dumping duties and their impact on exporters: firm level evidence from China. World Development, 51: 169-186.

Chandra P, Long C. 2013b. VAT rebates and export performance in China: Firm-level evidence. Journal of Public Economics, 102: 13-22.

Dachs B, Ebersberger B. 2009. Does foreign ownership matter for the innovative activities of enterprises?. International Economics and Economic Policy, 6（1）: 41-57.

de Loecker J. 2007. Do exports generate higher productivity? Evidence from Slovenia. Journal of International Economics, 73（1）: 69-98.

Ganguli B. 2008. The trade effects of Indian antidumping actions. Review of International Economics, 16（5）: 930-941.

Liu Q, Qiu L D. 2016. Intermediate input imports and innovations: evidence from Chinese firms' patent filings. Journal of International Economics, 103: 166-183.

Lu Y, Tao Z G, Zhang Y. 2013. How do exporters respond to antidumping investigations?. Journal of International Economics, 91（2）: 290-300.

Melitz M J. 2003. The impact of trade on intra-industry reallocations and aggregate industry productivity. Econometrica, 71（6）: 1695-1725.

Park S. 2009. The trade depressing and trade diversion effects of antidumping actions: the case of China. China Economic Review, 20（3）: 542-548.

Prusa T J. 1997. The trade effects of U.S. antidumping actions//Feenstra R C. The Effects of U.S. Trade Protection and Promotion Policies. Chicago: University of Chicago Press: 191-214.

Prusa T J. 2001. On the spread and impact of anti-dumping. Canadian Journal of Economics, 34（3）: 591-611.

第四章　WTO 争端解决机制与对华"双反"调查研究[①]

第一节　WTO 争端解决机制及相关研究概述[②]

随着全球经济和贸易一体化的不断深入，国际政治、经济形势发生了深刻变化。面对复杂多变的贸易环境，世界各国在积极参与国际竞争的同时，纷纷采用贸易救济手段，以维护公平贸易环境，保护国内产业安全。当前，世界范围内的经济衰退与复苏乏力使全球贸易保护主义持续升温，贸易摩擦不断升级。各 WTO 成员将"双反"调查作为常规化的贸易救济方式，"双反"贸易摩擦愈演愈烈，呈现涉案产业由传统产业向高技术、新兴产业蔓延，涉案层级由企业层面向政府政策、经济体制层面升级，涉案金额与影响不断扩大的发展趋势。因此，对 WTO 争端解决机制展开研究具有格外重要的现实意义。

一、WTO 争端解决机制的程序与实践情况

（一）WTO 争端解决机制的基本程序

WTO 争端解决机制是各成员化解贸易摩擦、维护自身正当权益的有效途径。由于具有高效的裁决反向一致通过规则、相对独立的上诉机构及明确的诉讼时间

[①] 本章内容基于子课题 4 "WTO 争端解决机制与对华'双反'调查研究"成果整理而成，主持人为对外经济贸易大学教授屠新泉。

[②] 本节内容基于子课题 4 "WTO 争端解决机制与对华'双反'调查研究"成果整理而成，撰稿人为对外经济贸易大学教授屠新泉、杨荣珍，助理教授李思奇。

表等程序特色，WTO 争端解决机制对 WTO 实体规范的价值实现和全球贸易自由化具有不可替代的推进作用（陈儒丹，2017）。WTO 争端解决机制的运行程序主要包括磋商程序、专家组程序、上诉审议程序、执行审查程序、授权报复程序等，如图 4-1 所示。通过各项程序，WTO 争端解决机制有多种方式来解决成员之间的争端，磋商、专家组和上诉机构裁决是较为常用的争端解决方式。从实践来看，虽然争端解决过程的每一阶段都有强制性的时间规定，但由于案件数量庞大并且案情趋于复杂化，案件审理拖延的情况时有发生；并且由于执行审查程序和授权报复程序存在程序性冲突，案件裁决的执行及其监督具有不确定性，这些都会影响争端解决机制的运行效率及其预期的法律和经济效益。

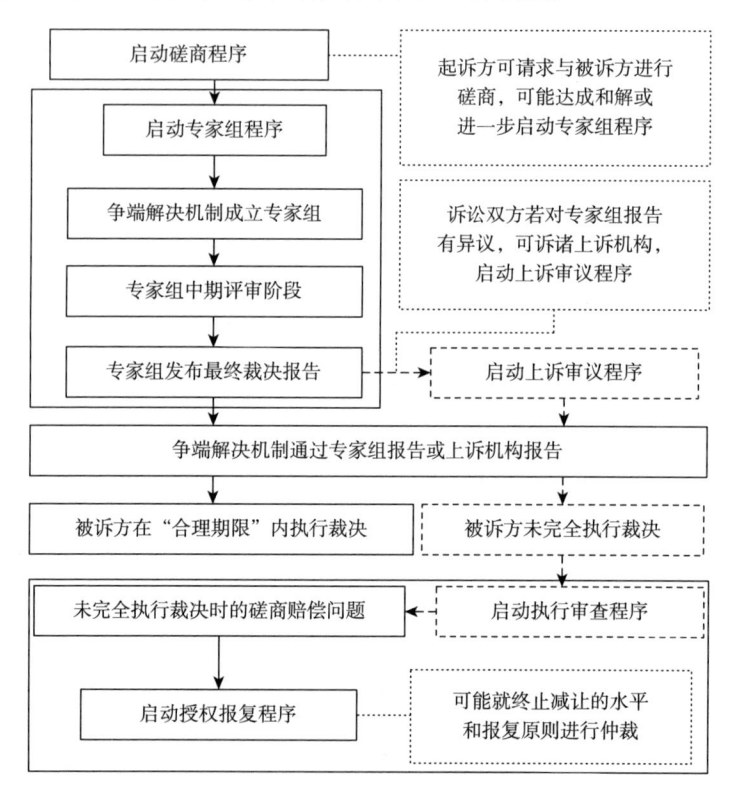

图 4-1 WTO 争端解决机制基本程序图

（二）WTO 争端案件的实践情况

自 1995 年 WTO 正式运行以来，截至 2018 年 5 月 31 日，WTO 争端解决机制共受理 547 起案件，如图 4-2 所示。总体来看，全球贸易争端案件大致呈下降趋势，但这并不说明 WTO 争端解决机制的作用在下降。首先，大量的成员间贸易摩擦通过双边协商等途径得到了解决,而诉诸 WTO 争端解决机制的贸易争端是各成员通过协商难以解决的最为迫切或最为关键的争议点。其次,虽然 WTO 争端案件的数量趋于下降,但案件的诉讼复杂度却不断上升。在 WTO 成立之初,一些较易解决的争端案件已经得到妥善解决,而当前 WTO 成员提起的争端案件往往是较难解决的贸易事项。并且在 WTO 各协定之间的适用关系尚未明确的情况下,起诉方为保证其主张能够在最大程度上得到专家组支持,会尽可能地罗列争议措施可能违反的所有协定及相关条款,这样的普遍做法加大了争端案件审理的工作量和难度,也导致了在当前各经济体贸易摩擦常态化的背景下,政府需要快速处理贸易纠纷的需求与 WTO 争端解决机制运行效率低下的矛盾。

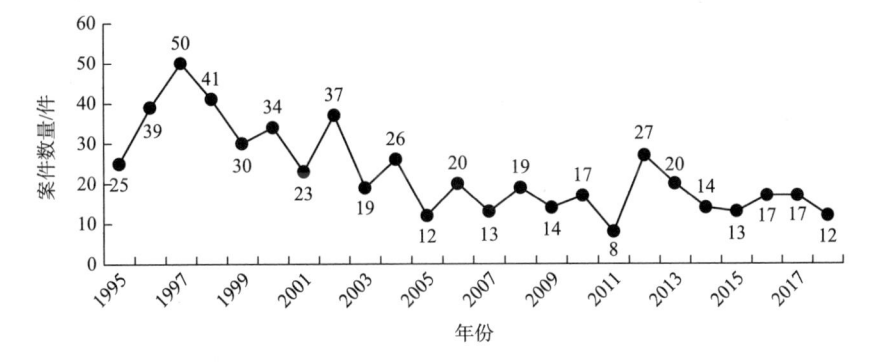

图 4-2　1995 年至 2018 年 5 月 WTO 贸易争端案件数量变化

资料来源:https://www.wto.org/english/tratop_e/dispu_e/dispu_status_e.htm[2018-05-31]

在 WTO 争端解决机制受理的争端案件中,WTO 成员常见的违背承诺和义务行为包括:①在缺乏充分证据的情况下,以贸易救济措施(反倾销、反补贴和保障措施)的名义对进口产品提高关税;②在不存在《1994 年关税与贸易总协定》(General Agreement on Tariff and Trade 1994,GATT1994)第 12 条(外汇收支平衡条款)、第 20 条(一般例外条款)、第 21 条(安全例外条款)所列情形的情况下,以提高关税等方式限制进口。第一类限制措施的实施是最惠国待遇原则的例外;而第二类限制措施则必须在最惠国待遇原则下实施,因此受影响的不仅是起诉方,还有其他 WTO 成员。其中,援引 WTO《反倾销协议》和《补贴与反补贴措施协议》的反倾销及补贴与反补贴措施是最主要的争议措施,截至 2018 年 5 月 31 日,相关争端案件分别为 124 起和 120 起,共占 WTO 贸易争端案件总量的 44.61%。反倾销和反补贴措施由于具有名义上的合理性和形式上的隐蔽性,成为各经济体频繁使用的贸易救济工具。在实际操作中,由于调查方具有较大的自由裁量权,反倾销和反补贴措施往往使被调查方处于不利地位,进而成为贸易争端频发的领域。

从贸易争端案件的起诉方和被诉方来看，发达经济体既是争端解决机制的主要使用者，也是较为突出的规则违反者。如表 4-1 所示，截至 2018 年 5 月 31 日，美国、欧盟、加拿大、日本、韩国申诉案件占 WTO 争端案件总量的 53.9%；同时，上述五个经济体被诉案件占 WTO 争端案件总量的比例达到 50.8%。与发达经济体相比，虽然发展中经济体利用 WTO 争端解决机制的频率相比 GATT 时期大大增加，但其参与争端解决机制的比重与其成员数量比例却不相称，并且由于经济实力和法律经验的缺乏，发展中经济体的申诉案件，特别是针对发达经济体的申诉案件是否能够得到妥善的裁决与执行，从而使发展中经济体获得切实的贸易利益，都是需要关注的问题。

表 4-1　1995 年至 2018 年 5 月 WTO 争端案件的主要起诉方和被诉方

前 10 位起诉方	起诉方案件数量/起	前 10 位被诉方	被诉方案件数量/起
美国	117	美国	141
欧盟	97	欧盟	84
加拿大	38	中国	40
巴西	31	印度	25
墨西哥	24	阿根廷	22
印度	24	加拿大	22
日本	23	巴西	16
阿根廷	20	韩国	16
韩国	20	日本	15
中国	17	墨西哥	14

资料来源：https://www.wto.org/english/tratop_e/dispu_e/dispu_status_e.htm[2018-05-31]

从争端案件的受理结果来看，30.7%的案件仍处于磋商阶段，由双方协商解决或上诉方撤诉、停止的案件占 19.9%（表 4-2）。获得专家组裁决（13.3%）和上诉机构裁决（28.0%）的案件共占 41.3%，可见争端裁决仍是 WTO 成员解决贸易纠纷的主要方式。由于对裁决执行存在异议而启动执行审查程序或授权报复程序的案件占所有案件的 9.5%，占得出裁决案件的 23%，说明近四分之一案件的争议方都对争端裁决的执行存在异议。

表 4-2　1995 年至 2018 年 5 月 WTO 争端解决机制受理案件的处理情况

案件状态	贸易争端数量/起	占案件总量比例
磋商中	168	30.7%
双方协商解决	63	11.5%

续表

案件状态	贸易争端数量/起	占案件总量比例
上诉方撤诉、停止案件	46	8.4%
专家组阶段中	36	6.6%
获得专家组裁决	73	13.3%
上诉机构阶段中	6	1.1%
获得上诉机构裁决	153	28.0%
启动执行审查程序或授权报复程序	52	9.5%
信息不明	2	0.4%

资料来源：https://www.wto.org/english/tratop_e/dispu_e/dispu_status_e.htm[2018-05-31]

注：①处于磋商中的案件可能是起诉方已提出磋商，但尚未成立专家组，亦未撤案；也可能是争端双方已经私下达成协议，但未向争端解决机制发出官方通知。②双方协商解决的案件是指在未经过 WTO 争端裁决的情况下，争端双方达成一致协议。③专家组阶段中的案件是指争端解决机制同意建立专家组，但尚未选定专家；或专家组已正式建立，但尚未发布专家组报告或专家组报告尚未被通过。④上诉机构阶段中的案件是指专家组报告被上诉，上诉机构正在审理中

二、WTO 争端解决机制的问题与改革研究

（一）当前 WTO 争端解决机制面临的问题

WTO 争端解决机制是多边贸易体制的主要支柱，也是 WTO 对全球经济贸易稳定发展的独特贡献，其被视为有史以来最完善的国际争端解决机制之一。但通过多年的实践，争端解决机制也暴露出了一些不足之处。一方面，WTO 作为国际性组织，大部分情况下还是作为协调各成员利益的场所，其权力由成员方赋予，并不具备超国家权限，因而争端解决机制的应用范围有所局限；另一方面，作为争端解决法律基础的各 WTO 协定本身存在内生缺陷，限制了争端解决机制的应用效果。而当前 WTO 上诉机构新成员的遴选受阻更是妨碍了争端解决机制的正常运行，加剧了争端案件的积压，从而削弱了 WTO 作为贸易争端调停者的公信力。

1. 争端解决机制的制度设计不够清晰

争端解决机制是乌拉圭回合谈判最后阶段的产物，而当时许多 WTO 协定正处于起草初期，为了早日通过关于争端解决机制的议程，协定中保留了很多一般化和模糊化的表述，这为争端解决机制的运转制造了很多障碍。其一，在实践过

程中，各个协定条款存在的漏洞不可避免地要求专家组秉持司法能动主义的价值理念，对相关条文进行解释。虽然 WTO 规定了专家组和上诉机构所做出的各项建议和裁决不得增加或减少各涵盖协定规定的权利和义务，但这些解释却由于得不到 WTO 做出的有效"立法回应"（legislative response）而缺乏有力的法律依据。各成员对于"法官造法"的权限及结果也提出了不同程度的质疑。而设立上诉机构是为了强化争端解决机制的司法性和解决纠纷的能力，但上诉机构的职责权限存在很大的约束，只能对专家组报告中涉及的法律问题进行审查，无权关注案件的事实问题。其二，WTO 的争端解决机制虽较 GATT 时期有所改进，但执行力仍然有限，各成员自身的实施能力和行为影响着争端解决机制的运行效率。有时争端解决机制的时间限制并未被严格遵守，中间环节为被诉方的拖延行为提供了机会，并且争端解决机制对于法律技术支持和其他资源有很高的要求，报复能力的不足令发展中成员无法有效防范与惩罚发达成员违反 WTO 协定的行为。这些因素导致争端解决机制带来的收益无法被所有成员充分、平等地共享，限制了各成员对争端解决机制的充分使用。

2. 争端解决机制的程序效率和公正性有待改善

从成本-收益的角度来看，WTO 争端解决程序耗时较长[①]、投入较大，专家组和上诉机构的裁决及其执行具有不确定性。争端解决程序过长的流程及程序超期拖延的情况往往会耽误有效时机，使制裁难以获得理想的效果。并且在 WTO 各协定之间的适用关系尚未明确的情况下，申诉方为保证其申诉能够在最大程度上得到专家组的支持，在设立专家组请求中会尽可能地罗列争议措施可能违反的所有协定及相关条款，这样的普遍做法在一定程度上降低了争端解决机制的效率。同时，虽然 WTO 明确规定专家组应对有关事项进行客观评估，但评估标准不够明晰，评估结果存在不确定性。对于小型发展中经济体而言，其能力和财力的限制决定了其依靠自身力量远不能充分利用争端解决机制，而历史数据也表明，这些经济体在争端中获胜的可能性比较低。虽然 WTO 会对小型发展中经济体提供一定的法律和技术援助，但从现实情况来看支持的水平仍然不够。

此外，从法律形式和审理程序上看，争端解决机制确实树立了国际法的典范，体现了相当高的独立性、完备性和强制性。然而，在执行裁决并涉及各成员切身利益时，各成员对规则的遵守最终仍然取决于对自身利益及力量的判断，而不是对于国际法的尊重或敬畏。争端解决机制并没有超越以权力政治为基础的国际关系，规则导向与权力导向并存是争端解决机制面临的现实问题。

---

① 根据 WTO《关于争端解决规则与程序的谅解》的规定，一项案件从开始提出诉讼到下达裁决，合理消耗的时间最长可达 27 个月。

3. 对结果有效性的疑问可能削弱成员利用争端解决机制的意愿

从救济措施来看，WTO 争端解决机制除了要求违约方取消违反规则的措施外，仍然缺乏其他有效的救济手段。尽管在违约方不执行裁决的情况下，受害方可以要求报复，但其作用依然有限。交叉报复理论上增强了程序的有效性，但其实际效果却比较有限。即使交叉报复可以在实践中广泛实施，其本身需要经济体量的支撑，而小型经济体由于经济和贸易体量较小，其对大型经济体的报复能力显然不足。同时，报复措施同样会损害施行报复成员的进口商、进口产品销售商及内部消费者，这也令各经济体慎于贸易报复。

4. 争端解决机制解决不断出现的新领域问题的能力捉襟见肘

在 WTO 成立最初几年，争端解决机制处理了大量案件，一些较易发生争议的 WTO 法律问题得到了澄清，已通过诉讼被规则化。但与此同时，一些新领域发生的争议无法在现有的 WTO 体系中找到相应的规则，从而在应用争端解决机制上产生困难，国际贸易中的环境、劳工、气候变化等问题便是这类新领域问题的典型。

当前，WTO 协定涵盖的范围决定了争端解决机制的应用范围。环境和劳工问题仍然游离于 WTO 规则体系之外，无法纳入争端解决机制。例如，尽管 WTO 上诉机构对 GATT1994 第 20 条（一般例外条款）的解释说明使得在解决环境争端中援引其他有关环境保护的国际协定的做法已经为 WTO 所接受，然而由于环境这一概念本身及其与贸易关联的标准不够明晰，导致争端解决机制在处理相关问题上的能力捉襟见肘。再如，对于贸易和劳工问题，发达经济体和发展中经济体一直立场迥异，成员之间关于劳工与环境标准始终不能达成一致，这在一定程度上限制了争端解决机制处理相关问题的能力。

5. 现有机构人员配置难以应付庞大的案件审理需求

一方面，作为全球最繁忙的国际司法机制之一，WTO 争端解决机制需要处理的案件数量庞大，且案件本身趋于复杂化。根据 WTO 官方数据，自 1995 年 WTO 成立以来，截至 2018 年 5 月争端解决机制已受理 547 起争端案件。但另一方面，WTO 秘书处、技术支持人员及专家组、上诉机构的成员数量都比较少，所以案件审理的拖延情况越来越明显。此外，截至 2019 年，上诉机构 7 个编制内的大法官存在 4 个空缺[①]，使本就捉襟见肘的人员配置压力倍增，这加剧了案件积压，从而

---

① 由于美国的持续阻挠，上诉机构法官遴选无法按时展开，目前上诉机构已由于法官人数不足而处于瘫痪状态。

削弱了 WTO 作为贸易争端调停者的公信力。

（二）WTO 争端解决机制改革的相关研究

对于前文述及的当前 WTO 争端解决机制面临的问题，无论是在学界还是在 WTO 成员政府都引发了广泛关注，并产生了一系列的讨论，其中以萨瑟兰编著的《WTO 的未来》报告和当前美国、欧盟提出的关于 WTO 争端解决机制的改革建议为代表，我们将对以上内容进行介绍，并探讨中国在其中的立场与建议。

1. 《WTO 的未来》报告及相关研究提出的改革建议

总体而言，《WTO 的未来》报告及其他学者认可争端解决机制是 WTO 的成功之处，说明争端解决机制整体是令人满意的，并没有强烈的政治动机来变革该体系。现有对争端解决机制改革的建议基本不涉及体制性的变革，而只是对现有程序进行优化。

一些观点建议为争端案件中的特定成员在完整的争端解决程序之后提供"民主投票"等方式来撤销或改变最终报告中的某些意见，以赋予 WTO 成员更大的权利来质疑上诉机构的裁决结论，避免一些情况下存在的上诉机构越权解释、"法官造法"的问题，但也需要注意相关做法与 WTO 争端解决程序有效性的关系的问题，避免 GATT 时期的一些重要问题卷土重来，如为败诉方拒不执行争端裁决创造可能性与迂回空间。

关于 WTO 应如何处理民间团体和非政府实体的参与，即争端解决机制如何处理透明度和所谓的"法庭之友"意见书（或者类似的对具体争端解决程序递交观点）的问题，首先，透明度是整个争端解决机制需要面对和处理的挑战。Hecht（2000）对提高透明度提出了两个目标：一是使感兴趣的团体和个人更好地跟踪和理解 WTO 体系乃至争端解决机制的运作；二是在可行的基础上投入更多的资源来帮助各方恰当地理解 WTO 各项协定的范畴和应用。《WTO 的未来》报告认为当前争端解决程序的保密程度可能损害 WTO 的公正性，认为专家组审议和上诉机构审议总体都应对公众开放。但这项提议很可能被专家组（上诉机构）或争端方反驳，声称有"有力和充分的理由"说明为何将公众排除在大多数审议之外，如出于保护商业机密的需求。但无论如何，应增强争端解决程序的透明度，来强化公众对争端解决机制的积极印象。其次，关于"法庭之友"意见书，《WTO 的未来》报告总体赞同现有程序，应对合理递交的意见书给予考虑，并强调在实际操作中应公平合理地处理"法庭之友"递交的材料。

关于专家组的选举，Hecht（2000）认为如果当前的体系存在缺陷，那么各成员都积极参与专家组选举的原因就是各成员多少都对专家组的构成负有一定责任，因而不会倾向于批评特定的专家组成员在审理案件时的能力不足，而是转向批评选举流程，建议专家组应采取与上诉机构类似的方式建立固定团队。Kingery（2000）讨论了何种方式的固定团队可以提升专家组的工作效率、连贯性和透明度。《WTO的未来》报告也建议设立一个专家组名单，这个名单不需要纳入专家组的所有成员，但可以设定任命比例。比如，在案件数量高峰期，每个专家组应至少包含一名来自名单中的人员。这种安排的主要优点是相较于临时组织人员，固定团队可以使专家组有更好的表现，但存在的问题是固定团队构成是否有内在问题，如专家组成员在意识形态上有倾向性，以及在实践中应具体安排固定团队的哪些人员参加案件审理。针对第一个问题，Hecht（2000）认为尽管固定团队模式会引起部分专家组成员个人偏向特定成员的问题，但这种模式中专家组成员会更多地从意识上认为自己是专业的贸易官员，规避个人倾向。对于第二个问题，《WTO的未来》报告认为常规的民主程序也许并不能选出最胜任的人员，因此需要考虑组建一个由专家组成的具有政治独立性的机构，来评估符合标准的候选人名单。该机构可以和争端解决机构合作确定专家组名单。

《WTO的未来》报告还提出了其他担忧，如上诉机构对专家组案件"发回"的情况。其中的一个明显问题是专家组是为当时案件临时召集的，当专家组递交报告后通常就解散了，这表明缺少存在的实体能够使案件的"发回"程序运作下去。另外有一些针对上诉机构的改革建议，如当案件数量较多时上诉机构是否应扩大成员数量，对此可以在后续的改革中引入一些灵活性。

2. 美国关于WTO争端解决机制提出的改革建议

美国政府秉持"国内法大于国际法"的立场，希望推动WTO限制争端解决机制的解释权。在2017年美国贸易政策议程提及的贸易政策四大优先任务中，排在第一位的是维护美国贸易政策的国家主权。特朗普政府认为根据WTO《关于争端解决规则与程序的谅解》，任何争端的裁决和建议不能对美国和其他成员"强加责任、减少权力"。WTO报告的裁量对美国没有约束力，不会自动生效。在美国国内法的保护下，特朗普政府将会更积极地制定维护美国主权的贸易政策。美国贸易代表罗伯特·莱特希泽（Robert Lighthizer）在美国参议院财政委员会就特朗普政府贸易政策议程发表评论，表示美国急切地想看到WTO争端解决机制的改革，并声称美国已被不公正地当成这个全球贸易法庭中投诉的头号公敌。他专门提到2016年12月中国围绕是否被承认"市场经济地位"对欧盟和美国发起的争端："这是我们目前在WTO面临的最严重诉讼。"2017年12月WTO在布宜诺斯艾利斯召开的第11届部长级会议上，莱特希泽直接言论攻击WTO争端解决机制，并要求抛弃以往成果从零开始，成为第11届部长级会议多边成果最大的阻挠者。美国贸易代表办公室在其Twitter上声称，"WTO的新方向已经确定，即通过由志同道合者达成部门性协议来改进贸易",显然,美国官方试图进一步绕开WTO争端解决机制而选择开展诸边谈判的道路。

根据《关于争端解决规则与程序的谅解》第17条,上诉机构应由具有公认权威并在法律、国际贸易和WTO具体协定上具有公认专门知识的人员组成,成员任期4年,经所有WTO成员一致同意可连任一次。上诉机构成员遴选工作由成员集体决策,甄选程序必须得到WTO所有成员的一致认同才可启动,上诉机构成员还应有普遍代表性,并考虑地域、发展水平和法律体系等因素。截至2019年,定员7人的WTO上诉机构中有4位法官任期已满。而WTO上诉机构最低工作人数要求为3人,如果不能及时启动WTO上诉机构遴选程序,补充任命新的上诉机构法官,WTO多边体制的仲裁功能面临瘫痪的风险。

然而,美国以WTO需改革透明度问题为由,自2017年7月起开始阻挠争端解决机制上诉机构启动法官候选人甄选程序。在2018年4月27日召开的WTO争端解决机制例行会议上,美国再次任性地否决了由65名成员提议的WTO上诉机构成员遴选程序。特朗普上任以来,一直都表现出绕开WTO解决贸易争端的思路,以美国贸易代表莱特希泽为首的高级贸易官员也在多个场合做出了WTO争端解决机制"有缺陷"的表态。然而,美国在上诉机构成员任命问题上只是一味消极抵制,并没有提出任何解决问题的办法。作为世界贸易大国的美国,是WTO创立的主导者,也是WTO争端解决机制成立之初的积极支持者,从上诉机构的仲裁中受益匪浅。为何特朗普政府对WTO上诉机构人员遴选百般阻挠,可能的原因主要有两个:一是通过让上诉机构人手不足,无法正常审案,引起合法性质疑,为美国实行单边主义的贸易保护提供法理性支持;二是当前践行开明利己主义的多边贸易体制已不符合美国的利益,实行双边贸易体制能使美国获得量体裁衣的贸易谈判优势。

然而,美国学界一直普遍认同WTO争端解决机制的重要性,将其誉为"皇冠上的明珠",主要原因有:①为了避免不同区域贸易协定在同一市场准入问题上的不同判决,影响法律裁决的不一致性,区域贸易协定的争端解决机制无法发挥作用,必须依靠WTO争端解决机制来保证贸易的公平展开。②WTO争端解决机制在监督贸易规则执行方面取得了普遍认同的成就。③上诉机构裁决具有独立性和公正性。但美国学者也指出了WTO争端解决机制目前存在的问题,普遍提到的一点是效率低、进展慢,主要原因是争端解决机制的人员配置不合理,成员多为兼职工作,全职工作人员数量过少,具有博士学位的经济学家数量不足,与日益增多的数据分析和实证证据分析的需求不符。美国学者还提出,希望增加听证和举证的透明度,增加成员在案件进入最终判决前可控性等一系列措施。此外,针对此前美国干涉大法官提名的行为,部分学者表示反对,认为可能会影响美国之后在上诉机构固定成员的传统,也会使WTO成员今后质疑美籍大法官判决的绝对公正性和独立性。

对于美国的改革建议，中国可积极予以回应。特别是中国应强烈谴责和抵制美国阻挠上诉机构新成员遴选的行为，上诉机构在保障 WTO 规则的一致性方面一直扮演着举足轻重的角色，如果美国一味消极抵制上诉机构成员的任命，整个争端解决机制将会陷入瘫痪，这本质上是美国企图绕开 WTO 从而实行单边主义和贸易保护主义的行为。对于美国多次提出的对争端解决机制的其他意见，中国应在 WTO 框架下积极参与相关问题的讨论与协商，但坚决反对美国将其提出的争端解决机制存在的问题与上诉机构成员遴选挂钩；联合其他成员积极呼吁启动上诉机构成员遴选程序，以便尽快恢复争端解决机制的正常运作。

3. 欧盟关于 WTO 争端解决机制提出的改革建议

在 2018 年 6 月欧盟委员会提出的推动 WTO 实现现代化的建议中，建议分两步解决当前争端解决机制面临的危机。第一阶段旨在打破上诉机构遴选僵局，目标是提升程序有效性，创造更好的条件改善上诉机构与 WTO 成员的互动，同时增强上诉机构独立性。第二阶段将处理 WTO 规则适用方面的实质性问题。

第一，全面修改争端解决机制中涉及上诉机构运行的条款，解决所有关于上诉机构"工作方式"的关注。修改包括以下方面。

（1）《关于争端解决规则与程序的谅解》第 17.5 条和 90 天问题。欧盟建议，修改第 17.5 条有关 90 天的规则，为上诉机构规定更强的透明度和磋商义务，特别是第 17.5 条可修改为"在任何情况下，有关程序不应超过 90 天，除非案件当事方成员同意"。如上诉机构预计其报告散发的时间可能超过 90 天，则上诉机构需要在上诉程序前期（甚至在当事方上诉之前）与案件当事方磋商。如果案件当事方无法就延长期限达成一致，则可设立一个机制对特定上诉案件的有关程序或工作安排进行调整以确保符合 90 天的时限要求。例如，上诉机构可建议当事方自愿聚焦上诉请求的范围，对当事方提交的材料设置指导性的页数限制或采取适当措施缩减其报告的长度。为满足 90 天的时限要求，上诉机构报告可使用上诉所用语言发布（可随后翻译成其他 WTO 工作语言并正式散发和通过）。然而需要明确说明的是，这些修改（如磋商义务）既不能影响《关于争端解决规则与程序的谅解》第 17.4 条的通过程序（反向一致），也不能影响逾期散发的上诉机构报告的效力。此外，以下改变将对上诉审查的时间表产生积极影响：一是将上诉机构成员的人数从 7 名增加到 9 名，这将有助于提高上诉机构的效率。同时，随着 1995 年以来有些重要成员加入 WTO，此点还可改善上诉机构的地域平衡，并且上诉机构的内部组织也可随之改进（如划分三个分庭各由三名成员组成，三个分庭之间成员无须重复，可以在任何时候受理上诉）。二是规定上诉机构的成员为全职工作（目前，从法律上根据争端解决机构的 WT/DSB/1 号文件规定，上诉机构成员是兼职工作）。

这将提高上诉机构的效率,并需要适当调整雇佣条件(薪酬、养老金等)。三是扩大上诉机构秘书处(这不需要对《关于争端解决规则与程序的谅解》进行任何更改)。

(2)对即将离任的上诉机构成员的过渡规则。将《上诉审议工作程序》第15条(或类似规定)纳入《关于争端解决规则与程序的谅解》中,从而解决美国提出的关于该规则未得到 WTO 成员批准的问题。例如,《关于争端解决规则与程序的谅解》可以规定,即将离任的上诉机构成员应完成其任期内已召开一次听证会的、未决上诉案件的审理。

(3)对解决争端没有必要的判决。欧盟建议修改《关于争端解决规则与程序的谅解》第 17.12 条。根据该条规定,上诉机构"应在上诉程序中处理提出的每个问题"。例如,可加上"在解决争端的必要程度内"(to the extent this is necessary of the solution of the dispute),这将解决有关上诉机构做出对解决争端不必要的、冗长的"咨询性意见"或"附带判决"的问题。这也将间接解决与《关于争端解决规则与程序的谅解》第 17.5 条(90 天时限)相关的问题。

(4)作为事实问题的国内法的含义。欧盟建议可以做出如下澄清,上诉应限于"专家组报告中所涉及的法律问题和专家组所作的法律解释",该条规定不包括专家组关于国内法含义的事实性认定(即使其法律特征确实并应该属于 WTO 法律管辖)。为此,可以在《关于争端解决规则与程序的谅解》的第 17.6 条中增加一个脚注说明该情况。

(5)先例制度。根据《关于争端解决规则与程序的谅解》第 17.14 条,成员有权在通过上诉机构裁决时发表意见。在此基础上,建立上诉机构和 WTO 成员的定期交流机制(如组织年度会议)。此种安排将提供额外的"交流通道",使得成员可以对上诉机构某些做法提出意见(如将过往裁决作为先例)。事实上,WTO 成员将有机会在会议上对与通过特定上诉机构裁决无关的、更加系统性的问题或法理发展趋势问题进行评论。同时,此种安排不会与上诉机构成员的独立性产生矛盾,尤其在上诉机构成员在任何情况下将不再有权连任的情况时,可就充分的透明度及会议"运行规则"做出规定,以避免对上诉机构成员造成不适当的压力。

(6)上诉机构成员独立性。欧盟建议,为上诉机构成员设置只一届但可更长的任期(6~8 年)。此举将回应欧盟及其他绝大多数 WTO 成员对上诉机构独立性的关注,并将改善上诉机构的效率(成员的任期期限将更加确定,且更长的任期将有助于成员从工作经验中获益)。

第二,处理 WTO 规则适用方面的实质性问题。针对美国对上诉机构对规则解释("越权")持有的异议,欧盟认为在上诉机构成员遴选程序重启后,WTO 成员可就具体方案或权威解释进行讨论。

对于欧盟提出的改革争端解决机制的建议,中方的立场基本与其一致。中国应与欧盟一道全力打破上诉机构遴选僵局,回应美国对上诉机构的程序性关注及对上诉机构"越权"制定规则的关注。对于美国提出的问题，中国与欧盟等其他WTO成员可以寻求对争端解决机制改革的方案，但前提是该机制必须正常运转。特别是在2016年一名上诉机构成员的连任遭到美国否决后，各方均认识到需要一个系统性解决方案，以保持上诉机构成员的独立性和公正性。实际上，与判决内容有关的原因导致一名上诉机构成员未获连任，这将导致各方有可能怀疑特定上诉机构成员所作裁决是否会对其连任造成影响。这种不合理的情况需要系统性解决。正如欧盟所建议的，当前应首先聚焦WTO争端解决机制运行的程序性问题，打破遴选僵局，提升争端解决程序的有效性，改善上诉机构与成员间的互动，同时加强上诉机构的独立性。一旦上诉机构成员遴选程序恢复，WTO争端解决机制步入正轨，可再就实质性规则问题进行讨论。

三、WTO争端解决机制执行的影响因素研究

WTO争端解决机制为成员间解决贸易纠纷提供了合法化的制度平台，有助于消除与WTO规则不符的贸易壁垒，进而有力促进贸易自由化，增加整体的贸易福利。但WTO争端解决机制在法律层面的裁决是否能够转化为切实的经济效益，取决于争端案件中的被诉方是否有效执行了争端裁决。本小节将对被诉方执行争端裁决的影响因素进行分析，并且不囿于法律层面的分析，更多地考量其他的经济和政治因素。

对于被诉方执行争端裁决的原因有多种解释。首先，声誉成本（reputation）被普遍认为是督促国家遵守国际法规则的主要原因之一。如果一国肆意、公然地违反国际法，将难逃大多数国家和国际社会的批评与谴责，因此遭受很大的声誉损失。而WTO争端解决机制具有独立裁定一经济体违反WTO规则的权力，其不利裁决将使该经济体的"违约"事实传遍国际社会，带来潜在的声誉损失。但不同于传统国际法，WTO争端解决机制对经济体声誉的影响并不完全来自违约事实或不利裁决的公开传播，还主要取决于被诉方对争端裁决如何反应。只要被诉方接受争端裁决并提供相应的救济（纠正违法措施或提供补偿），就能有效地向其他成员传递其愿意继续合作的信号，恢复声誉。因此，对于某些成员而言，维持良好的声誉是其执行争端裁决的重要考虑。

其次，WTO体制是国际法的一部分。从国际法的角度来看，国际争端解决机构的裁决结果对于争端当事方具有约束力，争端方负有善意履行国际裁决的国际法律义务[①]。因此，即使不存在有效的救济或惩罚机制，各成员也会像遵守一般国

---

① 参见《国际法院规约》第59条。

际法那样习惯性地遵守 WTO 争端裁决，并期望其他成员也切实遵守。这种对遵约的信仰形成了一种"遵约引力"，导致了成员间遵约的良性互动。而 WTO 重复博弈的性质也说明，一个受到"尊重"的争端解决机制显然将更好地维护成员利益。

然而，这些理论探讨无法解释 WTO 成员在某些情况下未能有效执行争端裁决的"违约"行为。在执行 WTO 争端裁决的实践中，几乎所有成员都秉持实用主义为先导、自身利益至上的态度，以美国和欧盟最为典型。虽然总体而言，美国和欧盟能够按照争端解决机制规定的程序较为积极地执行不利裁决，但当争议措施涉及重大产业利益或敏感问题时，其通常都会利用 WTO 争端解决程序和争端裁决的漏洞拖延裁决的执行，或非实质性地执行裁决。例如，在美国和加拿大诉欧共体禁止进口荷尔蒙添加剂牛肉一案中，即使争端裁决有利于起诉方，美国和加拿大还在 WTO 授权下对欧共体的巨额出口产品（分别价值 1.168 亿美元和 1130 万加元）暂停了关税减让，欧共体也没有按照起诉方的要求进行政策调整。这些都引发了对争端裁决执行的更深入的讨论。

一方面，国内外学界对于 WTO 争端裁决效力的理解有所不同，对争端裁决执行的法律本质表达了不同观点，其中以遵守论和再平衡论为代表。学界出现遵守论与再平衡论的争论源自 Bello（1996）的编者评论，她认为 WTO 与 GATT 规则一样，并没有传统意义上的约束力，WTO 并没有改变主权国家之间讨价还价谈判的实质，其唯一有约束力的义务是维持各成员对多边协定政治支持的平衡。而与此相反，大多数国际法文献则对国家在国际合作中的"退出"或"不遵守"行为感到痛惜，因为这相当于验证了国际社会的无政府状态，削弱了以条约为基础创造国际义务的整个框架。具体而言，遵守论认为 WTO 旨在促进各成员对争端解决专家组或上诉机构裁决的遵守，争端解决中授权报复程序所授权的承诺减让不应在争端解决中成为重心甚至起作用，否则可能会损害多边贸易体制的安全性和可预见性。虽然 WTO 争端解决机制通过补偿和中止减让可以缓解被诉方完全执行裁决的部分压力，这种"安全阀"的设计可以使被诉方政府有能力处理其在国际法裁决与国内法律环境下的棘手处境，但各成员必须秉持的终极理念是，对于一个规则导向的多边贸易体制而言，完全遵守和执行仍然是一项很重要的国际法义务。因此，基于遵守论的理论预期应是，起诉方可通过 WTO 争端解决机制的法律契约约束被诉方的裁决执行，进而补偿或收获预期的贸易利益。

而再平衡论认为，WTO 争端解决规则并不要求成员不惜一切代价地遵守和执行裁决。争端解决的执行机制通过平衡相互的承诺减让，确保受害方得到赔偿和为加害方提供退出的可能性。WTO 成员可以选择不执行争端裁决，只要其愿意提供赔偿或承受报复。该观点实际上将 WTO 争端解决机制视为违约并补偿的机制，后来发展为更广泛意义上的"有效违反国际协定"理论。根据再平衡论，如果某成员违背了 WTO 规则，或使其他成员的利益受到损害，被诉方应向起诉方提供包括金钱补偿或新的关税减让、市场准入等其他补偿,以维持彼此贸易利益的平衡,这不仅意味着被诉方有权选择补偿的形式,而且有权选择是否执行 WTO 争端裁决。然而,如果 WTO 各项协定可以被视为利益交换和权利再平衡的契约,就将与 WTO 寻求贸易自由化的宗旨背道而驰。并且,如何量化再平衡减让的"价值",特别是被诉方通过补偿实现的再平衡是否与执行 WTO 争端裁决具有"等效性",是值得探讨的现实问题。

另一方面,WTO 作为一个成员驱动型的国际组织,其权力由成员赋予,并不具备超国家权限,因而争端解决机制的权威性和执行性依赖于相关成员的政治接受与合作意愿。对于不遵守裁决的成员,WTO 既没有权力也没有单独机构直接实行制裁。而在实践中,被诉方对争端裁决的执行更取决于复杂政治经济环境中的多元利益驱使,虽然被诉方通常会遵守国际义务、执行 WTO 争端裁决,但其对争端裁决的执行程度取决于其自身的利益判断,而这往往会影响起诉方可获得的贸易收益。

第一,成员的遵约行为在很大程度上具有不一致性。在实践中,WTO 成员选择执行某些争端裁决,但却拖延或拒不执行个别争端裁决,而这在很大程度上是由于争端案件的异质性影响了政府执行裁决的动机。一方面,当争端案件涉及更广泛的产品贸易、更敏感的贸易措施时,将加大被诉方执行争端裁决的难度;另一方面,若被诉方较好地执行了争端裁决,将给起诉方带来更大的贸易收益。而被诉方政府对裁决的执行情况会受到那些从争议措施中获益的国(地区)内特定利益群体相对政治权重的影响。被诉方政府会试图在执行争端裁决与维持国(地区)内特定利益群体政治支持之间寻求平衡。并且既有研究表明,争端案件的冲突强度增加将使被诉方在磋商阶段做出让步的可能性降低。而一旦案件磋商未果进入专家组和上诉机构审理阶段,被诉方对争端裁决执行的不确定性将增加。

另外,争端案件的裁决结果也会影响被诉方的执行情况。理论上而言,如果专家组和上诉机构在裁决中偏向起诉方,即起诉方获得支持的申诉主张越多,被诉方需要为此履行的贸易自由化承诺越多,起诉方的预期贸易收益就越大。但这也取决于被诉方对争端裁决结果的认同度。总体而言,WTO 争端裁决的品质较高,具有很强的连贯性和说服力,特别是上诉机构裁决。但也有少数专家组裁决并不令人满意,甚至引起了 WTO 成员的集体反对。例如,澳大利亚汽车皮革案中执行专家组根据《关于争端解决规则与程序的谅解》第 21.5 条做出的具有追溯性救济性质的裁决引起了包括起诉方在内的几乎所有 WTO 成员的反对。同时,WTO 争端解决机制有时面临司法造法或非常棘手的法律问题,关于争端裁决的不同法律意见日益增多。

第二,成员的遵约行为很可能以其他替代性贸易政策为前提。WTO 争端解决机制约束的是各成员政府干预国际贸易的权力,影响的却是各成员内利益集团的实际利益。被诉方政府经常出于利益集团的驱动而采取违反 WTO 规则的措施，而对 WTO 争端裁决的执行则意味着这些利益集团将丧失利益，因而迫使政府面临巨大的政治压力。为平衡执行争端裁决导致的贸易壁垒削减对内部产业的影响，被诉方政府有时会在执行争端裁决的同时采取其他替代性贸易政策，如在约束税率范围内提高关税等来对内部产业进行补偿，该类替代性贸易政策会继续形成新的贸易壁垒，抵消执行争端裁决带来的贸易自由化效果。实际上，早在 WTO 建立之前，GATT 的缔约方会采用非关税壁垒的形式来抵消肯尼迪回合的贸易自由化影响。WTO 成员通过将关税等进口贸易壁垒转化为更加隐蔽的非关税壁垒（如产品标准的形式），来掩盖其实际的贸易保护水平。

第三，成员的遵约行为与其政治立场和价值倾向密切相关。裁决执行是一经济体政府做出改变以往政策决定的政治过程，更多地受到其政治、经济环境的影响。一经济体内部的自由贸易受益者和贸易保护者都会通过选举制度来影响政治格局。在一经济体贸易政策偏好存在竞争的情况下，其政治和制度与国际政治和制度相互作用，进而影响政府利益偏好的形成。如果一经济体政府是自由贸易的坚定拥护者或该经济体的贸易开放度较高，那么更容易接受争端裁决建议的贸易自由化措施，并以遵守裁决作为经济体内贸易自由化改革的外部动力。

第四，成员的遵约行为受到其他参与方的影响。从理性选择视角来看，影响被诉方执行争端裁决的重要因素是起诉方的贸易报复能力。通常认为，起诉方的贸易报复能力越强，对被诉方执行争端裁决的约束激励越强。而这也取决于起诉方与被诉方之间的力量对比。若某一大型经济体执意不执行对其不利的争端裁决，即使遭受侵害的发展中经济体有权对该经济体进行报复，但由于经济实力相差过于悬殊，这种"交叉"报复一般也很难奏效，有时甚至会使报复方招致更大的经济与政治风险。例如，在"美国赌博案"中，弱小成员安提瓜和巴布达即使得到了争端解决机制的报复授权，出于政治、经济等因素的考量，至今也未对被诉方美国采取贸易报复措施。

如果起诉方有足够的贸易报复能力，这种报复机制依靠的是被诉方内部不同利益集团间的"互动"来形成对被诉方政府执行争端裁决的压力，进而达成实现起诉方预期贸易收益的目的。具体而言，起诉方对被诉方采取贸易报复的领域并不限于原先违反 WTO 规则的领域，这就为起诉方采取报复措施提供了很大的灵活性。起诉方可以针对被诉方其他领域的多个出口集团采取报复措施，如果运用得当，将造成被诉方内部多个出口集团的利益受损，进而联合对抗被诉方政府的贸易保护行为。这样的调动有可能改变不同利益集团之间的力量对比，最终促成被诉方政府对争端裁决的执行。例如，在"欧共体香蕉案"和"欧共体荷尔蒙牛肉案"中，欧共体的香蕉商和牛肉生产者因欧共体采取的违反 WTO 规则的措施而获益，而美国没有对这些产品进行贸易报复，而是选择对来自欧共体的纸、洗浴用品、亚麻布、床单或电池等商品施加报复，致使这些产品的生产商遭受损失。因此，由起诉方贸易报复措施导致的被诉方内部利益集团间的"互动"——被诉方内部受益方、受损方和政府间的"互动"将给被诉方执行争端裁决带来压力。

第二节 对华"双反"调查中的关键法律问题分析[①]

一、对华"双反"调查中的"非市场经济地位"问题分析

（一）WTO规则中的"非市场经济地位"问题

"市场经济地位"是相对于"非市场经济地位"而言的。"市场经济地位"问题起源于冷战时期，带有政治或者意识形态因素。随着冷战结束，旧有的意识形态阵营被打破，取而代之的是以"市场经济国家"和"非市场经济国家"作为划分不同国家类别的主要标准。从本质上而言，相对于美国等"市场经济国家"，"非市场经济国家"的界定更多反映的是西方国家对中国、苏联等的一种委婉的歧视，用"市场经济"和"非市场经济"的概念将两种完全不同的政治经济制度加以区分。

"市场经济地位"最初只是以一个学术问题被提出，因为当时正值冷战时期，东西方关系异常紧张，双方的贸易往来受到了严格限制，因此很少在国际贸易中涉及"市场经济"与"非市场经济"问题。随着全球贸易一体化进程的不断加快，"市场经济地位"问题才有了更多的现实意义，并主要在反倾销领域得以应用。

回顾早期的《1947年关税与贸易总协定》（General Agreement on Tariff and Trade 1947，GATT1947）和WTO相关规则条款，可知GATT和WTO并未明确规定"非市场经济地位"的定义与标准。在GATT签订之初，大部分社会主义国家都不是GATT缔约方，GATT也并没有对"市场经济国家"和"非市场经济国家"加以区分。随着部分东欧社会主义国家加入GATT，不同经济体制之间的贸易问题才开始显现。在1954~1955年度的GATT审查期间，捷克斯洛伐克代表建议修订GATT1947第6条第1款b项关于反倾销调查价格可比性的规定，补充"国营贸易国家"（state-trading countries）出口产品价格可比性的特殊情况。针对该问

[①] 本节内容基于子课题4"WTO争端解决机制与对华'双反'调查研究"成果整理而成，撰稿人为对外经济贸易大学教授屠新泉、杨荣珍，助理教授李思奇。

题，GATT 工作组在 GATT1947 第 6 条第 1 款增加了 1 条注释性条款："应当承认，当从完全或实质上由国家垄断贸易并且所有国内价格都由国家确定的一国进口货物时，在为第 1 款的目的决定可比价格时可能存在特殊的困难。在这种情况下，进口缔约方可能发现有必要考虑这种可能性，即与这种国家的国内价格进行严格比较并不总是适当的。"该注释性条款并未明确界定"非市场经济国家"，而是用描述性的语言表述了"国营贸易国家"的判断标准，提出了来自"国营贸易国家"产品的价格可比性问题，但未就如何解决该问题做出规定。1957 年，GATT 缔约方通过了"修订 GATT 前言以及第二和第三部分的议定书"，将 1955 年注释性条款放在了 GATT1947 第 6 条第 1 款的补充规定中，从而对全体缔约方产生法律效力。在 1967 年肯尼迪回合签订的《反倾销守则》中，明确了在"不损害 1955 年注释性条款"的前提下，针对特定市场情况下不适宜采用出口国国内价格进行比较的情况。1979 年东京回合签订的《反倾销守则》继续沿用了肯尼迪回合守则的规定。乌拉圭回合谈判结束后，作为谈判结果的 GATT1994 只是重申了 1955 年注释性条款，将其放在附件九第 6 条第 1 款的补充规定中，但表述语言完全一致。在《关于实施 1994 年关税与贸易总协定第 6 条的协议》（即 WTO《反倾销协议》）中，第 2.7 条规定"本条规定不得违背 GATT1994 附件九第 6 条第 1 款第 2 项的补充规定"。也就是说，在经过将近 50 年的 GATT 和 WTO 演变之后，关于"非市场经济"仍没有一个统一的实体法规范。WTO 规则本身并不认定一个国家是或者不是"市场经济国家"，而只是承认存在"非市场经济国家"，于是授权各成员自行决定如何判断"非市场经济国家"，并依此在反倾销调查中对其采取不同于"市场经济国家"的价格比较方法。因此，作为 WTO 成员论述"市场经济地位"问题的国际法渊源，上述条款赋予了 WTO 成员很大的自由裁量权。

WTO 将"市场经济地位"问题的自由裁量权留给了 WTO 成员，必然导致各 WTO 成员对"市场经济国家"法律定义的不一致。我国并未对"市场经济地位"进行特殊规定，而是将所有国家视为"市场经济国家"。但其他 WTO 成员大多区分了"市场经济国家"和"非市场经济国家"，主要采用个案判断和单独列举的方式。例如，美国遵循"一案一议"原则，在具体的反倾销案件中判定涉案国是否为"市场经济国家"；欧盟则采用单独列举的方式，在其国内法中直接列举"非市场经济国家"和"转型经济国家"。此外，WTO 成员对于来自"非市场经济国家"的个别企业给予"市场经济地位"的标准也不尽相同。

（二）中国"非市场经济地位"的由来

经过 15 年的艰苦谈判，中国于 2001 年 12 月加入了 WTO，成为全球自由贸易体系中的一员。为促成此番入世，中国在各项 WTO 成员权利上做出了较大的牺牲和让步，其中就包括"非市场经济地位"问题及与之相关的反倾销替代国问题。在中国入世的相关文件，如《中美关于中国加入世界贸易组织的双边协议》、《中国入世议定书》和《中国加入工作组报告书》中，虽然没有对"非市场经济地位"规定严格的评判标准，但对这个概念引申的内容，如反倾销的价格可比性（替代国）等问题进行了规定。

1. 《中美关于中国加入世界贸易组织的双边协议》的相关条款

《中美关于中国加入世界贸易组织的双边协议》中规定，"中国和美国同意美国可以维持其目前的反倾销方法，该方法将中国作为'非市场经济国家'对待，这一条款的有效期为15年"；中国可以要求美国调查机构按照美国法律审查某个特定经济部门或整个经济体是否属于"市场导向"，争取排除"非市场经济"方法的适用。所谓的"非市场经济"方法是美国现行反倾销法中确定来自"非市场经济国家"进口产品市场价值的主要方法——"生产要素价值法"。所计算的生产要素包括但不限于：所付劳动工时、原料数量、所耗能源及其他设备数量、包含折旧费在内的代表性资本成本等。选择替代国的标准主要是：①经济发展水平与涉案的"非市场经济国家"相当；②该国是"可比产品的重要生产者"。《中美关于中国加入世界贸易组织的双边协议》不仅允许美国在反倾销调查中继续对中国产品实行目前的"非市场经济"方法，而且美国不必负举证责任，既不必证明中国是"由国家完全或实质上垄断贸易"，也不用证明中国的"所有国内价格均由国家确定"。在此前提下，美国对中国的反倾销调查需遵守WTO《反倾销协议》的其他规定。

2. 《中国入世议定书》关于"非市场经济地位"的承诺

根据《中国入世议定书》第15条，在根据GATT1994第6条和WTO《反倾销协议》确定价格可比性时，WTO进口成员应依据下列规则，使用涉案产业的中国价格或成本，或者使用不依据与中国国内价格或成本进行严格比较的方法。如果涉案的中国生产商能够证明"生产该同类产品的产业在制造、生产和销售该产品方面具备市场经济条件"，则WTO进口成员"在确定价格可比性时应使用涉案产业的中国价格或成本"。然而，如果涉案企业未能证明此种"市场经济条件"，则WTO进口成员可使用其他方法。对于不适用中国国内价格或成本的情形，《中国入世议定书》并未明确指出可采用何种替代方法，赋予了WTO成员很大的自由裁量权。

根据《中国入世议定书》第15条（a）项（ⅰ）目规定，证明生产该同类产品的产业具备市场经济条件的举证责任在涉案企业，而对于企业是否完成了举证责任则由各WTO成员自行判定，并无统一标准。尽管《中国入世议定书》中包括此项在内的大部分让步都是中美之间入世谈判的结果,但根据 WTO 最惠国待遇,中国一旦签订《中国入世议定书》,《中国入世议定书》的条款即在 WTO 体系内自动转换为多边协议,从而为 WTO 体系内所有成员提供同等权利。这意味着我国在《中国入世议定书》中接受的附加义务通过《中国入世议定书》合理的多边化成为对所有 WTO 成员承担的义务。也正因如此,我国的"非市场经济地位"承诺在原本没有 WTO 正式文本规定的条件下,依据《中国入世议定书》的规定合法地成为 WTO 各成员能够对我国使用的普遍原则。

3. 《中国入世议定书》中歧视性条款的含义分析

中国是 WTO 现有成员中唯一被假定为"非市场经济地位"的国家。针对《中国入世议定书》第 15 条,应关注以下几点。

(1)《中国入世议定书》虽然在文字表述上并未就中国有关"市场经济地位"加以界定,但其第 15 条作为具有法律约束力的条款,通过反倾销的价格可比性等技术层面的规定,已经变相确定了中国在长达 15 年的期间可能受到所谓"非市场经济地位"的制约。

(2)尽管该条款确认了我国的"非市场经济地位",但对于是否适用"不依据与中国国内价格或成本进行严格比较"的条件并不是针对国家做出的,而是针对涉案产业及企业。一旦涉案企业能够证明自身生产和销售过程完全符合 WTO 进口成员国内法关于市场经济条件的规定时,不能适用这一条款。同时《中国入世议定书》并未规定企业不符合市场经济条件时一定禁止采用国内价格,WTO 进口成员具有决定是否采用中国国内价格的自由裁量权;并且是否符合市场经济条件的举证责任在于中国的涉案企业。

(3)该条款并未对"严格比较的方法"做出具体规定。这意味着一旦出口企业无法证明自己符合市场经济条件,WTO 进口成员可自行选择确定合理价格的方法。在具体实践中,WTO 成员倾向于沿用自身内部已经形成的正常价值确定方法。这一相对的自由裁量权在反倾销调查中为 WTO 进口成员提供了极大的便利。

(4)针对我国"非市场经济地位"提前结束的问题,该条款规定在协议签订前,如果 WTO 进口成员的国内法包含有关市场经济的标准,可以在"一旦中国根据该 WTO 进口成员的国内法证明其是市场经济体时"终止第 15 条(a)项规定,即提前结束我国的"非市场经济地位"。事实上据不完全统计,目前已经有新西兰、澳大利亚、加拿大等 100 多个 WTO 成员承认我国的"市场经济地位"。但该条款并未对 WTO 成员国内法的具体范围进行界定。这一界定包含在《中国加入工作组报告》中,该报告对于"国内法"的解释为"国内法不仅指法律,还包括该国的命令、条例及行政法规",这一泛化的解释严重阻碍了我国提早获得"市场经济地位"。

（5）《中国入世议定书》规定"无论如何，第 15 条（a）项（ⅱ）目应在中国加入之日后 15 年终止"，对我国在反倾销问题上依据"非市场经济地位"适用的替代国做法何时终止做出了规定，但并未对第 15 条（b）项何时终止做出说明。根据第 15 条（b）项，WTO 成员在对我国的反补贴调查中，在根据《补贴与反补贴措施协议》第二、第三及第五部分规定进行的程序中，在处理第 14 条（a）项、（b）项、（c）项和（d）项所述补贴时，应适用《补贴与反补贴措施协议》的有关规定；但是，如此种适用有特殊困难，则该 WTO 进口成员可使用考虑到中国国内现有情况和条件并非总能用作适当基准这一可能性的确定和衡量补贴利益的方法。在适用此类方法时，只要可行，该 WTO 进口成员在考虑使用中国以外的情况和条件之前，应对此类现有情况和条件进行调整。该条款实际授权 WTO 成员在特殊情况下（"遇有特殊困难"时）可以不采用中国的市场条件计算补贴利益，而使用与反倾销替代国标准类似的外部基准计算补贴利益。虽然补贴利益认定的外部基准并不仅针对"非市场经济国家"，但可以确定的是，由于中国的"非市场经济地位"，WTO 成员更可能得出"中国国内现有情况和条件并非总能用作适当基准"这一结论，从而在反补贴调查中适用外部基准。并且，由于《中国入世议定书》中并未限定外部基准的选择标准等技术性问题，导致 WTO 成员具有一定的自由裁量空间。这一规定为我国今后应对反补贴调查带来了挑战。

二、《中国入世议定书》第 15 条到期的解读

如前所述，对于《中国入世议定书》第 15 条（a）项（ⅱ）目的到期问题，引发了大量关于中国是否能够获得"市场经济地位"的争论。比较典型的是欧洲律师 O'Connor 的观点，他认为 2016 年后中国将不会自动获得"市场经济地位"，如果希望欧盟承认中国的"市场经济地位"，中国仍需满足欧盟的"市场经济地位"标准。新加坡学者 Henry Gao 则指出，2016 年之后，无论美国、欧盟等 WTO 成员是否承认中国的"市场经济地位"，都应将中国视为"市场经济国家"，否则将违背 WTO 项下的义务。

还有学者指出，《中国入世议定书》第 15 条（a）项（ⅱ）目的到期实质上就是赋予了中国"市场经济地位"，因为 2016 年后《中国入世议定书》中已经不存在将中国视为"非市场经济地位"的法律基础。其他代表性的观点还包括"举证责任倒置论"和"客观事实不符论"。"举证责任倒置论"认为《中国入世议定书》第 15 条（d）项第 2 句并不能直接废除中国的"非市场经济地位"，而将导致举证责任的转移。2016 年之前中国涉案企业必须举证证明其符合市场经济条件，如不

能证明，调查方可采用特殊方法计算正常价值。而 2016 年后中国涉案企业的举证责任将转移至进口方申请者，改为由进口方申请调查的企业进行举证。"客观事实不符论"对中国的市场化发展事实提出质疑，指出中国的市场经济并未得到很好的发展，中国企业在很大程度上仍是在"非市场经济"条件下运营。如果认为中国的"非市场经济地位"条款将自动到期，则意味着中国的"非市场经济"将在 2016 年 12 月 11 日之后自动转变为"市场经济"，这与现实和逻辑不符。

上述观点将《中国入世议定书》第 15 条与中国的"非市场经济地位"相联系，试图从 WTO 层面解读中国在 2016 年后是否可以获得"市场经济地位"。但《中国入世议定书》第 15 条的标题是"确定补贴和倾销时的价格可比性"，从字面就可以看出该条款并不是有关中国"市场经济地位"的论述，而只是关于对中国发起反补贴和反倾销调查时的价格比较问题。其中（a）项、（d）项是关于反倾销的价格比较，（b）项是关于反补贴的价格比较，（c）项是关于价格比较的法律通报义务。《中国入世议定书》第 15 条仅在（d）项中言及"市场经济体"一词，但所指的是 WTO 成员的国内法规定，而非 WTO 法。因此，WTO 规则并未将中国认定为"非市场经济国家"。

根据《中国入世议定书》第 15 条（a）项（ⅱ）目，如果中国企业不能证明其所处产业具备市场经济条件，则反倾销发起方可以采用替代国价格计算倾销幅度；而根据（d）项，无论如何在中国加入 WTO 15 年后，（a）项（ⅱ）目都应作废。这也是许多人认为中国将在 2016 年自动获得"市场经济地位"的依据。但是，从严格的法律意义上来理解，（d）项仅表示 2016 年之后，即使中国企业不能证明其所处产业具备市场经济条件，反倾销发起方也不得使用替代国方法来进行价格比较并确定倾销幅度。这与中国的"市场经济地位"没有直接关联。需要再次说明的是，中国的"市场经济地位"并不是由 WTO 法确定的，而是由相关 WTO 成员的国内法确定的。WTO 法仅仅是许可 WTO 成员依据《反倾销协议》对由其国内法确定的"非市场经济国家"采用替代国方法进行价格比较，而并未强制要求其他 WTO 成员在 2016 年后承认中国的"市场经济地位"，WTO 成员也没有义务自动承认中国的"市场经济地位"。

但更为重要的是，无论如何，WTO 成员应在中国入世 15 年后取消在对华反倾销调查中的替代国做法，但很显然，美国、欧盟并未如期履行这一承诺。目前，中国与美国、欧盟等其他 WTO 成员对如何解读《中国入世议定书》第 15 条存在分歧，美国、欧盟将市场经济地位与替代国做法挂钩，在根据其国内法不承认中国"市场经济地位"的前提下，不能取消对华反倾销调查中的替代国做法，而这显然违反了其在《中国入世议定书》第 15 条下的义务，是对多边贸易规则的公然违背。

第三节 欧盟对华反倾销调查的法律与实践分析[①]

本节将围绕对华反倾销调查中的替代国做法，重点分析欧盟反倾销新规的修订以及相关的法律与实践问题。欧盟表面上针对《中国入世议定书》第15条到期的问题，试图通过修改其法律，取消目前"市场经济国家"和"非市场经济国家"的区分，并以"严重市场扭曲"概念替代"非市场经济地位"概念，来履行WTO成员必须遵守的国际条约义务。但实际上还是"穿新鞋走老路"，并未严格禁止在对中国的反倾销调查中采用第三国替代价格，继续推行对中国出口产品的歧视性贸易保护。

一、《欧盟反倾销基本条例》的最新修订及其争议

根据《中国入世议定书》第15条规定，在中国加入WTO后的15年内，其他WTO成员在对中国出口产品发起的反倾销调查中，在满足一定条件的情况下，在确定产品的正常价值和倾销幅度时可以选择第三方的替代价格作为比较基准。《中国入世议定书》第15条对中国和其他WTO成员适用该条款的相关权利义务进行了具体规定，同时明确该条规定将于中国加入WTO 15年后终止。2016年12月11日，中国加入WTO届满15年，但欧盟并未按照《中国入世议定书》的规定如期终止上述条款的适用，而是采用修订《欧盟反倾销基本条例》的方式，在未来反倾销调查中取消"非市场经济国家"名单，同时引入"严重市场扭曲"这一新概念和新标准，试图在遵守《中国入世议定书》第15条国际义务、化解与中国"市场经济地位"的争端以及平衡欧盟各成员国内部利益间做出权衡。

2016年11月9日，欧盟委员会就《欧盟反倾销基本条例》的修订提出建议；2016年11月10日和2017年2月21日，欧盟理事会分别进行内部讨论；2017年3月29日，欧洲经济和社会委员会发表意见；2017年11月15日，欧洲议会一读通过修正案；2017年11月21日、11月23日和11月24日，欧盟理事会分别进行内部讨论；2017年12月4日，欧洲议会理事会批准一读；2017年12月12日，欧洲议会主席和欧盟理事会主席在修正案文本上签字；2017年12月19日，欧盟

[①] 本节内容基于子课题4 "WTO争端解决机制与对华'双反'调查研究"成果整理而成，撰稿人为对外经济贸易大学教授屠新泉、杨荣珍，助理教授李思奇。

在其官方公报上公布了修正案，并于 2017 年 12 月 20 日正式生效。

（一）《欧盟反倾销基本条例》的修订内容

根据修正案，欧盟在《欧盟反倾销基本条例》第 2 条下加入了一个"6a"条款，其中包括（a）、（b）、（c）、（d）、（e）五个条目，对出口国存在"严重市场扭曲"情况下的涉案产品正常价值构建及倾销幅度计算等内容进行了说明。修正案还将原《欧盟反倾销基本条例》第 2 条第 7 段进行了替换，对来自非 WTO 成员的涉案产品采用替代国价格进行了说明；对原《欧盟反倾销基本条例》第 11.3 条、第 11.4 条和第 11.9 条进行了补充，对新法的过渡期、相关证据的考虑、利害关系方发表意见的机会等进行了说明；并将第 23 条进行了替换，说明欧盟委员会应就其适用和执行情况向欧洲议会和欧盟理事会提交一份年度报告，报告应包括关于临时和最终措施的适用情况，不采取措施终止调查、重新调查、复审、严重扭曲和核查访问的情况，以及负责监测其执行情况的各机构活动和由此产生的义务的履行等，欧盟委员会应在向欧洲议会和欧盟理事会提交报告的六个月内将其公布。

（二）修改正常价值的构建方法

根据修正案，在出口国经济作为整体或其部门被裁定存在"严重市场扭曲"的情况下，采用出口国的国内价格和成本数据是不适当的，此时对出口国涉案产品正常价值的构建必须基于反映未被扭曲的价格或基准的生产和销售成本。修正案列举了欧盟委员会可以使用的未被扭曲的价格或基准的信息来源，包括：①在相关成本数据可得的情况下，与出口国具有相似经济发展水平的适当代表国的生产和销售成本；②未被扭曲的国际价格、成本或基准；③有准确和适当的证据能够证明未受扭曲的国内成本。在不损害《欧盟反倾销基本条例》第 17 条规定的情况下，将对每个出口商和生产者分别进行评估。

（三）引入"严重市场扭曲"的概念和标准

根据修正案，欧盟明确了被"严重扭曲"的对象为包括原材料、能源和其他生产要素成本在内的产品价格或成本；"严重扭曲"的原因是政府的重大干预，"严重扭曲"的结果是成本和价格不能真实地反映自由市场力量。

在原《欧盟反倾销基本条例》中，欧盟对"市场经济"提出了 5 条标准，分别是：①企业的各种决策，包括有关价格、成本和投入（原材料、技术和劳动成本等）、产出、销售和投资行为的决定，不是受到重大的国家干预而是根据市场的供求关系做出，主要的投入成本能够反映市场价值；②企业拥有一整套符合国际会计标准的独立审计的会计记录；③企业的产品成本和资本状况，特别是在资产折旧、易货贸易、债务清偿等方面，不受到之前非市场经济体系的重大干扰；④企业受到破产法和财产法的约束，以保证企业行为的法律确定性和稳定性；⑤汇率转换应按照市场利率进行。

而在修正案中，欧盟从另一个角度定义了"严重市场扭曲"的6条标准：①涉案市场在很大程度上是由出口国政府所有、控制、政策监管或指导下的企业组成；②政府在企业中的介入使其能够对企业的价格或成本进行干预；③公共政策或措施为国内供应商提供了差别待遇，或者影响了自由市场力量；④破产法、公司法或财产法的缺失、区别适用或不完全执行；⑤工资成本被扭曲；⑥从实施公共政策目标或不独立于政府的机构获得融资的情况。同时，修正案也提到在适当情况下，应考虑相关的国际劳工和环境标准。

此外，欧盟委员会将调查分析某一国或特定部门的市场状况，做出详细的书面研究报告。这些报告及其所依据的证据将应用于任何有关该国家或部门的反倾销调查。利害关系方有充分机会对该报告及其证据进行反驳、补充和评论，或在调查中依据这些报告或证据。在评估是否存在"严重市场扭曲"时，欧盟委员会应考虑调查文件中的所有相关证据。在颁布修正案的同时，欧盟委员会还公布了关于中国市场经济状况的报告，全篇报告共465页，重点涉及钢铁、铝、化工、陶瓷等行业，生产成本扭曲则集中在土地、能源、资金、原材料和人工等方面。

（四）在第三国选择上创设社会和环保标准

根据修正案，欧盟不仅许可在"严重市场扭曲"情形下可以采用第三国价格，而且首次在反倾销调查中考虑社会和环保标准，即欧盟委员会在选择用作推定正常价值的第三国时，必须以与出口国经济发展水平类似的国家的相应生产和销售成本作为基础，如果该类国家不止一个，将考虑选择具有适当社会和环境保护水平的国家。

二、《欧盟反倾销基本条例》修订的主要争议

（一）针对"严重市场扭曲"的认定缺乏 WTO 规则基础

目前，在 WTO 规则中并未明确界定"市场扭曲"的概念和定义，增加了欧盟法律适用的不确定性。由于缺乏 WTO 规则依据，欧盟在"严重市场扭曲"方

面的自定标准使其具有很大的裁量权,究竟哪个国家、哪个行业存在市场扭曲,由欧盟委员会自行调查决定。并且,尽管欧盟试图通过将以往针对个别"非市场经济国家"的替代国做法,变成不专门针对个别国家、具有普遍适用效力的规则,但其对"市场扭曲"的认定标准与原先"非市场经济"的认定标准在实质上并没有根本性改变。从修正案的文本措辞来看,其提出的6条标准仍然对原先被认定为"非市场经济"的国家具有很强的指向性。

(二)扩大了欧盟调查机关的自由裁量权

首先,根据修正案,欧盟的反倾销新规将适用于所有WTO成员,采取"国别中立"原则,但会对国家过度干预等"严重市场扭曲"行为进行特殊处理,这就意味着欧盟有权对所有WTO成员是否存在"严重市场扭曲"情况进行审查,扩大了欧盟原先仅对"非市场经济国家"产业是否符合"市场经济"条件进行审查的范围。其次,在原《欧盟反倾销基本条例》中,欧盟委员会只能用第三国同类产品生产商的国内销售价格和成本,整体替换中国产品的国内价格和成本。但根据修正案,欧盟委员会对同一产品的各种成本要素可部分采用中国数据,部分采用多国参考数据。这样一来,欧盟委员会在涉案产品的正常价值构建上具有了更大的自由裁量空间,对倾销幅度裁定的法律确定性将减弱。最后,欧盟在修正案中对国际劳工标准、环境保护等方面的考量无疑超出了WTO《反倾销协议》的法律范围,不具有WTO规则依据。

(三)事实举证责任转移增加了涉案企业的应诉难度

根据修正案,欧盟申诉方需要证明出口国的某个产业和企业是在"市场扭曲"的环境下运营,这区别于现行反倾销法中由出口国企业自行举证其并未受"非市场经济"因素影响的情形。而为避免欧盟申诉方举证困难,欧盟委员会对特定国家或部门市场状况的报告将作为欧盟产业提出反倾销申诉、主张适用"严重市场扭曲"条款的依据。也就是说,申诉方在证明出口国存在"严重市场扭曲"时的证据包括欧盟委员会的报告。这意味着在判定是否存在"严重市场扭曲"的问题上,欧盟委员会实际上负有举证与裁定的双重义务,这无疑加大了应诉企业在欧盟委员会调查过程中进行抗辩的困难。应诉企业只能寄希望于在案件终裁后的司法审查程序中,通过提出推翻欧盟委员会研究报告的结论来反对"严重市场扭曲"情形的适用,这将造成更大的举证难度。

（四）从根本上违反了欧盟在 WTO 的国际义务

欧盟反倾销修正案生效后将从三个方面违反 WTO 协定：一是欧盟未能实质履行其在《中国入世议定书》第 15 条下的义务。虽然欧盟不再将中国视为"非市场经济国家"，不以此为依据在反倾销调查中采取替代国做法，但在确认存在"严重市场扭曲"的事实基础上，仍然可以参考"国际市场价格"或者以具有相似经济发展水平的第三国价格或成本为标准来计算倾销幅度，实际上是"换汤不换药"，变相延续了之前的替代国做法。二是欧盟在具体案件适用中也可能违反 WTO《反倾销协议》的有关规定。修正案中提出的正常价值构建方法与欧盟目前在个案中使用的"成本要素替代"方法十分类似，而后者已被 WTO 争端解决机构裁定违反了 WTO 规则。三是修正案中的"祖父条款"也违反了欧盟在 WTO 的相关义务。修正案仅适用于生效后启动的反倾销调查，并且设有过渡期，在修正案生效时已经实施的反倾销措施，以及正在进行的反倾销原案和复审案件仍适用于现有的反倾销法，这相当于变相延长了现有替代国做法的时间期限，未能如期履行终止替代国做法的法律义务。

三、中国在 WTO 诉《欧盟反倾销基本条例》的主要诉求

鉴于欧盟并未如期履行在《中国入世议定书》第 15 条下的承诺，2016 年 12 月 12 日，中国就《欧盟反倾销基本条例》的相关规定违反 WTO 规则向 WTO 争端解决机构提出磋商请求（案件编号 DS516）。经磋商无果，2017 年 3 月 9 日，中国请求设立专家组。2017 年 4 月 3 日，WTO 争端解决机构决定设立专家组。2017 年 7 月 10 日，经 WTO 总干事指定组成了该案专家组。2019 年 6 月 14 日，应中国请求专家组程序中止。作为第三方参与该案的有：澳大利亚，巴林，巴西，加拿大，哥伦比亚，厄瓜多尔，印度，印度尼西亚，日本，哈萨克斯坦，韩国，墨西哥，挪威，俄罗斯，沙特阿拉伯，台湾、澎湖、金门、马祖单独关税区（简称中国台北单独关税区），塔吉克斯坦，土耳其，阿联酋，美国。

中国在该案中投诉的措施是《欧盟反倾销基本条例》的第 2.1 条~第 2.7 条，其中第 2.1 条~第 2.6 条是欧盟有关反倾销调查中如何确定正常价值的相关规定，第 2.7 条规定了对来自"非市场经济国家"的产品进行反倾销调查时在确定正常价值时的不同规定。根据《欧盟反倾销基本条例》第 2.7 条（b）项的规定，来自中国的产品的生产商只有在证明自己符合第 2.7 条（c）项规定的"市场经济"条件时才可以在确定正常价值时适用第 2.1 条~第 2.6 条的规定，否则将适用第 2.7

条（a）项规定的原则确定正常价值，即以一个"市场经济"第三国的价格为正常价值。由于注意到该案被诉措施在磋商请求之前的 2016 年 11 月 9 日已经由欧盟委员会、欧盟议会和欧盟理事会提出了修订建议，因而磋商请求中特别注明被诉措施也包括其之后的修改和相关后续措施。

中国在磋商请求中指出欧盟的被诉措施违反了下述 WTO 义务。

第一，《中国入世议定书》第 15 条。根据该条规定，在中国加入 WTO 后 15 年内，其他成员在对中国出口产品进行反倾销调查时，可以适用特别的"价格比较"方法。《中国入世议定书》第 15 条（a）项（ii）目规定，在符合一定条件时，其他 WTO 成员可以使用不依据与中国国内价格或成本进行严格比较的方法。同时，《中国入世议定书》第 15 条（d）项规定，无论如何，第 15 条（a）项（ii）目的规定应在中国加入后 15 年（即 2016 年 12 月 11 日）终止。因此，自这一天开始，对中国产品的反倾销调查在进行价格比较时应适用 WTO 的普遍规则。但是，《欧盟反倾销基本条例》此时仍执行之前的特殊标准，与其国际义务不符。

第二，由于《中国入世议定书》第 15 条（a）项（ii）目的终止，欧盟还违反了下述 WTO 规则。

（1）《欧盟反倾销基本条例》第 2.1 条~第 2.7 条违反了 GATT1994 第 1 条第 1 款规定的最惠国待遇，因为欧盟区别对待中国进口产品和其他 WTO 成员的进口产品，来自中国的进口产品除非满足第 2.7 条（b）项规定的"市场经济"要求才可适用第 2.1 条~第 2.6 条规定的确定正常价值的一般规则，否则将适用第 2.7 条规定的更不利的规则。

（2）《欧盟反倾销基本条例》第 2.7 条违反了《反倾销协议》第 2.1 条和第 2.2 条、GATT1994 第 6 条第 1 款及其注释第 2 段的规定。GATT1994 第 6 条第 1 款规定，正常价值的确定应基于同类产品的国内价格；如果没有此种国内价格，则可以同类产品出口至第三国的价格或原产国的结构价格作为正常价值。《反倾销协议》第 2.1 条和第 2.2 条也有类似规定。上述规定都禁止采用第三国的价格作为正常价值。

WTO 规则中对适用《反倾销协议》第 2.1 条和第 2.2 条及 GATT1994 第 6 条第 1 款的唯一例外规定是 GATT1994 第 6 条第 1 款的注释第 2 段："在进口产品来自贸易被完全或实质上完全垄断的国家，且所有国内价格均由国家确定的情况下，在确定第 1 款中的价格可比性时可能存在特殊困难，在此种情况下，进口方可能认为有必要考虑与此类国家的国内价格进行严格比较不一定适当的可能性"。该注释对引用第三国价格确定正常价值规定了两个前提条件，《欧盟反倾销基本条例》第 2.7 条的规定显然并不符合该项注释要求的条件。

四、《欧盟反倾销基本条例》与 WTO 规则的一致性分析

欧盟现行的《欧盟反倾销基本条例》及其修订均包含了对中国产品的反倾销调查中适用替代国价格确定正常价值的规定,虽然二者在适用的理由上有所不同:前者以"非市场经济"为由,后者以"严重市场扭曲"为由。二者均与 WTO 规则存在不一致之处,分述如下。

(一)与《中国入世议定书》第 15 条的不一致分析

根据《中国入世议定书》第 1 条第 2 款的规定,《中国入世议定书》应成为《马拉喀什建立世界贸易组织协定》的组成部分。因此,《中国入世议定书》相关条款的规定具有与 WTO 其他协议相同的法律效力,所有 WTO 成员均应当遵守。

《中国入世议定书》第 15 条标题是"确定倾销和补贴时的价格可比性",第 15 条(a)项主要是确定倾销的价格可比性的规定。该条规定了 WTO 进口成员在对中国产品进行反倾销调查时可以采取两种方法确定正常价值:一是使用接受调查产业的中国价格或成本,二是使用不依据与中国国内价格或成本进行严格比较的方法。调查机关最终选择哪种方法取决于被调查企业的举证情况:第 15 条(a)项(ⅰ)目——如受调查的生产者能够证明生产和销售产品方面具备市场经济条件,则应使用中国价格或成本;第 15 条(a)项(ⅱ)目——如不能证明,则可使用不依据与中国国内价格或成本进行严格比较的方法。根据该条规定,中国被诉企业不能举证或虽举证但未被调查机关采纳的情况下,均可能以第三国替代价格作为确定倾销的正常价值。

关于第 15 条(a)项的上述规定,中国与 WTO 其他成员之间没有争议,实践中各成员也基本按此条规定处理涉及中国的反倾销事务,欧盟在绝大多数案件中均按第 15 条(a)项(ⅱ)目的规定选择了替代国价格。目前的主要争议是第 15 条(d)项的规定,特别是其中"无论如何,(a)项(ⅱ)目的规定应在加入之日后 15 年终止"的规定。该条款使用了"无论如何"(in any event)的用语,其含义是无论在何种情况(包含进口方不承认中国"市场经济地位"的情况)下,选择替代国价格作为正常价值的做法都应当停止适用。以此标准对照欧盟的《欧盟反倾销基本条例》或其可能的修改,无论其是以"非市场经济"为由还是以"严重市场扭曲"为由使用替代国价格作为确定倾销幅度的基础均与《中国入世议定书》的规定不相符合。

(二) 与 GATT1994 第 1 条第 1 款的不一致分析

GATT1994 第 1 条第 1 款是有关最惠国待遇的规定，而该条确立的最惠国待遇原则是整个 WTO 规则体系的基石。根据该条规定，所有 WTO 成员给予其他成员产品的待遇不得低于给予第三方成员产品的待遇，除非 WTO 协议另有相关的例外规定。《中国入世议定书》第 15 条的规定属于针对中国产品的例外规定，随着中国加入 WTO15 年到期，《中国入世议定书》第 15 条（a）项（ii）目终止适用，欧盟在此之后仍在对中国产品的反倾销中适用替代国的做法已经失去法律基础。无论欧盟基于什么理由，如果在对中国产品的反倾销调查中继续适用替代国做法，将使中国出口产品在反倾销调查中的待遇低于其他成员的产品，这种不平等待遇如果不能获得例外规则的支持，就构成对最惠国待遇原则的违背。

(三) 与《反倾销协议》第 2.1 条和第 2.2 条的不一致分析

《反倾销协议》第 2.1 条和第 2.2 条是有关"倾销的确定"的内容，这两条确定了各成员在反倾销调查中确定正常价值的三种方法。首先应以"正常贸易过程中出口国供其国内消费的同类产品的可比价格"为正常价值。其次，如果不存在上述销售价格，或者由于出口国国内市场的特殊市场情况或销售量较低，则可以采用下述两种方法确定正常价值：一是产品出口至第三国的可比价格；二是原产国的生产成本加合理金额的管理、销售和一般费用及利润。由此可见，这三种方法中并不包括替代国的方法，即使在出口国国内价格不适合作为正常价值的特殊情况下，也只可以选择出口至第三国的价格或结构价格作为正常价值，而这里的结构价格明确限定于"原产国"（the country of origin），即构成结构价格的生产成本、管理费用、利润等仍应是出口国内的价格。在中国加入 WTO15 年后，欧盟仍在针对中国产品的反倾销调查中适用替代国做法，与《反倾销协议》第 2.1 条和第 2.2 条的规定不符。

(四) 与 GATT1994 第 6 条第 1 款及其注释第 2 段的不一致分析

GATT1994 第 6 条第 1 款的规定与《反倾销协议》第 2.1 条和第 2.2 条的规定基本相同，也是有关确定正常价值的三种方法。不同的是，该条在列出三种方法后有一补充说明："应适当考虑每种情况下销售条款和条件的差异、征税的差异以及影响价格可比性的其他差异"。关于这一补充说明，GATT1994 在附件一"注释和补充规定"中做出了"关于第 6 条第 1 款"的进一步解释，该注释的第 2 段内容是:"在进口产品来自贸易被完全垄断或实质上完全垄断的国家,且所有国内价格均由国家确定的情况下,在确定第1款中的价格可比性时可能存在特殊困难,在此种情况下,进口缔约方可能认为有必要考虑与此类国家的国内价格进行严格比较不一定适当的可能性"。该段注释是 WTO 规则中唯一明确的例外规定,即只有在同时满足该注释规定的前两种情形下才可以不以出口国的国内价格作为比较的基础。中国目前的经济体制显然不属于该注释所界定的"贸易被完全垄断且国内价格均由国家确定"的情况,因此,欧盟对中国产品适用的替代国价格比较方法与 GATT1994 第 6 条第 1 款的规定不符。

五、欧盟在中国入世 15 年后继续适用替代国做法实例

自 2016 年 12 月 12 日之后,即中国加入 WTO 届满 15 年之后,欧盟在对中国产品的反倾销调查中仍继续适用替代国做法。截至 2018 年 5 月 25 日,欧盟委员会针对中国产品的 6 起反倾销调查做出了初裁或终裁,裁决中均适用了替代国做法,具体包括:①2017 年 2 月 28 日,对中国出口的厚钢板(案件编号 AD631)做出反倾销终裁,税率为 65.1%~73.7%,替代国是澳大利亚;②2017 年 4 月 6 日,对中国出口的热轧板材(案件编号 AD630)做出反倾销终裁,终裁税率为 18.1%~35.9%,替代国是美国;③2017 年 5 月 12 日,对中国出口的无缝钢铁管(案件编号 AD632)做出反倾销终裁,终裁税率为 29.2%~54.9%,替代国是墨西哥;④2018 年 1 月 30 日,对中国出口的铸铁制品(案件编号 AD637)做出反倾销终裁,终裁税率为 15.5%~38.1%,替代国是印度;⑤2018 年 2 月 8 日,对中国出口的耐腐蚀钢(案件编号 AD639)做出反倾销终裁,终裁税率为 17.2%~27.9%,替代国是巴西;⑥2018 年 5 月 7 日,对中国出口的卡客车轮胎(案件编号 AD640)做出反倾销初裁,初裁税率为 29.3%~68.8%,替代国是巴西。案件详情见表 4-3。

表 4-3 欧盟对中国产品的反倾销裁决情况(2016 年 12 月 12 日~2018 年 5 月 25 日)

案件编号	涉案产品	裁决时间	税率	替代国
AD631	厚钢板	2017 年 2 月 28 日(终裁)	65.1%~73.7%	澳大利亚
AD630	热轧板材	2017 年 4 月 6 日(终裁)	18.1%~35.9%	美国
AD632	无缝钢铁管	2017 年 5 月 12 日(终裁)	29.2%~54.9%	墨西哥
AD637	铸铁制品	2018 年 1 月 30 日(终裁)	15.5%~38.1%	印度
AD639	耐腐蚀钢	2018 年 2 月 8 日(终裁)	17.2%~27.9%	巴西
AD640	卡客车轮胎	2018 年 5 月 7 日(初裁)	29.3%~68.8%	巴西

资料来源:欧盟委员会反倾销调查公告,http://trade.ec.europa.eu/tdi/completed.cfm

除以上在此期间做出裁决的案件外,2016年12月12日至2018年5月31日,欧盟还对中国出口产品发起了3起反倾销调查,包括2017年6月23日发起的低碳铬铁反倾销(AD638)、2017年8月11日发起的汽车卡车轮胎反倾销(AD640)和2017年10月20日发起的电动自行车反倾销(AD643)。2018年5月4日,欧盟委员会公布对AD640案的初裁报告,仍适用原《欧盟反倾销基本条例》,认定中国为"非市场经济国家",在确定正常价值时适用替代国做法,选择巴西为替代国,最终决定征收29.3%~68.8%的临时反倾销税。

在上述案件调查过程中,欧盟委员会均根据《欧盟反倾销基本条例》第2.7条的要求,对涉案的中国企业是否符合第2.7条(c)项规定的5条"市场经济标准"进行审查。审查的结果均认定中国企业不符合全部5条标准,因而根据《欧盟反倾销基本条例》第2.7条(a)项的规定选择了第三国即替代国价格作为确定倾销幅度的基础。这些反倾销案件的裁决报告证明了欧盟不仅未从立法上履行《中国入世议定书》第15条的义务,而且其在反倾销调查中的具体做法也与其在WTO下的承诺不一致。

六、欧盟反倾销"价格比较"方法的WTO争端案件借鉴

《欧盟反倾销基本条例》第2.7条将中国、越南和哈萨克斯坦等WTO成员列为"非市场经济国家",对来自这些国家的出口产品进行反倾销调查确定正常价值时,除非被诉企业能够证明其生产经营符合"市场经济标准",否则将对其适用市场经济第三国的替代国价格。但是,这种替代国方法并不仅适用于所谓的"非市场经济国家",根据《欧盟反倾销基本条例》第2.5条的规定,即使被诉企业来自所谓的"市场经济国家",如果其提供的资料不能合理反映生产和销售的成本,则调查机关将对其提供的数据进行合理的"调整",包括使用有代表性的第三国的信息。这一规定始于2002年欧盟对《欧盟反倾销基本条例》的修订,当年欧盟在承认俄罗斯为"市场经济国家"的同时对其做出了上述修订。

根据《欧盟反倾销基本条例》第2.5条的规定,欧盟在对俄罗斯、印度尼西亚和阿根廷等国的出口产品进行反倾销调查时均适用过对成本数据进行调整的"价格比较"方法。上述三国对欧盟的此种做法均在WTO争端解决机制下提起申诉,阿根廷提起的案件编号是DS473(欧盟对阿根廷生物柴油的反倾销措施),印度尼西亚提起的案件是DS480(欧盟对印度尼西亚生物柴油的反倾销措施),俄罗斯就此提起过两次争端解决,案件编号分别是DS474、DS494(欧盟对俄罗斯进口产品的反倾销措施和价格比较方法),并且两个案件的主要争议是相似的。上述案件中DS473案是最早结案的案例,也最具有代表性。

DS473案的基本案情是：2012年欧盟针对阿根廷出口的生物柴油发起一项反倾销调查，在调查中发现阿根廷国内大豆市场的价格受到政府出口税政策的影响，认定其大豆价格"人为偏低"。而大豆是生物柴油生产的"投入原料"，因此，欧盟判定阿根廷出口商的记录没有"合理反映"涉案产品的相关成本，遂在以结构价格计算正常价值时拒绝了出口商的记录成本，并使用其他成本"替代"，最终决定征收较高的反倾销税。阿根廷在DS473案中的指控分为两个方面：第一，欧盟在生物柴油反倾销案中根据《欧盟反倾销基本条例》第2.5条第2项判定记录是否"合理反映"成本的做法和选择"替代"成本的做法与《反倾销协议》不符；第二，《欧盟反倾销基本条例》第2.5条有关选择第三国替代价格的规定与《反倾销协议》不符。从WTO上诉机构的裁决看，其第一条指控基本得到认可：上诉机构认定欧盟拒绝使用阿根廷国内大豆价格而以所谓"国际价格"为基础计算阿根廷生物柴油的生产成本，不符合《反倾销协议》的有关规定。理由是欧盟给出的拒绝使用阿根廷涉案企业生产成本的理由，如"阿根廷国内大豆原料价格存在扭曲，远远低于国际市场价格"，并没有为其论点提供充分的法律基础，且未能充分说明阿根廷涉案企业提供的数据不能合理反映生物柴油的生产和销售成本。而对于相关立法本身的指控则没有得到支持。上诉机构认为被指控的条款仅仅规定了欧盟调查机关在确定生产商的数据不能合理反映生产成本时的做法，并非规定应该如何裁定生产商的数据是否能够合理反映生产成本，因此裁定阿根廷没有完成证明责任，不支持其立法指控。由此可见，上诉机构对该案的裁决表明了其支持通过个案的方式——解决成本计算问题，而不是通过抽象的"合理性成本"标准来统一适用。

DS473案中，阿根廷还对欧盟"特殊市场状况"的相关规定提出了指控《欧盟反倾销基本条例》第2.3条对特殊市场状况做出了解释说明。上诉机构对此的看法是：《反倾销协议》第2.2条虽然提出了"特殊市场状况"的概念，但是没有对其做出任何的限定和解释。因此，从《反倾销协议》的体系上看，欧盟对"特殊市场状况"做出限定和解释的举动只是在对《反倾销协议》中的术语做出具体的解释规定，并无不妥，不与其义务相违背。

七、中国应对欧盟反倾销新规的对策建议

（一）紧跟欧盟反倾销立法新动向，积极运用WTO争端解决机制

针对欧盟反倾销调查的替代国做法，中国已于2016年12月12日将欧盟诉诸WTO争端解决机制（案件编号DS516），该案已于2017年7月10日成立专

家组，2019 年 6 月 14 日应中国请求专家组程序中止。由于案件提起时欧盟反倾销法规的修改还没有启动，中方的投诉主要是针对当时实施的《欧盟反倾销基本条例》（第 2016/1036 号条例），争议重点是其有关替代国做法的规定与 WTO 规则的相符性及欧盟在此期间对中国产品的反倾销调查中的具体做法。目前欧盟反倾销新规已通过并公布实施。由于中方提起此案之前欧盟已经开始启动相关法规的修订工作，因而在磋商请求中特别注明中方的指控对象不仅包括当时实施的《欧盟反倾销基本条例》（第 2016/1036 号条例），也包括对该法的修订及其后续措施。因此，目前公布实施的《欧盟反倾销基本条例》（第 2017/2321 号条例）也属于 DS516 案的争议措施。从目前公布的法规修订情况看，欧盟并没有完全摒弃替代国做法，而只是将适用替代国做法的前提条件由"非市场经济"改变为"严重市场扭曲"，这种"换汤不换药"的做法并不能改变其违反 WTO 相关规则（包括《中国入世议定书》）的本质，因而中方在该案审理中继续对其新规提出申诉具有法律基础。

（二）借鉴相关争端案件经验，争取有利结果

中国在 WTO 争端解决中应注意抵制策略和技巧，充分利用已经获得胜诉的案件及 WTO 先前对我方观点有利的判例，如我国诉欧盟紧固件案、阿根廷诉欧盟生物柴油案等，来促使欧盟尊重 WTO 规则。从上述已有案的裁决结果看，WTO 争端解决机构倾向于严格约束 WTO 成员在反倾销调查中偏离现有规则框架的贸易保护做法，基本支持了投诉方的主张。因此，一旦欧盟通过新的反倾销法规，中国应予以坚决抵制，迅速采取法律行动，将欧盟反倾销新规中不符合 WTO 规则的做法追加进现有案件中，并对其是否与 WTO 规则相符提出充足的证据和法理支持，迫使欧盟纠正错误做法。

（三）在国内层面采取相应的反制措施

从目前西方国家对中国产品反倾销的最新实践看，其拒不执行《中国入世议定书》第 15 条的态度强硬。一方面，欧盟反倾销新规实质上仍适用替代国做法；美国在铝箔反倾销初裁中专门对中国的市场经济问题做出一项裁决，否认中国的"市场经济地位"；澳大利亚则引入"特殊市场情形"概念，实质上也存在适用第三国成本价格的趋势。另一方面，我国虽然在第 15 条到期后立即提起 WTO 争端解决机制下的磋商，但争端解决的程序耗时很长，最终的裁决结果也具有不确定性。因此，在争取多边争端解决最好结果的同时，我们也应在现有法律框架下尽可能地采取一定的反制措施，扼制美欧等的不公平、不合理做法。国内层面的反

制措施除了各层级政府部门的对外交涉外,还应包括对相关经济体采取对应的贸易救济措施等。同时对相关经济体的主要进口产品进行数量和价格的跟踪监测,收集相关的数据信息,为可能采取的法律措施提供证据基础。对反制措施的提前储备将保证在必要时可以及时采取相关措施。

(四)应警惕发达国家对我国反倾销调查中的其他"变相"歧视性行为

从目前情况来看,发达国家对我国的反倾销调查仍将持续,我国要做好长期打算和策略布局,警惕发达国家对我国反倾销调查中的其他"变相"歧视性行为。即使将来欧盟因引入"市场扭曲"概念和标准在 WTO 争端解决机制败诉,欧盟还有可能出台其他新的措施,或者效仿澳大利亚在对中国反倾销调查中采用"特殊市场情形",仍拒绝采用中国国内的价格或成本数据。因此,中国应积极与欧盟等 WTO 成员在各种场合进行交涉,通过外交手段化解与其他成员在"市场经济地位"上的争议,积极督促其他 WTO 成员尽快实质性地履行《中国入世议定书》第 15 条的承诺,从根本上取消对中国反倾销调查采用第三国价格的做法。

(五)应提高我国外贸竞争力,寻求对外贸易多元化发展

随着美国、欧盟等 WTO 成员对我国反倾销调查愈演愈烈,中国企业在积极争取美国、欧盟反倾销调查中"市场经济"待遇的同时,也应积极寻求对外贸易多元化发展,降低对美国、欧盟市场的出口依赖度,规避美国、欧盟反倾销调查的风险性因素。一是出口市场多元化。例如,自 2011 年起中国光伏产业相继遭受美国、欧盟的反倾销和反补贴调查,出口市场严重受阻,加上国内产品供需失衡、产能过剩,中国光伏产业一度遭受沉重打击。但面对美国、欧盟"双反"调查困局,中国光伏企业借助国家"一带一路"倡议布局,主动扩展"一带一路"沿线贸易,将菲律宾、泰国、巴基斯坦等"一带一路"沿线国家作为出口开拓市场,通过市场多元化策略消化国内产能。二是"走出去"方式多元化。对于我国光伏、钢铁等出口量较大的行业,面临美国、欧盟等经济体反倾销调查或成常态。中国企业也应考虑通过对外投资、工程项目承包的形式,将光伏、钢铁产品变成出口设备带出去,从而规避纯粹依靠出口面临的国际市场不确定性和贸易摩擦风险性,寻找新的投资空间,输出技术和装备。

第四节 美国对华反倾销调查的法律与实践分析[①]

本节将重点分析美国对中国"非市场经济地位"的立场及相关的争端实践问题。美国至今仍认定中国是"非市场经济国家",继续在对华反倾销调查中采用替代国做法。对此,中国于2016年12月12日在WTO争端解决机制下提起对美国的磋商请求(案件编号DS515),指控美国有关反倾销的国内法及对中国产品的反倾销调查违反WTO相关规则,争议的焦点是美国在中国加入WTO届满15年后仍在反倾销调查中继续使用特殊的价格比较方法,即替代国做法。该案目前虽仍处于磋商阶段,但美国在此期间采取的与该案有关的一系列措施表明了对此争端的态度和立场,应当引起我国的高度重视。这些措施主要包括:①在国内层面,由美国商务部发布了认定中国"非市场经济"的报告,并在对中国产品的反倾销调查中继续使用替代国做法;②在多边层面,在中国诉欧盟反倾销替代国做法的DS516案中,美国作为第三方向争端解决机构提交了拒绝承认中国"市场经济地位"的文件,并以附件形式就有关WTO规则进行了法律解释。本节将在分析美国上述做法和相关表态的基础上,探讨案件涉及的焦点问题。

一、中国诉美国DS515争端案件的概况

2016年12月12日,中国就美国对华反倾销中的替代国做法,提出WTO争端解决机制下的磋商请求,正式启动WTO争端解决程序(DS515案)。中国提出的磋商请求针对的是美国相关法律规定和美国商务部对中国产品反倾销的行政决定。美国的法律规定主要涉及美国《1930年关税法》。依据该法第773(c)(1)条,如调查涉及从美国认定为"非市场经济国家"的进口,且美国商务部认为不能依第773(a)条的方法确定正常价值时,则美国商务部有权以替代国价格来确定正常价值。美国《1930年关税法》第771(18)(C)条规定了商务部认定的"非市场经济国家"如未由行政主管部门撤销前,则维持有效。2006年5月15日,美国商务部发布确认中国是"非市场经济"的公告,并于2006年8月30日在对中

[①] 本节内容基于子课题4"WTO争端解决机制与对华'双反'调查研究"成果整理而成,撰稿人为对外经济贸易大学教授屠新泉、杨荣珍,助理教授李思奇。

国横格纸产品的反倾销调查中据此做出相关裁决。截至2016年12月12日,美国商务部并没有撤销该项认定。因此,美国《1930年关税法》第773（c）条的替代国做法仍适用于从中国进口产品的反倾销调查。中国认为,由于《中国入世议定书》第15条的到期,上述相关法律规定和行政决定的适用违反美国承担的条约义务。

2017年2月7~8日,中美在WTO争端解决机制下进行了第一次磋商,磋商并未达成双方满意的解决方案。在中美磋商之后,美国商务部于2017年3月29日宣布,将在遵守相关适用协定承诺的前提下,按照美国国内的相关法律和程序,审查中国的"市场经济地位"。美国商务部于2017年10月30日公布了中国仍是"非市场经济国家"的裁决。2017年11月8日,中国提出与美国开展进一步磋商的补充磋商申请。至此,DS515案仍处于WTO争端解决的磋商阶段。

DS515案至今虽没有进一步进展,但在中国同时对欧盟提起的DS516案中,美国以第三方身份提交了确定中国仍是"非市场经济国家"的报告,并以附件形式阐述了其继续在反倾销调查中适用替代国做法的法律基础。这份报告与其商务部公布的认定中国"非市场经济"报告相结合,试图在国内法层面和WTO多边规则层面合法化其对华反倾销调查的替代国做法。

二、美国商务部关于中国"非市场经济地位"的备忘录

2017年10月30日,美国商务部公布了其在铝箔反倾销调查中开展的"中国市场经济地位"问题调查结论——长达205页的"备忘录"[①],仍将中国视为"非市场经济国家",在对华反倾销调查中继续适用替代国做法。

该"备忘录"的主要观点是:美国商务部认定中国是"非市场经济"的结论是基于中国政府在经济中的地位及其与市场和私营部门的关系对中国经济造成的根本性的扭曲。中国的经济架构是由中国政府和中国共产党制定,它们通过政府所有权、控制关键经济部门、政府指令等,直接或间接地控制资源分配。中国政府和中国共产党的根本目标是推进社会主义市场经济,但中国政府所追求的经济结果并没有反映出政府和政党控制架构外的市场的力量。在中国的经济架构中,国家通过实施产业政策对特定的经济部门传递相关的指示,特别是对那些战略和重要部门。中国政府和中国共产党对重要经济部门和机构在法律和事实上的所有或控制在中国经济中十分普遍,这包括对大型金融机构和制造业、能源与基础设

[①] China's Status as a Non-Market Economy, https://enforcement.trade.gov/download/prc-nme-status/prc-nme-review-final-103017.pdf[2017-11-05]。

施等重要企业的所有权和实际控制等。政府机构利用这种控制选择性地影响一些市场供需，进而对市场主体的动机产生扭曲。这一影响市场的能力很明显地体现在经济领域的一些关键方面，如外汇汇率、劳动力价格、土地使用、国内和外商投资的分配、市场准入等。因此，商务部裁定，就美国反倾销法的目的而言，中国仍然是一个"非市场经济国家"。

美国商务部的上述结论是基于美国法律所规定的认定市场经济的六要素得出的。根据美国《1930年关税法》第771（18）（A）条、第771（18）（B）条的规定，美国商务部在认定一个国家是否为"市场经济国家"时需要考察以下六要素：货币可兑换的程度；劳资双方进行工资谈判的自由程度；设立合资企业或外资企业的自由程度；政府对生产方式的所有和控制程度；政府对资源分配、企业的产出和价格决策的控制程度；商务部认为合适的其他判断因素。

"备忘录"根据上述六要素进行了分别说明。第一，中国政府仍然对资本账户交易进行严格的限制，并对在岸和离岸外汇市场进行大量干预。第二，中国政府禁止成立独立的工会来代表劳工权益，工人没有罢工的合法权利，劳资双方通过自由协商确定工资受到显著的体制限制，政府通过户口登记制度对劳动力流动进行限制。第三，中国对外国投资存在一些重要的限制，包括股权限制和本地合作要求、不透明的审批和监管程序、技术转让和本地成分要求。政府引导外资进入中国政府支持的部门和技术中，却限制外商在战略性行业中的投资，以维持中国政府在该领域的控制地位。第四，中国政府继续保有对生产领域的所有权和控制权，表现在：①在企业部门中广泛存在国家投资企业，政府将资源分配给具有重要战略意义的行业，这些国家投资企业不会受到市场规则和供需关系的严格限制。②土地所有权和使用权制度。中国的土地属于国家财产，政府控制农村征地并垄断城市土地使用权的分配。第五，中国政府在资源分配中起着重要作用。国家计划（规划）仍然是中国产业政策的一个重要特点，这可以从计划的制订、分配和审查的官方机制，以及部门层面计划的范围和明细得到证明。中国政府对其认为具有战略性的价格给予高度的控制。第六，中国的法律制度，仍旧是中国政府和中国共产党用来确保各种经济成果、引导更广泛的经济政策并且追求产业政策目标的工具，个人和公司对于行政立法制定的独立参与及质疑行政决策的能力受到限制。

根据上述分析，美国商务部得出的结论是：中国是一个"非市场经济国家"。由于中国经济运行未能充分践行市场原则，美国商务部在对中国产品的反倾销调查中不能采纳中国的价格和成本进行反倾销调查分析。

三、美国在 DS516 案中提交的拒绝承认中国"市场经济地位"的文件

美国于 2017 年 11 月中旬,在中国诉欧盟反倾销价格比较方法的 DS516 案中,作为第三方向争端解决机构提交了拒绝承认中国"市场经济地位"的正式文件,并以附件形式就有关 WTO 规则进行了法律解释。二者相结合,表明了美国在此问题上的主要观点及其法律依据。

(一)美国提交文件的主要内容

1. 中国在 DS516 争端中的主张不成立

根据 GATT1994 和《反倾销协议》的相关规定,反倾销调查中确定倾销的价格比较必须采用正常贸易过程中"具有可比性"的价格或成本——市场价格或成本,因此各国有权拒绝及替代非市场价格或成本。GATT1994 第 6 条规定的上述权利,数十年间在各种法律文本和实践惯例中都得到了确认。美国认为,由于中国对 WTO 的相关规定存在根本误解,中国请求认定欧盟的反倾销规则违反 GATT1994 第 1 条和第 6 条及《反倾销协议》第 2.1 条和第 2.2 条的主张不成立。

2. 中国仍是一个"非市场经济国家"

入世 16 年后,中国还没有过渡到以自由市场原则为基础的经济体制,即还是一个"非市场经济体"。通过审查当今中国的经济体系,结果显示中国政府继续掌握巨大的自由裁量权和控制权,为实现特定的经济成果进行资源配置。中国经济体制中价格和成本都已经扭曲,中国市场尚不具备市场经济条件。中国在磋商请求中也并没有主张现在是一个"市场经济国家",因为大量的证据及中国自己的陈述都揭示了中国并非一个"市场经济国家"。

3.《中国入世议定书》第 15 条并未设置其他成员承认中国市场经济并在反倾销调查中接受国内价格或成本的时间节点

《中国入世议定书》第 15 条只是对 GATT1994 第 6 条和《反倾销协议》规定的确定价格可比性的强调与说明,进口成员方可以拒绝适用中国的价格或成本并用具备市场经济条件的价格和成本进行替换。WTO 成员方并未在不考虑中国实际的情况下,同意在《中国入世议定书》中设置自动将中国(或中国的某个产业)

视为具备市场经济条件的时间节点。WTO 成员方也没有同意不顾证据，自动认定中国的价格和成本具备市场经济条件。

（二）美国对 WTO 相关协议条款的法律解释

美国在以第三方身份向争端解决机构提交拒绝承认中国"市场经济地位"并声明其有权继续实施替代国做法的文件的同时，以附件形式提交了长达 40 页的对 WTO 相关协议（包括 GATT1994 第 6 条第 1 款及其注释第 2 段，《反倾销协议》第 2 条，波兰、罗马尼亚、匈牙利加入 GATT 的议定书，《中国入世议定书》第 15 条）的法律解释。其主要观点如下。

1. GATT1994 第 6 条规定的"正常贸易过程中"的"可比价格"指市场决定的价格

GATT1994 第 6 条提到确定倾销的"价格可比性"：如果不存在"正常贸易过程中的可比价格"就无法确定倾销，而所谓"正常贸易过程"就是指市场决定价格。《中国入世议定书》第 15 条规定"市场经济条件满足"时可以使用国内成本和价格。二者都提到了"正常贸易过程中""确定价格可比性"。因此，二者均认可倾销的价格比较应基于市场决定的价格。

2. 关于 GATT1994 第 6 条第 1 款的注释第 2 段也印证了上述观点

GATT1994 第 6 条第 1 款的注释第 2 段并不是第 6 条的"例外"，注释第 2 段与第 6 条第 1 款和第 6 条第 2 款相结合，提供了拒绝非市场价格成本的授权，而注释第 2 段本身并不是规定价格可比性问题的授权。第 6 条的注释第 2 段只是举了一个例子，说明在哪种情况下不存在可比价格，注释说明的只是"一种情况"，而不是"排他的情况"，并不意味着没有其他的情况存在。

3. GATT1994 第 6 条的历史实践证明了正常价值的确定必须基于市场决定的价格

与第 6 条第 1 款的注释第 2 段的产生几乎同时，1957 年 GATT 缔约方对 GATT1947 第 6 条的复议（L/712）提供了更多的证据，加拿大、南非、美国、澳大利亚、挪威、比利时、瑞典、英国等国的表态证明了正常价值的确定应基于市场经济条件下的价格，缔约方拥有法律授权拒绝非市场经济的价格或成本而寻求市场经济价格（包括第三方价格）。

4. GATT 缔约方加入的实践证明可以拒绝接受非市场经济价格

在波兰、罗马尼亚和匈牙利的加入 GATT 议定书中,缔约方全体没有引用 GATT1947 第 6 条第 1 款的例外规定,而只是在工作组报告中明确可以拒绝非市场经济的价格。1967 年《波兰加入 GATT 议定书》没有专门的反倾销价格可比性条款,即没有特别的例外规定,证明相关授权已经存在于 GATT1947 第 6 条第 1 款中,不需要另外的授权。1971 年《罗马尼亚加入 GATT 议定书》也证明不需要修改或专门规定 GATT1947 第 6 条第 1 款的例外条款,就可以拒绝使用国内价格。1973 年匈牙利的加入是另一个例证,其加入议定书虽未明文授权,但缔约方根据 GATT1947 第 6 条第 1 款可以直接拒绝采用非市场价格。

5.《反倾销协议》第 2 条与 GATT1994 第 6 条确定的价格可比性原则相一致

《反倾销协议》第 2 条进一步印证了对 GATT1994 第 6 条的解释,证明不是市场经济条件下的价格也不是正常贸易过程中的价格,二者可以画等号。对于非市场经济条件下的价格成本 WTO 成员有权拒绝采纳。美国《乌拉圭回合协定法》和欧盟第 1972/2002 号法规等国内法也有类似规定。此外,WTO 争端解决的一些案例也证明了这一点:美国的热轧钢案上诉机构报告指出,协议没有对"特殊市场状况"下定义,但它说明了正常价值应反映市场供求的特征;欧盟的生物柴油案上诉机构报告指出,根据《反倾销协议》第 2.2.1.1 条,在正常价值不能基于国内价格确定时,必须对其价格进行"适当替代"。

6.《中国入世议定书》第 15 条反映了价格可比性的基本要求

《中国入世议定书》第 15 条确定了在一个较长时期内中国的国内价格或成本不适用于确定倾销的价格成本。《中国入世议定书》第 15 条的条文内容表明它与 GATT1994 第 6 条、《反倾销协议》的关系,《中国入世议定书》第 15 条和 GATT1994 第 6 条、《反倾销协议》都使用了"正常贸易过程中""确定价格的可比性"的用语,说明 GATT1994 第 6 条、《反倾销协议》将适用于对中国进口的反倾销,二者讲的是一回事。

7. 根据第 15 条的规定 WTO 成员可以拒绝使用中国价格或成本

①base 的词义解释是"基于、基础、起点",但并不是排他的,因为没有用 only 或 solely 等词。②《中国入世议定书》第 15 条(a)项涉及两种情形,但并没有涵盖所有可能的情形,如 GATT1994 第 6.1 条、《反倾销协议》第 2.2 条规定的不存在国内销售的情形。③《中国入世议定书》第 15 条(d)项包含了三句话,

说明了"市场经济条件"与价格可比性的极高关联度。第一句话：一旦中国根据该 WTO 进口成员的国内法证实其是一个市场经济体，则（a）项的规定即应终止，但截至加入之日，该 WTO 进口成员的国内法中须包含有关市场经济的标准。第二句话与第一句话不同，没有使用"（a）项终止"，而是"（a）项（ⅱ）目终止"，说明加入 15 年后只是第 15 条（a）项（ⅱ）目终止。第三句话是给予中国根据进口成员法律证明其符合"市场经济条件"的权利。④《中国入世议定书》第 15 条（d）项不能否认 GATT1994 第 6.1 条、第 6.2 条和《反倾销协议》第 2 条的适用。第 15 条（a）项（ⅰ）目和第 15 条（d）项均明确了如果中国满足"市场经济条件"，则国内价格具有可比性。⑤《中国入世议定书》第 15 条只是对中国的特殊举证责任规定，并不是对 GATT1994、《反倾销协议》的例外规定，而只是明确 WTO 成员在某些情况下可以拒绝使用国内价格。2016 年 12 月 11 日只是对中国特别规定的举证标准的终止，之后进口成员将实施 GATT1994 和《反倾销协议》确定的举证规则。

美国通过上述法律解释得出的结论是：《中国入世议定书》第 15 条（a）项（ⅱ）目的终止并不意味着 WTO 成员不再享有拒绝非市场经济价格的权利。

四、美国在反倾销调查中继续适用替代国做法的实践

2016 年 12 月 12 日之后，美国在对中国产品的反倾销调查实践中并未履行《中国入世议定书》第 15 条规定的义务，仍继续适用替代国做法。美国在这些反倾销调查中的具体做法及由此采取的行政措施也构成 DS515 案争议措施的一部分。

2016 年 12 月 12 日之后，截至 2018 年 5 月 25 日，美国商务部公布的对中国产品的反倾销调查的裁决包括 14 项最终裁决和 10 项初步裁决，见表 4-4。在所有这些调查结论中，美国商务部均将中国视为"非市场经济国家"，在确定产品正常价值时使用了替代国价格作为价格比较的基础，并据此裁决了高额税率。

表 4-4　美国对中国产品反倾销调查的裁决情况（2016 年 12 月 12 日~2018 年 5 月 25 日）

案件编号	裁决日期	涉案产品	裁决	倾销税率	替代国
A-570-033	2016 年 12 月 15 日	大型家用洗衣机	终裁	32.12%~52.51%	泰国
A-570-036	2017 年 1 月 5 日	双轴土工格栅	终裁	372.81%	南非
A-570-047	2017 年 1 月 18 日	碳合金钢定尺板	终裁	68.27%	AFA
A-570-038	2017 年 1 月 18 日	非晶硅织物	终裁	162.47%	泰国
A-570-049	2017 年 1 月 18 日	硫酸铵	终裁	493.46%	AFA

续表

案件编号	裁决日期	涉案产品	裁决	倾销税率	替代国
A-570-040	2017年1月23日	卡车公共汽车轮胎	终裁	9%~22.57%	泰国
A-570-042	2017年2月2日	不锈钢板材和带材	终裁	63.86%~76.64%	AFA
A-570-044	2017年2月22日	1,1,1,2-四氟乙烷	终裁	148.79%~167.02%	墨西哥
A-570-045	2017年3月21日	羟基乙叉二膦酸	终裁	167.58%~184.01%	墨西哥
A-570-051	2017年6月19日	硬木胶合板	初裁	0~114.72%	罗马尼亚
	2017年11月13日		终裁	183.36%	
A-570-053	2017年10月27日	铝箔	初裁	96.81%~162.24%	南非
	2018年3月5日		终裁	37.99%~95.44%	保加利亚
A-570-055	2017年10月30日	封箱钉	初裁	13.74%~58.93%	泰国
	2018年3月28日		终裁	115.65%~263.40%	AFA
A-570-056	2017年11月13日	工具箱柜	初裁	90.40%~168.93%	泰国
	2018年4月10日		终裁	93.94%~241.12%	
A-570-058	2017年11月16日	冷拔机械管	初裁	61.5%~186.89%	罗马尼亚
	2018年4月16日		终裁	44.90%~186.89%	
A-570-060	2017年12月20日	细旦涤纶短纤	初裁	63.26%~181.46%	泰国、巴西
A-570-062	2018年2月20日	铸铁污水管配件	初裁	68.28%~109.86%	南非
A-570-064	2018年3月20日	不锈钢法兰	初裁	257.11%	AFA
A-570-066	2018年5月1日	聚四氟乙烯树脂	初裁	69.34%~208.16%	保加利亚
A-570-067	2018年5月17日	锻钢件	初裁	7.42%~142.72%	巴西

资料来源：美国商务部国际贸易管理局

注：AFA表示该案被诉企业没有应诉，适用"可获得最佳资料"即原告提供的数据认定倾销幅度

在上述所有裁决报告中，在确定倾销幅度的部分均有一段关于非市场经济的描述："商务部认定中国是一个'非市场经济国家'，根据美国《1930年关税法》第771（18）（C）（ⅰ）条的规定，在行政主管机关取消某国为非市场经济的行政决定之前，该决定将一直有效。因此，我们在本调查中将继续将中国视为'非市场经济国家'。"在声明该调查中视中国为"非市场经济国家"之后，紧接着就是有关替代国选择的相关内容。上述事实说明，在2016年12月12日之后，美国在对中国产品的反倾销调查中延续了之前的一贯做法，仍将中国视为"非市场经济国家"，适用替代国做法。其选择的替代国包括泰国、墨西哥、南非、罗马尼亚、巴西、保加利亚等。

五、对美国采取措施的评述

虽然中国对美国提起的 DS515 案目前还处于磋商阶段，并未进入 WTO 争端解决的实质审理阶段，但美国通过国内层面和多边层面采取的上述措施已经非常明确地表明了其认定中国"非市场经济地位"和继续实施反倾销中替代国做法的强硬态度。同时，为了支持其强硬立场，美国在国内法和国际法两个层面寻求法律支撑，试图搭建一个多维度的法律防护网维护其利益，只是这个"网"是否存在漏洞还值得我们进一步研究。通过对美国采取相关措施的分析，可以得出以下几点结论。

1. 美国商务部对中国市场经济状况的认定出现了明显倒退

美国商务部在对华铝箔反倾销调查中对国内法规定的六个因素进行了分别考察，做出了有关中国市场经济状况的调查结论。这并不是美国商务部第一次做出此类裁决。2006 年 8 月 30 日，美国商务部在对华横格纸案件中也曾经对中国市场经济状况做出调查结论[1]。虽然两次调查的结论均是否定中国的"市场经济地位"，但通过对两次调查结论的对比，仍然可以发现美国商务部对中国市场经济状况的认定出现了明显倒退。

例如，关于第一个因素，横格纸案的调查结论是"中国仍然对资本账户交易进行限制"，铝箔案的结论则是"仍然对资本项目交易和外汇市场进行重大限制和干预"。关于第二个因素，横格纸案的调查结论是"劳资双方大体上可以进行工资议价"，铝箔案的结论则是"劳资双方的自由工资议价仍然受到制度性约束"。关于第三个因素，横格纸案的调查结论是"中国政府允许各类外商投资和利润回汇，并不受国有化以及征收的限制""中国政府通过行业准入政策引导外资进入出口导向型产业和地区"，铝箔案的结论则是"中国政府的外商投资体制存在特殊限制：股权及内资比例要求、审批程序不透明、技术转让及本土化要求等""限制外资进入战略控制部门"。关于第四个因素，横格纸案的调查结论是"尽管国有资本从部分经济领域退出，但仍然存在对重点、支柱行业保持国有比重的政策""禁止私有土地所有权，同时允许私营企业和个人获得土地使用权"，铝箔案的结论则是"与其他主要经济体相比，中国的国有企业的经济比重巨大；而中国政府的实际管控比国企比例更大""土地所有权公有是中国政府控制生产方式的重要手段之一"。

---

[1] Antidumping Duty Investigation of Certain Lined Paper Products from the People's Republic of China ("China")China's status as a non-market economy ("NME"), https://enforcement.trade.gov/download/prc-nme-status/prc-lined-paper-memo-08302006.pdf[2018-05-03].

关于第五个因素，横格纸案的调查结论是"计划经济体制逐步终结，大部分价格管制已经放开""资源配置出现市场化趋势，但中国各级政府仍然深度把持资源配置"，铝箔案的结论是"中国政府通过国家规划等形式对资源配置产生重大影响""中国政府对生产要素价格实行管控，从而导致生产成本及价格整体扭曲"。关于第六个因素，横格纸案的调查结论是"中国政府在经济市场化改革方面取得了重大进展""中国的私营经济具有活力，但政府机构仍然保持了相当程度的经济管控"，铝箔案的结论是"中国的立法、司法系统是党政机关确保实现经济目标，落实行业政策的工具；法院等主要司法部门在整体或者个案上受政府干预""个人和企业难以对政府决策提出建议或者质疑"。

对比两次裁决，可以发现其明显的特点：横格纸案的调查结论更多地使用了肯定性的用语，在肯定中国市场经济建设取得进步的同时指出还存在"差距"，而铝箔案的调查结论则大多使用否定性用语，并且大量使用了强调性的修辞表明事态的严重性，如"重大限制和干预""特殊限制""比重巨大""管控比例更大""重大影响""整体扭曲"等。

2. 将"非市场经济"问题与替代国做法挂钩

WTO 各项协议中本没有"非市场经济"的概念，美国、欧盟等 WTO 成员提出的所谓"非市场经济"概念也仅是其国内法的规定，但如果不将"非市场经济"问题与替代国做法联系起来，其认定"非市场经济"也就失去了意义，其替代国做法也就得不到 WTO 规则的支持。因此，美国在国内和国际层面同时提出两份报告，其目的就是将"非市场经济"问题与替代国做法挂钩，为其继续实施替代国做法提供法理支持。美国在 WTO 所提报告的逻辑关系是：首先，确定 GATT1994 和《反倾销协议》规定了价格比较应基于"正常贸易过程中"的"可比价格"；其次，将"正常贸易过程中"的"可比价格"与"市场决定的价格"画等号；再次，"市场决定的价格"就是来自"市场经济国家"的价格；最后，一国被认定为"非市场经济"，就不能使用其国内价格，而只能选择替代价格。从这个分析逻辑看，因为相关条款中使用了"市场"一词就将"正常贸易过程中"的"可比价格"与"市场决定的价格"画等号有些牵强和生硬，将 WTO 未明文规定的"市场经济"问题硬是强加于现有规则之中，而对"非市场经济国家"可以使用替代价格的结论也不能从相关条款规定中直接得出。

3. 从 GATT1994 和《反倾销协议》中寻求替代国做法的法律基础

由于有《中国入世议定书》第 15 条的"日落"规定，美国向争端解决机构提交的报告中有意抛开第 15 条的规定，而从 GATT1994 和《反倾销协议》中寻找使用替代国做法的法律基础。根据美国提交的对相关条款的法律解释，认为

GATT1994 第 6 条第 1 款及其注释第 2 段、《反倾销协议》第 2 条均规定了 WTO 成员有权拒绝来自"非市场经济国家"的产品价格和成本，同时否认 GATT1994 第 1 款及其注释第 2 段是使用替代国做法的例外规定，认为注释第 2 段所描述的情况仅是选择替代国价格的一个"例子"。美国还引用了 GATT 时期对第 6 条的若干次审议及波兰等三国加入 GATT 议定书的规定来印证上述主张。对于美国的这一主张，其最主要的分析基础是确认 GATT1994 及《反倾销协议》本身是否存在对 WTO 成员拒绝"非市场经济国家"的价格或成本的授权，美国现在提交的相关文件并不能完全证明这一点。退一步说，如果按美国的说法，既然 GATT1994 和《反倾销协议》已经给予 WTO 成员拒绝使用其国内价格的授权，在《中国入世议定书》中特别规定第 15 条岂不是多此一举？美国在中国加入 WTO 谈判中的多次表态及第 15 条的产生历史是解释第 15 条内涵的重要基础，但美国在报告中却有意回避中国加入 WTO 的谈判历史，正是说明根据第 15 条的产生历史和其条文分析难以得出美国期望得出的结论。

4. 主张《中国入世议定书》的"日落"条款只是特殊举证责任的规定

美国对《中国入世议定书》第 15 条的解释主要有两点：一是第 15 条（a）项（ⅱ）目到期后第 15 条的其他内容仍然有效；二是第 15 条（a）项（ⅱ）目只是有关中国的特殊举证责任的到期，并不是使用替代国方法的到期。2017 年 11 月 14 日欧盟在 DS516 案中提交的第一次书面陈述在此问题上的观点与美国一致。与这一解释相配合，美国和欧盟均在国（区域）内层面"主动承担"起举证责任：欧盟通过修改《欧盟反倾销基本条例》将证明出口市场存在"严重扭曲"的举证交由欧盟委员会负责，美国则由商务部就中国是否属于"非市场经济"直接做出裁决。它们的分析逻辑是：15 年到期前实行的是"你不能证明自己是市场经济，我就默认你是非市场经济，适用'替代国'做法"；15 年到期后实行的是"我来证明你是非市场经济或严重扭曲经济，适用'替代国'做法"。按照这一分析，加入 15 年后的新规对中国更加不利，《中国入世议定书》第 15 条（d）项规定的"日落"也失去了意义。

5. 美国的报告反映其回归"冷战"思维的趋势

无论是美国商务部在国内层面发布的有关中国"非市场经济"的备忘录，还是美国向 WTO 争端解决机构提交的报告，均反映出其有回归"冷战"思维的倾向，这也与其当前逆全球化思潮和贸易保护主义倾向相一致。中国经济的快速发展越来越引起各国的关注，已经被美国视为最大的竞争对手之一，扼制中国的发展将是其未来一定时期内的对华策略。虽然上述国内、国际层面采取的措施均貌似有其国内法和国际法的法律基础，但决定其强硬表态和倒退做法的深层次原因仍不能排除所谓的"中国威胁"因素。美国在相关报告中引用20世纪60~70年代波兰、罗马尼亚和匈牙利加入GATT的议定书的举措,将当代的中国与"冷战"时期的社会主义国家相提并论,在一定程度上表明其回归"冷战"思维的趋势。与欧盟至少表面上取消了"非市场经济"标签的做法相比,美国在认定中国"非市场经济"各因素上的倒退做法表明了其对待中国发展更加强硬和抵触的态度。

六、如何应对反倾销诉讼中滥用替代国价格的问题?[①]

本小节运用案例分析方法,围绕欧盟对中国碳钢紧固件反倾销案中关于信息披露、替代国价格适用性及替代国义务三大争议焦点展开深入探讨,进一步提出四点政策建议:以欧盟为突破口,敦促其放弃使用替代国做法;协助企业搜集各方信息,确保替代国价格的公平性、可靠性;强化"四体联动",构建高效的信息沟通系统;大幅增加反倾销应诉基金,培养反倾销法律人才。

(一)引言

自从加入WTO以来,随着中国出口的快速增长,中国出口企业成为各经济体反倾销诉讼的主要对象。国际上针对中国发起反倾销诉讼的一个重要原因就在于中国的"非市场经济地位"。依据《中国入世议定书》第15条,反倾销发起方有权利选择替代国的同类产品价格作为"非市场经济国家"出口产品"正常价值"的参照。因此,在大多数情况下,我国只能任由发起方选用替代国同类产品来计算"正常价值",而这大大提高了其他经济体反倾销成功的概率。尤其是当替代国被选择为收入水平偏高的国家时,则会产生替代国价格的滥用。

这类滥用替代国价格的反倾销诉讼是否不可挑战?本小节运用案例分析方法对反倾销诉讼中滥用替代国价格问题进行研究,通过解读我国应对滥用替代国价格反倾销诉讼的经典案例——欧盟对中国碳钢紧固件反倾销案,总结该案获胜的宝贵经验,为今后我国应对反倾销诉讼提供借鉴与启示。

(二)案件回顾

2007年11月,欧盟对中国碳钢紧固件发起原审调查,欧盟委员会调查机关

[①] 本节内容基于总课题"中国应对'双反'调查的策略研究与政策建议"成果整理而成,撰稿人为锦天城律师事务所律师傅东辉和厦门大学博士研究生易巍。

采用印度汽车紧固件企业（Pooja Forge Ltd.）的产品销售价格作为替代国价格与中国出口的普通紧固件价格进行不公正的价格对比，滥用了 WTO 反倾销的程序规则和实体规则，违规征收了高额反倾销税，平均税率达 77.5%，最高税率达 85%。高额的反倾销税使中国紧固件产业遭受了重大损失。2008~2015 年，中国紧固件对欧盟出口金额从 10.8 亿美元下降到了不到 1 亿美元，许多企业已经倒闭或濒于破产。真正的中国紧固件企业产品在欧盟市场消失了整整七年。

2009 年 1 月，欧盟对中国出口紧固件违规征收高额反倾销税后，中国紧固件产业为维护自己的合法权利于 2009 年 7 月请求中国商务部诉诸 WTO 争端解决机制。经 WTO 争端原审程序，2011 年 7 月，原审上诉机构裁定欧盟委员会局部违反 WTO 规则，中方取得小胜。之后，欧盟委员会在败诉执行中按原样重新披露，只是多给中方企业一点抗辩时间。中国律师团队周密准备，亲赴替代国印度收集证据，掌握了印度汽车紧固件与中国普通紧固件的各种成本差异的证据。2012 年 7 月，当欧盟委员会向中国企业发出再调查披露时，却未曾料到中方在抗辩时提交了大量替代国的证据材料，导致其计划被彻底打乱，不得不在一个半月之内召开了四次听证会，作了五次披露，接连两次下调税率，把原平均反倾销税率先从 77.5%下降至 70.4%，再降至 54.1%。但欧盟委员会并未彻底纠错，54.1%的反倾销税仍然阻止中国紧固件恢复对欧盟出口，中国商务部于 2013 年 10 月再次向 WTO 争端解决机制提起执行之诉。

在 WTO 执行之诉中，执行审查专家组依据中国律师提供的充分证据，裁定中方 5 项胜诉，3 项败诉，但却并未触及欧盟滥用替代国价格的核心规则。双方对此次裁定结果均表示不服，并于 2015 年 9 月先后发起交叉上诉，通过 131 天的执行之诉上诉审理，上诉机构于日内瓦时间 2016 年 1 月 18 日做出执行审查上诉裁决，裁定欧盟没有切实执行 WTO 原审上诉机构裁决，没有纠正对替代国价格的滥用，裁定欧盟全败，中国全胜，要求欧盟彻底纠错。这是中国入世 15 年来首告欧盟的全胜案。

（三）案件评析

欧盟对中国紧固件反倾销案历时七年，在立案、调查和裁决过程中，双方的争论焦点主要集中在价格可比性调整的信息披露问题、价格公平比价条款对"非市场经济国家"的适用性问题及替代国企业是否为利害关系方问题。

首先，价格可比性调整的信息披露问题。中方指控欧盟委员会未向中国出口商提供替代国产品特征信息，就是未向中国出口商提供为保证价格公平比较所必需的信息。专家组支持中方的诉求，特别强调，正是因为欧盟委员会在本案中使用了替代国规则，以替代国生产企业的价格来确定中国出口商的正常价值，与一般反倾销调查中以被调查出口商的信息来确定正常价值的做法存在很大差别,欧盟委员会应尽力将中国生产商置于与一般反倾销调查中被调查出口生产商平等的地位,确保其能够了解价格调整所必需的信息,才符合正常价值和出口价格公平比较的要求。可以说,专家组关于应给中国被调查企业平等地位的声明,体现了中国在紧固件案争端的核心利益,是对欧盟三十多年滥用替代国价格的总清算,是对中国企业在国际贸易中的不平等地位的同情。

其次,价格公平比价条款对"非市场经济国家"的适用性问题。中方指控欧盟委员会拒绝调整影响价格的成本差异违反了价格公平比价条款。执行审查专家组支持中方的诉求,并在裁定报告中重申了一条重要原则:替代国规则只适用于正常价值的认定,并不涉及对出口价格的认定和分别裁决,也不涉及正常价值和出口价格公平比较。执行审查上诉机构认为,调查机关有义务分析是否应对影响价格可比性的各种差异因素进行调整,这从整体上首次确定了替代国价格适用的实体规则,这是中方获得的重大突破。根据这一原则,执行审查上诉机构判定替代国印度的以下三种成本差异需要调整:进口原材料的关税成本差异、产品物理特征差异及其他成本差异[①]。这是中方在替代国价格适用的实体规则上取得的重大胜诉,将动摇欧盟迄今对华采取的大多数反倾销措施的效力。

最后,替代国企业是否为利害关系方问题。中方认为替代国印度企业为利害关系方,而原审上诉机构与欧盟委员均未明示替代国印度为利害关系方[②],导致替代国印度企业拒绝履行利害关系方义务,即拒绝向我方提供产品清单和型号信息,为欧盟滥用替代国价格提供了方便。执行审查上诉机构最终判定中方胜诉,理由包括以下三点:第一,印度公司是应欧盟委员会请求参与了调查;第二,欧盟委员会为了调查把该印度公司选为替代国企业,用其数据认定正常价值并计算中国企业的倾销幅度;第三,欧盟委员会要求印度公司在提交保密信息的同时提交非保密概要,并对其提交的数据进行核查,实际上是把印度公司当作利害关系方对待。这次胜利对于制止反倾销发起方滥用替代国价格,有效约束替代国企业参与调查并遵守调查纪律具有特别重大的意义。从此以后,欧盟对华反倾销中替代国企业只享特权不尽义务的陋习将被革除,替代国企业信口雌黄的局面将受到严格管控。

(四)案件启示

基于以上针对紧固件案的介绍与争议焦点的剖析,本小节认为,在当下,政

---

① 其他成本差异包括原材料耗用率、获取原材料途径、自产电力、电力能耗和人均生产效率等5项成本差异因素。

② 《反倾销协议》第 6.11 条没有将替代国企业明确列为法定利害关系方,只是规定经调查机关允许的其他参与调查方可以成为利害关系方。

府应就替代国问题进行谈判与磋商，敦促各经济体在对华反倾销过程中放弃替代国做法。从长远看，政府应当不断强化"四体联动"机制，构建高效的信息沟通体系；借鉴以往的成功经验，指导企业做好应诉准备；增加反倾销应诉基金，培养反倾销法律人才。具体政策建议如下。

第一，以欧盟为突破口，通过谈判与磋商，促使其放弃使用替代国做法。目前，中国入世早已满15年，《中国入世议定书》第15条允许对华使用替代国规则的期限已到，澳大利亚、新西兰等80多个WTO成员已经放弃这种歧视性做法，美国仍旧坚持这一做法。然而，欧盟则态度反复，表现出替代国规则在欧盟的松动迹象。主要原因在于欧盟成员国内部意见不一，一些产业结构相对高端的国家（如德国、瑞典）因其国内市场与中国市场互补而愿意支持取消替代国做法；但那些产业结构与中国类似的国家（如中东欧部分国家）因中国产品会挤压本国产品市场份额而倾向于继续使用替代国做法。政府部门在与欧盟国家进行谈判与磋商时要重点关注后者，加强双方经济技术、文化等领域沟通，展现自身实力优势，改变这些国家对中国产品的敌视态度。在声明我方立场时，应将"市场经济地位"问题与替代国问题区分开来，不能将二者混为一谈：终止替代国做法是WTO所有成员理应遵守的义务，而非建立在"市场经济地位"判定的基础之上。无论是否承认中国"市场经济地位"，各成员都有履行《中国入世议定书》第15条的义务。与此同时，还应继续积极向WTO申诉，做到沟通与申诉多管齐下。

第二，协助企业搜集各方信息，确保替代国价格的公平性、可靠性。紧固件案的胜诉给国内的出口企业做出了良好的示范作用，同时凸显了企业积极应诉对于我国反倾销诉讼的重要意义。具体说来，在反倾销案件发起之初，发起方一般会要求涉案企业在规定时间内回答各类调查问卷，虽然被强制应诉企业意识到填写问卷的重要性，但填写过程中往往需要其他企业的配合，而后者则因未受直接影响而对其采取拖延或置之不理的态度。政府有关部门应该向企业普及反倾销案件的调查程序及各类调查问卷填写的重要性及具体要求，以保证企业在应诉时能够及时提供客观真实的信息；还需要鼓励国内企业加强与国外进口商的联系，尽可能搜集对方提交的信息和调查问卷，由于进口商更了解当地政策法规与产业形势，它们的信息更能真实反映贸易伙伴之间的交易情况。此外，替代国企业产品信息对于替代国价格的认定尤为重要，由于替代国企业与我国企业存在竞争关系，这类信息往往不易获得。但紧固件案的重大胜利为今后在替代国取证提供了法律依据，即替代国企业作为利害关系方有义务向其他关系方提供产品特征信息。另外，还应通过指导企业对各方信息的搜集，有效减少反倾销发起方选择替代国价格时的随意性，促使倾销幅度的确定趋于合理。

第三，强化"四体联动"，构建高效的信息沟通系统。通过谈判与磋商促使各成员放弃替代国做法不是一朝一夕的事，从紧固件案中我们可以看到，即便在替代国规则下我们也是有机会获胜的。在案例中,商务部、行业、出口企业及律师之间的密切合作为最终胜诉奠定了基础。首先,中国紧固件产业在遭受欧盟的反倾销税后迅速请求商务部诉诸WTO争端机制;在原审取得小胜后并没有放松警惕,在欧盟委员会消极执行再调查的同时,中国律师团队周密准备,亲赴替代国搜集证据,为抗辩提供了大量证据;接着,在欧盟委员会未彻底纠错的情况下,商务部再次向WTO争端解决机制提起执行之诉,中国律师搜集的信息在执行之诉中成为有力证据,最终使得专家组裁定中方全胜。由此可见,加快构建一个覆盖全面、快速、准确的信息沟通系统对反倾销诉讼至关重要。政府应着力将反倾销信息传递与沟通机制去层级化、去行政化、去形式化,降低信息噪声与信息误差,进一步强化商务部、地方商务主管部门、行业协会及企业四方同步参与的信息共享、信息沟通与反馈及信息传递的系统建设,以便各主体在第一时间获取有效信息,进而能够通过探讨协商进行涉案风险评估与应对方案制订。

第四,大幅增加反倾销应诉基金,培养反倾销法律人才。反倾销诉讼案件往往耗时长,成本高,由于负担不起诉讼相关费用而无法应诉的现象时有发生。在紧固件案例中,中国律师团队到替代国搜集的大量证据是最终胜诉的关键因素之一,而这就需要耗费大量人力物力。政府可以建立反倾销应诉基金,依据各企业出口量的大小确定一定比例的费用份额,并指定专门机关收取,用以支持企业应诉及信息搜集,由此提高企业参与反倾销应诉的积极性。此外,反倾销是一类程序复杂、专业性很强的诉讼,因而需要国际化的综合型法律人才,政府应该注重反倾销法律人才的培养,尤其是语言能力及经济贸易专业知识等方面的培训,打造一支能够独当一面的涉外高级法律人才。同时,政府也应该扶持涉外律师事务所,鼓励具备反倾销调查及诉讼的律师和经过专业培养的高级法律人才成立专业律师事务所。还应建立有效的激励机制,对在反倾销调查与诉讼中有突出贡献的律师、律师事务所及相关的法律人才给予奖励。

七、积极利用WTO争端解决机制处理成员间贸易纠纷[①]

作为处理WTO成员之间贸易摩擦的重要机制,WTO争端解决机制为WTO成员提供了上诉解决贸易争端的平台。本小节量化分析了上诉方上诉和胜诉的影响因素,为中国更有效地利用争端解决机制提供了实证依据和政策建议。

[①] 本小节内容基于总课题"中国应对'双反'调查的策略研究与政策建议"成果整理而成,撰稿人为厦门大学教授龙小宁与厦门国贸集团股份有限公司董玉斌。

已有研究表明，被调查方（潜在的上诉方）在反倾销或反补贴调查中可能受到影响的贸易额、被调查方通过对发起调查方采取反倾销或反补贴调查进行报复的能力、被调查方承担诉讼费用的能力及被调查方诉讼经验这四类因素会对被调查方是否上诉这一行为决策产生影响，同时发达经济体和发展中经济体在上诉时考虑的因素不同，上诉后影响其诉讼结果的因素也有差异。本节通过对上诉方上诉动机及其上诉结果的影响因素进行分析，借鉴上诉方的胜诉经验，为我国政府更有效地利用 WTO 争端解决机制处理与其他经济体的贸易争端提供可行的政策建议。

（一）反倾销或反补贴诉讼案件上诉和胜诉现状

1. WTO 争端解决机制使用现状（反倾销和反补贴案件）

为了解 WTO 成员利用争端解决机制处理反倾销或反补贴诉讼案件的情况，本小节搜集整理了 1995~2017 年反倾销或反补贴诉讼案件历年被起诉至 WTO 争端解决机制的次数，如图 4-3 所示。

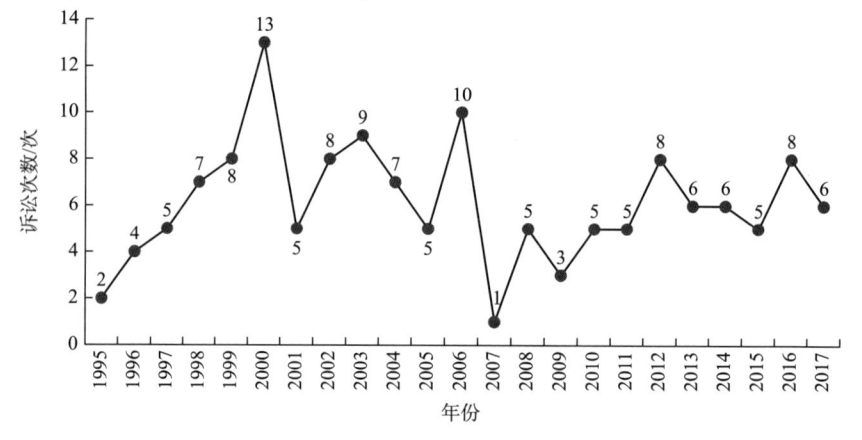

图 4-3　1995~2017 年反倾销或反补贴诉讼案件被起诉至 WTO 争端解决机制次数

由图 4-3 可知，在 2010 年之前，WTO 成员历年利用 WTO 争端解决机制处理反倾销或反补贴调查案件的频数波动较大；但在 2010 年之后，该频数逐渐趋于平稳。由此可以猜测 WTO 成员对于 WTO 争端解决机制的使用在前期可能处于摸索阶段，2010 年之后则对 WTO 争端解决机制的使用逐渐熟悉。图中趋势及成员间贸易竞争的日趋激烈虽然都意味着各经济体在未来对 WTO 争端解决机制的使用会有越来越频繁的趋势，但近年来以美国为首的单边贸易行为可能会弱化 WTO 争端解决机制的作用。

2. 发达经济体和发展中经济体的上诉和胜诉状况

本小节使用反倾销或反补贴调查案件的样本量为 5380 起，其中被调查方是发展中经济体的调查案件有 3189 起，发展中经济体向 WTO 发起的反倾销或反补贴诉讼案件有 188 起；被调查方是发达经济体的案件有 2191 起，发达经济体向 WTO 发起的反倾销或反补贴诉讼案件有 163 起，具体情况如表 4-5 所示。

表 4-5　发达经济体和发展中经济体作为潜在上诉方的比重

案件数量	统计数据	
总计 5380 起	被调查方是发展中经济体 3189 起（59%）	上诉 188 起（6%）
		未上诉 3001 起（94%）
	被调查方是发达经济体 2191 起（41%）	上诉 163 起（7%）
		未上诉 2028 起（93%）

本小节按照上诉方是发达经济体或发展中经济体及被诉方是发达经济体或发展中经济体整理了发达经济体和发展中经济体的上诉和胜诉情况。其中，发展中经济体发起的反倾销或反补贴诉讼案件数占总的反倾销或反补贴诉讼案件数的比重为 54%，高于发达经济体的 46%，发达经济体作为反倾销或反补贴争端案件被诉方的次数要明显高于发展中经济体作为反倾销或反补贴争端案件被诉方的次数，具体情况如表 4-6 所示。

表 4-6　发达经济体和发展中经济体上诉状况

案件数量	统计数据	
总计 351 起	发展中经济体发起 188 起（54%）	针对发展中经济体 37 起（20%）
		针对发达经济体 151 起（80%）
	发达经济体发起 163 起（46%）	针对发展中经济体 66 起（40%）
		针对发达经济体 97 起（60%）

通过观察反倾销或反补贴诉讼案件诉讼结果可以发现，上诉方的胜诉率为 66%，远高于败诉率 25%；当上诉方是发展中经济体时，胜诉率为 72%，当上诉方是发达经济体时，胜诉率为 60%；发展中经济体对发展中经济体发起的诉讼的胜诉率为 27%，对发达经济体发起的诉讼的胜诉率为 83%；发达经济体对发展中经济体发起的诉讼的胜诉率为 26%，对发达经济体发起的诉讼的胜诉率为 82%；相对于发达经济体，发展中经济体发起的诉讼更容易获得胜诉，具体情况如表 4-7 所示。

表 4-7 反倾销或反补贴争端案件胜败诉情况

案件数量	统计数据			
总计 351 起	发展中经济体发起 188 起（54%）	针对发展中经济体 37 起（20%）	胜诉：10 起（27%） 败诉：18 起（49%） 其他：9 起（24%）	胜诉：135 起（72%） 败诉：32 起（17%） 其他：21 起（11%）	胜诉：232 起（66%） 败诉：89 起（25%） 其他：30 起（9%）
		针对发达经济体 151 起（80%）	胜诉：125 起（83%） 败诉：14 起（9%） 其他：12 起（8%）		
	发达经济体发起 163 起（46%）	针对发展中经济体 66 起（40%）	胜诉：17 起（26%） 败诉：45 起（68%） 其他：4 起（6%）	胜诉：97 起（60%） 败诉：57 起（35%） 其他：9 起（6%）	
		针对发达经济体 97 起（60%）	胜诉：80 起（82%） 败诉：12 起（12%） 其他：5 起（5%）		

（二）对上诉方上诉和胜诉的影响因素探究的量化分析结果

基于 1980~2015 年全球反倾销和反补贴数据及 1995~2015 年全球反倾销和反补贴 WTO 诉讼案件数据[①]，我们研究发现发达经济体在面对来自其他经济体实施的反倾销或反补贴措施时，在决定是否上诉时主要考虑的因素包括被调查案件是否为"双反"案件、发达经济体自身的报复能力（被诉方在涉案行业对上诉方的出口依赖程度，发起调查方对被调查方在被调查行业的出口或发起调查方在被调查行业的总出口）及发达经济体的诉讼经验。具体来说，当被调查方是发达经济体时，如果反倾销或反补贴调查案件是"双反"案件，发起调查方对发达经济体的行业出口依赖程度较强，或发达经济体自身的诉讼经验较丰富，即发达经济体累计以第三方的身份参与争端案件的次数较多，那么发达经济体更倾向于上诉。从影响发达经济体诉讼结果的因素来看，影响发达经济体诉讼结果的因素主要有发达经济体对发起调查方的行业出口依赖程度、发起调查方对发达经济体的行业出口依赖程度及发达经济体的诉讼经验。换言之，发达经济体对发起调查方的出口依赖程度越弱，发起调查方对发达经济体的行业出口依赖程度越强，或发达经济体的诉讼经验越丰富，即累计以第三方的身份参与争端案件的次数越多，那么发达经济体在诉讼过程中更可能取得胜诉。

发展中经济体在面对来自其他经济体实施的反倾销或反补贴措施时，在决定是否上诉时主要考虑的因素有其出口受影响的程度及自身承担诉讼费用的能力。即当被调查方是发展中经济体时，如果反倾销或反补贴调查案件是"双反"案件，

---

① WTO 争端解决机制是伴随着 1995 年 WTO 的成立而诞生的处理成员之间贸易摩擦的崭新制度，所以 WTO 争端解决机制处理的争端案件从 1995 年开始。

或发展中经济体的经济实力越强，那么其更倾向于上诉。从影响发展中经济体诉讼结果的因素来看，在诉讼过程中，如果发展中经济体在 WTO 有大法官，或被诉方的经济实力越弱，那么发展中经济体在诉讼过程中更可能取得胜诉。

通过对比影响发达经济体和发展中经济体上诉和胜诉的影响因素，研究发现在上诉阶段，发达经济体主要考虑自身进行报复的能力和诉讼经验，而发展中经济体主要考虑其受影响的贸易额及承担诉讼费用的能力，并且发达经济体和发展中经济体都倾向于针对"双反"调查案件发起诉讼。在诉讼阶段，当上诉方是发达经济体时，影响其诉讼结果的因素主要是发达经济体自身的诉讼经验及发达经济体与被诉方之间的行业出口竞争程度。当上诉方是发展中经济体时，影响诉讼结果的因素主要是其有无 WTO 大法官及被诉方的经济实力，而其与被诉方之间的行业出口竞争程度不会影响其诉讼结果。

（三）政策建议

1. 建立预警机制，警惕"双反"案件

作为一个发展中经济体，当我国是反倾销或反补贴措施的实施方时，对具有以下特征的调查案件要格外警惕并事先做好应诉准备。首先当调查案件中的被调查方是发达经济体时，如果我国对该发达经济体在被调查行业的出口比重较大，发达经济体诉讼经验越丰富，即累计以第三方的身份参与争端案件的次数越多，那么发达经济体将更倾向于上诉。当被调查方是发展中经济体时，如果被调查方在被调查行业对我国的出口比重较大，即被调查方受影响的贸易额越大，或者发展中经济体经济实力越强，即实际人均 GDP 越高，那么被调查方越倾向于上诉。另外，无论被调查方是发达经济体还是发展中经济体，"双反"案件都会显著正向影响其是否上诉，因此当我国对其他经济体发起"双反"案件调查时，需要格外警惕，提前做好充分应诉准备。

2. 分散出口市场，避免对发达经济体的出口依赖

作为一个发展中经济体，当我国是反倾销或反补贴措施的实施方，而被调查方是发达经济体时，如果我国在被调查行业对发达经济体出口依赖性较强，那么发达经济体就更倾向于对我国发起诉讼，并且我国对发达经济体这种较强的行业出口依赖不利于我国在诉讼过程中取得胜诉。因此，应该分散我国在被调查行业对发达经济体的出口，积极开拓我国在被调查行业的海外出口市场，减少对发达经济体的行业出口依赖。

3. 借鉴发达经济体的诉讼经验，积极以第三方的身份参与诉讼争端案件，减少与发达经济体诉讼经验差距

实证研究结果表明，诉讼经验指标会对被调查方是否胜诉有显著正向影响，并且这种正向作用在发达经济体中体现得更为明显。作为一个发展中经济体，我国与发达经济体之间较大的诉讼经验差距不利于我国在诉讼过程中取得胜诉。因此，我国应积极利用WTO争端解决机制中的第三方制度，多以第三方身份参与诉讼争端案件，观察、了解和学习WTO成员特别是发达经济体运用WTO争端解决机制解决贸易争端、维护权益的实际情况，积极向发达经济体进行现场咨询，借鉴发达经济体的诉讼经验，不断积累诉讼经验，以缩小与发达经济体的诉讼经验差距。

4. 重视对WTO人才的培养

当我国是反倾销或反补贴措施的实施方，而被调查方是发展中经济体时，对方的经济实力越强，就越倾向于上诉；并且在诉讼过程中，如果对方在WTO有大法官，那么对方胜诉的可能性就越大。只有熟悉规则才能更好地利用规则，因此，我国需要更加重视对WTO人才的培养，加快建立本国的人才储备库，包括WTO法律研究型人才和实战型人才。研究型人才主要负责对WTO规则条款及以往的争端案件进行研究解读，培养过程中应该开设"WTO法律文本分析""WTO争端解决机制与案例研究"等专题研究课程，WTO相关课程的讲授要有意识地使用WTO官方语言（英语和法语）。除了相关理论学习之外，更要重视对实战型人才的培养，加强实践训练。具体而言，可以成立WTO律师事务所，定期开展模拟法庭进行演练，并定期组织人员到相关国际组织实习，以对国际组织的工作环境和流程有直观的认识。

第五节 本章研究论文：影响WTO反倾销和反补贴案件被起诉和胜诉原因的实证分析[①]

随着世界贸易自由化程度的提高，各国为了保护国内产业，纷纷对进口产品进行反倾销或反补贴调查，进而征收反倾销或反补贴税，反倾销和反补贴问题已

---

① 本节内容基于总课题"中国应对'双反'调查的策略研究与政策建议"成果整理而成，撰稿人为厦门大学教授龙小宁与厦门国贸集团股份有限公司董玉斌。

成为当前国际贸易中的突出问题。WTO 争端解决机制则为各成员进行反倾销或反补贴调查设置了约束,被调查方若认为调查方进行的反倾销或反补贴调查不符合 WTO 有关协议规定,可向争端解决机制提起诉讼。然而,从统计数据来看,与每年发生的反倾销或反补贴调查数量相比,WTO 反倾销或反补贴争端案件的数量相对较少。这就引发了一个现实问题:究竟何种因素会影响反倾销或反补贴调查案件中的被调查方在 WTO 争端解决机制发起诉讼,并且取得胜诉结果?本小节将针对这一问题展开实证研究。

一、研究设计

(一)资料来源和样本选择

本节的原始数据取自世界银行官方网站上公布的 1980~2015 年全球反倾销数据库、1980~2015 全球反补贴数据库和 1995~2015 年 WTO 争端案件数据库,贸易数据取自联合国商品贸易数据库。

全球反倾销数据库和全球反补贴数据库中主要提供了以下信息:反倾销或反补贴调查案件的案件 ID 号、反倾销或反补贴发起方、反倾销或反补贴被调查方、被调查产品、被调查产品的 HS 编码、反倾销或反补贴调查案件的发起日期、倾销或补贴认定的初审日期、倾销或补贴损害认定的初审日期、反倾销或反补贴措施实施的初审日期、反倾销或反补贴调查案件的初审措施、倾销或补贴认定的终审日期、倾销或补贴损害认定的终审日期、反倾销或反补贴调查案件的终审措施等。其中,全球反倾销数据库中记录的 1980~2015 年全球各个经济体发起的反倾销调查案件共 7278 起,有 4884 起反倾销调查案件的损害认定为肯定性;全球反补贴数据库中记录的全球各个经济体发起的反补贴调查案件共 929 起,有 426 起反补贴调查案件的损害认定为肯定性。

WTO 争端案件数据库主要提供了包括争端案件的案件 ID 号、反倾销或反补贴调查案件 ID 号、争端案件名称、起诉方、被诉方等信息。WTO 争端案件数据库中记录的 1995~2015 年所发生的各种诉至 WTO 的争端案件中,反倾销争端案共 108 起,反补贴争端案共 37 起,其中有 15 起争端案件既属于反倾销又属于反补贴,即"双反"案件,故共有争端案件 130 起。

本节的样本是对以上三个数据库进行匹配整合,即将 1980~2015 年全球各个经济体发起的反倾销调查数据和反补贴调查数据汇总到一起,然后根据反倾销或反补贴调查案件 ID 号和 WTO 争端案件表中提供的反倾销或反补贴调查案件 ID 号进行匹配,识别出哪些调查案件被诉至 WTO,接着剔除掉其中损害认定为否定性的反倾销或反补贴调查案件，只保留最终损害认定为肯定性的反倾销或反补贴调查案件，在此基础之上，添加其他新的数据，这些新数据的来源主要包括 WTO 官网、世界银行官网、联合国商品贸易数据库及本节根据已有的信息整理产生的新数据。另外，关于样本需要额外说明的有以下几点：①如果同一个反倾销或反补贴调查案件在两个或多个不同的争端案件中出现，那么该案件要在本节的样本中被罗列两次或多次。②由于有些 WTO 争端案件里面可能包含了多个反倾销或反补贴调查案件，那么这些反倾销或反补贴争端案件在样本中都为被诉至 WTO 的状态，另外出现在不同的 WTO 争端案中的同一个反倾销或反补贴调查案件在本节中也是被定义为不同的。由于本节是以每一个反倾销或反补贴调查案件为研究对象，假如 m 个争端案件一共涉及了 n 个反倾销或反补贴调查案件（$m \leq n$），在这 n 个反倾销或反补贴调查案件中又有 k 个案件同时出现在不同的 WTO 争端案中，那么最后在样本里面呈现的起诉次数就是 $n+k$。③本节选取的样本之所以要剔除那些在最终损害认定为否定性的反倾销或反补贴调查案件，是因为通常认为在反倾销或反补贴调查发起时，被调查方并没有决定立即起诉，而是等损害认定调查结果出来以后才决定是否发起起诉，一般认为，只有那些损害认定为肯定性的样本才有可能被诉至 WTO。

图 4-4 是对本小节使用的原始样本在数量上的描述，即对 1980~2015 年所发生的反倾销或反补贴调查案件数量及起诉至 WTO 反倾销或反补贴调查案件数量的描述。图 4-4 下半部分反倾销和反补贴案件数量分别对应两个数值（203 和 243，78 和 108），是因为同一个调查案件可能会出现在不同的 WTO 争端案件中，需要重复计算。本小节的研究对象是每一起反倾销或反补贴调查案件，故最终的反倾销和反补贴争端案件分别是 243 起和 108 起，所以最终认定结果为肯定性样本总数为 5380[①]。

（二）理论分析与研究假设

对于争端案件产生原因的理论研究，前人主要从反倾销或反补贴发起方的角度进行分析，当发起方实施的贸易保护措施与 WTO 规则不一致时，被调查方就会发起诉讼，进而导致争端案件的发生。因此对于争端案件产生原因的研究就转换为当发起方在实施贸易保护措施时，其是否选择遵守 WTO 规则的影响因素的研究。Bown（2004）借鉴了 Bagwell 和 Staiger（2001）中的理论分析方法，构建了一个两国模型，即本国（贸易保护发起国）和外国（被调查国），并分别构造了

[①] 一些调查案件同时出现在 2 个或 2 个以上的诉讼案件中，因此 5310 个调查案件对应了 5380 个争端案件的结果，即我们量化分析中的样本总数。

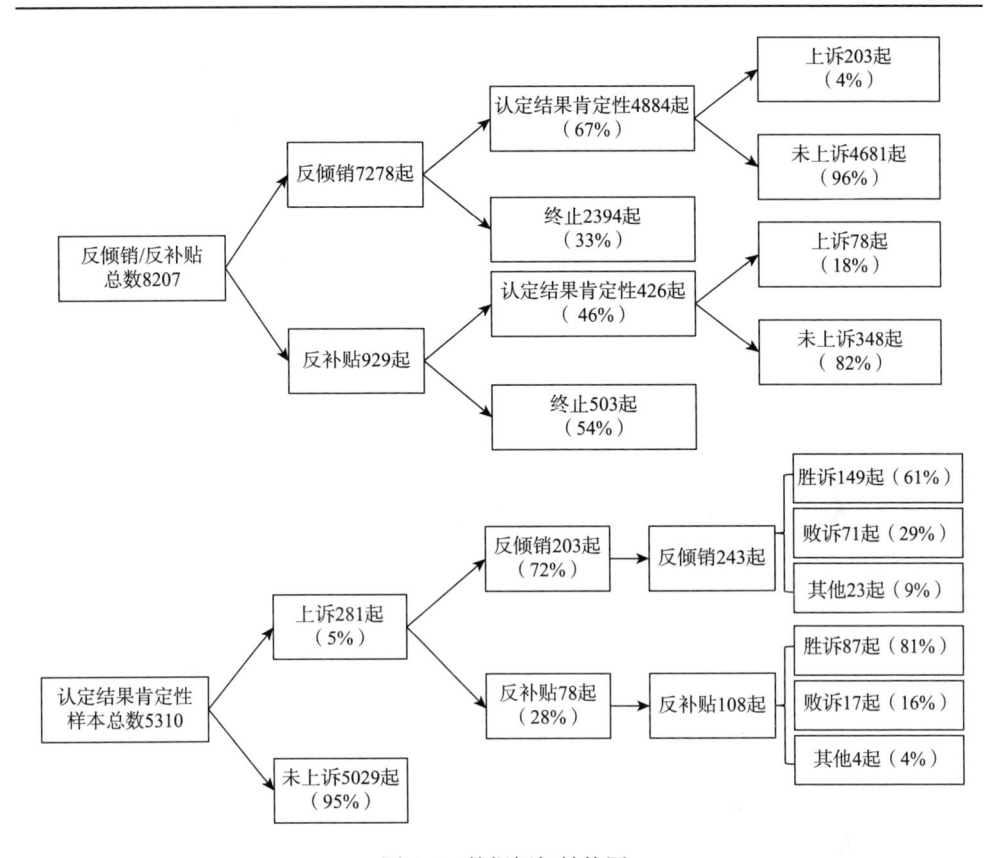

图 4-4　数据框架结构图

资料来源：世界银行全球反倾销数据库、世界银行全球反补贴数据库、WTO 争端案件数据库
本图数据因进行了四舍五入，存在比例合计不等于100%的情况

两个国家的福利函数，推导发现当发起国实施贸易保护的收益大于被调查国对其报复导致的损失时，发起国就会选择实施与 WTO 规则不一致的贸易保护措施，进而导致被调查国发起诉讼，因此，争端案件的产生其实就是发起国和被调查国之间的利益博弈。之后 Bown（2005）又利用成本收益分析法，将被调查国是否起诉的问题转换为被调查国起诉的预期成本和预期收益孰大孰小的问题。本小节在前人的理论分析基础上，构建以下博弈模型，如表4-8所示。

表 4-8　收益矩阵

分类		被调查方	
		起诉	不起诉（报复）
发起方	合法	$(1-W_1) \times T$, $W_1 T - C$	$T-S_1$, $-T$
	不合法	$(1-W_2) \times T$, $W_2 T - C$	$T-S_2$, $-T$

其中，表 4-8 右下角 2×2 矩阵中，前者表示发起方对应的收益，后者表示被调查方对应的收益；W_1 为当发起方实施的贸易保护措施合法时，被调查方起诉时胜诉的概率；W_2 为当发起方实施的贸易保护措施不合法时，被调查方起诉时胜诉的概率；T 为被调查方承担的反倾销或反补贴税；C 为起诉成本；S_1 为当发起方实施的贸易保护措施合法时，被调查方对发起方报复导致发起方遭受的损失，S_2 为当发起方实施的贸易保护措施不合法时，被调查方对发起方报复导致发起方遭受的损失。另外，本小节假设当发起方实施贸易保护措施（本小节指反倾销或反补贴）后，被调查方要么选择起诉，要么选择报复（对发起方同样发起反倾销或反补贴代替起诉）。

影响发起方在发起贸易保护措施时是否遵守 WTO 规则的因素主要指被调查方的报复能力，影响被调查方起诉的因素主要有被调查方承担诉讼费用的能力及被调查方受影响的贸易额，除此之外，本小节还引入了争端双方的诉讼经验，这些指标的定义和度量在本章节的变量选取与说明部分将进行详细阐述。

（三）模型设计和变量的选取与说明

1. 模型设定

为了探究影响起诉方使用 WTO 争端解决机制处理反倾销或反补贴争端案件效果的影响因素，本小节以起诉至 WTO 的 351 起反倾销或反补贴争端案件为样本，对影响争端案件结果的因素进行探究，但是可能存在样本选择性偏差问题，虽然最终认定为肯定性损害的案件中有很多案件暂时没被诉至 WTO，但我们无法保证其以后不会被诉，这些当前没有被诉至 WTO 的案件就构成了我们 5380 个样本中的潜在起诉案件，数量有 5029 个，远多于起诉案件的 351 个，如果只是通过 351 个起诉的案件的信息来探究起诉方使用争端解决机制的效果，以此来估计所有潜在的起诉方对争端解决机制的使用效果，那么将出现样本选择性偏差。因此，本小节将参考 Heckman（1979）中提出的 Heckman 两阶段模型来处理样本选择性偏差问题，在具体的模型设计上，本小节还参考了苏毅清和王志刚（2014）和王志刚等（2014）的设计思路和结构安排。

在运用 Heckman 两阶段模型探究影响争端案件结果的因素时，回归将分为以下两个阶段。

第一阶段，借助 probit 模型研究反倾销或反补贴调查案件中被调查方使用争端解决机制的行为决策，即被调查方是否通过起诉利用争端解决机制来处理贸易争端，构建选择模型如下：

$$\text{ifcharge}_i = \beta Z_i + \varepsilon_i \qquad (4-1)$$

其中，ifcharge$_i$ 为一个二值变量，表示第 i 个反倾销或反补贴调查案件是否被诉至 WTO，起诉取 1，未起诉取 0；Z_i 为影响案件被诉至 WTO 的一些解释变量；ε_i 是误差项。然后对全样本进行回归分析，计算出逆米尔斯比率（inverse Mills ratio）λ_i。

第二阶段，以起诉的反倾销或反补贴争端案件为样本，研究影响反倾销或反补贴争端案件中被调查方胜诉的因素，并且引入 λ_i 来对样本的选择性偏差进行修正，因此第二阶段模型设定如下：

$$\text{ifwin}_i = \alpha X_i + \gamma \lambda_i + u_i \tag{4-2}$$

其中，ifwin$_i$ 为一个二值变量，表示第 i 个起诉至 WTO 的反倾销或反补贴调查案件是否胜诉，胜诉取 1，败诉取 0；X_i 为影响案件诉讼结果的一系列解释变量；u_i 为误差项。

2. 变量选取与说明

被解释变量的说明：本小节旨在探究哪些因素影响被调查方在面对反倾销或反补贴措施时使用 WTO 争端解决机制来处理争端的行为决策，以及使用争端解决机制后影响争端结果的因素。本小节通过被诉至 WTO 的反倾销或反补贴争端案件是否胜诉这一指标来度量争端结果。因为在前面的模型设定中探讨了使用 Heckman 两阶段模型来处理可能存在的样本选择性偏差问题，所以回归分析中还涉及另外一个被解释变量，即反倾销或反补贴的被调查方是否起诉，本小节使用反倾销或反补贴调查案件是否被诉至 WTO 这一二值变量来表示。因此本小节共涉及两个被解释变量，即反倾销或反补贴调查案件是否被诉至 WTO 和起诉至 WTO 的反倾销或反补贴调查案件是否胜诉。反倾销或反补贴调查案件是否被诉至 WTO 是我们回归分析中第一步回归的被解释变量。《关于争端解决规则与程序的谅解》第 3 条规定，在一成员认为其根据适用协定直接或间接获得的利益正在因另一成员采取的措施而减损的情况下，迅速解决此类情况对 WTO 的有效运转及保持各成员权利和义务的适当平衡是必要的。本小节假设，如果反倾销或反补贴的被调查方对发起方就发起方实施的反倾销或反补贴调查案件提出磋商，那么就认为被调查方对发起方进行了起诉，即该反倾销或反补贴调查案件被诉至 WTO，此时该二值变量取值为 1，反之则为 0。反倾销或反补贴调查案件是否被诉至 WTO 这一被解释变量的信息来源于 WTO 官网。另一个被解释变量为起诉至 WTO 的反倾销或反补贴调查案件是否胜诉，在对争端结果和胜败诉进行定义之前，首先需要做以下背景介绍。

WTO 争端解决机制的流程主要包括：磋商、成立专家组、上诉机构。在所有阶段，争端各方均被鼓励进行磋商，以便"庭外"解决争端；如果磋商失败，则起诉当事方可以申请成立专家组,专家组应根据争端当事方援引的有关协定的规定,调查原告当事方以文件形式向争端解决机构提供的有助于其做出裁决的调查结果和建议;当争端一方对专家组的报告持有异议时,可将上诉决定通知争端解决机构设立的常设上诉机构并要求对该案件进行上诉处理。上诉机构的报告可以确认、修改或反对专家组的调查结果和结论。上诉机构报告一旦被争端解决机构采纳,则争端各方应无条件接受。

争端案件的当前状态可根据其所处的阶段来判断,通过查阅相关网站及阅读专家组报告,发现案件主要有以下几种状态。

状态 1:正在磋商(in consultations)。

状态 2:专家组成立、待成立(panel composed、panel established but not yet composed)。

状态 3:专家组报告已发放、专家组报告被上诉(panel report circulated、panel report under appeal)。

状态 4:被诉方履行承诺(implementation notified by respondent)。

状态 5:公布双方可接受的实施方案(mutually acceptable solution on implementation notified)。

状态 6:通过报告,并建议使措施符合要求[report(s)adopted,with recommendation to bring measure(s)into conformity]。

状态 7:解决或终止(撤销,双方同意的解决方案)[settled or terminated (withdrawn, mutually agreed solution)]。

案件当前结果的分布情况如表 4-9 所示,其中,争端解决机构一列是以争端案件的 ID 号为计数单位得到的争端案件数量,case-id 一列是以每个反倾销或反补贴调查案件的 ID 号为计数单位得到的争端案件数量,由于一个争端案件里面可能有多个 case-id,表 4-9 中 case-id 对应的每个案件状态的数量大于等于争端解决机构案件数量。本小节的研究对象为每一个反倾销或反补贴调查案件,故在数据描述时以 case-id 的数量为准。

表 4-9 案件不同状态分布

案件状态	争端解决机构/件	case-id/件
授权专家组失效	3	3
要求进行报复的授权(包括 22.6 项仲裁)[1]	1	1
合规程序完成,发现违规行为	3	3
合规程序正在进行	1	24
被诉方履行承诺	22	49
正在磋商	44	94

续表

案件状态	争端解决机构/件	case-id/件
公布双方可接受的实施方案	5	6
专家组成立	6	7
专家组待成立	4	8
专家组报告分发	1	1
专家组报告正在审核	2	3
已通过报告，不需要采取进一步行动	3	5
通过报告，并建议使措施符合要求	21	133
解决或终止（撤销，双方同意的解决方案）	14	14
总数	130	351

资料来源：WTO 官网和作者收集整理

1）当时在整理案件状态时，诉讼案件的 ID 号为 DS-268 的案件对应的状态为 "authorization to retaliate requested (including 22.6 arbitration)"

处于状态 1 和状态 2 的案件属于暂时没有结论的案件，处于状态 3~状态 7 的案件，其结果可以通过阅读相关的专家组报告或上诉机构报告来获得。由于处于状态 1 和状态 2 的案件还未进展到专家组报告和上诉机构报告的阶段，其结果无法判断，但是对于一些处于状态 1 即正在磋商阶段的案件，由于从起诉至今依然没有进展，并且其所经历的时间早已超过争端解决机构要求的时间，理论上是一年零三个月，但是随着争端案件的逐年增加，案件从开始到结束所需要的时间也被延长，本小节主要参考了那些已有结果的案件从诉讼开始到诉讼结束所经历的平均年限，如果那些从起诉至今仍旧处于磋商状态并且其所经历的年限早已超过那些已有结果的案件从起诉到结束所经历的平均年限，那么这些案件的诉讼结果就被定义为败诉，即是否胜诉这一二值变量取值为 0。在我们的 351 个诉讼样本中，有 94 个反倾销或反补贴调查案件的状态属于正在磋商，在这 93 个案件中，又有 83 个案件从起诉至今所经历的时间超过了参考案件从诉讼开始到诉讼结束所经历的平均年限。

对于处于状态 3~状态 7 的案件，其结果可以在 WTO 官网上公布的专家组报告和上诉机构报告中查到，只要最终结论是争端解决机制建议被诉方撤销反倾销或反补贴措施或者建议被诉方使其措施符合《反倾销协议》或 GATT 的，那么则认为起诉成功，如果最终争端解决机制认为被诉方并没有违反相关协定，并且没有给出相关敦促建议或者最终拒绝起诉方的申请，则认为起诉失败。

解释变量的选取：因为本小节涉及两步回归，故有两部分解释变量。本小节的目标已经很清晰，即探究影响反倾销或反补贴调查案件被诉至 WTO 的因素和探究影响被诉至WTO的反倾销或反补贴争端案件胜诉的因素,为了便于表述,现将这两个问题分别命名为起诉问题和胜诉问题。

对于起诉问题中的解释变量的选取,本小节在主要解释变量的选取方面主要参考了Bown(2005)的文章,这篇探究影响反倾销或反补贴调查案件被诉至WTO的因素的文章,把一系列可能影响起诉的因素分为以下四类。

(1)案件涉及的产品价值。该类主要包括发起方于反倾销或反补贴调查发起前一年从被调查方进口的被调查产品进口额、被调查方于被调查前一年对世界其他经济体的被调查产品出口占比(假设A为发起方,B为被调查方,那么总出口占比=B对A的被调查产品出口/B对除A以外的世界其他经济体的被调查产品的总出口)。

(2)实现利益的可能性。该类主要包括发起方于调查发起前一年对被调查方的货物总出口占比(假设A为发起方,B为被调查方,那么总出口占比=A对B的货物总出口额/A对除B以外世界其他经济体的货物总出口额)。

(3)报复能力。此处的报复是指被调查方通过在被调查行业对发起方发起反倾销或反补贴调查的方式进行报复。该指标主要通过发起方对被调查方的行业出口占比(假设A为发起方,B为被调查方,那么行业出口占比=A对B的被调查行业的出口/A对除B以外的世界其他经济体的被调查行业的总出口)来度量。

(4)承担诉讼费用的能力。该类主要包括WTO秘书处代表和被调查方的实际人均GDP。

在起诉问题中,结合上述分类标准,本小节的主要解释变量将分为以下四类。

(1)调查结束当年被调查方可能受影响的贸易额。被调查方对发起方在被调查行业的出口额、被调查方在被调查行业的总出口额、被调查方对发起方在被调查行业的出口占比(假设A为发起方,B为被调查方,那么被调查方对发起方在被调查行业的出口占比=B对A在被调查行业的出口/B对所有经济体在被调查行业的总出口)、反倾销或反补贴税、反倾销或反补贴调查案件是否是"双反"案件。

该项指标中的被调查方对发起方在被调查行业的出口额对被调查方是否起诉的影响无法确定。被调查方对发起方在被调查行业的出口额对数值(linvexp)对是否起诉有两个作用机制,首先,linvexp是潜在的被征收反倾销或反补贴的出口额,该变量越大,被征收的反倾销或反补贴税就越多。其次,该变量和被调查方在被调查行业的出口额所受的影响呈反向相关关系,该变量越大,表明被调查方对发起方的出口并没有因为发起方对其实施反倾销或反补贴制裁而明显减少,那么此时就不太可能起诉;该变量越小,表明被调查方对发起方的出口确实因受到发起方对其实施反倾销或反补贴制裁而明显减少,那么此时就有可能起诉。所以linvexp对被调查方是否起诉的影响是正向还是负向就在于哪一个机制起主要作用。如果回归结果显示 linvexp 对被调查方是否起诉的影响是负向的,即被调查方倾向于不起诉而是选择接受发起方对被调查方当前出口征收的反倾销或反补贴税,那就说明被调查方当前被征收的反倾销或反补贴税低于其起诉成本,起诉不利;如果回归结果显示 linvexp 对被调查方是否起诉的影响是正向的,那就说明被调查方当前被征收的反倾销或反补贴税高于其起诉成本,即被调查方权衡发现缴纳的反倾销或反补贴税大于其发起起诉的成本,此时被调查方选择起诉。所以该变量对被调查方是否起诉的影响是正向的还是负向的就在于比较发起方对被调查方在被调查行业的出口的征税总额和被调查方起诉成本。

被调查方对发起方在被调查行业的出口占比(invexshare),可用来衡量被调查方对发起方在被调查行业的出口依赖程度。这里引入被调查方在被调查行业的总出口额对数值(linvtexp)来计算 invexshare。invexshare 对是否起诉也有两种作用机制。第一种机制:invexshare 在衡量被调查方受影响的出口比重时,对被调查方是否起诉有正向影响,即该比重越大表明受影响的出口就越大。第二种机制:invexshare 作为衡量被调查方对发起方在被调查行业的出口依赖程度时,该值越大,表明被调查方在被调查行业对发起方的出口依赖性越强,如果起诉影响到了两方之间的贸易关系,那么被调查方会考虑到以后该行业的出口将会受到影响而选择不起诉,所以 invexshare 对是否起诉有负向影响,最终 invexshare 对是否起诉的影响结果在于哪一个机制处于主导地位。为了方便表述,本小节分别将 invexshare 的第一种机制、第二种机制的效应分别命名为出口损失效应和长远关系效应。当出口损失效应大于长远关系效应时,invexshare 将对是否起诉有正向影响;当出口损失效应小于长远关系效应时,invexshare 将对是否起诉有负向影响。

(2)被调查方报复能力。该指标主要包括发起方对被调查方在被调查行业的出口额、发起方在被调查行业的总出口额、发起方对被调查方在被调查行业的出口占比(发起方对被调查方在被调查行业的出口额/发起方对世界所有经济体在被调查行业的出口额)。

(3)被调查方承担诉讼费用的能力。主要包括被调查方实际人均 GDP、被调查方在 WTO 是否有大法官,即上诉机构是否有本方的成员(上诉机构一般由具有公认的权威并在法律、国际贸易及各有关协议所涉及的专门领域内具有专业知识的人员组成。他们与政府没有关系,不受任何当事方的影响),不难理解,经济实力较强的被调查方(潜在的争端案件起诉方)往往有能力承担相应的诉讼费用;如果 WTO 的上诉机构中有本方的成员,那么被调查方也倾向于发起诉讼。

(4)双方诉讼经验。双方诉讼经验这一指标主要通过双方参与反倾销或反补贴争端案件的次数来度量,参与的形式主要有以下三种,以起诉方的身份参与、以被诉方的身份参与和以第三方的身份参与。因此,本小节使用被调查方在调查结束当年累计起诉次数、被调查方在调查结束当年累计被诉次数、被调查方在调查结束当年累计以第三方的身份参与争端案件的次数、被调查方在调查结束当年累计参与争端案件次数、发起方在调查结束当年累计起诉次数、发起方在调查结束当年累计被诉次数及发起方在调查结束当年累计以第三方的身份参与争端案件的次数、发起方在调查结束当年累计参与争端案件次数来度量争端双方的诉讼经验。

很多胜诉问题中的主要解释变量与起诉问题中的主要解释变量相同。影响反倾销或反补贴争端案件诉讼结果的因素有很多,其中如 invexshare、诉讼经验及诉讼双方在 WTO 是否有大法官这些可能的影响因素在已有的文献中也被提到证实过,比如,Greenwald(2003)发现上诉机构在处理争端案件时,并没有保持中立态度,而是会对诉讼结果稍做修改以达到其想要的结果。除此之外,诉讼结果受主观因素影响较大,林家红和李贺(2014)通过分析具体争端案例发现,专家组和上诉机构依据相同的条约解释却做出了完全不同的裁决。林波(2017)指出起诉方对被诉方的市场依赖程度对贸易争端案件的结果有显著影响,与此同时,积极以第三方身份参与到争端案件也有助于潜在的起诉方从中学习经验,为有效利用 WTO 争端解决机制做准备(胡晓琳和毛峙,2010)。

在诉讼阶段,本小节假设争端结果与起诉方在诉讼阶段付出的努力有关,一般认为,起诉方在诉讼阶段付出的努力越大,就越有利于其争取到一个好的结果。linvexp 和 invexshare 这两个变量会通过影响被调查方在诉讼阶段付出的努力进而影响诉讼结果。linvexp 对被调查方的努力程度有两条作用机制,首先,linvexp 是潜在的被征收反倾销或反补贴税的出口额,该变量越大,那么被征收的反倾销或反补贴税就越多,此时被调查方就会在诉讼过程中努力争取胜诉,进而对诉讼结果有正向影响;其次,linvexp 和被调查方在被调查行业的出口额所受的影响呈反向相关关系,该变量越大,表明被调查方对发起方的出口并没有因为发起方对其实施反倾销或反补贴制裁而明显减少,那么此时被调查方就不倾向于为争取胜诉付出努力,进而对诉讼结果有负向影响。所以被调查方在诉讼过程中是否为争取胜诉付出努力就在于哪一个机制起主要作用。如果被调查方在诉讼过程中没有为争取胜诉付出努力,而是选择接受发起方对被调查方当前出口征收的反倾销或反补贴税,那就说明该税额低于其为争取胜诉付出努力的成本,付出努力不利;那么什么时候被调查方会选择付出努力争取胜诉呢,只有当发起方对被调查方在被调查行业的出口征收的税额大于被调查方为争取胜诉付出努力的成本时,被调查方才选择为争取胜诉付出努力。所以最终 linvexp 对被调查方胜诉的影响是正向的还是负向的就在于发起方对被调查方在被调查行业出口的征税额和被调查方为争取胜诉付出努力的成本孰大孰小。invexshare 对被调查方在诉讼过程中的努力程度也有两种作用机制，第一种机制：当 invexshare 衡量受影响的出口额时对被调查方为争取胜诉付出努力有正向影响。第二种机制：当 invexshare 衡量被调查方对发起方在被调查行业的出口依赖程度时，该值越大，表明被调查方在被调查行业对发起方的出口依赖性越强，如果诉讼结果影响到了两方之间的贸易关系，那么被调查方会考虑到以后该行业的出口将会受到影响而选择消极诉讼，所以 invexshare 对被调查方在诉讼过程中是否为争取胜诉付出努力有负向影响，最终 invexshare 对是否胜诉的影响是正向还是负向就在于这两种机制哪一个处于主导地位，为了方便表述，本小节分别将 invexshare 的第一种机制、第二种机制的效应分别命名为诉讼阶段出口损失效应和诉讼阶段长远关系效应。当诉讼阶段的出口损失效应大于诉讼阶段的长远关系效应时，invexshare 将对被调查方是否为争取胜诉付出努力有正向影响，进而对诉讼结果有正向影响；当诉讼阶段出口损失效应小于诉讼阶段长远关系效应时，invexshare 对被调查方是否为争取胜诉付出努力有负向影响，进而对诉讼结果有负向影响。

除以上可能影响被调查方是否起诉及诉讼结果的因素外，本小节还控制了以下因素：发起方的实际人均 GDP、发起方在 WTO 是否有大法官、被调查方和发起方在调查结束当年的人口数量。

需要说明的一点是，本小节的相关数据的选取年度都为反倾销或反补贴调查结束当年，之所以选择使用调查结束当年的数据，是因为被调查方决定是否起诉的时间应该是在反倾销或反补贴调查结束之后，如果最终调查结果显示被调查方的出口并没有对发起方造成损害，那么就认为反倾销或反补贴调查不成立，该调查案件就会被撤销；只有在最终调查结果显示被调查方的出口确实对发起方造成了损害时，反倾销或反补贴调查才成立，此时被调查方将面临被征税或者其他相应的反倾销或反补贴措施，如果被调查方对此持有异议，那么才有起诉的可能性。所以反倾销或反补贴的被调查方潜在的起诉年份应该是在被调查结束并有了损害认定结果之后，考虑到被调查方为了尽可能降低反倾销或反补贴措施给自身带来的负面影响，本小节假定被调查方应尽可能较早地选择去起诉，故将潜在的起诉时间定为调查结束当年。

为了便于表述，本小节将模型中的一系列变量进行以下命名，同时说明了每个变量的含义和计算方法。如表4-10所示。

表 4-10 模型主要变量的含义及计算方法

变量类型	变量名	变量含义	计算方法
被解释变量	ifcharge	反倾销或反补贴调查案件是否被诉至 WTO	变量为二值变量，被调查方对发起方发起诉讼则该指标取 1，否则为 0
	ifwin	起诉至 WTO 的反倾销或反补贴调查案件是否胜诉	变量为二值变量，胜诉则该指标取 1，否则为 0

续表

变量类型	变量名	变量含义	计算方法
调查结束当年被调查方可能受影响的贸易额	linvexp	被调查方对发起方在被调查行业的出口额对数值	被调查方对发起方在被调查行业的出口额取对数
	linvtexp	被调查方在被调查行业的总出口额的对数值	被调查方对世界所有经济体在被调查行业的出口额取对数
	invexshare	被调查方对发起方在被调查行业的出口占比	被调查方对发起方在被调查行业的出口/被调查方对世界所有经济体在被调查行业的总出口
	duty	反倾销或反补贴税	取从量税
	ifdouble	反倾销或反补贴调查案件是否是"双反"案件	如果反倾销或反补贴调查案件是"双反"案件，则取值为1，否则为0
被调查方报复能力	ladexp	发起方对被调查方在被调查行业的出口额对数值	发起方对被调查方在被调查行业的出口额取对数
	ladtexp	发起方在被调查行业的总出口额的对数值	发起方对世界所有经济体在被调查行业的出口额取对数
	adexshare	发起方对被调查方在被调查行业的出口占比	发起方对被调查方在被调查行业的出口额/发起方对世界所有经济体在被调查行业的总出口额
被调查方承担诉讼费用的能力	lrinvgdp	被调查方实际人均GDP对数值	被调查方实际人均GDP取对数
	invdelegate	被调查方在WTO是否有大法官	如果调查结束当年被调查方在WTO有大法官，则该变量取1，否则为0
双方诉讼经验	invinum	被调查方在调查结束当年累计起诉次数	调查结束当年以前，被调查方在反倾销或反补贴争端案件中以起诉方身份出现的次数
	invbnum	被调查方在调查结束当年累计被诉次数	调查结束当年以前，被调查方在反倾销或反补贴争端案件中以被诉方身份出现的次数
	invnum	被调查方在调查结束当年累计以第三方的身份参与争端案件的次数	调查结束当年以前，被调查方在反倾销或反补贴争端案件中以第三方身份出现的次数
	invtnum	被调查方在调查结束当年累计参与争端案件次数	该变量=invinum+invbnum+invnum，用来衡量诉讼经验
	adinum	发起方在调查结束当年累计起诉次数	调查结束当年以前，发起方在反倾销或反补贴争端案件中以起诉方身份出现的次数
	adbnum	发起方在调查结束当年累计被诉次数	调查结束当年以前，发起方在反倾销或反补贴争端案件中以被诉方身份出现的次数
	adnum	发起方在调查结束当年累计以第三方的身份参与争端案件的次数	调查结束当年以前，发起方在反倾销或反补贴争端案件中以第三方身份出现的次数
	adtnum	发起方在调查结束当年累计参与争端案件次数	该变量=adinum+adbnum+adnum，用来衡量诉讼经验
其他	ifwto	被调查方和发起方是否都加入WTO	调查结束当年，被调查方和发起方都是WTO成员则取1，否则取0
	linvpopu	被调查方人口数量对数值	被调查方人口数量取对数
	ladpopu	发起方人口数量对数值	发起方人口数量取对数
	lradgdp	发起方实际人均GDP对数值	发起方实际人均GDP取对数
	addelegate	发起方在WTO是否有大法官	如果调查结束当年发起方在WTO有大法官，则该变量取1，否则为0

二、实证分析

（一）描述性统计分析

1. 总样本描述性统计

本小节实证模型中涉及的解释变量的描述性统计结果如表 4-11 所示。

表 4-11　模型变量的描述性统计

变量名	观察数	平均值	标准差	最小值	最大值
ifcharge	5380	0.0652	0.2470	0	1.0000
ifwin	325	0.7292	0.4450	0	1.0000
linvexp	3865	19.5000	2.4570	5.4120	25.9200
linvtexp	4000	23.3100	1.7690	14.9300	27.6000
invexshare	3865	0.0713	0.1230	0	0.9100
duty	3746	43.7900	69.1700	0	1450.0000
ifdouble	5380	0.1200	0.3250	0	1.0000
ladexp	3859	18.2400	3.1990	2.4850	25.0400
ladtexp	4383	22.5800	1.9980	14.4000	27.1100
adexshare	3859	0.0561	0.1150	0	0.9790
lrinvgdp	5146	8.8440	1.3540	5.5130	11.1200
invdelegate	5379	0.3200	0.4670	0	1.0000
invinum	4098	3.4830	4.2360	0	19.0000
invbnum	4098	3.0780	7.8460	0	55.0000
invnum	4098	11.0800	12.6000	0	52.0000
invtnum	4098	17.6400	20.3200	0	92.0000
adinum	4098	5.6060	9.0320	0	54.0000
adbnum	4098	4.5510	9.9730	0	55.0000
adnum	4098	8.2860	9.8870	0	51.0000
adtnum	4098	18.4400	21.7900	0	92.0000
ifwto	5374	0.6688	0.4707	0	1.0000
linvpopu	5310	18.5900	1.7540	10.7800	21.0400

续表

变量名	观察数	平均值	标准差	最小值	最大值
ladpopu	5374	18.8400	1.4090	14.0500	26.7700
lradgdp	5168	9.0560	1.3790	6.0670	10.7600
addelegate	5380	0.3470	0.4760	0	1.0000

本小节的样本总量为 5380，从表 4-11 中不难发现大部分变量都有数据缺失，造成数据缺失主要有以下两个原因：首先，反倾销或反补贴调查案件的发起年份和调查结束年份缺失导致无法搜集到对应年份的数据；其次，部分经济体只提供了某个年份以后的贸易数据，比如，南非只有 2000 年以后的贸易数据，1995~1999 年的数据并没有提供，从而 1995~1999 年南非与其他经济体的贸易数据无法得到。

从表 4-11 可以看出，起诉案件在所有的反倾销或反补贴调查案件中的占比不到 7%，胜诉案件在起诉案件中的占比高达 72.92%，即 WTO 成员的起诉率较低，但胜诉率较高。

2. 分样本描述性统计

起诉样本和未起诉样本的 t 检验结果如表 4-12 所示。

表 4-12 起诉样本和未起诉样本的 t 检验结果

变量名	起诉样本量	起诉样本均值	未起诉样本量	未起诉样本均值	均值差
linvexp	301	21.30	3564	19.34	1.96***
linvtexp	307	23.95	3693	23.26	0.69***
invexshare	301	0.15	3564	0.07	0.08***
duty	319	54.06	3427	42.84	11.22***
ifdouble	351	0.49	5029	0.09	0.40***
ladexp	279	20.43	3580	18.07	2.36***
ladtexp	317	23.62	4066	22.50	1.12***
adexshare	279	0.08	3580	0.05	0.03***
lrinvgdp	349	9.02	4797	8.83	0.19**
invdelegate	351	0.58	5028	0.30	0.28***
invinum	351	5.68	3747	3.28	2.40***
invbnum	351	3.64	3747	3.03	0.61
invnum	351	17.44	3477	11.39	6.05***

续表

变量名	起诉样本量	起诉样本均值	未起诉样本量	未起诉样本均值	均值差
invtnum	351	26.76	3747	16.79	9.97***
adinum	351	24.27	3747	3.86	20.40***
adbnum	351	5.05	3747	4.50	0.55
adnum	351	13.91	3747	7.76	6.15***
adtnum	351	43.23	3747	16.12	27.11***
ifwto	351	1.00	5023	0.65	0.35***
linvpopu	347	19.17	4963	18.55	0.62***
ladpopu	351	19.43	5023	18.80	0.63***
lradgdp	351	9.68	4817	9.01	0.67***
addelegate	351	0.70	5029	0.32	0.38***

***、**分别表示在1%、5%的显著性水平下显著

由表4-12可知，除了被调查方在调查结束当年累计被诉次数与发起方在调查结束当年累计被诉次数在起诉样本和未起诉样本之间并没有显著差异外，起诉样本的大多数指标都显著性高于未起诉样本的指标，说明起诉样本和未起诉样本之间确实存在显著性差异。

胜诉样本和败诉样本的 t 检验结果如表4-13所示。

表4-13　胜诉样本和败诉样本的 t 检验结果

变量名	胜诉样本量	胜诉样本均值	败诉样本量	败诉样本均值	均值差
linvexp	213	22.03	66	19.20	2.83***
linvtexp	215	24.23	70	23.28	0.95***
invexshare	213	0.16	66	0.10	0.06***
duty	223	55.30	75	60.49	−5.19
ifdouble	237	0.62	88	0.18	0.44***
ladexp	210	21.05	48	18.27	2.78***
ladtexp	214	24.19	80	22.13	2.06***
adexshare	210	0.09	48	0.08	0.01
lrinvgdp	237	8.91	87	9.41	−0.50**
invdelegate	237	0.67	88	0.48	0.19***
invinum	237	5.98	88	5.38	−0.60
invbnum	237	4.35	88	2.31	2.04**

续表

变量名	胜诉样本量	胜诉样本均值	败诉样本量	败诉样本均值	均值差
invnum	237	21.38	88	8.80	12.58***
invtnum	237	31.70	88	16.48	15.22***
adinum	237	32.49	88	4.65	27.84***
adbnum	237	5.27	88	3.47	1.80***
adnum	237	15.86	88	5.45	10.41***
adtnum	237	53.61	88	13.57	40.04***
linvpopu	234	19.42	87	18.69	0.73***
ladpopu	237	19.45	88	19.36	0.09
lradgdp	237	10.32	88	8.06	2.26***
addelegate	237	0.79	88	0.51	0.28***

***、**分别表示在1%、5%的显著性水平下显著

由表4-13可知，反倾销或反补贴税、发起方对被调查方在被调查行业的出口占比、被调查方在调查结束当年累计起诉次数、发起方人口数量对数值在胜诉样本和败诉样本之间并没有显著差异，除此之外，胜诉样本中的大多数指标都显著性高于败诉样本中的指标，说明胜诉样本和败诉样本在很多方面确实存在显著性差异。

（二）回归结果

1. Heckman两阶段回归分析

根据前述模型设定，将整理匹配好的相关数据导入Stata14软件，具体计量结果如表4-14所示。

表4-14 Heckman 一、二阶段回归结果

关键变量类别	变量	ifcharge	ifwin
调查结束当年被调查方可能受影响的贸易额	ifdouble	1.0834***	
		(0.1151)	
	duty	−0.0003	
		(0.0007)	
	linvexp	−0.0782**	0.0536***
		(0.0380)	(0.0185)
	invexshare	1.3205***	−0.4561**
		(0.4103)	(0.1980)

续表

关键变量类别	变量	ifcharge	ifwin
被调查方报复能力	ladexp	−0.0493*	−0.0317**
		(0.0294)	(0.0159)
	adexshare	1.0510*	1.0164***
		(0.5983)	(0.3155)
被调查方承担诉讼费用的能力	lrinvgdp	0.1997***	−0.0983***
		(0.0620)	(0.0320)
	invdelegate	−0.0303	−0.0005
		(0.1352)	(0.0691)
被调查方诉讼经验	invinum	0.0051	−0.0066
		(0.0172)	(0.0079)
	invnum	0.0221***	0.0113***
		(0.0061)	(0.0035)
	invbnum	−0.0197**	0.0059
		(0.0086)	(0.0043)
发起方诉讼经验	adtnum	0.0179***	−0.0009
		(0.0031)	(0.0019)
其他	ifwto	5.0804***	
		(1.8400)	
	lradgdp	0.0287	0.1911***
		(0.0572)	(0.0303)
	addelegate	0.3239**	0.3425***
		(0.1550)	(0.0802)
	linvpopu	0.0295	−0.0887***
		(0.0547)	(0.0269)
	ladpopu	−0.0219	0.0331
		(0.0658)	(0.0306)
	常数项	−7.4876	−0.3254
			(0.8627)
	逆米尔斯比率系数		0.1913***
			(0.0661)
	样本数	2203	227

注：括号中为标准差
***、**、*分别表示在 1%、5%、10%的显著性水平下显著

从表 4-14 可以发现逆米尔斯比率系数在 1%的水平上显著，说明样本确实存在选择性偏差问题，也就是说本小节选择 Heckman 两步回归对其进行修正是合理的。首先观察第一阶段的回归结果，我们可以发现在衡量调查结束当年被调查方可能受影响的贸易额的一系列变量中，ifdouble、invexshare 和 linvexp 对被调查方是否起诉有显著影响，ifdouble 对是否起诉有正向影响符合预期，因为在变量选取那一节，本小节已经阐明了"双反"案件相较于反倾销或反补贴调查案件对被调查方的影响更大，被调查方可能因面临反倾销税和反补贴税的双重制裁而倾向于起诉，因此该变量对被调查方起诉有显著的正向作用。invexshare 对被调查方是否起诉有显著正向影响，结合本节的分析可知，invexshare 的出口损失效应大于长远关系效应。linvexp 对是否起诉也有两条作用机制，同样在本节已经对 linvexp 的两条作用机制做过分析，由第一阶段的回归结果可知 linvexp 对被调查方是否起诉的影响是显著负向的，表明被调查方起诉成本大于其被征收的反倾销或反补贴税从而不倾向起诉。反倾销或反补贴税不显著可能的原因包括：①反倾销或反补贴税并不能直接反映具体受影响的贸易额，有些时候，反倾销或反补贴税很大，但涉及的贸易量不是很大，有时候反倾销或反补贴税很小，但涉及的贸易量却很大。②数据缺失。案例中有 20%~30%的样本提供的是从量税的信息，由于涉及不同的经济体和不同的产品，单位较难统一，这部分税额信息并没有在本小节的样本中呈现。

在衡量被调查方报复能力的一系列指标中，我们可以看到 adexshare 显著正向影响被调查方是否起诉，adexshare 对被调查方是否起诉也有两种相反的作用，adexshare 在作为度量发起方对被调查方在被调查行业的出口规模的指标时，规模越大被调查方越倾向于通过对发起方发起反倾销或反补贴调查来作为起诉的替代手段（Bown，2005），但 adexshare 在作为度量发起方对被调查方的出口依赖程度的指标时对被调查方是否起诉有正向影响，因为被调查方在决定是否起诉时，如果发起方对被调查方的出口依赖程度越强，那么被调查就会考虑到发起方对被调查方的依赖关系而越有底气发起起诉。

在度量被调查方承担诉讼费用的能力的指标中，被调查方实际人均 GDP 显著正向影响被调查方是否起诉，这一结论符合预期，因为实际人均 GDP 可以衡量一个经济体的经济实力，经济实力越强就越有能力承担高昂的诉讼费用，进而更倾向于起诉。invdelegate 这一指标不显著，addelegate 对被调查方是否起诉却有显著的正向影响，可能的原因是反倾销或反补贴的发起方大多是那些在 WTO 上诉机构中有本方成员的经济体，如果在 WTO 的上诉机构中有本方成员，那么就越有可能对其他经济体发起反倾销或反补贴，那么这些发起方就越有可能成为潜在的被诉方，这就导致了发起方在 WTO 是否有大法官这一变量表现出正向的显著作用。

在度量被调查方的诉讼经验的指标中,我们可以发现 invnum 对是否起诉有显著正向影响,这一结果符合预期,表明一个经济体的诉讼经验越足,就越有可能利用争端解决机制来解决争端,同时该指标反映出一个经济体利用争端解决机制的积极性,经常以第三方的身份参与到争端案件中来,无非是因为该案件和本经济体之前或将来可能出现的案件比较类似,那么以第三方的身份参与争端案件的次数越多,该经济体就越有可能发起诉讼。invbnum 对其是否起诉有显著负向的影响,可能的解释是,如果一个经济体累计被诉次数很多,表明该经济体之前对其他经济体发起的反倾销或反补贴调查案件数越多,故这些经济体可能偏好使用反倾销或反补贴的报复手段来替代起诉。invinum 这一指标对是否起诉有正向作用但未达到显著性水平。

针对第二阶段的回归结果,我们可以发现 linvexp 和 invexshare 对被调查方是否胜诉的影响与第一阶段其对是否起诉的影响相反,前文已经对 linvexp 影响是否胜诉的两条作用机制进行了阐述,即 linvexp 最终对是否胜诉的影响是正向的还是负向的就在于被调查方所承担的反倾销或反补贴税和被调查方为争取胜诉付出努力的成本的比较;invexshare 最终对是否胜诉的影响是正向的还是负向的就在于诉讼阶段出口损失效应和诉讼阶段长远关系效应中哪一个效应起主导作用。第二阶段的回归结果显示 linvexp 显著正向影响被调查方在争端中是否胜诉,说明被调查方所承担的反倾销或反补贴税大于被调查方为争取胜诉付出努力的成本,故被调查方选择为争取胜诉付出努力,进而间接对是否胜诉产生正向影响。由表 4-14 可知,invexshare 显著负向影响是否胜诉,说明 invexshare 的诉讼阶段出口损失效应小于诉讼阶段长远关系效应,为了不影响两方贸易关系,被调查方选择消极诉讼,进而间接对诉讼结果产生负向影响。

在度量被调查方承担诉讼费用的能力的指标中,可以发现 lrinvgdp 对是否胜诉有着显著负向影响,经济实力强可能会对一个经济体是否发起诉讼有影响,但是对诉讼结果可能并没有直接的影响,出现上述显著负向影响的可能原因:对于经济实力不强的经济体而言,其起诉成本相对较高,因此一旦发起诉讼,就很有可能有充分的证据在手,自身经济实力不强及高昂的诉讼费用会迫使其为争取胜诉投入更多努力,反观经济实力雄厚的经济体,它们对诉讼费用可能并没有像经济实力弱小的经济体那样敏感,因此其对争端案件的重视程度和投入的努力相对经济实力不强的经济体远远不够,因此就会出现被调查方实际人均 GDP 和争端结果之间的负向关系。

在度量被调查方诉讼经验的指标中,我们发现 invnum 对争端结果有显著正向影响,表明以第三方身份参与争端案件有利于积累诉讼经验,诉讼经验越丰富就越有利于胜诉。invbnum 度量被调查方在调查结束当年累计被诉次数,以被诉方的身份参与争端案件也会增加被调查方的诉讼经验,不过和以第三方身份参与相比,以被诉方的身份参与争端案件缺乏主动性。invinum 为被调查方在调查结束当年累计起诉次数,以起诉方的身份参与争端案件也会增加被调查方的诉讼经验,同时该变量体现了被调查方对诉讼的主动性,但是和以第三方的身份参与相比,其获得诉讼经验的代价相对较大,因为以第三方的身份参与争端案件付出的成本最小,参与方不用付出像起诉方那样的人力、物力、财力,也不用像被诉方那样承担败诉风险(高田甜,2008),并且第三方还可以参与多种类型的争端案件,这些优势都是作为起诉方和被诉方的身份参与争端案件所不具备的。

2. 边际效应分析

由表 4-15 可知,变量 ifdouble、invexshare、lrinvgdp、invnum 和 adtnum 的增加均会增加反倾销或反补贴调查案件进入第二阶段即被诉至 WTO 的概率。其中,ifdouble 每增加 1 个单位,反倾销或反补贴调查案件被诉至 WTO 的概率将增加 0.2090 个单位;invexshare 每增加 1 个单位,那么反倾销或反补贴调查案件被诉至 WTO 的概率将增加 0.1450 个单位;lrinvgdp 每增加 1 个单位,那么反倾销或反补贴调查案件被诉至 WTO 的概率将增加 0.0217 个单位;invnum 每增加 1 个单位,那么反倾销或反补贴调查案件被诉至 WTO 的概率将增加 0.0022 个单位;adtnum 每增加 1 个单位,那么反倾销或反补贴调查案件被诉至 WTO 的概率将增加 0.0025 个单位。变量 ladexp 和 invbnum 的增加均会降低反倾销或反补贴调查案件进入第二阶段即被诉至 WTO 的概率。其中,ladexp 每增加 1 个单位,那么反倾销或反补贴调查案件被诉至 WTO 的概率将下降 0.0060 个单位;invbnum 每增加 1 个单位,那么反倾销或反补贴调查案件被诉至 WTO 的概率将下降 0.0023 个单位。

表 4-15 边际效应分析

关键变量类别	变量	ifcharge 边际效应
调查结束当年被调查方可能受影响的贸易额	ifdouble	0.2090***
		(0.0300)
	duty	−0.0001
		(−0.0001)
	linvexp	−0.0057
		(0.0044)
	invexshare	0.1450***
		(0.0487)

续表

关键变量类别	变量	ifcharge 边际效应
被调查方报复能力	ladexp	−0.0060*
		(0.0033)
	adexshare	0.1050
		(0.0715)
被调查方承担诉讼费用的能力	lrinvgdp	0.0217***
		(0.0072)
	invdelegate	−0.0184
		(0.0156)
被调查方诉讼经验	invinum	0.0011
		(0.0020)
	invnum	0.0022***
		(0.0007)
	invbnum	−0.0023**
		(0.0010)
发起方诉讼经验	adtnum	0.0025***
		(0.0004)
其他	lradgdp	−0.0032
		(0.0066)
	addelegate	0.0275
		(0.0173)
	linvpopu	0.0022
		(0.0063)
	ladpopu	−0.0075
		(0.0075)
	样本数	2030

注：括号中为标准差

***、**、*分别表示在 1%、5%、10%的显著性水平下显著

3. 控制年份固定效应、行业固定效应和经济体固定效应

由于本小节的数据是 1980~2015 年发生的所有反倾销或反补贴调查案件，涉

及 22 大类行业，属于混合截面数据，控制年份固定效应（year）、行业固定效应（industry）和经济体固定效应（economies）后的回归结果如表 4-16 所示。

表 4-16　控制行业、年份和经济体固定效应后的 Heckman 一、二阶段的回归

关键变量类别	变量	ifcharge	ifwin
调查结束当年被调查方可能受影响的贸易额	ifdouble	1.3524***	
		（0.2436）	
	duty	−0.0002	
		（0.0014）	
	linvexp	0.1916**	0.0575***
		（0.0977）	（0.0200）
	invexshare	−1.1068	−0.2092
		（1.0502）	（0.3354）
被调查方报复能力	ladexp	0.0570	−0.0811***
		（0.0704）	（0.0193）
	adexshare	−0.0717	1.1480***
		（1.5082）	（0.4040）
被调查方承担诉讼费用的能力	lrinvgdp	−0.1210	−0.2242*
		（0.4826）	（0.1276）
	invdelegate	−0.0879	−0.2085***
		（0.3262）	（0.0535）
被调查方诉讼经验	invinum	−0.0188	−0.0139
		（0.0610）	（0.0120）
	invnum	0.0589***	0.0214***
		（0.0194）	（0.0055）
	invbnum	0.0583	−0.0576***
		（0.0420）	（0.0161）
发起方诉讼经验	adtnum	0.0923***	0.0053
		（0.0101）	（0.0035）
其他因素	ifwto	7.1683	
		（80.9045）	
	lradgdp	−0.6288***	0.2260***
		（0.1316）	（0.0385）

续表

关键变量类别	变量	ifcharge	ifwin
其他	addelegate	−0.4986*	0.4254***
		（0.2939）	（0.0627）
	linvpopu	−28.7222***	1.0842
		（4.7108）	（0.8357）
	ladpopu	−0.2432*	0.2224***
		（0.1350）	（0.0481）
	常数项	496.4848	−20.9773
			（14.1012）
	逆米尔斯比率系数		0.0988**
			（0.0480）
	year	是	是
	industry	是	是
	economies	是	是
	样本数	2203	227

注：括号中为标准差

***、**、*分别表示在1%、5%、10%的显著性水平下显著

从回归结果可以看出，当控制年份、行业和经济体固定效应后，逆米尔斯比率系数依然在5%的水平上显著，说明样本确实存在选择性偏差问题，也就是说本小节选择Heckman两步回归对其进行修正是合理的。

第一阶段回归结果显示，ifdouble、linvexp和invnum均显著正向影响被调查方是否起诉。其中，ifdouble每增加1个单位，是否起诉这一二值变量将增加1.3524个单位，表明如果被调查方遭受的是"双反"调查，那么该方就倾向于通过起诉解决争端。linvexp每增加1个单位，是否起诉这一二值变量将增加0.1916个单位，表明被调查方承担的反倾销或反补贴税大于起诉成本，故倾向于选择起诉解决争端。invnum每增加1个单位，是否起诉这一二值变量将增加0.0589个单位，表明被调查方的诉讼经验越丰富，其越倾向于起诉。对比以上三个变量，可以发现ifdouble对是否起诉的影响最大。此外，adtnum也显著正向影响被调查方是否起诉。除了对是否起诉有正向影响的变量外，变量lradgdp显著负向影响是否起诉，lradgdp每增加1个单位，是否起诉这一二值变量将减少0.6288个单位，表明发起方的经济实力越弱，越容易受到被调查方的起诉。除了变量lradgdp，变量addelegate、 linvpopu、ladpopu 也显著负向影响是否起诉。

第二阶段的回归结果显示，linvexp、adexshare 和 invnum 均显著正向影响被调查方是否胜诉。其中，linvexp 每增加 1 个单位，是否胜诉这一二值变量将增加 0.0575 个单位，表明被调查方承担的反倾销或反补贴税大于被调查方为争取胜诉付出努力的成本，被调查方在诉讼过程中为争取胜诉付出努力。adexshare 每增加 1 个单位，是否胜诉这一二值变量将增加 1.1480 个单位，表明发起方对被调查方的进口依赖越强，诉讼结果就越有利于被调查方。invnum 每增加 1 个单位，是否胜诉这一二值变量将增加 0.0214 个单位，表明被调查方累计以第三方身份参与争端案件次数越多，就越有利于其在争端案件中胜诉。此外，lradgdp、addelegate、ladpopu 也显著正向影响被调查方是否胜诉。

4. 分组回归

按照被调查方是发达经济体和发展中经济体将样本分为两组，分别进行 Heckman 两阶段回归，回归结果见表 4-17。

表 4-17 分样本回归结果

关键变量类别	变量	ifcharge 发达经济体	ifcharge 发展中经济体	ifwin 发达经济体	ifwin 发展中经济体
调查结束当年被调查方可能受影响的贸易额	ifdouble	1.3498***	1.0249***		
		(0.2089)	(0.1593)		
	duty	0.0013	−0.0007		
		(0.0015)	(0.0008)		
	linvexp	−0.1448	−0.1537***	0.2062***	0.0077
		(0.0919)	(0.0518)	(0.0427)	(0.0280)
	invexshare	0.1711	3.5762***	−0.8494***	0.1111
		(0.7081)	(0.6686)	(0.2967)	(0.4423)
被调查方报复能力	ladexp	−0.0001	−0.0591	−0.1178***	−0.0298
		(0.0654)	(0.0385)	(0.0312)	(0.0209)
	adexshare	2.4266***	0.9867	1.8168***	0.6228
		(0.8633)	(1.0838)	(0.4182)	(0.6946)
被调查方承担诉讼费用的能力	lrinvgdp	−0.4499	0.2595***	−0.2932***	−0.0205
		(0.3479)	(0.0873)	(0.1107)	(0.0485)
	invdelegate	−0.1037	0.2958	−0.0929	0.3379***
		(0.2563)	(0.2108)	(0.1119)	(0.1211)

续表

关键变量类别	变量	ifcharge 发达经济体	ifcharge 发展中经济体	ifwin 发达经济体	ifwin 发展中经济体
被调查方诉讼经验	invinum	0.0594**	−0.1440***	0.0181	−0.0322
		(0.0298)	(0.0452)	(0.0113)	(0.0227)
	invnum	0.0358***	−0.0007	0.0186***	0.0087
		(0.0104)	(0.0121)	(0.0049)	(0.0059)
	invbnum	−0.0219**	0.0149	0.0078*	0.0126
		(0.0109)	(0.0493)	(0.0044)	(0.0243)
发起方诉讼经验	adtnum	−0.0042	0.0420***	−0.0100***	0.0128***
		(0.0067)	(0.0053)	(0.0027)	(0.0044)
其他	ifwto	5.0015	5.0613**		
		(5.0843)	(2.2932)		
	lradgdp	0.4117***	−0.2581***	0.3610***	−0.0906*
		(0.1143)	(0.0925)	(0.0559)	(0.0492)
	addelegate	0.4545*	0.1629	0.4391***	0.4511***
		(0.2359)	(0.2478)	(0.1111)	(0.1212)
	linvpopu	0.1082	0.3046***	−0.0700	−0.0632
		(0.1459)	(0.0872)	(0.0596)	(0.0510)
	ladpopu	0.5242***	−0.3498***	0.3904***	−0.0080
		(0.1525)	(0.0956)	(0.0874)	(0.0535)
	常数项	−16.0196	−3.1125	−8.7595***	1.8919*
				(2.3357)	(1.0206)
	逆米尔斯比率系数			0.1435**	0.4242***
				(0.0707)	(0.1137)
	样本数	749	1454	80	147

注：括号中为标准差

***、**、*分别表示在1%、5%、10%的显著性水平下显著

回归结果显示，在发达经济体样本和发展中经济体样本中进行 Heckman 两步回归，逆米尔斯比率系数分别在5%和1%的水平上显著，说明两组分样本确实存在选择性偏差问题，再一次说明本小节选择 Heckman 两步回归对其进行修正的合理性。

首先发达经济体的两阶段回归结果显示，ifdouble 显著正向影响被调查方是否

起诉，这一结果符合预期，表明如果反倾销或反补贴调查案件是"双反"案件，那么被调查方就倾向于通过起诉解决争端案件。linvexp 和 invexshare 对发达经济体是否起诉均无显著影响，表明发达经济体面临的起诉成本和其当前承受的反倾销或反补贴税并不会影响发达经济体是否起诉的决策，发达经济体对被诉方的出口依赖程度也不会影响其起诉决策。但是发起方对被调查方的进口依赖程度 adexshare 会对被调查方是否起诉有显著正向影响，当反倾销或反补贴的发起方对被调查方的进口依赖程度较强时，发达经济体会仗着发起方对其在被调查行业的进口依赖而倾向于选择起诉处理贸易争端。在诉讼阶段 linvexp 和 invexshare 对被调查方是否胜诉有显著影响，结合前文对 linvexp 的两种作用机制的分析，在诉讼阶段，最终 linvexp 对被调查方是否胜诉的影响就在于被调查方所承担的反倾销或反补贴税与被调查方为争取胜诉付出努力的成本孰大孰小，回归结果显示 linvexp 对被调查方是否胜诉有显著正向影响，表明被调查方在诉讼阶段承担的反倾销或反补贴税大于其为争取胜诉付出努力的成本，所以发达经济体在诉讼阶段选择付出努力争取胜诉，这一行为间接对诉讼结果有正向影响。同样地，invexshare 对被调查方是否胜诉有两种作用机制，最终 invexshare 对被调查方是否胜诉的影响在于诉讼阶段的出口损失效应和诉讼阶段的长远关系效应的比较，回归结果显示 invexshare 对被调查方是否胜诉有显著负向影响，表明被调查方诉讼阶段的长远关系效应大于诉讼阶段的贸易损失效应，说明相对于贸易损失，被调查方更注重与发起方的长远贸易关系，因而在诉讼阶段可能会对被诉方妥协让步，与此同时，adexshare 对被调查方是否胜诉有显著正向影响，表明发起方对被调查方的进口依赖程度越强，诉讼结果对被调查方越有利。lrinvgdp 和 invdelegate 对被调查方是否起诉并没有显著正向影响，表明当被调查方是发达经济体时，自身经济实力并不会影响其是否起诉，因为发达经济体的经济实力普遍较强，所以其是否起诉并不会受制于承担诉讼费用的能力。与此同时，对于发达经济体而言，其在 WTO 是否有大法官并不会影响其是否起诉的决策。invinum 和 invnum 对是否起诉有显著正向影响，表明被调查方累计起诉次数和累计以第三方的身份参与争端案件的次数越多，被调查方越倾向于起诉，同时 invnum 对是否胜诉有显著正向影响，表明被调查方累计以第三方的身份参与争端案件的次数越多，其在争端案件中取得胜诉的可能性越大。

对于发展中经济体而言，其两阶段回归结果显示，ifdouble 显著正向影响被调查方是否起诉，这一结果符合预期，表明如果反倾销或反补贴调查案件是"双反"案件，那么被调查方倾向于通过起诉解决争端案件。linvexp 和 invexshare 对被调查方是否起诉有显著影响，结合之前对 linvexp 的两种作用机制的分析，最终 linvexp 对被调查方是否起诉的影响是正向的还是负向的就在于被调查方承担的反倾销或反补贴税和起诉成本孰大孰小，回归结果显示 linvexp 对被调查方是否起诉有显著负向影响，表明当被调查方是发展中经济体时，其承受的反倾销或反补贴税小于起诉成本，被调查方不倾向于起诉。同样地，结合之前对 invexshare 两种作用机制的分析，invexshare 对被调查方是否起诉的影响是正向的还是负向的就在于出口损失效应和长远关系效应哪个处于主导地位，回归结果显示 invexshare 对被调查方是否起诉有显著正向影响，表明被调查方的出口损失效应大于长远关系效应，即当被调查方是发展中经济体时，相较于和发起方的贸易关系，其更可能会因为难以承受反倾销或反补贴税而选择起诉。lrinvgdp 对被调查方是否起诉有显著正向影响，当被调查方是发展中经济体时，其实际人均 GDP 越大，即经济实力越强，那么在面对发起方对其实施的反倾销或反补贴措施后就越倾向于起诉，但是其对诉讼结果并无显著影响。lradgdp 对被调查方是否起诉有显著负向影响，表明当被调查方是发展中经济体时，如果发起方的实际人均 GDP 越小，即经济实力越弱，那么在面对发起方对其实施的反倾销或反补贴措施后就越倾向于起诉，并且 lradgdp 对被调查方是否胜诉有显著负向影响，即发起方的经济实力越弱，就越有利于被调查方在诉讼中取得胜诉。invdelegate 对被调查方是否胜诉有显著正向影响，即当被调查方是发展中经济体时，如果其在 WTO 有大法官，那么其作为起诉方时就越有可能在诉讼过程中取得胜诉。invinum、invnum 和 invbnum 对被调查方是否起诉和是否胜诉均无显著正向影响，表明被调查方累计以起诉方的身份参与争端案件的次数、被调查方累计以第三方的身份参与争端案件的次数及被调查方累计以被诉方的身份参与争端案件的次数并没有为被调查方提供很多诉讼经验，即当被调查方是发展中经济体时，诉讼经验对诉讼结果的影响并不明显，不过前人的文献通过对第三方制度的特征分析，认为以第三方的身份参与争端案件有利于参与方积累更多的诉讼经验，有利于日后的起诉和应诉。

对比发达经济体和发展中经济体的回归结果可以发现，在调查结束当年被调查方可能受影响的贸易额的指标中，ifdouble 均会对是否起诉产生显著正向影响，表明无论是发达经济体还是发展中经济体，反倾销或反补贴调查案件是否是"双反"案件是被调查方在决定是否起诉时的重要考虑因素。发展中经济体的 invexshare 对是否起诉有显著正向影响，对是否胜诉的影响不显著，表明当被调查方是发展中经济体时，其诉讼阶段贸易损失效应大于诉讼阶段长远关系效应；发达经济体的 invexshare 对是否起诉的影响不显著，对是否胜诉有显著负向影响，表明当被调查方是发达经济体时，其诉讼阶段贸易损失效应小于诉讼阶段长远关系效应。invexshare 的系数如果是负的，表明被调查方更注重和发起方的长期贸易关系，如果为正，则更注重即期损失。所以根据回归结果可以发现相较于发达经济体，发展中经济体更加重视当期的贸易损失。Guzman（2005）通过建立能力和权力模型，发现从长期来看，发展中经济体缺乏谈判所需的人力物力资源，由于能力的欠缺，它们在争端中往往没有能力实现长期的价值目标，更看重即期的收益。从被调查方承担诉讼费用的能力指标来看，lrinvgdp 对发展中经济体是否起诉有显著正向影响，对发达经济体影响不显著，表明承担诉讼费用能力这一指标主要是发展中经济体在起诉时的主要考虑因素，与此同时，invdelegate 对发展中经济体是否胜诉有显著正向影响，对发达经济体是否胜诉影响不显著，lradgdp 对发展中经济体是否胜诉有显著负向影响，表明发起方经济实力越弱，被调查方就越容易胜诉，而 lradgdp 对发达经济体是否胜诉并没有显著负向影响，表明承担诉讼费用能力之一指标是影响发展中经济体胜诉的主要因素。从诉讼经验这一指标来看，当被调查方是发达经济体时，invnum 对其是否起诉有显著正向影响；当被调查方是发展中经济体时，invnum 对其是否起诉作用不显著。与此同时，当被调查方是发达经济体时，invnum 对被调查方是否胜诉有显著正向影响，adtnum 对被调查方是否胜诉有显著负向影响；当被调查方是发展中经济体时，invnum 对被调查方是否胜诉并没有显著影响。表明相较于发展中经济体，发达经济体在起诉时更看重诉讼经验，同时在诉讼过程中，发达经济体作为第三方参与争端案件积累的诉讼经验有利于其在诉讼中获胜。

三、结论与启示

（一）研究结论

本小节利用世界银行官方网站上公布的 1980~2015 年全球反倾销数据库和全球反补贴数据库、WTO 争端案件数据库、联合国商品贸易数据库，探究影响反倾销和反补贴争端案件中被调查方起诉和胜诉的因素，通过对当前 WTO 成员起诉和胜诉现状的描述性统计分析及实证研究可得出如下结论。

（1）从起诉情况来看，发展中经济体作为起诉方的比重高于发达经济体，发达经济体作为被诉方的比重高于发展中经济体，表明发展中经济体逐渐成为发起反倾销或反补贴争端案件的主力。从总体争端结果来看，反倾销或反补贴争端案件的胜诉率高于败诉率，并且发展中经济体和发达经济体在作为起诉方时胜诉率有所差异，发展中经济体作为起诉方的胜诉率高于发达经济体，无论是发达经济体还是发展中经济体，其针对发达经济体发起诉讼的胜诉率高于针对发展中经济体发起诉讼的胜诉率。从总体涉案行业来看，争端案件的涉案行业主要为钢铁、动物食品和化工行业。其中发达经济体和发展中经济体之间相互起诉时，主要涉案行业也有所差异，发达经济体起诉发达经济体的争端案件主要涉及木质行业、钢铁行业及机械设备行业；发达经济体起诉发展中经济体的争端案件主要涉及动植物产品行业和钢铁行业；发展中经济体起诉发达经济体的争端案件涉及的行业主要有动物产品行业、化工行业、塑料制品行业及钢铁行业;发展中经济体起诉发展中经济体的争端案件主要涉及植物产品行业、矿产品行业及钢铁行业。

(2)从发达经济体的起诉动因来看,发达经济体在面对来自其他经济体实施的反倾销或反补贴措施时,其在决定是否起诉时主要考虑的因素是被调查案件是否是"双反"案件、发达经济体自身的报复能力及发达经济体的诉讼经验。即当被调查方是发达经济体时,如果反倾销或反补贴调查案件是"双反"案件,那么发达经济体就倾向于起诉。如果发起方对发达经济体的行业出口依赖程度较强,那么发达经济体就倾向于起诉。如果发达经济体自身的诉讼经验越丰富,即发达经济体累计以第三方的身份参与争端案件的次数越多,那么发达经济体就越倾向于起诉。从影响发达经济体诉讼结果的因素来看,影响发达经济体诉讼结果的因素主要有发达经济体对发起方的出口依赖程度、发起方对发达经济体的出口依赖程度及发达经济体的诉讼经验。如果发达经济体对发起方的出口依赖程度越弱,那么发达经济体在诉讼过程中就越有利于取得胜诉。如果发起方对发达经济体的出口依赖程度越强,那么发达经济体在诉讼过程中就越有利于取得胜诉。如果发达经济体的诉讼经验越丰富,即累计以第三方的身份参与争端案件的次数越多,那么发达经济体在诉讼过程中就越有利于取得胜诉。

(3)从发展中经济体的起诉动因来看,发展中经济体在面对来自其他经济体实施的反倾销或反补贴措施时,其在决定是否起诉时主要考虑的因素有其出口受影响的程度及自身承担诉讼费用的能力。即当被调查方是发展中经济体时,如果反倾销或反补贴调查案件是"双反"案件,那么发展中经济体就倾向于起诉。如果发展中经济体的经济实力越强,那么其就越倾向于起诉。从影响发展中经济体诉讼结果的因素来看,在诉讼过程中,如果发展中经济体在WTO有大法官,那么发展中经济体在诉讼过程中就越有利于取得胜诉。

(4)通过对比影响发达经济体和发展中经济体起诉和胜诉的因素,发现在起诉阶段,当被调查方是发达经济体时,发达经济体受影响的贸易额、发达经济体的报复能力及发达经济体自身诉讼经验会显著影响其是否起诉;当被调查方是发展中经济体时,发展中经济体受影响的贸易额和发展中经济体承担诉讼费用的能力会显著正向影响被调查方是否起诉。因为通常来说,发展中经济体的经济实力弱于发达经济体,其在起诉时会考虑是否有能力承担诉讼费用;发达经济体由于自身经济实力较强,其起诉决策并不会受制于诉讼费用。在诉讼阶段,当被调查方是发达经济体时,影响其诉讼结果的因素主要是自身的诉讼经验及发达经济体与发起方相互之间的行业出口依赖程度,即相互之间的报复能力。当被调查方是发展中经济体时,影响诉讼结果的因素主要是其在WTO有无大法官,而其报复能力不显著,表明发展中经济体与发达经济体相比往往不太具备报复能力。

（二）政策建议

基于上面的分析，可以得出几项政策建议，包括：建立预警机制，以更好地警惕和防范"双反"案件的发生；分散出口市场，避免对发达经济体的出口依赖，并借鉴发达经济体的诉讼经验；以及加快培养本国的 WTO 法律研究型人才和实战型人才。详细内容请见本章第四节第七小节中"政策建议"部分。

参 考 文 献

陈儒丹. 2017. WTO 裁决执行与国家利益实现的潜在背离研究. 环球法律评论，（5）：177-192.
高田甜. 2008. 中国影响汽车零部件进口措施案评析. 世界贸易组织动态与研究：上海对外贸易学院学报，（11）：33-40.
胡晓琳，毛峙. 2010. WTO 争端解决机制效率的实证研究. 价格月刊，（11）：37-40，44.
林波. 2017. 基于全球治理的贸易摩擦内涵与特性分析. 当代经济管理，（1）：52-57.
林家红，李贺. 2014. 条约解释初探——以 DS379 案为例. 法制与社会，（23）：283-284.
苏毅清，王志刚. 2014. 北京市消费者为高水平家庭服务支付意愿分析——基于广义虚拟经济理论的视角. 广义虚拟经济研究，（3）：54-64.
王志刚，王辉耀，彭纯玉. 2014. 农户采用秸秆生物反应堆技术的影响因素研究——基于辽宁四市农户的问卷调查. 新疆农垦经济，（7）：1-6，20.
Bagwell K, Staiger R W. 2001. Domestic policies, national sovereignty, and international economic institutions. The Quarterly Journal of Economics, 116（2）：519-562.
Bello J H. 1996. The WTO dispute settlement understanding: less is more. American Journal of International Law, 90（3）：416-418.
Bown C P. 2004. On the economic success of GATT/WTO dispute settlement. Review of Economics and statistics, 86（3）：811-823.
Bown C P. 2005. Participation in WTO dispute settlement: complainants, interested parties, and free riders. The World Bank Economic Review, 19（2）：287-310.
Greenwald J. 2003. WTO dispute settlement: an exercise in trade law legislation?. Journal of International Economic Law, 6（1）：113-124.
Guzman A T. 2005. The design of international agreements. European Journal of International Law, 16（4）：579-612.
Hecht J C. 2000. Operation of WTO dispute settlement panels: assessing proposals for reform. Law and Policy in International Business, 31（3）：657.
Heckman J. 1979. Sample selection bias as a specification error. Econometrica, 47（1）：153-161.
Kingery J. 2000. Commentary: operation of dispute settlement panels. Law and Policy in

International Business, 31（3）: 665.
Lacarte-Muro J, Gappah P. 2000. Developing countries and the WTO legal and dispute settlement system: a view from the bench. Journal of International Economic Law, 3（3）: 395-401.
Manjiao C. 2012. China's participation in WTO dispute settlement over the past decade: experiences and impacts. Journal of International Economic Law, 15（1）: 29-49.

第五章　中国应对"双反"调查的策略研究与政策建议[①]

第一节　中国对外贸易形势的变化

一、世界贸易的走势及我们的对策[②]

（一）世界贸易逐渐复苏，但难返金融危机前的高增长轨道

2016年下半年后，世界贸易经历了一个弱复苏。2017年第一季度，世界贸易增长比较强劲。重新缓慢增长的大宗商品和石油价格，以及一些发达和发展中国家的经济增长支撑着这种复苏。在石油价格升高推动下重新增长的俄罗斯经济是其中的亮点。石油输出国组织（Organization of the Petroleum Exporting Countries，OPEC）宣布将石油减产计划延长到2017年底。

中国贸易几乎和世界贸易同步复苏。2017年1~5月我国进出口贸易总额15 629.26亿美元，比上年同期上升13%。其中，进口7095.8亿美元，同比上升19.5%；出口8533.46亿美元，同比增加8.2%；贸易顺差1437.66亿美元。但是，我国贸易的增速已经被越南、印度等国家超过。

长期来看，世界贸易将保持中低速增长。2008年爆发的金融危机使过去世界贸易以远高于同期世界GDP增长速度而不断扩张的趋势戛然而止。从2012年开

[①] 本章内容基于总课题"中国应对'双反'调查的策略研究与政策建议"成果整理而成，主持人为厦门大学教授龙小宁和中国社会科学院世界经济与政治研究所研究员宋泓。

[②] 本小节内容基于总课题"中国应对'双反'调查的策略研究与政策建议"成果整理而成，撰稿人为中国社会科学院世界经济与政治研究所研究员宋泓。

始，世界贸易的增速连续5年几乎和世界GDP增速保持同步，甚至更低。

那么，为什么会出现这种现象呢？它是周期性的还是结构性的变化，是否会长期存在呢？

从原因上讲，首先是全球价值链贸易的减速。从1985年，尤其是1990年开始，世界范围内的全球价值链贸易蓬勃发展——制造业开始向中国转移，服务业开始向印度转移，从而形成了国际贸易的快速扩张态势。金融危机后，受所在国经济形势及政策的影响（比如，购买本国货、使用本国人的政策，鼓励制造业回归的政策，甚至限制本国企业向海外转移生产能力的政策等)，这种贸易开始减速。并且，主要西方发达国家的政策似乎有越来越内向，甚至出现反全球化的倾向。因此，至少在未来五六年时间内，看不到这种政策回头的前景。全球价值链贸易要恢复到危机前的蓬勃发展态势还需要很长的路（10年左右）要走。

其次是国际石油及大宗商品价格的大幅度下降。在新兴经济体强势崛起所带动的需求拉动下，加上国际金融资本的炒作，石油价格从1999年、非石油大宗商品从2003年开始，经历了一轮比较长的上涨周期。受金融危机的冲击，经历短期震荡之后，非能源大宗商品的价格从2010年开始大幅度下降，石油等能源产品的价格从2014年开始大幅度下降。但是，截至2017年3月这些产品的价格没有下降到周期前的水平。

国际大宗商品价格的变化具有很强的周期性，即大概10年的上涨期，以及20年的下调期。为什么会如此呢？因为一方面当世界上新需求产生时（通常是和一个或者几个国家的崛起及由此产生的对于大宗商品的需求相关)，生产国能够在需求的拉动下，建立起相应的供应能力。由于经济上行时期的乐观情绪主导，世界供应的建设总是会高过世界的需求，从而导致大宗商品的价格下跌。另一方面，新兴的需求具有周期性。一个新兴国家的崛起，对于大宗商品的需求是有一个周期的——在工业化的高峰及国内重化工业化时期，需求会达到顶峰，随着国内的基础设施等建设任务的完成，会逐渐下降。这样，会进一步加剧这些产品价格的下跌。同时，已经建成的生产能力的缩减也有一个过程。因此，国际大宗商品的价格下调期就比较漫长。

以往的周期调整基本上都会恢复到周期前的水平，这一次会不会恢复到周期前的水平仍然有很大的疑问。因为随着中国的崛起，对于大宗商品的通常需求（高峰过后的更新等维持性需求）大大增加了。2016~2017年的价格变动情况也许就反映这种情况——至少从2016年第四季度开始，国际大宗商品的价格在没有恢复到历史平均水平的前提下，又重新开始了小幅度上涨。这是一种新的趋势水平还是一种短期的波动，尚待观察。

总之，目前的世界贸易及其结构变化在很大程度上是在压缩水分，促使大宗商品的价格回归历史趋势水平。当然，主要国家的经济遭受金融危机冲击之后也增长乏力，减缓了产业向外转移的步伐，从而导致了蓬勃发展的全球价值链贸易收缩。这种情形会持续相当长一段时间。

对于这样的贸易变化，我们应该辩证地去看。它带来的不利方面是全球价值链贸易受到限制，而带来的有利方面是贸易的实惠增多。以我国为例，作为世界石油和大宗商品的主要进口国家之一，最近几年的原材料价格下跌使我国进口同样的商品花费的外汇减少了。比如，对于2016年中国十大进口初级产品（大豆、铁矿石、煤炭、原油、成品油、天然气、初级形状塑料、橡胶、铜矿和废铜），如果以2013年的进口价格作为参考，那么，我们进口这些产品少花费高达3525.63亿美元的外汇。如果将这些节约计算到我们的进口中，同样与2013年的进口相比，2016年的进口就应该是19 400.43亿美元（和2013年的进口19 500亿美元相差无几），而不是15 874.8亿美元了。

（二）我国作为世界廉价商品生产基地的作用在逐渐降低

我国外贸中正在发生的第一个巨大变化是作为世界廉价生产基地的作用在降低，一些低端的制造能力开始转移。这种变化表现在很多方面。第一，从贸易方式和企业性质上看，加工贸易，尤其是加工贸易出口及外资在我国出口中的占比下降了。与此相伴随的是外资的订单转移，甚至完全撤离。从1995年开始，加工贸易出口在我国出口中的比例就接近60%，在随后的十年中，继续保持了这种地位（1995年占比为55.83%，2005年占比为57.41%；峰值是2002年的58.67%）。但是，自2005年开始这个占比快速下降。同样地，外商投资企业在我国出口中的比例一直攀升，到2005年达到峰值（61.23%），随后也开始下降。其中，2002年和2003年是我国沿海地区首次出现"招工荒"与"民工荒"的年份，而2005年则是我国人民币汇率大幅度升值的起点年。

第二，随着劳动密集型产品出口能力从沿海地区向中西部地区转移，从贸易，尤其是出口贸易的地区来源来看，中西部地区的增速要大大快于东部沿海地区。对比广东与中部（安徽、河南和湖北）及西部（重庆、四川和陕西）在我国出口中所占比例的变化，可以清楚地发现,我国的出口能力首先向中部地区(2003~2004年开始；2008~2009年及2010~2011年两次加速）转移，其次向西部地区转移（2008~2011年，尤其是2010年、2011年）。但是，最近几年似乎这种转移也达到了顶峰。

第三，最新的表现是，我国在全球货物贸易中的占比下降。2016年我国在世界货物出口贸易中的份额首次出现下降，这是改革开放以来首次出现的重大变化。并且，自2013年以来，中国所占据的世界第一大货物贸易国的地位也被美国所超越。

那么，中国作为廉价商品生产、加工和制造基地的地位还能够维持多长时间呢？从劳动力成本的角度来看，"十四五"时期将会出现重大转折。但是，由于产品配套及庞大国内市场的吸引力，相当一部分的生产能力还会维持，并进行升级换代。

与此相关的重要问题有两个，其一是这些产业如果要大规模地转移出我国，将转向何处呢？显然，周边的发展中国家和地区是首选。其二是廉价商品生产能力转移出去之后，国内的企业和产业将向何处升级换代呢？很长一段时期，我们一直迷恋于寻找新兴的产业、产品和技术，发展新的业态。这很重要，也是对的。但是，从中国出国旅游者在海外的高消费中，可以看出与城市中高收入人群相关的、对高品质普通产品的需求，也是我们产业和企业升级的方向。这种需求潜力巨大，也是未来我国企业和产业潜在国际竞争新优势的重要来源。

我国外贸中正在发生的第二个巨大变化是跨境电子贸易活动的蓬勃发展。根据中国电子商务研究中心的数据，2008~2015年我国跨境电子商务交易规模从0.8万亿元增加到了5.4万亿元，占我国进出口贸易的比例也从4.4%增加到了22.4%，年均增长率约为31%。这种跨境电子商务交易以出口为主（四分之三以上），大部分没有被统计在我们的贸易数据中。

（三）构建周边生产供应网络，大力促进结构升级

为促进我国外贸长期稳定发展，在以下三个方面应该有所侧重。

（1）通过"一带一路"建设，有计划、有布局地推动我国劳动密集型产业和重化产业过剩产能的转移，整理和改造已粗具规模的我国境外加工区建设，逐步形成以我国为中心的既能出口第三方市场，更能满足国内市场的庞大国际供应体系，为我国国内市场经济的良性运行保驾护航。

（2）在培育国际竞争新优势方面，除了现有的努力之外，应该更好地挖掘我国不断壮大的新兴中产阶级人群对于高品质一般产品的大量需求：首先，进行海外采购替代；其次，发展出自己的普通高品质品牌和产品；最后，出口海外。珠海格力电器股份有限公司开发和销售的电饭煲是一个很好的例子。通过对于高品质普通产品的进口替代，培育我国国际竞争的新优势。

（3）大力促进并规范跨境电子商务交易的发展，完善海关统计；同时，管理和规范国内自由贸易试验区的发展，真正进行服务业开放方面的试验，严格制止投机虚假贸易活动。

二、T20 峰会与 G20 峰会[①]

（一）T20 峰会召开，盛况空前

2017 年 5 月 29~30 日，以"全球解决方案"为主题的 G20 智库峰会（T20）在德国柏林的欧洲管理技术学院召开。这次峰会由德国发展研究所和基尔世界经济研究所联合主办，来自 G20 成员和孟加拉国、荷兰等多个非成员，以及 OECD、WTO、世界银行、联合国工业发展组织和联合国难民署等国际组织的千余人参加了会议。

参加此次 T20 峰会的代表，不仅有来自智库的专家学者，也有包括德国 G20 协调人、德国总理首席经济顾问 Lars-Hendrik Röller，阿根廷 G20 协调人 Beatriz Nofal，联合国副秘书长吴红波，德国联邦总统府负责人兼联邦特别任务部部长 Peter Altmaier，瑞典就业一体化部部长 Ylva Johansson 等在内的高官，还有 Joseph E. Stiglitz、Michael Spence、Edmund S. Phelps、George A. Akerlof 等 4 位诺贝尔奖获得者，以及德意志银行、德国邮政股份公司等多家跨国企业的高管。与会者通过全体大会、平行论坛、主旨演讲、边会等 40 多场形式不同的活动，进行了广泛的交流与探讨，为于 2017 年 7 月初举行的 G20 汉堡峰会出谋划策。在民粹主义抬头、全球化发展遭受挫折，世界经济，甚至政治和社会发展面临很多不确定性的情况下，T20 峰会为很多全球性问题的解决提供了一个很好的交流思想、形成共识、达成谅解的平台。

这次峰会的讨论有很强的研究作为支撑。在 2016 年 12 月召开的启动会上，德国发展研究所和基尔世界经济研究所首先确定了 9 个重大议题，随后增加至 12 个，并专门成立了专家研究小组，召集全球的智库专家分别进行讨论和研究。参加每个议题讨论的专家，少则五六个，多则二三十个。经过多次的研讨，最终完成了 73 篇政策报告，涵盖数字化（14 篇）、气候变化和金融（8 篇）、《变革我们的世界：2030 年可持续发展议程》（简称联合国 2030 年发展议程）（13 篇）、全球不平等和社会协调（8 篇）、贸易和投资（5 篇）、发展终止饥饿和可持续发展的农业（5 篇）、国际税收合作（3 篇）、弹性和包容性增长（1 篇）、循环经济（3 篇）和 G20 与非洲（2 篇）等共 12 个议题。T20 峰会主要围绕这 12 个议题及其政策报告展开讨论，并据此向随后召开的 G20 峰会提出了 20 点具体建议。

[①] 本小节内容基于总课题"中国应对'双反'调查的策略研究与政策建议"成果整理而成，撰稿人为中国社会科学院世界经济与政治研究所研究员张宇燕和宋泓。

（二）T20 峰会提供给 G20 峰会的 20 点建议

T20 峰会的 20 点建议主要涉及以下五个方面内容。

1. 迎接数字化时代的到来

目前，推动全球性变化的最基本的动力是蓬勃发展的数字化。像人类历史上任何一次重大的技术变革一样，数字化不仅会带来长期的全球福利和经济增长，也会带来短期的种种阵痛，比如，工作机会被更加自动化的机器和软件所替代；生产活动的重新调整和集中使国家间的比较优势发生剧烈变动，并由此带来社会摩擦等。作为这次数字革命的主要推动者，G20 成员有责任、有义务构建一个有包容性的、以人为本的、安全的数字经济发展政策框架。来自 T20 数字化小组的政策报告最多，多达 14 篇，足见这个议题的重要及讨论之热烈。

T20 峰会在此方面提供的建议有四点：①促进各经济体，尤其是成员在教育和就业方面进行合作。一方面，培养更多的、适应数字经济要求的人才；另一方面，帮助更多的人顺利实现转岗再就业。②合作创建安全的数字经济环境。一方面，维护数字网络的安全性，防止各种病毒和网络攻击；另一方面，要求数字设备和网络运营商与内容提供商提供终身的安全维护，并确保电网等核心基础设施的网络安全。③采取切实措施，确保金融系统免受网络攻击。④加强全球治理，保障数字经济的竞争性，防止垄断；利用区块链技术，使数字经济更加包容、透明和可问责。

2. 打造一个稳定、可持续和富有弹性的世界经济

作为金融危机时期上升为全球最重要治理机制的 G20，其主要传统议题是研讨国际宏观经济形势，提供引导性的解决方案。这次德国峰会也不例外。除了防范金融动荡、阻止贸易保护主义之外，今年 G20 领导面临着更严峻的挑战，即民粹主义和逆全球化浪潮。

T20 峰会在此方面提供的建议有三点：①创造一种以人为本的经济增长和发展新模式，采取能够同时增加经济弹性（降低严重经济衰退及金融危机的风险）和包容性（减少经济上的不平等）的政策，改进全球金融和货币体系的弹性。②将世界贸易和投资的发展与联合国 2030 年发展议程结合起来，创建一种"可持续贸易"的全球准则，在全球价值链贸易和生产中，确定最低标准的环境保护、劳工标准及人权保护。③聚焦非洲，将非洲的发展问题永久性纳入 G20 的议程之中，甚至要在 G20 及其相关机制中，为非洲联盟委员会设立永久的正常席位。

3. 切实落实《巴黎协定》，为应对全球气候变化提供融资

《巴黎协定》的达成是一个艰难的过程，它的实施更需要世界各国的共同努力。将地球变暖的幅度控制在 2 摄氏度范围之内，需要人类在 21 世纪中期（最迟在 2070 年）实现全球经济的低碳化。为此，我们需要在人力资源开发、生态系统稳定、世界经济的现代化、抗击收入分配的不平等及保证世界和平和安全等方面进行大量投资。

T20 峰会在此方面提供的建议有四点：①以市场机制支持低碳增长。各种多边投资银行在基础设施的建设中应该发挥引导作用；同时，鼓励在 G20 成员中建立转换性（transformative）的主权财富基金，以支持气候保护。②合理处置气候政策所引发的收入分配效应。③促进中小企业绿色技术的发展。④标准化绿色金融操作，鼓励绿色金融创新。

4. 抗击饥饿，减少收入不平等，有效管理被迫移民

过去几十年中，全球化的蓬勃发展使得世界贫困人口大大缩减，新兴的中产阶级快速增加。但是，市场机制和全球化并不能保证和自动带来均衡、包容的增长，使得人人共享繁荣成果。全球化的发展使很多发达国家中的收入差距不断扩大，威胁着当地政治体系的稳定性，同时使来自发展中国家的难民数量不断增长。为此，G20 成员需要联合行动，共同应对这些伴随全球化而来的种种挑战和威胁。

T20 峰会在此方面提供的建议有八点：①重塑全球的食品供应体系。②采取切实的措施，促进世界水资源的可持续利用。③根据 James 等（2017）的包容性增长构架，在国家层次上构建包容性增长路线图，并定期进行报告。④定期公布各国的收入分配不平等程度排序。⑤鼓励创建经济特区及特定的工作签证，以便将强迫性移民逐步融入接受国的劳动市场之中。⑥对于最贫穷国家的教育基础设施建设，鼓励国际社会从人道主义援助向可持续发展方式转变；同时，鼓励将难民小孩和青年融入接受国的教育体系之中。⑦支持中低收入国家接受国际难民。⑧逐渐形成支持"气候移民"的国际政策框架。

5. 联合国 2030 年发展议程统领 G20 议程，全面落实可持续发展目标

联合国 2030 年发展议程提出了包容性的方式是促进人类福祉、经济增长和共同繁荣的唯一可能途径。从这个角度来看，联合国 2030 年发展议程及它的可持续发展目标是独特的，可以也应该成为指导 G20 议程的根本。

T20 峰会的建议是：强烈督促 G20 成员重新强调对于实现联合国 2030 年发展议程的庄严承诺，并高度重视多边体系在实现这种议程中的核心作用；将 G20 完全纳入联合国 2030 年可持续发展目标框架之中，并设定行动计划及五年规划，一

步一步落实和实施。

（三）从 T20 峰会看 G20 峰会

就 T20 峰会所讨论的议题、这些议题所涉及的领域及所提供的 20 点具体建议来看，G20 峰会有三个方面的重大变化。

其一，绿色化。即使是 G20 的传统议题——世界经济形势，以及国际金融合作也都分别被涵盖在可持续发展、应对气候变化的框架之中。五个领域中的一个重要议题就是联合国 2030 年发展议程，并且，要将 G20 峰会完全纳入落实这个议程的进程之中。

其二，欧洲化，甚至德国化。中东、非洲，尤其是叙利亚的难民问题使欧洲国家内外交困。如何应对和解决难民问题成为欧洲国家的重点关注。利用举办 G20 峰会的机会，德国大力推进这方面的研究和国际合作。T20 峰会的建议中有 8 条是关于难民问题的。在举办 G20 峰会期间，德国推出了自己的"非洲版马歇尔计划"，其本质上就是为了从发展方面着手，改变过去几十年的发展援助思路，解决难民问题。另外，有关数字化方面的建议也非常契合德国工业 4.0 的技术创新战略。

其三，非经济化。G20 的定位本来就是在国际经济及金融中推进国际合作，一些学者甚至希望将 G20 发展成为"经济联合国"。但是，在德国 T20 和 G20 期间，关注的议题已经远远超出了经济范围，比如，难民问题、非洲问题、联合国 2030 年发展议程、气候变化等，似乎有将 G20 向"社会联合国"转变的倾向。

未来的 G20 峰会也许会延续这种变化，只不过其中的欧洲化要被更具体的区域化所代替而已，如 2018 年阿根廷 G20 峰会时期的拉美化、印度举办 G20 时期的南亚化等。在蓬勃发展的区域化中，G20 峰会或许会焕发新的生机和活力。但是，作为一个全球性的新兴国际峰会机制，它丧失的却是最重要的国际视野，以及由此进一步恶化的合法性问题。

三、欧美对华关系的大调整[①]

2017 年以来，欧美国家对华关系进行了罕见的大调整。对于这种调整，我们需要密切关注，并积极应对。

---

① 本小节内容基于总课题"中国应对'双反'调查的策略研究与政策建议"成果整理而成，撰稿人为中国社会科学院世界经济与政治研究所研究员宋泓。

（一）欧美对华关系大调整概况

2017年11月8日，美国提出加强对于外国直接投资，尤其是中国对美直接投资的审查法案之后，又于11月30日正式向WTO提出动议，公然拒绝履行《中国入世协定书》第15条的承诺。

无独有偶，2017年11月21日丹麦前首相安诺斯·福格·拉斯穆森也在《金融时报》上发表文章，公开叫嚣对于中国对欧盟的投资进行监督，并鼓励欧盟建立统一的对于外国直接投资，尤其是中国直接投资的审查机制。欧盟的核心成员——法国、德国和意大利也在联合动议类似的审查机制。2017年12月12日（德国当地时间）在WTO部长会议上，欧盟、美国、日本联合发表声明，不点名批评中国进行政府补贴、强制技术转让及本地化等。2017年12月18日美国公布的《国家安全战略》中，更是明确地将中国定义为"修正主义"国家。一天后的12月19日，欧盟新的反倾销反补贴规章公布，换汤不换药，试图用"市场严重扭曲"代替"非市场经济"，继续对中国进行歧视性的贸易限制。2017年12月底，欧盟外交政策委员会发表新的中欧力量审查报告《中国兵临城下》，呼吁欧盟国家团结一致，共同扭转中欧关系不平等的现状。

显然，这一系列的变化表明，西方国家对华关系正在进行着剧烈的调整。

（二）欧美对华关系大调整背后的原因

欧美对华关系的大调整的直接原因是对于中国进口冲击的担心；更深层次的原因则是对于中国崛起的恐惧、防范，甚至遏制。

第一，欧美拒绝履行《中国入世协定书》第15条的承诺，不愿意取消反倾销中的替代国做法，主要原因如下。

（1）担心中国产品对欧美产业和企业的冲击——反倾销中的替代国做法使得欧美国家能够有效地威慑甚至制约中国产品的出口。替代国的做法使得欧美国家在针对中国产品的反倾销中，几乎可以十拿九稳地立案；立案后也能够确定出令人难以置信的倾销幅度，从而保护当地的企业和产业。与不进行这种替代国做法的情形相比，倾销的税率可以提高至少一倍以上，有些时候甚至达到了100%、200%的程度。尤其重要的是，这种做法的存在使得中国企业在欧美出口市场上面临很大的不确定性。往往是一有反倾销官司出现，很多中小企业就绝望地放弃这个市场了。

（2）不愿意默认中国经济整体上已经是一个市场经济的现实。《中国入世协定书》第15条的终止，实际上就是默认中国是一个市场经济体，虽然，这并不等于各个成员都会给予中国"市场经济地位"的名分。但是，对中国而言，这样的名分已经没有经济意义了：不管是不是市场经济，在反倾销中，任何 WTO 成员都必须按照中国国内的成本和价格来判断和确定中国企业是否存在倾销及倾销的幅度。过去采取的第三国的参照标准必须终止。

第二，欧美之所以变本加厉，采取后续行动，是因为它们已经在战略上视中国为异类和对手，不愿意接受中国的崛起。

（1）中国的经济规模巨大，因此，不会被认为是一个"市场经济国家"。在 2017 年 12 月 10 日~13 日举行的 WTO 部长会议贸易专家边会上，来自美国乔治敦大学的教授 Danny Leipziger 公开声称中国是一个"非市场经济国家"，并认为"你处在世界第十三位的时候，没有人会理会你；但是，当你上升到世界第二位的时候，情况就变了"。他认为，中国之所以不会被认为是"市场经济国家"是因为中国的经济规模太大了。这是一种荒谬的逻辑，但是在西方国家中却具有很大的市场。

（2）歧视中国，在同样的条件下，也不会被认为是一个"市场经济国家"。在按照国内法给予中国"市场经济地位"方面，西方国家存在着明显的双重标准。比如，早在 2002 年的时候，欧盟就认定俄罗斯是"市场经济国家"，而至今都不愿意接受中国是一个"市场经济国家"的现实。

同样地，欧洲学者的研究发现（Evenett et al., 2016），按照世界银行的"营商环境排序"上公布的数据和指标来判断，与被欧盟认定为市场经济的、表现较差的 OECD 国家相比较，即便是按照欧盟的"市场经济标准"，在几乎所有的指标中，中国的表现都要更好。为什么只有中国被贴上"非市场经济"的标签而这些 OECD 国家却没有呢？

（3）丑化中国，将中国界定为"国家资本主义"。美国对外关系委员会的专家 Kurlantzick（2016）在 *State Capitalism: How the Return of Statism is Transforming the World* 一书中，专门将中国和俄罗斯列为对于西方国家威胁最大的"专制的国家资本主义"，并有可能颠覆西方的自由民主的市场经济模式。这种情形非常特殊和奇怪——因为改革开放以来，我们所采取的政策和战略和第二次世界大战后的日本及新加坡、韩国等非常类似。但是，西方国家将日本的战略和政策界定为"政府主导型"发展模式，尤其强调通产省所发挥的作用；将新加坡、韩国等的发展战略和政策界定为"发展型国家"模式。这些总结都不带有意识形态色彩，唯独对于中国例外，为什么呢？

在这个标签下，西方国家将火力全部集中在我国政府及国有企业上，并为自己的各种不合理政策寻找借口。比如，美国借加强对于外国投资的审查的掩护，实际上，加紧对于中国企业，尤其是国有企业的对美投资的审查；欧盟也蠢蠢欲动，试图建立类似的审查机构。再如，在 2017 年召开的 WTO 部长会议期间，欧盟、美国、日本竟然联合发表声明公开不点名地指责中国，基本的借口是政府支持所导致的产能过剩、强迫技术转让、本地化要求及政府补贴等。

（4）将中国视为战略对手，并制定新的全球围堵甚至遏制战略。在美国《国家安全战略》中，美国公开将中国视为"战略竞争者"，并公然采取霸权逻辑指责中国对于美国的挑战。在《中国兵临城下》的力量审查报告中，欧盟也要求中国实行"对等"待遇，进行市场开放等。这标志着中国与西方国家之间的关系，尤其是与美国的关系进入新的动荡期。

（三）短期不能完全依赖 WTO 来解决与欧美国家的纷争

在这种大调整背景下，中国不能仅仅依赖 WTO 争端解决机制来处理和协调与欧美国家的经济关系。

对 WTO 本身而言，中国与欧盟和美国之间（甚至中国与美国、欧盟、日本之间）有关《中国入世协定书》第 15 条的贸易纠纷，是不能承受之重。

（1）现在的争端解决机制面临很大的挑战——美国阻挠上诉机构人员的正常补充和更迭，从而达到废止上诉机构正常运行的目的。国际社会的一些人甚至认为，这是美国故意为之，背后的险恶用心就是终止、废止 WTO 上诉机构。

因为上诉机构是 WTO 组织中最后防线，担负着复审贸易争端的责任。美国的不少贸易争端就是在这里得到了最后的裁决。

（2）争端裁决之后，如果败诉方拒不执行，胜诉方可以从 WTO 获得授权采取贸易报复行动。就中国起诉欧盟、美国的案件而言，最终的结果很有可能就是这样的。如果中国采取贸易报复，那么，中国与欧盟和美国之间就会陷入"WTO 允许的"贸易战之中。

随后，欧美国家还会这么做——继续在反倾销中采用替代国的标准，中国再次起诉，胜诉……从而不断重复。这一方面会对 WTO 的争端解决机制造成很大的压力——案件数量会大幅度增加，上诉案件也会增加，另一方面，在这种拖延中，欧美国家也会获得暂时的保护。作为 WTO 及多边贸易体制的创建方和中流砥柱，欧美国家如果这样消费 WTO 的程序上的漏洞，WTO 公信力何在？

（3）这样一种情形的继续，也会使 WTO 遭遇严重的信誉危机。

（四）从战略上、政治上协调中西方关系

显然，目前中西方之间的紧张关系，不仅表现在经济方面，更体现在政治上和战略上，因此，需要综合应对。

首先，平常心对待这种新对抗。从某种程度上讲，这是西方国家应对中国崛

起的一种正常的自我调整过程。我们需要更加坚定地做好国内的事情，确保中华民族伟大复兴的中国梦的顺利实现。

其次，考虑到西方国家的感受和反应，对外关系方面，我们需要低调一些——少说多做，不要刺激和激化矛盾和冲突。

再次，和欧美国家进行正常的、直接的对话和协商，尽量照顾对方的关切，打消对方不切实际的想法和做法，努力维护和开拓双边关系的正常发展空间。

最后，需要做好与西方国家未来一段时期内小规模、多批次冲突的思想准备，从政治、战略及经济等方面做好应对工作。

总之，中西方关系在双方力量对比的相对变化中将进入一段烦躁、动荡时期。我们需要掌控好这种局面，有礼有节地进行斗争，引领双方顺利走出这段困难时期，迎接中西方双边关系的新局面。

四、美国等主要发达经济体对我实施贸易保护的相关形势分析[①]

近些年来全球范围内贸易保护主义日益猖獗，导致我国遭受的贸易救济调查案件呈现数量增速加快、反倾销占比上升和主要集中于钢铁及其制品行业等特征。不仅如此，以美国为首的发达经济体，通过不承认我国"市场经济地位"、威胁将我国列为"汇率操纵国"、促使全球新一轮产业转型向着不利于我国的方向推进等方式，强化了对我国的"贸易包围网"，企图对我国实施贸易保护。为此，建议我国应保持战略定力，充分认识到贸易保护也是一种倒逼机制；并且，及早布局反制措施，做到未雨绸缪；同时，通过妥善谈判协商、深化中美服务业合作空间、强化对美国主流社会影响力和舆论发展引导力等方式，为我国对外贸易赢得主动。

（一）我国遭受贸易保护的相关形势

我国是全球贸易保护主义的最大受害者。首先，我国遭受贸易救济调查的案件数和涉案金额增速较快。比如，2015年，全球共有23个经济体对华启动了98起贸易救济调查；2016年我国共遭遇来自27个经济体发起的119起贸易救济调查案件，案件数量同比上升21.4%，达到历史高点，总共涉案金额143.4亿美元，

[①] 本小节内容基于总课题"中国应对'双反'调查的策略研究与政策建议"成果整理而成，撰稿人为中国社会科学院世界经济与政治研究所研究员高凌云。

同比上升76%。其次，对华贸易救济调查仍以反倾销为主。2015年，在国外对华启动的贸易救济调查中，反倾销、反补贴、保障措施、特别保障措施占比分别为73.5%、9.2%、17.3%和0。2016年在国外对华启动的贸易救济调查中，反倾销、反补贴、保障措施、特别保障措施占比分别为76.5%、16.0%、7.5%和0。截至2017年，中国已连续23年成为全球遭遇反倾销调查最多的国家，连续12年成为全球遭遇反补贴调查最多的国家。最后，涉案以钢铁及其制品行业最为集中。2015年，钢铁及其制品行业以46起居首位，占比46.9%，与2014年同期相比增加19起；2016年，半数的贸易救济案件也是针对我国的钢铁产品，21个经济体发起立案调查49起，涉案金额达78.95亿美元。

不仅如此，以美国为首的发达经济体强化了对我国的"贸易包围网"，企图对我国实施贸易保护。主要体现在：第一，美国、欧盟、日本拒不承认中国的"市场经济地位"。在2016年5月欧洲议会之前，美国警告欧盟说，授予中国"市场经济地位"等同于单方面解除欧洲对中国的贸易防卫，导致欧洲议会全体会议通过一项非立法性决议，反对承认中国"市场经济地位"。2016年12月8日，日本也正式宣布不承认中国的"市场经济地位"，从而借用贸易手段与美国、欧盟联手。而从国际上来看，早在中国加入WTO的初期（2004年内），就先后有新西兰、新加坡、巴西、马来西亚等四个经济体承认了中国的"市场经济地位"。随后，又有包括瑞士、澳大利亚、俄罗斯在内的80多个经济体陆续承认了中国的"市场经济地位"。

第二，特朗普曾在竞选中承诺，上台后的第一天将把中国列为"汇率操纵国"。根据美国财政部的修订案，如果贸易伙伴符合下面三个标准，美国政府必须对相应国家的汇率政策进行"深入分析"，并采取相应措施。这三个标准分别是：对美贸易盈余超过一年200亿美元；经济项目盈余占GDP的3%；通过汇率干预买入的外汇在一年内超过2%。如果中国被贴上"汇率操纵国"的标签，根据法律，美国财政部需与中国启动双边谈判，敦促中国说明低估本币价值的原因，并且就美国总统针对此事采取行动的能力提醒中国，如果一年后中国继续实施汇率操纵，那么惩罚程序就将启动。美国会将上述争议提交至国际货币基金组织，同时要求美国的海外私人投资公司不予受理中国的任何项目。

第三，特朗普政府团队中有几位著名的对华强硬人士。如美国贸易代表办公室代表罗伯特·莱特希泽主张采取更为严厉的措施"纠正"中国的不公平贸易行为，即使违反WTO的规则也在所不惜。美国商务部部长威尔伯·罗斯明确表示要减少中国对美国的巨额贸易逆差。美国白宫国家贸易委员会主任彼得·纳瓦罗是主张对华采取强硬措施的著名"鹰派人物"，他曾经导演纪录片《被中国杀死》，认为中国对美国的巨额贸易顺差是美国经济问题的症结所在，是美国的重大威胁。因此，中美关系必然会经历一段艰难时期。

第四，美国、欧盟正在利用关税等工具，促使全球新一轮产业转型向着不利于我国的方向推进。一方面，通过贸易救济或其他限制方式，迫使我国的低端制造业向东南亚、南亚和非洲等地区转移；另一方面，利用减税等方式，促使中国的高端制造业回流美国、欧盟。根据麻省理工学院的影响研究，目前有33%的海外美国企业考虑将制造业务迁回本土，而谷歌公司、惠普、福特汽车公司等国际知名企业的部分制造业组装业务均已迁回美国。这些回流企业中，超过60%是来自中国。

（二）应对建议

中美两国在利益分配上的失衡是美国对我国实施贸易保护的根源之一。由于中国长期享有贸易顺差，美国认为，中国在中美利益分配上是最大受益者。一方面，廉价的基础制造业冲击着美国原有的制造业生产体系，特朗普把这种冲击视作造成国内基础性工作人员失业的重要原因；另一方面，随着产业升级，中国的化工、机械等较高端的制造业也加速争夺美国国内市场。特别是在金融危机爆发后，美国的制造业遭受重创，使"中国制造"对美国的威胁进一步加剧。所以，美国政府必然会坚持认为，中国长期以来的对美贸易顺差是对美国经济发展的威胁。冲突已然不可避免，为了更好地应对，我们提出以下建议。

第一，贸易保护也是一种倒逼机制，对此要有充分认识。中美贸易不平衡显然已是美国政府的重要关注点，但外部压力却更突显了中国推进结构性改革和扩大内需的重要性。因此，从长远看，我国可能从美国、欧盟、日本的贸易保护中获益，即促进中国真正从出口导向型、以投资和外需为主的经济结构向以内需特别是消费为主的结构转型，从而实现产业转型升级。从适应新的贸易环境方面看，为加快调整贸易结构的步伐，我国可以考虑出台一揽子具体政策来加速推动低端消费品等加工贸易的产品升级、民族品牌的建立、帮助中国企业"走出去"，以及提高高技术、高附加值商品在出口结构中的比重等。

第二，及早布局反制措施，做到未雨绸缪。虽然我们并不希望与美国爆发贸易冲突，但也不应害怕其压迫行为。备战而不求战，才能让美国的政客和民众知晓其中利害。中美爆发贸易摩擦之前，中国对美国贸易顺差最高（即受制裁可能性较高）的产品包括电子产品、机械设备、纺织服装和家庭日常用品，而对美国出口占国内产量比重最大的产品（即受冲击可能性最大）则包括纺织、机械设备和电子产品。反之，美国对中国出口的主要商品包括航空航天、电子设备、机械设备、植物产品等，尤其波音飞机、大豆、集成电路等对中国市场依赖度非常高。除了增加关税之外，中国还可以采取非对称性的反制措施，如启动反垄断调查和反倾销调查，或是减少政府采购美国的产品、限制美国公司进入中国市场等,美国这些行业也将受到较大影响。贸易本质上是一种国家间的互惠行为,并不是美国单方面对中国的恩赐。在中美经济早已形成"你中有我,我中有你"的互惠互利关系的情况下,相互制裁后遭受沉重打击的不仅有中美两国,还有日益受惠于"中国引擎"的全球经济。综合来看,全球自由贸易被阻隔的结果是美国的损失肯定比中国大。

第三,深化中美服务业合作空间。尽管美国对我国商品贸易逆差较大,但对我国服务贸易顺差却在不断增加,反映出我国对美国教育、旅游等服务业项目需求的强劲增长。而这部分顺差的快速增长也意味着美国逐渐受益于其在服务业的竞争优势。因此,中美服务业合作有利于分享双方经贸红利,并使美国经济尝到甜头,从而有求于我国。

第四,强化对美国主流社会的影响力和舆论发展的引导力。长期以来,我们对美国社会大众的影响力并不重视,对贸易问题主要是还是通过官方途径进行交涉。可以考虑:①在美国设立专业针对贸易问题的智库机构。通过在美国设立专业针对贸易问题的智库机构,不仅可以与美国智库及其研究人员进行密切的互动,而且可以让他们了解我们对贸易问题的关切;同时,可以在整个社会宣传全球化的效应,以及反全球化的危害,使社会大众对之有清醒的认识。②鼓励我国学者在美国的媒体上发表关于贸易的时事评论,为我国的对外贸易政策进行有说服力的辩护和阐述,消除对我国的错误认知和负面印象。③可以多派一些学者或记者在美国驻点,只要是涉及贸易议题的学术活动或者新闻发布会等,我国都不应该缺席,并能够为我方的利益进行解释和辩护。④对美国媒体、国会炒作的如中国"偷走"美国的就业岗位等议题,不应回避,应组织力量进行研究,并对国内外公开研究结果。

五、中美大国博弈新态势、新表现及其对国际政治格局的影响及建议[①]

特朗普就任美国总统以后,美国贸易政策呈现新特点,开始强调自由、公平和对等。美国对华经贸政策变得强硬,试图通过贸易限制措施满足其诉求。与此同时,中美经贸关系和以往相比也有所变化。中美经贸关系反映中美大国博弈新态势、新表现,并对国际政治格局产生影响。

---

① 本小节内容基于总课题"中国应对'双反'调查的策略研究与政策建议"成果整理而成,撰稿人为中国社会科学院世界经济与政治研究所副研究员苏庆义和研究员东艳。

（一）从中美经贸关系看中美大国博弈新态势、新表现

在合作与竞争二者中，美国越来越倾向于将中美经贸关系视为竞争关系。特朗普政府之前，中美均将经贸关系视为压舱石，以合作为导向处理彼此关系，认为合作会带来双赢。特朗普上台以后，主要强调中美经贸关系中竞争的一面，认为单方面强硬的行动才符合美国自身利益。这意味着在中美大国博弈中，中国继续保持两国原有的共识，将二者关系视为合作远大于竞争，但美国已经调整思路，开始将二者关系视为竞争大于合作。

中美经贸冲突将显著增加。中美双方历来重视经贸关系，并避免发生频繁的或大的贸易摩擦。但特朗普就任总统以后，针对中国的各类贸易调查明显增加，并加强使用国内贸易法。中美之间在经贸领域的合作、克制和控制贸易摩擦程度的默契开始松动，并会及时针对对方的行动采取应对措施。

特朗普时期，美国实施"升级版"贸易保护主义。特朗普政府之前，美国贸易政策总体上追求贸易开放，寻求合作基础上的互利共赢。但特朗普政府强调贸易政策要为自身总体经济目标服务，将贸易政策作为实现经济目标的重要手段。这类似发展中国家在特定阶段为加快经济发展实施的传统的贸易保护主义。美国作为世界第一大经济体，有能力动用更多贸易限制手段，在贸易领域会表现得更加强势。除动用传统的贸易保护措施如提升关税、发起"双反"调查等，美国还有能力动用其他贸易限制手段，如利用国内贸易法发起"301调查""337调查"，也有能力破坏已有的不利于其实现经济目标的贸易规则和安排，如在WTO框架内阻挠争端解决机制发挥作用、退出跨太平洋伙伴关系协定、重谈北美自由贸易协定（North American Free Trade Agreement，NAFTA）等。这和发展中国家传统的贸易保护主义又有所不同，是升级版贸易保护主义，是像美国这样的超级大国实施贸易保护主义必然表现的效果，杀伤力更强。

中美之间对话沟通将会变得更加困难。中国改革开放一贯的思路是循序渐进，不可能短时间内就满足美国期望。与此同时，对于中国的合理关切，美国也没有退让的打算。比如，在"市场经济地位"问题上，美国坚持不履行《中国入世议定书》第15条相关义务，在发起反倾销调查时，继续使用第三方替代方法，并正式向WTO递交关于自身立场的文件。在这种背景下，中美之间的对话很难推进。2017年12月，英国《金融时报》报道称，时任美国财政部负责国际事务的副部长David Malpass（2019年已就任世界银行行长）接受采访时表示，中美全面经济对话已经停滞，没有重启谈判的计划。停滞的主要原因是美国认为中国没有在美国关切的领域做出承诺。

中美之间合作提供全球公共产品的难度增加。特朗普政府试图绕开WTO、加

强利用国内贸易法的做法使得中美在多边贸易体制框架解决问题的可能性变小。退出跨太平洋伙伴关系协定，退出《巴黎协定》，退出联合国教育、科学及文化组织，重谈北美自由贸易协定的行为均表明，特朗普政府对于提供全球公共产品、参与全球经济治理的兴趣较小，更注重获取实际利益。与此同时，中国正积极参与全球经济治理，通过"一带一路"建设、支持多边贸易体制、推进区域贸易协定谈判等为世界提供公共产品。中美之间对于提供全球公共产品的分歧意味着二者很难在此领域合作，原本可能的共同推进诸边贸易协定谈判、推进亚太地区经济一体化、推动《巴黎协定》落实等合作内容也暂时搁置。

（二）中美大国博弈新态势、新表现对国际政治格局的影响及建议

中美大国博弈新态势、新表现对国际政治格局的影响主要表现在以下方面。

（1）坚定中国加速推进"中国版"全球化的决心，全球化的推动力量开始从美国转向中国。中美经贸关系的优先调整方是美国，中国是基于美国贸易政策调整进行应对。无论美国怎么强调自身开放水平高，其他国家不如美国开放，都改变不了美国实施升级版贸易保护主义的事实，这意味着美国正逐步放弃推进全球化。中美经贸关系演变让中国坚定推进全球化的决心，减少对美国经贸的依赖，在其他国家和地区践行开放合作和共享发展的理念。第二次世界大战后美国主导全球化的局面开始改变。

（2）第二次世界大战后美国建立的国际贸易治理体系开始演变。特朗普政府重视国内贸易法，逐步绕开WTO的规则和约束，意味着美国开始放弃自身在第二次世界大战后建立的国际贸易体系。中美针对彼此出台的贸易措施的依据不再单纯地局限于WTO规则，将WTO规则和美国自身贸易法交织在一起。美国的行为及中美经贸关系趋紧将倒逼现有国际贸易规则的演变。

（3）将使美国的价值体系产生动摇。第二次世界大战后，美国始终倡导自由贸易理念，即使在倡导公平贸易理念时也不忘自由贸易。实际上，不论开放速度和力度，只要其他国家有开放行动，美国就认为对自身有利，具有大国风范。但是特朗普政府强调其他国家的开放水平要向美国看齐，注重开放速度和力度，并实施升级版贸易保护主义以发展自身经济，和其原有的大国风范产生偏离。美国还不只是针对中国，和其盟友在贸易理念方面也开始产生分歧，使得大多数国家开始怀疑美国的价值理念。美国在全球化方面的价值理念开始受到质疑。

在上述背景下，中国的应对策略如下。

在中美经贸博弈中，中国应采取跟进策略，避免事态不受控制。中美经贸关系中，首先调整贸易政策的是美国，对于中国而言，最好的策略仍然是跟进策略，

即我方基于美国行动采取适当的应对策略。中国应提前预判美国可能采取的贸易措施，并制定相应的对策，应对要及时和适度，避免事态扩大化。

中国应勇于承担推进全球化的责任。中国自身经济实力逐步上升，已是世界第二大经济体，中国应该勇于承担推进全球化的责任。从历史上来看，主导全球化的国家也是兴盛的大国。美国调整对华经贸政策思路是挑战更是机遇，中国一方面管控态势，另一方面应大胆承担推进全球化的责任。

中国应积极输出自己的价值理念。美国开始实施升级版贸易保护主义，和自己倡导的原有的价值理念产生冲突，从而使其他国家开始考虑替代选项。中国应积极总结自身关于开放和全球化的理念，并积极宣传和输出。中国版全球化方案应该基于对全球化进入新时代的判断，即美国推进全球化的动力开始下降。

美国对华经贸政策调整是特朗普政府独有的，还是在更换总统后会得到延续，中国应提前做出研判。特朗普政府对中国的行为和策略不同于原来的政府，中国应该对特朗普政府的行为是否会延续到新一届政府做出判断。如果仅是特朗普政府独有的，则中国更应将其视为机遇，一方面针对特朗普政府做具体策略上的应对，另一方面利用美国战略上的松懈谋划自身战略布局。如果特朗普政府贸易政策会延续下去，则中国应做好在外部环境趋紧的背景下发展经济和推进全球化的准备。

第二节 企业层面应对"双反"调查的策略研究

一、五方合力，鼓励企业积极应诉[①]

企业应诉是应对反倾销调查的关键一环，本小节通过定量研究发现：企业不应诉或消极应诉显著提高了反倾销税率，积极应诉并证明符合市场经济条件的企业则可争取到较低的单独税率，并降低其他企业的税率。实践中，中国企业普遍存在不应诉或消极应诉的现象。为有效解决企业应诉问题，我们建议：要多措并举降低企业应诉成本，通过行业协会和政府部门建立成本分摊协调机制，持续推进市场化改革和企业规范化管理，在政府、行业协会、企业、律师团队和专家学者五方合力下有效提升反倾销应对能力。

本小节基于 1980~2015 年美国对华反倾销调查案例数据进行量化研究发现：

[①] 本小节内容基于子课题1"对华'双反'调查的成因和'非市场经济地位'的影响"成果整理而成，撰稿人为对外经济贸易大学教授林桂军与厦门大学教授龙小宁。

当企业面临反倾销调查时，如果不应诉或消极应诉，往往导致被基于不利可得事实计算并被征收明显偏高的反倾销税率；而积极应诉并证明企业符合市场经济条件则可争取到较低的单独调查税率，并降低其他企业的税率。可见，企业应诉的积极性是影响企业自身和行业平均反倾销税率的重要因素。然而，在企业应诉实践中存在着法律费用高昂、应诉成本分摊协调机制缺失、企业管理与财务记录不规范等困难和问题，导致无法证明市场经济条件。因此，亟待完善相关政策和机制建设，以帮助中国企业避免因上述原因而被迫选择不应诉或消极应诉，进而陷入出口困境的局面。

（一）企业应诉对反倾销税率的影响

从定性分析看，企业是否应诉及应诉行为强度直接决定计税基准，从而影响最终税率。美国主要有三种反倾销税率类型，其获取条件根据"市场经济地位"的不同而不同，详见表5-1。通过对比分析发现，"非市场经济地位"国家的企业获得较低的单独税率[①]的条件更为严格，不仅需要配合反倾销调查，还需要证明自身满足"不存在法律上和实质上的政府控制"的市场经济条件。此外，在未应诉企业中也存在对"非市场经济地位"国家企业的差别对待："市场经济地位"国家的未应诉企业被征收加权平均税率，而"非市场经济地位"国家的未应诉企业则被征收更高的不利可得事实税率。

表5-1 反倾销税率类型对照表

类别	单独调查税率	加权平均税率	不利可得事实税率
"非市场经济地位"国家的企业	对象：强制应诉企业或自愿应诉企业。条件：单独回复问卷并证明不存在法律上和实质上的政府控制	对象：申请单独税率的企业。条件：配合调查并证明不存在法律上和实质上的政府控制	对象：不配合调查企业、未申请单独税率的企业、无法证明不存在法律上的和实质上的政府控制的企业
"市场经济地位"国家的企业	对象：强制应诉企业或自愿应诉企业。条件：配合调查	对象：所有非强制应诉企业	对象：不配合调查的强制应诉企业

定量分析发现，企业不应诉或不积极应诉将导致最终裁定的反倾销税率大幅提高。首先，基于美国对华反倾销各税率类型下的平均值比较发现，无论在中国加入WTO前还是加入WTO后，不利可得事实税率都明显更高，详见表5-2。其次，运用计量分析发现，在控制其他因素的影响后，企业如果不应诉导致被基于不利可得事实征收税率，平均而言比单独调查税率高出57个百分点，且这一差异在中国加入WTO后进一步扩大到65个百分点。

---

① 单独税率包括单独调查税率和加权平均税率。

表 5-2　美国对华反倾销平均税率：区分加入 WTO 前后与税率类型

类别	单独调查税率	加权平均税率	不利可得事实税率
入世前	46%	56%	99%
入世后	52%	76%	151%

更重要的是，企业应诉不仅有助于自身获得更低的税率，还具有行业层面上的积极意义。我们发现，企业积极应诉不仅有助于争取到较低的单独调查税率，并可降低加权平均税率（单独调查税率的加权平均值）。企业配合调查还能争取对本国有利的证据、纠正错误的计算方法，因而有利于降低不利可得事实税率。具体而言，企业配合率[①]提高 1 个百分点，可以降低加权平均税率 0.61 个百分点，降低不利可得事实税率 0.39 个百分点。

（二）企业应诉现状和面临的困难

前文分析已经揭示，企业的应诉决策是影响企业本身和行业层级反倾销税率的重要因素，但我们发现，中国企业普遍存在不积极应诉、配合率低的现象。在美国发起的反倾销调查中，全球范围内企业平均配合率为 59%，"市场经济地位"国家的企业平均配合率为 65%，除中国以外的其他"非市场经济地位"国家的企业平均配合率为 66%，而中国企业的配合率仅为 54%。当前，中国企业在反倾销应诉实践中面临的困难和问题主要包括以下几个方面。

1. 应诉成本高

由于反倾销调查的持续时间较长、调查信息详细、信息收集难度大、需要聘请专业律师等，被调查企业需要承担高昂的费用。具体而言，首先，反倾销调查要经过发起、初审、听证、终审等多个环节，案件调查持续时间长，平均而言在一年以上，后续还有行政复审以及每五年一轮的日落复审等环节；其次，在调查中企业必须及时回复调查部门的问卷或提供相应的信息，信息要求非常详细，企业收集这些信息难度大、成本高；最后，企业应诉一般需要聘请了解诉讼发起方法律与中国国情且经验丰富的律师团队来帮助完成证据组织、材料准备与诉讼等环节，法律费用不菲。一般的中小企业一方面无力承担高昂的成本，另一方面配合调查又可能影响到企业的正常经营，从而陷入进退两难的困境。最终，企业往往选择不应诉或消极应诉。

---

① 单独调查企业数量在单独调查企业和不配合调查企业总数中的占比。

2. 应诉成本分摊协调机制缺失

如前所述，企业应诉不仅可以降低自身将面临的单独调查税率，还可以帮助降低行业内其他企业的加权平均税率甚至不利可得事实税率。因此，企业应诉可以产生正外部性，具有公共产品的特征，如果缺乏企业间或行业层面的应诉成本分摊协调机制，这种正外部性则意味着个体企业的应诉水平将会偏低。换言之，当某些申诉会有利于降低多个企业的税率时，如果企业的边际成本高于其自身获得的边际收益，并且应诉企业无法分享其降低其他企业税率的好处时，企业就会选择放弃部分申诉而容忍较高的税率，造成本可获得的行业总收益流失。可见，导致这一问题的主要原因是应诉成本分摊协调机制的缺失，应诉企业独自承担了高昂的信息收集成本与法律费用。

3. 企业管理运作不规范

在反倾销调查实践中，被调查企业往往存在财务会计标准不规范、提供信息相互矛盾、不符合市场化运作管理的问题，导致被认定为不配合调查或无法满足市场经济条件。在20世纪90年代，企业管理不规范问题特别突出，公司规章制度缺失或不完整现象屡见不鲜。随着中国加入WTO，中国企业走出国门参与国际竞争并开始熟悉国际规则，逐渐在反倾销调查中积极维护自身利益。从2003年开始，在美国反倾销调查中申请并获得加权平均税率的中国企业数量明显上升。但中国企业的应诉能力仍有待提高，在涉及企业财务、规章制度、经营管理活动等信息的真实性、完整性、一致性上，以及企业市场化运作管理上，与其他国家的企业相比还有相当的差距，需要进一步提高。

（三）若干建议

企业应诉是影响企业自身及行业层面反倾销税率的重要因素。有效解决企业应诉中的问题和困难要建立系统性思维，管理部门应做好统筹协调工作，使用长短期结合的政策工具。具体建议如下。

第一，多措并举，有效降低企业应诉费用。反倾销调查的持续时间较长、调查信息详细、信息收集难度大、需要聘请专业律师等，使被调查企业承担了高昂的费用，导致企业不应诉或不积极应诉。为有效降低企业应诉成本，既需要有针对性的具体措施，又需要综合性的解决办法。一是由政府部门建立信息收集共享平台，为企业应诉提供信息支撑。信息平台的建立特别需要国家驻外机构和海外华商组织的配合，提供当地的市场价格信息，以帮助企业在应诉中搜集合理替代国选择的证据；二是行业协会与律师机构建立长期合作关系，商议律师费用，也可由行业协会聘请律师团队代表被调查企业应诉;三是由政府部门牵头推进,商业保险公司设计提供贸易诉讼的相关保险产品,针对购买保险企业的应诉费用予以赔付,帮助解除出口企业应诉的后顾之忧。

第二,通过行业协会或主管部门建立应诉成本分摊协调机制,帮助化解正外部性问题。通过企业间自行组织和谈判解决应诉成本分摊问题面临谈判时间长、摩擦成本大、监督执行难等困难,在实践中收效甚微。从而,要避免企业相互"搭便车"最终消磨应诉意愿的现象,行业协会或政府主管部门应发挥主导作用。具体而言,行业协会或主管部门可以通过会费收缴、促成约谈等方法协助分摊企业应诉成本,以修正外部性问题所导致的企业应诉乏力现象。

第三,深化市场化改革,继续引导企业建立规范的现代化管理制度。一是使市场在资源配置中起决定性作用,减少政府对企业经营管理活动的行政干预,在劳资关系、企业产品定价、金融资源配置、企业人事招聘任免等方面应继续深化改革,遵循市场规则,提高企业在反倾销调查中满足市场经济条件的概率;二是政府应推进我国会计制度与国际会计规则的进一步接轨,督促和帮助企业规范财务与会计制度,以帮助提高反倾销调查中的信息质量和应诉效率。

聚五方之力破企业应诉难题,提升反倾销应对水平。虽然反倾销调查应诉主体是企业,但反倾销调查直接影响全行业利益、区域出口发展、就业与经济增长的特征表明,应对反倾销调查需要政府、行业协会、企业、律师团队和专家学者各方的配合。商务部倡导的"四体联动"机制是着眼全局,运用系统性思维解决企业应诉困难的有效措施,在此基础上,还可以汇聚法律人员和专家学者的力量,为高效应对反倾销调查提供坚强保障。具体而言,商务部与地方商务部门应尝试做好反倾销调查预警、信息提供等工作,行业协会应协力配合、密切磋商,企业应持续改进内控流程、高效提供相关材料、积极应诉,律师团队应进一步掌握和运用反倾销发起方的法律规则,收集和梳理主要发起方的历史案例。专家学者应深入研究,为构建和优化预警体系,测算反倾销调查经济影响,为有效制定和调整反倾销策略提供依据。

二、以产品创新主动应对反倾销调查的策略及其建议[①]

随着中国进出口总额占全球贸易总额的比重不断上升,中国产品在国际市场上遭受到越来越多的反倾销调查。定量分析结果显示,反倾销调查在促使出口企

---

① 本小节内容基于总课题"中国应对'双反'调查的策略研究与政策建议"成果整理而成,撰稿人为厦门大学教授龙小宁、中山大学博士后方菲菲、厦门大学助理教授李锴。

业进行产品种类调整的同时，也倒逼企业进行创新，企业在此被动应对过程中遇到不少困难。本小节为政府引导企业采用产品创新战略主动应对各国对华反倾销提出如下政策建议：从企业角度，应进一步实现产品多元化，拓宽海外销售渠道；从行业层面角度，应进一步发挥"四体联动"的作用，推动企业进行产品升级；从国家角度，应将创新激励政策作为经济增长的驱动模式，更有效地推动知识产权保护和科技成果转化。

随着逆全球化思潮在一些西方国家抬头，各国贸易保护倾向日益增强，反倾销调查已然成为一些国家采取的主要贸易保护措施。中国的出口企业如何积极应对愈演愈烈的反倾销调查，以保持在国际贸易中的竞争力十分关键。在此背景下，基于定量分析结果，本小节为引导企业通过产品升级积极应对反倾销提出政策建议。

（一）反倾销调查倒逼中国企业进行产品转换和创新

量化分析结果表明，反倾销调查促使出口企业进行产品转换，同时创新水平有所提高，具体结果如下。

第一，美国对华征收反倾销税后，工业企业的出口产品种类发生了转换。平均而言，美国对华征收反倾销税将使得：①受影响企业非倾销品的出口量显著增加 5.4%~7.7%，出口额显著提高 6.9%~9.1%；②受影响的外资企业和民营企业都存在类似效应，而国有企业的非倾销品出口则没有显著变化；③受影响的多行业企业存在类似效应，单行业企业的非倾销品出口没有显著变化；④通过原有出口渠道的企业非倾销品出口增加，而通过非原有出口渠道的出口没有显著变化。

第二，反倾销调查和反倾销税的征收对企业的创新存在一定的倒逼效应：①对华反倾销调查使得受影响企业的非发明专利申请数平均增加了 0.62%，发明专利申请数没有显著变化；②反倾销税的征收使得受影响企业的专利申请总数显著增加了 0.66%，非发明专利申请数增加 0.56%，而发明专利申请数没有显著变化；③只有外资及港澳台企业和国有企业的专利申请数在反倾销调查（或反倾销税的征收）后显著提高，而民营企业的专利申请数没有显著变化；④反倾销调查（或反倾销税的征收）仅提高了反倾销调查高频行业内企业的创新水平，而非高频行业的企业创新则无显著变化。

（二）引导企业主动实施产品创新战略应对各国对华反倾销

虽然反倾销调查对企业的产品转换和创新有一定的倒逼效应，但出口企业处于被动应对的地位，在应对过程中遇到不少挑战，具体表现为：①与外资企业相比，国有企业可能由于激励机制和学习效应的缺乏，出口产品的种类转换较为迟钝；②单一行业企业产品转换的余地较小，产品种类的改变更难实现；③新出口渠道建立时需要额外成本，导致企业出口产品种类转化时遇到困难；④相比于其他所有制企业，民营企业更易受到劳动力成本上升、融资困难、创新人才缺乏等因素的约束，通过创新应对反倾销调查更为困难。

与此同时，现有证据表明，反倾销发起国很可能利用反倾销措施的保护窗口期进行生产技术升级，以期在中长期恢复竞争优势。例如，加拿大2004年4月对中国出口的碳钢紧固件发起反倾销调查后，其相关行业生产率显著提高，可能正是因为其利用反倾销调查的喘息之机进行技术升级，成功恢复了产品的竞争力。

因此，需要政府引导企业变被动为主动，通过调整出口产品种类、进行技术升级来应对各国对华反倾销调查，这种新策略将有助于企业抗衡调查发起国技术升级策略，并长期保持竞争优势。

（三）实施创新战略应对反倾销需要政企共同协作

政府应从以下几个方面帮助企业通过产品转换升级和主动创新应对反倾销调查。

1. 提供专业化指导，降低企业产品信息搜寻成本

行业协会等可以通过定期为企业提供国内外市场的产品信息、制定各行业产业指导手册、组织专业人员为企业提供一对一指导等方式，帮助企业迅速、高效地定位产品种类转移的目标，降低企业在扩展新产品时的搜寻成本，帮助企业实现产品多元化。

2. 充分发挥"四体联动"的作用，推动企业产品升级

商务部、地方商务主管部门、行业组织和企业的"四体联动"机制是帮助我国出口企业应诉"双反"调查的重要机制。政府应当更充分地发挥"四体联动"机制在应对反倾销中的作用，除了引导企业积极应诉之外，还应协助收集国外相关产业和技术的最新动态，与企业共享各行业新产品、新技术等信息，使其能够更有针对性地推动企业产品升级和技术创新。

3. 构建信息共享平台，帮助企业发现海外市场

利用进出口协会等组织针对海外市场的信息优势，在协会内部设立信息共享平台，定期向协会成员企业提供海外市场的产品销售信息，以帮助出口企业在更多海外市场建立和拓展销售渠道，提高企业销售能力。

4. 借力"一带一路"倡议，协助企业拓宽海外市场

借助"一带一路"倡议在互联互通和经济增长上带来的巨大机遇，在"一带一路"沿线国家建立和拓展销售渠道，推动与沿线国家之间的贸易往来。

5. 建立校企创新成果交易平台，促进研发成果的商业化

目前国内高校科研成果大部分用于基础研究，与商业化研发之间仍有距离。在切实保护高校科技人员研发成果权益的同时，应该通过建立高校创新成果交易平台，推动高校和企业间技术交易信息的共享，以利于企业实现科研成果的转化及后续创新。

6. 探索"专利盒"政策的可行性

"专利盒"（patent box）政策是面向专利等知识产权的税收激励政策，通过在应税收入中减免企业从知识产权或包含知识产权的产品中取得的收入，以吸引企业在本国开展研发和知识产权商业化活动。我国的"专利盒"政策目前仍处于探索时期，鉴于创新活动在应对贸易纠纷中的重要性，应当加快探索和实施"专利盒"政策。

首先，借鉴英国、法国等国的经验，结合中国国情，对在我国实施"专利盒"政策的利弊进行分析。英国、法国、荷兰等西方国家的"专利盒"政策较为成熟，一方面，"专利盒"政策能够激励企业将知识产权商业化，阻止创新型企业知识产权流向国外，保持本国在知识产权方面的竞争力；另一方面，"专利盒"政策可能造成短期财政收入的减少，增加税收体系的复杂性，甚至引发国际税收竞争。因此，应当权衡"专利盒"政策的利弊，谨慎做出决策。

其次，推行"专利盒"政策时应综合考虑多方面因素，使其发挥最大的效用。"专利盒"政策实际是对企业知识产权的税收优惠，需要综合考虑各方面因素，如税率和税基的设定、涵盖的知识产权范围（如是否包含商标和著作权）等，以平衡知识产权收入和税收损失规避可能造成的国际税收竞争。

最后，应强化"专利盒"政策方向引导，激励企业研发和创新。政府应强化"专利盒"政策的方向引导，如对专利技术研发所在地、技术来源做出一定限制，激励企业提高盈利水平、增加创新投资，避免企业通过"收购—持有—出售"的模式进行商业运作。

7. 改善知识产权融资环境，缓解中小企业融资约束

为有意愿进行自主创新的中小企业，特别是民营企业设立针对知识产权的融资优惠政策，通过研发专项贷款、利息优惠和简化审批环节等方式加大对实体经

济与创新活动的支持。可通过行业协会组建资金池,其经费用于资助融资困难的企业引入新产品和新技术。政府可定期为该资金池注入资金,由行业协会对提出申请且符合条件的企业拨款,以此缓解中小企业拓展产品的融资压力。

三、推动企业自主创新实现出口市场多元化[①]

随着中国对外贸易不断扩张,世界主要经济体与中国之间的贸易摩擦也日益严峻,贸易战一触即发。定量分析结果显示,企业出口市场的多元化与其规模、创新能力及历史选择有关,企业开展与经济相对落后国家间的贸易时存在一定困难。本小节为促进我国企业出口市场多元化,进而帮助避免贸易争端提出如下政策建议:一是借助"一带一路"倡议,协助企业拓宽发展中国家出口市场;二是建立对外经贸合作区,营造稳定的出口营商环境;三是引导企业提升创新能力,拓展海外出口市场。

自加入 WTO 以来,中国的对外贸易不断扩张,自 2010 年起已成为世界第一大出口国和第二大贸易国。然而,在对外贸易推动中国经济快速发展的同时,世界主要经济体,特别是美国、欧盟等西方国家和地区与中国之间的贸易摩擦也日益严峻,贸易战一触即发。在此背景下,基于定量分析结果,本小节为引导企业拓展海外贸易渠道,力图避免贸易争端提出政策建议。

(一)企业规模、创新能力及其历史选择影响企业出口市场的选择

利用企业级出口数据进行的量化分析表明,企业出口市场的选择与企业规模、创新能力及其历史选择有关,具体结果如下。

第一,企业规模大小和生产率水平影响企业出口市场的选择。平均而言,规模较大、生产率较高的企业不仅会选择相对发达的国家作为出口目的地,而且还会选择出口至相对落后的国家;规模和生产率中等的企业则优先选择出口至相对发达的国家;规模较小、生产率较低的企业则不会出口。

第二,企业创新能力的高低影响企业出口市场的选择:①与非出口企业相比,上年拥有专利的企业在本年度更可能进行出口;②企业持有非发明专利不仅提高了其出口至相对发达目的地国家的数目,而且出口至这些国家的产品种类显著增加,出口产品的平均价格也显著提升;③企业拥有较高创新能力即持

[①] 本小节内容基于总课题"中国应对'双反'调查的策略研究与政策建议"成果整理而成,撰稿人为厦门大学教授龙小宁、中山大学博士后方菲菲、厦门大学助理教授李锴。

有发明专利，不仅会增加其出口至相对发达的目的地国数目与产品种类数，也会增加企业出口至相对落后的目的地国数目和产品种类数，并且降低出口产品的平均价格。

第三，企业出口市场类型的历史选择也会影响企业出口市场的选择：①不论上年选择何种出口市场，企业当年均会优先选择出口至相对发达的国家，这可能是因为这些国家的市场较成熟，市场需求较大，贸易风险较低，可作为分散或规避风险的备选项；②企业通常会优先选择与上年相同的出口市场类型，但上年仅出口至相对落后国家的企业则会在当年优先将出口转向或扩展至相对发达的国家，这可能是因为这些企业面对的出口市场贸易风险较大，为规避或分散风险、减少市场需求冲击对企业收益的影响，其可能做出上述出口市场多样化决策。

（二）企业开展与相对落后的国家的对外贸易具有一定挑战性

现实中，不少企业选择相对落后的国家作为出口目的国，但基于我们的实证分析，这样的市场选择仍具有一定挑战性，具体表现如下。

第一，企业出口至相对落后国家，需要满足一定的规模或生产率要求。一般而言，贸易市场的成熟度越高，其市场需求越稳定，需求量也越大，因而企业通常选择先打开成本较低的贸易市场，即相对发达的国家。只有企业在达到一定规模或生产率后，才具有较高的市场开拓能力和市场风险应对能力，企业才可能选择相对落后的国家作为出口目的地。因此，规模与生产率的要求及其潜在的出口贸易竞争，提高了中小企业出口至相对落后国家的难度。

第二，企业拓展至相对落后国家市场，需要具有一定的技术创新能力。相较于其他企业，具备一定的创新能力、拥有专属发明专利的企业才能更好地拓展其在相对落后国家整体市场中的出口广度与深度，即有效地增加其出口至相对落后的目的地国数目及相应产品种类数。而对创新能力的门槛要求意味着少数具有较高创新能力的企业会将多数企业挤出这些国家的贸易市场之外，无形中提高了企业与相对落后国家开展贸易的前期成本投入。

第三，相对落后国家的贸易风险较大，容易对企业出口市场选择产生冲击。相较于出口至相对发达国家，企业出口至相对落后国家的出口稳定性较低，即企业在后续出口市场选择时，往往会通过扩展至相对发达的国家来使其出口市场多元化，甚至直接选择退出相对落后国家的出口市场。导致风险较大的原因可能是相对落后的国家国内政局较为动荡、市场体系较不成熟，以及随之可能产生的汇率风险。而上述两种出口市场选择恰好反映出企业在应对上述贸易风险冲击时的两种策略——通过市场多元化以分散风险，以及退出市场以完全规避风险。

第四，企业出口市场转换难易程度上的差异，从侧面反映出口至相对落后国家的挑战性。从企业的历史选择上看，企业从出口至相对落后的国家转向出口至相对发达的国家较为容易，而从出口至相对发达的国家转向出口至相对落后的国家较为困难。这种出口市场转换难易程度的差异，再次印证了出口至相对落后国家时，对企业规模、生产率与创新能力的要求较高，也从侧面表明企业出口至相对落后国家时更具挑战性。

因此，企业在开拓海外市场，尤其是相对不发达国家的出口市场时，一方面应该结合潜在贸易国的实际情况，充分考虑自身规模与生产优势，有意识地选好出口市场；另一方面应在出口贸易中不断积累市场开拓经验，合理规避贸易风险，并通过提升自身自主创新能力向相对不发达国家市场扩展，这将有助于企业减少由于出口市场单一、贸易争端频发而带来的损失，并帮助企业长期保持竞争优势。

（三）推动企业贸易市场多元化的政策建议

考虑到我国企业在出口贸易中存在的挑战，以及近年来日益升级的贸易摩擦，政府可以从以下几个方面帮助推动企业的市场多元化，进而降低各国贸易争端的影响。

1. 借助"一带一路"倡议，协助企业拓宽发展中国家市场

"一带一路"沿线国家绝大部分为发展中国家，政府可借助"一带一路"倡议在促进各国开放合作、互联共赢中的巨大作用，尝试在其沿线国家设立相应贸易促进机构，为企业提供相应商贸信息，并搭建双方经贸合作交流平台，以便于企业在当地建立和拓展销售渠道，推动与沿线国家之间的贸易往来，规避与美国、欧盟等西方国家和地区的贸易战争。

2. 建立境外经贸合作区，营造稳定的出口营商环境

部分国家的营商环境可能受到政党变动、战争等不安定因素的影响，而政局不稳定将使企业出口的风险增大。政府可通过建立或利用现有的境外经贸合作区，统一解决当地政府、民众与企业间的矛盾，减少出口企业的贸易风险，为出口企业营造一个较为稳定的营商环境。

3. 引导企业提升创新能力，拓展海外出口市场

政府可依据出口市场的不同偏好引导企业进行有针对性的创新活动。一方面，引导企业通过实质性创新拓展发展中国家出口市场。发展中国家市场偏好具有价格优势的产品，政府可引导规模较大、生产率较高的企业通过创新，尤其是以发明专利为代表的实质性创新来进一步提高生产率，降低出口产品价格，以价格优

势打开发展中国家的贸易市场。

另一方面，引导企业通过"微创新"开拓发达国家贸易市场。发达国家市场偏好质量好、实用性更高的产品，政府可引导企业通过以实用新型专利和外观设计专利为代表的"微创新"来提高产品的质量和实用性，以产品的品质提升拓宽发达国家的贸易市场，避免与同类企业为抢占市场而发生"价格战"。

四、利用对外直接投资跨越"双反"贸易壁垒——基于姚明织带饰品有限公司调研的思考[①]

对外直接投资是跨越反倾销壁垒的一个有效途径。本小节通过对厦门姚明织带饰品有限公司（简称姚明织带）的实地调研，总结了企业应对"双反"调查的经验，并以印度为例，分析了中国企业通过对外直接投资跨越东道国反倾销壁垒的可行性。最后，从企业层面、行业层面及政府政策支持等角度提出了若干对策。

（一）引言

在全球贸易保护主义愈演愈烈的情况下，中国企业除了在法律层面进行反倾销诉讼之外，通过在东道国或第三国投资设厂也是跨越东道国贸易壁垒的有效形式之一。大力提倡企业"走出去"，不仅能帮助转移国内过剩产能，也为企业的转型升级提供了更大的空间。

姚明织带不仅是中国首例成功应诉美国对中国纺织品"双反"调查的企业，也是中国通过对外直接投资跨越反倾销壁垒的典型企业。本小节通过对姚明织带的实地调研，总结了企业面对"双反"调查的应诉经验，并以印度为例，分析了中国通过对外直接投资跨越东道国反倾销壁垒的可行性。最终，从未来中国企业对外直接投资的产业选择、企业管理及政府支持等方面提出具体的政策建议。

（二）姚明织带成功应诉美国"双反"调查的经验与问题

2009年7月，Berwick Offray公司（比威客·奥弗瑞公司，美国最大的织带生产厂家）向美国商务部和ITC提出申诉，指控中国企业向美国出口的织带以低

---

① 本节内容基于总课题"中国应对'双反'调查的策略研究与政策建议"成果整理而成，撰稿人为厦门大学教授龙小宁与河南财经政法大学讲师张相伟。

于正常价格倾销。为此,美国对原产于中国内地的窄幅织带进行了"双反"调查。这是美国针对中国纺织品发起的首起"双反"调查,也是后配额时代美国对中国纺织品采取的第一起贸易救济措施。

根据美方规定,被调查的行业中对美国出口量排名第一、第二的中方企业为强制应诉代表。因此,作为业界"全球织带行业第一品牌"之称的姚明织带被列为此次"双反"调查的头号强制应诉对象。最终,姚明织带通过积极应诉,获得了反倾销的零关税税率和 1.56% 的反补贴税率。姚明织带也成为中国织带行业战胜美国"双反"调查的第一家企业。

我们对姚明织带进行了实地走访调研,在此基础上总结了该企业赢得美国"双反"调查的经验。

1. 敢于应诉,积极准备

面对"双反"调查,由于美国是姚明织带比较大的市场,如果不应诉或应诉失败,将面对高达 236% 的反倾销税。由于织带产品竞争比较激烈,如此高的关税意味着该企业将失去美国这个大市场。为此,姚明织带选择了积极应诉,并提前做好各项应诉准备,如设置应诉的专项资金、聘请有经验的律师团队等。

2. 持之以恒,坚持到底

在应诉过程中,工作异常烦琐,企业不仅要面对美国商务部发来的调查问卷,还要面对一系列补充问卷,其中包括许多与前期问卷中问题类似的问题。因此,企业必须反复从容面对这些烦琐的调查过程,仔细核对数据和信息,不能出现任何闪失,坚持到底才有可能胜诉。

3. 小企业抱团应对

一些企业不愿应诉的原因除了胜诉率低、费用高的原因之外,主要是由于企业所占份额小。为此,小企业可以联合起来抱团应诉。因为如果企业不参与应诉,会被征收最高额的税率,而参与应诉的企业则获得强制性应诉企业所获得税率的平均值。因此,企业只要应诉就可能得到一个较低的反倾销税率。此外,应诉过程中如果能够获得较低税率,还可对国内其他企业产生降低平均反倾销税率的正向溢出效应。

4. 需要调整政府奖励应诉成功企业的方式

在姚明织带获得美国"双反"诉讼胜利后,中国商务部给予了该公司一部分金额奖励。但如果企业直接接受此笔奖金,则等同于政府给企业发放了补贴,企业将又面临相应的反补贴调查。因此,应该考虑选择更为合适的方式对应诉企业进行奖励，如可以通过政府向律所等机构购买法律服务，由后者免费代理企业的诉讼活动。

（三）以对外直接投资为途径跨越东道国"双反"调查

2014年姚明织带获得福建省企业首份《出境加工贸易纸质手册》[①]，在印度安德拉邦维沙卡帕特南市投资设厂，成为国内首批试点享受出境加工业务优惠政策的企业之一，也成为以对外直接投资跨越东道国反倾销壁垒的典型企业。一方面，企业在印度设厂可以通过出口来继续服务美国市场，跨越了美国对华反倾销的壁垒；另一方面，企业在印度投资设厂还具有多方面其他优势：不仅顺应了国家"一带一路"倡议，可以帮助转移国内过剩产能；更重要的是印度与中国经济的发展历程具有相似之处，人口多、市场潜力大，并且现阶段工资水平较低，是中国企业通过对外直接投资跨越东道国反倾销壁垒、开拓国外市场的理想区位选择。

1. 印度对华反倾销与中国对印度直接投资的情况

表5-3、表5-4和图5-1分别描述了1995~2015（或2016）年中国遭受美国、欧盟和印度发起的反倾销调查情况及中国在这些经济体进行对外直接投资的情况。

表5-3 1995~2016年中国遭受美国、欧盟和印度反倾销指控和制裁与对外直接投资存量区位的对比

经济体	反倾销指控			反倾销制裁			对外直接投资存量		
	数量/起	排名	占比	数量/起	排名	占比	存量/万美元	排名	占比
印度	199	1	14.41%	152	1	15.70%	310 751	35	0.228 9%
美国	141	2	10.21%	111	2	11.47%	6 057 998	6	4.463 0%
欧盟	129	3	9.34%	91	3	9.40%	6 983 669	5	5.144 9%

资料来源：WTO官网和《2016年度中国对外直接投资统计公报》，并经作者计算整理

表5-4 1995~2015年美国、欧盟和印度对华反倾销调查主要产品数量对比（发起方）（单位：起）

经济体	有机化学品（18.31%）	钢铁（8.22%）	钢铁制品（9.15%）	电气零件（7.51%）	小计
美国	10	12	23	5	50
欧盟	21	14	12	9	56

[①] 具体参见 http://fztb.mofcom.gov.cn/article/g/am/201410/20141000754402.shtml。

续表

经济体	有机化学品（18.31%）	钢铁（8.22%）	钢铁制品（9.15%）	电气零件（7.51%）	小计
印度	47	9	4	18	78

资料来源：世界银行全球反倾销数据库

注：括号中比例为该产品占美国、欧盟和印度对中国所有反倾销数量的比例

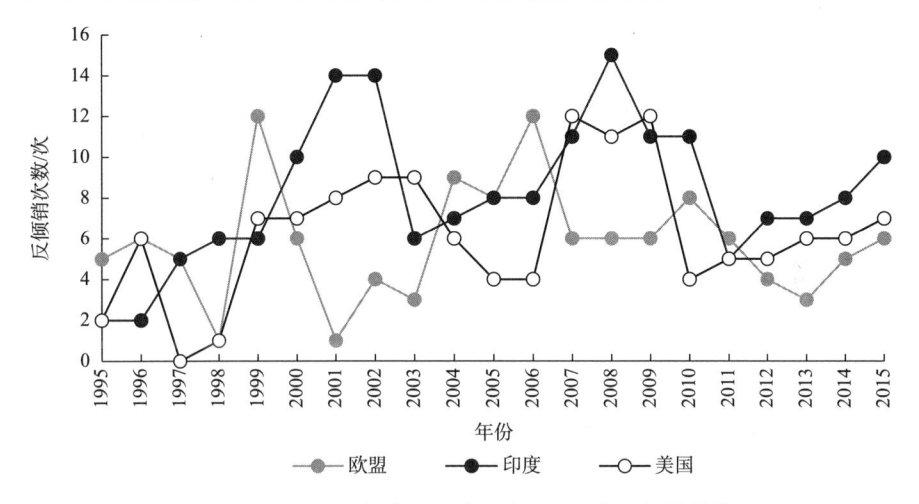

图 5-1　1995~2015 年欧盟、美国和印度对华反倾销的情况

首先，1995~2015 年印度、美国和欧盟是对华发起反倾销指控和反倾销制裁最多的三个经济体，且整体呈现出逐年增长的趋势。对华反倾销的产品主要集中于有机化学品、钢铁、钢铁制品和电气零件产品，这些行业也均是我国主要的产能过剩行业[①]，属于中国处于比较劣势的边际产业。

其次，从表 5-3 可知，目前中国对欧盟、美国和印度的对外直接投资存量在中国对所有经济体的投资排名中比较靠后，投资存量较低，投资规模占比偏小，远低于这些经济体对华进行反倾销调查的占比，尤其是中国对印度的直接投资规模和占比均非常小。

2. 中国在印度直接投资跨越反倾销壁垒的可行性

根据国际贸易和投资理论，企业通过在东道国投资建厂，不仅可以跨越东道国的反倾销壁垒，而且可以增加当地就业，并可以取代被认为是减少了国外就业的进口，从而可以降低东道国进行贸易保护的可能性及潜在的贸易保护程度。依据小岛清所提出的边际产业扩张理论，企业将本国已经处于或即将处于比较劣势

[①] 关于产能过剩行业的阐述，详见余淼杰和金洋（2018），目前中国产能过剩的行业主要集中在钢铁、煤炭、水泥、电解铝、平板玻璃等行业。

的边际产业，通过对外直接投资转移到具有明显或潜在比较优势的国家，不仅可以使母国国内的产业结构更加合理，延长本国产品的生命周期，促进本国的对外贸易，还有利于东道国产业结构的调整。目前中国频繁遭受欧盟、美国和印度反倾销调查的行业均是中国产能过剩的边际产业，根据本小节研究团队对姚明织带的调研结果、国际贸易和投资理论及中国对印度的对外直接投资现状，我们认为中国在印度投资建厂是跨越反倾销壁垒的有效途径。

1）印度市场潜力巨大

印度与中国的发展模式比较类似，自20世纪90年代实行自由化、私有化和市场化改革以来，印度经济呈现出了突飞猛进的发展趋势。印度作为世界第二人口大国，经济改革以来人民收入不断增加，正在成为一个巨大的消费品市场。印度农村人口多，中低端产品的需求极其旺盛。但相对落后的印度制造业却难以满足印度国民不断增长的消费品需求和社会经济发展对各类机器设备的旺盛需求，巨大的市场潜力为中国企业到印度投资提供了机遇。

2）两国经贸关系紧密，产业互补性强

中国一直是印度最重要的贸易伙伴，根据印度商业信息统计署统计，自2000年开始，除了2012年，中国连续多年为其第一大贸易伙伴。尽管贸易是投资的先导，但中印之间的相互投资还较少，尤其是中国对印度的投资。因此，中国对印度投资具有巨大的潜力。此外，中印两国虽然存在竞争，但两国产业结构差异较大，分别以制造业和服务业为主，互补性更强，这也是中国对印度投资的良好基础。未来中国可以将第二产业的富余产能转移至印度，或在印度本土并购优秀的第三产业企业，均为两国产业发展的合理路径。

3）劳动力丰富且成本低

印度作为世界人口第二大国，拥有十多亿人口，劳动力丰富，年龄结构较低，工人平均工资仍比较低，仅约为欧美等国的1/10，中国的1/3。印度蕴藏巨大的"人口红利"，对于中国转移劳动力密集型产业或价值链环节具有巨大吸引力。这些产业对应的恰恰是中国出口印度的主要商品，也是容易面临其他国家贸易壁垒的商品。因此，中国企业可以通过到印度直接投资的方式来跨越其他国家和印度的对华反倾销和其他贸易壁垒。当然，印度虽然拥有丰富廉价的劳动力，但也需要克服劳动效率低、培训难度大的问题。

4）中印两国是区域发展重要合作伙伴

中国与印度作为两个最大的发展中国家和亚洲大国，是近邻，又同是文明古国和新兴市场国家。在发展目标上是命运共同体，也是区域发展的重要合作伙伴。尽管两国在领土等方面存在分歧，但中印关系中最具活力的始终是经贸关系：中国已经成为印度最大的经济合作伙伴之一，印度作为中国南部的重要邻国和南亚次大陆最大的国家，在中国"一带一路"倡议中占有极其重要的地位。目前，印度正积极推行"印度制造"计划，吸引外资发展制造业和改善基础设施建设，为中国制造业赴印度投资提供了重要的契机。

当然，中国企业到印度进行直接投资，也存在诸多风险和挑战。例如，中印政治关系不稳定，两国政治关系如出现波动可能影响到经济关系。印度国内复杂的投资管理政策，劳工法规，劳务签证政策，土地、税收和环保政策，基础设施建设滞后，民族主义倾向等问题也会影响中国企业对印度的直接投资。

3. 通过对印度直接投资跨越反倾销壁垒

针对前文提及的诸多挑战，现从行业层面、企业层面及政府政策支持等角度提出若干对策建议。

1）行业选择

首先，有机化学品、钢铁、钢铁制品和电气零件产业是目前欧盟、美国和印度等对华反倾销最频繁的产业。这些产业也正是中国国内具有比较劣势的边际产业，而在印度具有比较优势或潜在比较优势并亟须发展的产业。

其次，当前印度政府启动的"印度制造"新政策主要涉及 25 个行业，包括汽车、化工、制药、纺织、信息技术、港口、航空、旅游、铁路、再生能源、采矿及电子产业等。2015 年中国《国务院关于推进国际产能和装备制造合作的指导意见》指出钢铁、有色、建材、铁路、电力、化工、轻纺、汽车、通信、工程机械、航空航天、船舶和海洋工程等是重点行业。因此，中国可以在中国企业的比较优势的基础上，结合我国的国家战略，以及印度的要素禀赋优势，进行双方产业项目的合作。

2）加强企业管理和劳动力的培训

印度虽然具有丰富的廉价劳动力，人工成本较低，但是存在劳动力效率偏低、培训难度大的问题。中国企业需要加大对印度工人培训的投资，一方面，建立一支专业化和国际化的人才管理队伍，了解和尊重印方工人的文化风俗习惯，熟悉印度相关的劳工法律法规，对印方工人进行柔性管理。另一方面，可以通过选拔印度工人到中国接受培训，让印方工人尽早了解和熟悉中国企业的文化和制度。

3）制定应急预案，加强风险管控

由于印度存在宗教民族主义，一些政治势力经常通过煽动宗教情绪来达到政治目的，导致国内社会矛盾、治安风险时有发生。中国投资企业应该参照《对外投资合作境外安全事件应急响应和处置规定》，借鉴国内外企业处理突发事件的相关经验，因地制宜，建立起一整套应对突发事件的应急预案。

4）加强境外经贸合作区建设

尽管 2014 年中印就已达成关于在印度建立"中国产业园区"设想的一致意见

并且着手实施，但受边界问题、西藏问题、"中国威胁论"、西方国家插手等因素影响，中印双边政治关系风波不断，导致双方境外经贸合作区的进展较为缓慢。目前，印度还未建成一个中国境外经贸合作区，姚明织带当前只能在斯里兰卡的产业园区中投资设厂。

虽然中印双方政治关系存在隐患，但应该强调两国关系中最具活力的始终是经济关系。中印双方应更好地加强政治互信与民间交往，通过各种渠道建立中印两国间的正式或非正式的磋商和交流机制。通过积极签订多层次的双边合作框架，建立与印度中央和地方政府两个层面的双边合作框架，以及合作区建设的备忘录或者协议，支持建设产业园区。在境外经贸合作区的建设中，可以考虑采取合资的方式，让印度当地企业入股，以缓解政治风险。从而为中国企业尤其是中小企业"抱团"到印度投资提供平台，也为"走出去"企业提供更好的保护。

五、借鉴日韩利用对外直接投资规避"双反"调查[①]

本小节在量化分析"双反"调查对中国对外直接投资影响的基础上，总结目前的不足，借鉴和吸收日韩的经验与教训。从企业未来投资的重点区位、方式和产业、企业协调及政府政策支持等角度提出了若干对策。

（一）对外直接投资是跨越东道国贸易壁垒的有效形式

已有研究表明，对外直接投资是规避东道国贸易壁垒的有效形式之一。因此，在全球贸易保护主义愈演愈烈的情况下，为有效规避贸易壁垒，中国企业除了在法律层面进行反倾销诉讼之外，通过在东道国或第三国投资设厂不失为一种明智的选择。大力提倡企业"走出去"，不仅能转移国内过剩产能，也可以为企业转型升级拓展更大的生存空间。本小节在量化分析中国跨越贸易壁垒的基础上，通过中日韩利用对外直接投资规避"双反"调查的对比研究，借鉴和吸收日本和韩国的成功经验，从未来中国企业对外直接投资的区位、方式和产业选择、企业协调及政府政策支持等方面提出具体可行的政策建议。

[①] 本节内容基于总课题"中国应对'双反'调查的策略研究与政策建议"成果整理而成，撰稿人为厦门大学教授龙小宁与河南财经政法大学讲师张相伟。

（二）利用对外直接投资规避东道国"双反"调查的量化分析

本小节基于 2003~2015 年中国对 178 个国家（地区）对外直接投资的面板数据，研究发现：首先，东道国对华反倾销显著促进了中国对外直接投资。因此，中国对外直接投资具有跨越东道国反倾销壁垒的动机。

其次，中国跨越反倾销壁垒的对外直接投资行为在发达和发展中国家、"一带一路"和非"一带一路"沿线国家、承认中国"市场经济地位"与否的国家之间存在异质性。在整个样本中，反倾销对投向发达国家的对外直接投资的引致效应大于发展中国家；在"一带一路"沿线国家中，反倾销对对外直接投资的影响主要体现在发展中国家；在非"一带一路"沿线国家中，反倾销对投向发展中国家的对外直接投资的引致效应则小于发达国家；中国跨越反倾销壁垒的对外直接投资行为在不承认中国"市场经济地位"的国家更为显著。

（三）中国利用对外直接投资规避"双反"调查面临的挑战

本小节从区位选择和行业相关性等方面进一步分析了目前中国利用对外直接投资规避"双反"调查的现状与特点，如表 5-5~表 5-7 所示。

表 5-5　1995~2016 年中国遭受反倾销指控和制裁与对外直接投资存量区位的对比

经济体	反倾销指控 数量/起	排名	占比	反倾销制裁 数量/起	排名	占比	对外直接投资存量 存量/万美元	排名	占比
印度	199	1	14.41%	152	1	15.70%	310 751	35	0.228 9%
美国	141	2	10.21%	111	2	11.47%	6 057 998	6	4.463 0%
欧盟	129	3	9.34%	91	3	9.40%	6 983 669	5	5.144 9%
阿根廷	106	4	7.68%	76	4	7.85%	194 366	47	0.143 2%
巴西	96	5	6.95%	67	6	6.92%	296 251	36	0.218 3%
土耳其	80	6	5.79%	71	5	7.33%	106 138	59	0.078 2%
墨西哥	52	7	3.77%	38	7	3.93%	57 860	75	0.042 6%
澳大利亚	50	8	3.62%	25	9	2.58%	3 335 056	8	2.457 0%
哥伦比亚	46	9	3.33%	24	10	2.48%	36 245	96	0.026 7%
博茨瓦纳	39	10	2.82%	21	12	2.17%	43 750	88	0.032 2%
加拿大	39	10	2.82%	29	8	3.00%	1 272 599	12	0.937 5%

续表

经济体	反倾销指控 数量/起	排名	占比	反倾销制裁 数量/起	排名	占比	对外直接投资存量 存量/万美元	排名	占比
莱索托	39	10	2.82%	21	12	2.17%	663	169	0.000 5%
纳米比亚	39	10	2.82%	21	12	2.17%	45 357	86	0.033 4%
南非	39	10	2.82%	21	12	2.17%	650 084	17	0.478 9%
斯威士兰	39	10	2.82%	21	12	2.17%		189	0
韩国	29	11	2.10%	23	11	2.38%	423 724	27	0.312 2%
印度尼西亚	26	12	1.88%	12	16	1.24%	954 554	13	0.703 2%
巴基斯坦	25	13	1.81%	9	18	0.93%	475 911	23	0.350 6%
埃及	24	14	1.74%	14	15	1.45%	88 891	65	0.065 5%
秘鲁	22	15	1.59%	17	13	1.76%	75 978	69	0.056 0%
泰国	22	15	1.59%	16	14	1.65%	453 348	25	0.334 0%
中国台北单独关税区	12	16	0.87%	6	20	0.62%	98 272	63	0.072 4%
俄罗斯	11	17	0.80%	11	17	1.14%	1 297 951	11	0.956 2%
马来西亚	11	17	0.80%	9	18	0.93%	363 396	30	0.267 7%
委内瑞拉	9	18	0.65%	11	17	1.14%	274 171	37	0.202 0%
乌克兰	9	18	0.65%	9	18	0.93%	6 671	141	0.004 9%
新西兰	9	18	0.65%	4	22	0.41%	210 247	44	0.154 9%
哈萨克斯坦	8	19	0.58%	8	19	0.83%	543 227	19	0.400 2%
以色列	7	20	0.51%	5	21	0.52%	422 988	28	0.311 6%
日本	4	21	0.29%	3	23	0.31%	318 401	34	0.234 6%
菲律宾	3	22	0.22%	2	24	0.21%	71 893	72	0.053 0%
特立尼达和多巴哥	3	22	0.22%	3	23	0.31%	60 666	74	0.044 7%
越南	3	22	0.22%	1	25	0.10%	498 363	21	0.367 1%
波兰	2	23	0.14%	2	24	0.21%	32 132	97	0.023 7%
摩洛哥	2	23	0.14%	1	25	0.10%	16 270	122	0.012 0%
智利	2	23	0.14%	1	25	0.10%	40 362	90	0.029 7%
巴拉圭	1	24	0.07%	0	26	0	4 791	144	0.003 5%
多米尼加共和国	1	24	0.07%	0	26	0	101	180	0.000 1%
危地马拉	1	24	0.07%	0	26	0		187	0

续表

经济体	反倾销指控 数量/起	排名	占比	反倾销制裁 数量/起	排名	占比	对外直接投资存量 存量/万美元	排名	占比
乌拉圭	1	24	0.07%	1	25	0.10%	22 559	112	0.016 6%
牙买加	1	24	0.07%	1	25	0.10%	83 919	66	0.061 8%
吉尔吉斯斯坦	0	17	0	5	21	0.52%		188	0
亚美尼亚	0	17	0	5	21	0.52%	751	166	0.000 6%
总计	1381		100.00%	968		100.00%	26 230 324		19.324 1%

资料来源：WTO官网和《2016年度中国对外直接投资统计公报》，并经作者计算整理

注：本表中数据因进行了四舍五入，存在比例合计不等于100%的情况

表 5-6　1995~2016年中国遭遇反倾销指控和制裁的行业分布

行业分类	产品	反倾销指控 数量/起	占比	发倾销制裁 数量/起	占比
XV	贱金属及其制品	352	28.924%	243	28.06%
VI	化学工业及其相关工业的产品	231	18.981%	183	21.13%
XVI	机器、机械器具、电气设备及其零件、录音机及放声机、电视图像、声音的录制和重放设备及其零件、附件	144	11.832%	99	11.43%
VII	塑料及其制品，橡胶及其制品	97	7.970%	67	7.74%
XI	纺织原料及纺织制品	92	7.560%	72	8.31%
XIII	石料、石膏、水泥、石棉、云母及类似材料的制品；陶瓷产品；玻璃及其制品	86	7.067%	53	6.12%
XX	杂项制品	54	4.437%	42	4.85%
X	木浆及其他纤维状纤维素浆；回收(废碎)纸或纸板；纸、纸板及其制品	32	2.629%	15	1.73%
XVII	车辆、航空器、船舶及有关运输设备	29	2.383%	18	2.08%
IX	木及木制品，木炭，软木及软木制品，稻草、秸秆、针茅或其他编结材料制品，篮筐及柳条编结品	22	1.808%	16	1.85%
XII	鞋、帽、伞、杖、鞭及其零件；已加工的羽毛及其制品；人造花；人发制品	22	1.808%	16	1.85%
XVIII	光学、照相、电影、计量、检验、医用或外科用仪器及设备、精密仪器及设备；钟表；乐器；上述物品的零件、附件	18	1.479%	13	1.50%
V	矿产品	16	1.315%	9	1.04%
II	植物产品	9	0.740%	10	1.15%
IV	食品；饮料、酒及醋；烟草、烟草及烟草代用品的制品	6	0.493%	5	0.58%

续表

行业分类	产品	反倾销指控 数量/起	占比	发倾销制裁 数量/起	占比
Ⅷ	生皮、皮革、毛皮及其制品；鞍具及挽具；旅行用品、手提包及类似容器；动物肠线（蚕胶丝除外）制品	5	0.411%	2	0.23%
Ⅰ	活动物，动物产品	2	0.164%	3	0.35%
Ⅲ	动、植物油、脂及其分解产品；精制的食用油脂；动、植物蜡	0	0	0	0
XIV	天然或养殖珍珠、宝石或半宝石、贵金属、包贵金属及其制品；仿首饰；硬币	0	0	0	0
XIX	武器、弹药及其零件、附件	0	0	0	0
XXI	艺术品、收藏品及古物	0	0	0	0
……	其他	0	0	0	0
总计		1217	1.000%	866	1.00%

资料来源：WTO 官网，并经作者计算整理

注：行业分类指 HS 编码下的商品大类；本表数据因进行了四舍五入，存在比例合计不等于 100% 的情况

表 5-7　1995~2016 年中国对外直接投资存量的行业分布

行业	存量/万美元	占比
租赁和商务服务业	47 399 432	34.92%
批发和零售业	16 916 820	12.46%
采矿业	15 236 959	11.23%
制造业	10 811 271	7.96%
信息传输、计算机服务和软件业	6 480 151	4.77%
房地产业	4 610 471	3.40%
交通运输、仓储和邮政业	4 142 202	3.05%
建筑业	3 241 975	2.39%
电力、燃气及水的生产和供应业	2 282 141	1.68%
科学研究、技术服务和地质勘查业	1 972 019	1.45%
居民服务和其他服务业	1 690 188	1.25%
农、林、牧、渔业	1 488 502	1.10%
文化、体育和娱乐业	791 284	0.58%
住宿和餐饮业	419 407	0.31%
水利、环境和公共设施管理业	357 469	0.26%

续表

行业	存量/万美元	占比%
卫生、社会保障和社会福利业	92 137	0.07%
教育	72 372	0.05%

资料来源：《2016年度中国对外直接投资统计公报》，并经作者计算整理

1. 对外直接投资与遭受"双反"调查的区位分析

第一，各经济体对华反倾销指控和制裁的排名基本一致，表明了各经济体对华反倾销调查的有效性。第二，对华实施反倾销调查的经济体除了集中于传统的欧盟、美国和印度之外，其他发展中经济体对华发起反倾销调查的现象也不容忽视，如阿根廷、巴西和墨西哥等。第三，"一带一路"沿线国家对华反倾销调查也占据重要比例，占所有经济体对华反倾销总量的33.5%。第四，尽管中国对外直接投资与对华反倾销调查具有相关性，但其对外直接投资量与东道国（地区）对华实施反倾销调查的排名并不完全相称，在一些对华实施反倾销数量比较多的经济体，中国在其经济体的对外直接投资量并不多。如印度、阿根廷、巴西和墨西哥，其对华进行反倾销指控和制裁的数量均位于前七位，但中国在这些国家的投资存量却在35位及之后。而且，中国在所有对华实施反倾销调查的经济体中的对外直接投资存量仅占中国对外直接投资存量的19.36%。因此，就区位选择而言，中国利用对外直接投资规避反倾销调查的途径仍存在较大潜力。

2. 对外直接投资与遭受"双反"调查的行业对比分析

首先，中国遭受反倾销指控和制裁的涉案行业具有集聚性，主要集中于金属制品，化工产品，机械电器设备，纺织产品，塑料橡胶制品和石料、石膏及水泥制品等六大行业。其次，中国对外直接投资和反倾销调查具有行业不一致性。对外直接投资行业主要集中于租赁和商务服务业与批发和零售业，制造业占比并不高；而对华实施的反倾销指控和制裁均针对制造业产品。因此，从行业层面看，中国利用对外直接投资规避反倾销调查仍存在较大空间。

综上所述，尽管目前中国已经开始利用对外直接投资来规避"双反"调查，但是，还存在应对比较被动、区位和行业不匹配的问题。目前，中国主要在传统的对华实施"双反"调查的欧美国家进行了跨越贸易壁垒型对外直接投资，而利用对外直接投资规避发展中国家"双反"调查主动性不够；中国跨越贸易壁垒型对外直接投资比重仍较低，也没有很好地结合东道国的区位优势和中国的产业比较优势，以通过对外直接投资有效规避"双反"调查。

（四）日本和韩国的经验和教训

1. 日本企业规避贸易壁垒跨国经营的特点分析

日本在 20 世纪 80 年代，面对与欧美剧烈的贸易摩擦，利用了对外直接投资来规避贸易壁垒，经验如下。

（1）未雨绸缪，依据东道国贸易壁垒变化，灵活调整区位选择。在贸易摩擦比较缓和的时期，未雨绸缪，采取在第三方投资建厂以"迂回"的方式规避贸易摩擦。贸易摩擦加剧时采取投资属地化经营策略规避贸易壁垒。

（2）从自身比较优势出发，选择目标产业和区域。将具有传统比较优势的劳动密集型边际产业转移到发展中国家，以延长生命周期。并制订高科技尖端技术的补贴方案，成立支持高科技产业的专项基金，鼓励技术寻求型对外投资，以促进国内产业结构调整和产品技术升级。

（3）投资主体集团化、组织化，以分散风险。以商社联合、系列企业联合投资（联合出资型投资、追随型投资）等抱团的方式开发新市场，分散各种不确定因素带来的风险。

（4）政府建立对"走出去"企业完善的支持制度。为绕开贸易壁垒，日本政府加大了对对外投资企业的补贴力度，成立专门的指导对外投资的专家委员会，出台一系列的税收优惠、金融支持政策，鼓励企业进行出口替代型的对外投资。

2. 韩国企业规避贸易壁垒跨国经营的特点分析

20 世纪 80 年代后期，韩国巨额的贸易顺差在欧美引起了诸多贸易摩擦，政府开始鼓励企业对欧美投资以绕开贸易壁垒，具有以下特点。

（1）以规避贸易壁垒型对外直接投资为契机，加大技术寻求型对外直接投资，促进国内产业升级。短期内，在贸易摩擦比较严重的行业，可增加对外直接投资来缓和贸易摩擦，从而在长远期更好地应对贸易摩擦。同时，加大对发达国家技术寻求型对外投资的力度，以最快捷的方式学习新技术和先进的管理经验，实现产业结构向技术密集型产业升级。

（2）利用大财团企业的优势获取技术。以最具规模优势和技术经济实力的大型企业集团作为重要参与者，凭借其所有权优势，采取独资或者与发达国家跨国公司开展合作的方式，获取先进技术。

（3）区位选择上随自身实力的发展而变化，循序渐进。从最初的邻近区域开始到经济历史联系密切的北美洲，之后走向多元化的投资区位组合，以组合区位来降低整体的风险水平。

（4）根据竞争需要灵活调整投资方式。对拉丁美洲、大洋洲等竞争激烈的地区，采取独资的经营方式，以扩大销售市场、开发新技术。而对东南亚、非洲等竞争不激烈的地区，采取合资经营的方式，形成优势互补，以转移产业。

3. 日韩利用对外直接投资规避贸易壁垒的教训

（1）需要防范对外直接投资引起的投资摩擦。随着对美投资的剧增及日本生产经营方式与美国本土企业生产的冲突，美国国内出现了日本投资威胁论，引起了日美投资摩擦，投资企业频繁遭到美国的安全审查。

（2）需要防范对外直接投资引起的产业空心化。日本和韩国在纷纷将国内产业转移到海外的过程中，均出现了国内制造业急剧萎缩即产业空心化的问题。

（3）外贸依存度太高使对外直接投资经营陷入防御性陷阱。韩国对国际市场的高度依赖，造成进出口市场非常集中，进而导致企业对国际经济环境变化的承受力较为脆弱。在过度依赖大财团企业的贸易集团战略优势逐步丧失的情况下，对外直接投资经营成为被迫保卫出口市场的无奈之举。但过程中更使企业陷于组装、重复生产低端产品的沼泽，在与本地企业的竞争中优势被大大削弱。

（五）若干建议

对外直接投资可以成为规避国外反倾销行之有效的途径之一。中国应积极实施"走出去"战略，结合中国当前的国内经济状况和产业比较优势，借鉴和吸收日韩的经验与教训，引导有条件的国内企业开展基于全球优势资源整合的战略性对外投资，有效地缓解贸易摩擦，以从经济全球化中获取相应的利益。具体的政策建议如下。

1. 区位选择：从自身优势出发

利用发展中国家的成本优势，中小企业应加大对印度、阿根廷、巴西、墨西哥等发展中国家的投资，以服务当地市场，并可以转口到其他发达国家。大型企业应着重对美国和欧盟等发达国家和地区投资，重点获取先进技术，利用技术溢出促进国内产业升级。

2. 方式选择：根据竞争需要灵活调整投资方式

绿地投资尽管周期长，作用存在一定的时滞性，但因其能为当地提供更多的就业岗位，更容易被国外利益集团所接受。对于长期稳定对华实施反倾销的国家，应考虑采取绿地投资的方式。跨国并购容易实施，没有时滞作用，但往往遭到东道国的政治偏见，以规避反倾销为目的时应慎用。合资方式介于绿地投资和跨国并购之间，较易实施和被国外利益集团所接受。因此，应权衡利弊，选择合适的投资方式。

3. 行业选择：以比较优势为基础，与区位选择相结合

需要结合国内产业结构升级，适时调整对外投资结构。应将塑料及其制品，纺织原料及纺织制品和毛皮、皮革制造等中国传统具有比较优势的劳动密集型的边际产业，重点向具有成本和原材料优势的发展中国家转移，以延长产品生命周期，为自身产业调整和升级争取时间，并与发展中国家共同发展。同时，应将机器设备、精密仪器制造和车辆、船舶设备制造等高科技产业重点向发达国家转移，以利用国外科技人才和成果，迅速提高自身的自主创新能力，并进而通过转移过剩产能和技术溢出，促进国内产业升级。

4. 未雨绸缪，主动出击

企业在开发经常遭受"双反"调查的产品的新市场伊始，就着手收集在东道国开展对外直接投资的所需信息，力争在引起贸易摩擦之前开展对外直接投资，以降低未来的贸易保护威胁。同时，吸取韩国的教训，加速企业的技术创新，实现产品升级，增强竞争力。

5. 建立企业之间的协调机制，规范竞争秩序

已经在东道国开展对外直接投资的企业，要与国内相似产品的出口企业建立协调机制，防止价格之间的恶性竞争，导致对外直接投资企业反过来对国内企业开展反倾销调查。企业之间可以开展研发合作，促进产品的创新升级，提高出口产品在全球价值链中的位置。

6. 立足国内市场，加速创新

进行技术创新，实现国内产业升级，是应对贸易摩擦的长久之计。国内市场是创新技术产生的温床，中国在利用对外直接投资规避贸易壁垒的同时，也要立足国内市场，加强在国内市场的积累。同时，政府应当加强知识产权保护，规范国内市场秩序，为企业的创新发明提供良好的环境。

7. 抓住"一带一路"重大机遇实现对外投资战略升级

以"一带一路"倡议为契机，根据沿线国家不同的优势，引导国内企业对"一带一路"沿线国家的投资，开展国际产能合作，充分利用其相对廉价的劳动力、资源及广阔的消费市场，促进对外直接投资战略的升级。

8. 以境外经贸合作区为载体，企业"抱团"出海

可以由政府牵头，与政治关系良好的国家谈判签订协议，在东道国建立境外经贸合作区，构建大型跨国公司主导和中小民营企业协同发展的对外投资模式。特别要促使中小企业以"抱团"形式成功地"走出去"，以有效参与世界分工，加入到国际经济大循环体系中去。

9. 对外直接投资的政策支持

政府应完善对外投资支持体系，为企业提供金融、税收、信息咨询服务等政策支持，加强与东道国合作，推进自由贸易协定、金融机构境外布点、双边货币互换协议和监管协议及双边投资协定的建设与签订。

六、推进企业海外专利布局，预防知识产权类贸易纠纷[①]

近年来，随着我国科技水平和创新能力不断提高，我国高科技产品的出口也在迅速增加。中国高科技产品出口规模的扩大正在触动越来越多的国外知名企业的核心利益。对高科技产品而言，发达国家是重要的海外市场。而发达国家对知识产权实施高保护，其企业往往具有丰富的知识产权运营经验。这使得以专利侵权纠纷和诉讼为代表的商业化贸易保护措施成为新的贸易保护主义表现形态。有效预防和应对主要贸易伙伴国家和其核心企业的知识产权类的贸易纠纷，是保证我国贸易持续稳定发展的关键因素。基于以上分析，本小节认为建立和完善针对我国出口企业的海外专利诉讼风险的相关政策体系和应对机制，对我国贸易创新与知识产权管理工作有着重大的意义。

当前，随着逆全球化趋势的增强，以"双反"为代表的贸易纠纷不断增加。部分西方发达国家违反《中国入世议定书》第15条相关规定，继续对我国正常产品出口运用替代国方法实施"双反"调查。"双反"的实质在于抑制来自我国的进口，从而达到保护其国内企业利益的目的。但是，随着越来越多的国家履行其相关义务或承认我国的"市场经济地位"，有关国家利用"双反"限制和阻碍我国企业的出口会变得日益困难。寻求其他更为隐蔽的贸易保护手段是发达国家的必然选择。

知识产权领域的贸易纠纷正成为发达国家补充和替代"双反"调查的贸易保

[①] 本小节内容基于子课题1"对华'双反'调查的成因和'非市场经济地位'的影响"成果整理而成，撰稿人为对外经济贸易大学教授荆然与西南财经大学讲师邓兴华。

护主义行为的重要方式。一方面，美国政府通过启动"301调查"等手段，声称我国知识产权领域存在不公平贸易行为，威胁启动单边贸易制裁。另一方面，企业也可以通过申请"337调查"和起诉我国出口企业侵犯其国内企业的知识产权的方式，以达到抑制来自中国的质优价廉产品的进口的目的。换句话说，以知识产权领域主张为主要内容的"301调查"，以及由企业发起的"337调查"和知识产权专利诉讼，都和"双反"调查一样可以成为实施贸易保护主义的手段。对于外国政府而言，这两类手段可以互相替代。随着高标准的贸易和投资规则的实施，政府行为受到更大约束，商业化的贸易保护措施更可能走向前台。因此要在注重"双反"等显性贸易保护的政府管制措施的同时，注意研究预防和应对潜在的知识产权纠纷中的贸易保护行为。

近年来，随着我国科技水平和创新能力的不断提高，我国高科技产品的出口也在迅速增加。这一现象挑战了西方发达国家长期认为的其高技术行业具有相对比较优势的认知，也触动了很多国外知名企业的核心利益。对高科技产品而言，发达国家是重要的海外市场。而发达国家对知识产权实施高保护，且其已有企业往往具有丰富的知识产权运营经验。这使得以专利侵权纠纷和诉讼为代表的商业化贸易保护措施，正在成为新的贸易保护主义表现形态。美国政府更是试图重启对华"301调查"，尝试以知识产权要价迫使中国接受美方的贸易投资条件。西方发达国家的这些贸易保护行为，对我国出口企业依赖成本优势获得海外市场份额的策略产生了抑制作用，也对我国进一步落实建设贸易强国的战略部署，推动全面形成对外开放新格局形成了重大挑战。因此，在未来一段时间内，能否有效预防和应对主要贸易伙伴国和其核心企业的知识产权类的贸易纠纷，是保证我国贸易持续稳定发展的一个关键问题。

本小节通过前期实证研究发现，中国企业通过海外专利布局和获得海外专利授权，能够有效防范相关海外市场的专利侵权诉讼风险。在进口国的有效专利允许中国出口企业以相对较低的出口价格扩大出口数量，进而实现出口总额的增加。中国企业海外专利布局正在成为中国企业开拓海外发达国家市场的重要工具。换句话说，中国企业的海外专利布局能力的提升有利于出口企业优化其出口产品和出口市场结构。以海外专利布局为抓手，提升企业知识产权创造、保护、运用能力，是提升我国创新能力、建设创新强国和贸易强国的关键结合点和有力支撑。

综上所述，建立和完善针对我国出口企业的海外专利诉讼风险的相关政策体系和应对机制，对我国贸易创新与知识产权管理工作都有着重大的意义。

（一）知识产权类贸易纠纷的潜在危害和趋势

本小节所指的知识产权类贸易纠纷，是指东道国企业和所在国政府通过知识产权纠纷的形式,对对可能存在知识产权侵权并不当获利的出口国企业实施警告、起诉、关境禁入、销售禁令等多种市场限制措施的行为。这当中既有知识产权所有者合理、合法地对侵权人正常的法律诉讼和救济要求;也有以"维护知识产权"为名义,意在降低或限制其竞争对手市场份额的举措。

近年来,知识产权诉讼,特别是专利诉讼,正成为国内外的热点。其中既有三星集团、苹果公司、高通公司、华为技术有限公司等一流企业间的全球范围内的知识产权争议,也有新兴的以非专利实施实体作为专利权人而进行的专利运营式诉讼。专利诉讼案件中,很多案件都有很大的争议性。非专利实施实体作为专利权人,也有滥用其权利的可能性。这些问题正在国内外引发越来越多的关注。因此,以专利权纠纷作为潜在贸易保护工具的可能性越来越大。需要承认,我国的贸易企业中确实存在部分企业知识产权意识薄弱,以不合理方式损害相关知识产权人利益的行为,这些现象确实有待管理和规范。此外,大批的中小型出口企业自身创新能力有限,应对跨国专利权纠纷的能力薄弱,极易成为部分打着保护专利权旗号的贸易保护主义竞争行为的牺牲品;与此同时,包括华为技术有限公司、小米科技有限责任公司在内的我国部分知名企业,也由于在国际市场的优异表现和快速发展,引发了竞争对手出于种种动机发起的各种专利诉讼,影响了市场的经营和扩张。因此,研究分析知识产权类贸易纠纷和相关预防和应对措施对我国企业有着特殊的意义。

以知识产权纠纷为依托的贸易纠纷和贸易保护机制主要有以下几种危害。

(1)知识产权纠纷中的诉前禁令,可以导致我国企业在关键时间被排除出特定的海外市场并造成实质性损害;相关的损失即使在纠纷中胜诉也不一定能完全救济。在各主要国家的专利诉讼和美国"337调查"中,如果作为专利权人的海外竞争企业都可以申请实施诉前禁令,限制相关潜在侵权产品的进口、销售、展示,虽然在侵权不成立的情况下,企业可以通过专利权人预交的部分保证金获得相关禁令造成的不利后果的部分救济,但其由于关键时点上市场限入所造成的损失往往是巨大的,特别是对于技术更新快、时效性显著的新技术产品的危害更大。例如,中国平衡车企业就在"337调查"开始之后,受到了美国ITC的普遍禁令,至今无法进入美国市场。

(2)知识产权纠纷会严重打击我国企业的海外声誉和形象。当中国出口企业在海外卷入知识产权纠纷时,受到西方对中国存在认识偏差的影响,进口国市场往往无法客观地意识到知识产权纠纷作为一种竞争策略的实质,也不太会注意到我国企业胜诉的可能性。最重要的是诉讼给中国企业在当地的正常供货造成了极大的不确定性,需求会面临巨大的冲击。同时,部分外国媒体过度渲染中国企业在相关纠纷中的不道德行为,也严重影响了相关企业和我国出口企业总体的形象,进一步降低了其他国家和客商从中国出口企业订货的意向。

(3)知识产权纠纷以一种商业行为形式呈现,政治色彩较弱,可被采用的时机更多,蕴含的贸易保护主义意图隐藏更深,未来可能会成为双边贸易中更为主要的贸易保护形式之一。随着对外开放的程度进一步提高,全球高标准投资贸易规则的不断强化,政府主导的贸易救济模式和相关贸易保护工具会更多地受到制约,商业化的贸易保护措施会更可能走向前台。而知识产权纠纷中对专利权人的诉讼权益的保护和诉前禁令的制度性宽容,会使其成为商业化贸易保护策略的重要手段。因此要在注重"双反"等显性贸易保护的政府管制措施的同时,注意研究预防和应对潜在的知识产权纠纷中的隐性贸易保护行为。

(二)海外专利布局对知识产权类贸易纠纷的预防作用

当前,中国企业海外专利布局迅速增长,2016 年,中国 PCT(Patent Cooperation Treaty,《专利合作条约》)专利达到 4.31 万余件,增长 44.7%,位列全球第三,中兴通讯股份有限公司、华为技术有限公司等均在不同年份名列全球 PCT 专利申请首位。2014 年,中国专利权人在欧洲专利局(European Patent Office,EPO)的申请数为 26 472 件,占欧洲专利局收到申请数的 9%。中国企业的海外专利布局正在成为中国企业国际化的重要支撑。

本小节针对中国企业的海外专利布局进行了专项的实证研究,发现海外专利布局有利于企业扩大出口,以及进口地所在国所授予的专利能够帮助企业有效防范专利诉讼风险,从而为中国出口企业开拓海外市场保驾护航。研究发现如下。

(1)我国企业的海外专利布局能够显著增加提升企业的出口额和产品的出口数量。本小节研究发现,有效专利数增加一个,可以带来 0.746% 的贸易量的增长和 0.757% 的贸易额的增长。海外专利布局对企业拓展海外贸易有着重要作用。

(2)我国企业进行海外专利布局后,并未在专利授权国(也是其出口目的地国)利用其市场垄断力额外加价销售其产品,但不排除在全球范围内其产品因技术创新而价格都有所提升。这说明进行海外专利布局的中国出口企业,在促进技术创新和提升产品质量的同时,仍然能够让在授予它专利权的国家的消费者以同样的价格享受到它的产品。

(3)海外专利的作用机制是通过持有有效专利,提高了外国企业对中国出口企业进行诉讼的成本。有效专利增加了中国出口反诉原告的能力,也增加了中国出口企业反诉原告专利无效的机会,让进口国企业以专利侵权为名,实施贸易保护之实的成本和难度大幅度提升,从而允许中国企业发挥低成本的竞争优势。换句话说,有效的海外专利能够显著地提升出口企业应对进口国专利侵权纠纷的能力。

(4)海外专利的防御性保护作用,在知识产权保护水平更高的地区,在某一市场上外国竞争企业持有大量有效专利或同一企业拥有大量有效专利时,更加明显。这一发现说明海外专利能够帮助我国企业进入高端市场,预防和应对与相关高水平企业间的知识产权类贸易纠纷。

同时,本小节还发现,尽管海外专利布局对企业出口贸易有着丰富的作用,但当前能够实施海外专利布局的企业仍非常少,虽然它们在产品结构、市场结构、出口份额上明显优于不进行专利布局的企业。推进企业海外专利布局、拓宽企业海外贸易保护手段大有可为。

综上所述,本小节依据中国企业海外专利布局快速增长的现象,在研究了海外专利对中国企业贸易增长的重要作用后认为,推动中国企业海外专利布局,可以有效推进我国出口企业提升出口的市场和产品结构,努力实现建设贸易强国的目标。

(三)推进我国企业海外专利布局工作的基本指导思想

(1)尊重出口企业在海外专利布局中的自主性。出口企业,特别是本身有能力将我国国产高科技产品出口到发达国家的出口企业,是我国近期海外专利布局的实施主体。尊重技术发展的基本规律,尊重市场的基本特征,是引导和鼓励企业自主选择将有竞争力和有价值的专利进行海外布局的前提。在政策实施过程中,应避免过度强调以专利申请和获批专利数量作为考核指标,以避免低质量技术的过度申请和国有资源的浪费。

(2)各级政府在营造良好的国内知识产权运营环境中发挥着主导作用。在国内,政府通过降低专利权人的维权成本,增强对专利权人权利的保护,能够有效提升专利在国内的商业价值,从而有效推动企业从研发到运用再到价值实现的良性循环。很难想象一个在国内知识产权运营上知之甚微的企业,能够在国际市场上娴熟地使用其专利以应对专利侵权诉讼。

(3)专业机构和相关的服务部门是对中小型出口企业实施海外专利管理的重要抓手。专利是对特定技术、设计或外观设计的认可,具有较高的专业性。同时,专利权具有很强的地域性。专利权的认可和实施是由批准专利的国家政府进行的。一个技术在美国获得了专利,并不代表这项技术在日本享有专利的权利。即便是在两个国家同时具有专利,两个国家在对专利权人的保护政策上,也可能有较大的差异,如是否可以谋求销售禁令、影响罚金金额的主要因素等。因此,专业化、细分化的针对专利的服务机构,以及贸易和知识产权部门的服务和管理都是十分必要的。

（四）推进企业海外专利布局以预防贸易纠纷的具体方案和政策路径

（1）研究形成针对中国出口企业面临专利侵权的高风险行业、产品目录。开展与贸易相关的专利诉讼风险的分析研究，判断一批经常或有较大可能受到专利侵权诉讼影响的行业和产品，并细致研究相关行业的具体专利分布情况和发现潜在的有可能对中国出口企业提出专利诉讼的竞争对手。

（2）形成工作专项，对重点行业、产品企业的海外专利布局进行适当引导和支持。通过合理引导，帮助和促进重点行业中核心龙头企业在海外进行专利布局，形成对重点行业的海外利益格局的合理保护。再以专项资金资助为抓手，引导和鼓励龙头企业通过市场化的模式与行业内的中小型出口企业形成专利互助机制。从而实现龙头企业在海外市场贸易不断扩大的同时，带动和保护行业内中小型出口企业拓展海外业务。

（3）开放准入，打造一批新型知识产权服务机构。政府应积极运用国际上新型知识产权服务业态，引导更多的机构提供专利保险的服务，合理引导专利联盟/专利池在我国健康发展。引导和鼓励中小企业利用防御型专利保险服务、专利联盟/专利池和主动缴纳技术许可费的方式，降低其产品在国际市场上所面临的专利侵权诉讼风险。这点对于缺乏自主创新能力、不具备国际专利布局条件，却又希望进军海外市场的中小型出口企业，显得格外重要。同时，那些来华投资多年的在专利储备和国际专利运营上有丰富经验的外资企业可以成为一股重要的力量。

（4）推进知识产权服务部门的专业化和国际化发展。除在不同国家、不同技术领域提升服务能力以外，政府部门还可以以专利的生命周期为依据，对海外专利在注册、维护、诉讼和维权方面提供适当的细分的无偿和有偿的专业服务。特别是在海外专利注册方面，注重减少信息不对称，提高我国出口企业申请海外专利的积极性。这对提高我国出口企业应对跨境专利诉讼和"337调查"都有十分重要的作用。

（5）强化海关知识产权监测对我国知识产权人的保护，进一步完善国内相关的知识产权保护体系。在推动我国企业通过海外专利布局应对和预防海外专利纠纷的同时，也需要注意到知识产权诉讼是保证企业利益的重要手段。随着我国企业创新能力的不断提升，知识产权水平的不断提高，我国企业在国内外都越来越可能成为知识产权纠纷中的被侵权方。在发挥海外专利的防御性保护作用的同时，还需要完善和健全国内外知识产权保护体系对我国企业知识产权利益的保护，避免中国自主研发的专利在海外或国内被不正当抢先注册和侵权；在条件充分的情况下不排除以主动诉讼的方式，实现我国知识产权价值的最大化。力争最终能够形成与国际对接的贸易与知识产权规则，培养出一批熟悉和积极运用国际贸易和知识产权规则的优势贸易企业，并带动中小企业以专利保险、专利联盟等新型知识产权服务的形式降低其可能面临的专利诉讼纠纷风险。力争最大限度地避免以保护知识产权为名实行贸易保护之道的知识产权类贸易纠纷对我国贸易的干扰。

（6）在提升我国专利权保护的过程中，要同时注重反垄断工作的开展，避免专利权人滥用其市场垄断地位的行为。随着我国经济的发展，专利权人的上下游企业会受到专利权人所在行业竞争不充分的不利影响。在维护专利权人利益的行政或司法过程中，要注意尽量以（合理金额的）技术许可费的形式给予专利权人救济，而非禁令的方式，目的在于要尽量避免垄断市场格局的出现。

第三节　行业层面应对"双反"调查的策略研究

一、开展"双反"诉讼保险，鼓励企业应对调查[①]

随着中国贸易的发展，对华反倾销与反补贴数量呈现上升趋势。与其他国家相比，中国企业配合"双反"调查的比例较低。当企业遭受反倾销调查而不应诉时，其获得的不利可得事实税率要高于其他应诉企业获得的单独调查税率或未被调查企业获得的加权平均税率。而如果企业积极配合调查，既能够为自身争取较低的单独调查税率，还能够降低其他企业面临的加权平均税率和不利可得事实税率。由于"双反"案件往往耗费高额的诉讼费用，这使得遭受调查的企业不愿意应诉，因此，帮助企业应对"双反"调查具有重要意义。为了帮助企业积极应对"双反"调查，本小节提出，通过提供"双反"诉讼保险为企业应诉涉及的法律费用投保，降低企业的应诉成本，从而提高企业应对调查的积极性。具体而言，首先通过政府与保险公司合作，由保险公司开发"双反"诉讼保险；在"双反"诉讼保险产品推广初期，由政府组织统一投保的方式帮助建立"双反"保险市场；待保险市场逐渐完善后由保险公司以商业化模式运作。

当前中国出口企业面对的反倾销与反补贴调查逐年增多，"双反"调查不仅为被调查企业带来巨大的应诉成本，如果企业败诉还将面临额外的反倾销税或者反补贴税。在面对"双反"调查时，很多企业因为高额成本而不愿积极应诉，这一方面使得企业自身面临的单独税率上升，另一方面还会间接提高相关企业面临的

---

① 本小节内容基于总课题"中国应对'双反'调查的策略研究与政策建议"成果整理而成，撰稿人为厦门大学教授龙小宁与博士研究生林菡馨。

加权平均税率和不利可得事实税率。而如果企业愿意积极应诉，不仅能够为自身争取较低的有利税率，还能帮助降低其他相关企业面临的税率，因此在"双反"调查中企业的应诉显得十分关键。

（一）"双反"调查中企业应诉的现状

通过对比中国企业和其他国家企业在受到美国的反倾销调查时的应诉情况，发现中国企业配合单独调查的比例较低。平均来看，所有国家遭受美国反倾销调查的企业中平均有59%的企业配合应诉，除中国以外的"非市场经济地位"国家有66%的企业配合应诉，"市场经济地位"国家的企业配合应诉的比例为65%，而中国企业配合应诉的比例只有54%，低于所有国家的平均应诉比例。这反映出中国企业在反倾销调查中不积极应诉的现状，而这一表现将会对遭受反倾销调查的企业产生负面影响。

（二）企业积极应诉的重要意义

企业对于调查的应诉积极程度不仅会影响企业自身需要支付的税率，还会影响其他相关企业需要缴纳的税率水平。以反倾销调查为例，在各国的反倾销调查实践中，基本采用抽样调查方式判断企业是否存在反倾销行为。以美国的反倾销调查为例，美国给予企业的税率可以分为三种，一是单独调查税率，这是调查机关为每一家应诉企业确定各自的倾销幅度并征收的反倾销税；二是加权平均税率，这是针对应诉企业中未被抽样调查的企业的税率；三是不利可得事实税率，这是针对反倾销调查机关无法获得信息或者利益相关方拒绝提供信息时调查机关做出的不利推定时使用的税率。

根据美国案例的数据分析发现，企业不应诉获得的不利可得事实税率要明显高于单独调查税率，平均高出57个百分点。具体而言，在中国加入WTO之前，企业不积极应对反倾销调查所面临的不利可得税率平均为99%，这不仅高于单独调查税率46%，也高于加权平均税率56%；在中国加入WTO之后，企业不应诉得到的平均不利可得税率提升到了151%，更加高于单独调查税率52%和加权平均税率76%。

相反地，企业积极配合调查总体上对本国的出口企业有明显降低税率的作用，企业配合反倾销调查比例提高一个百分点，将分别使得不利可得税率和加权平均税率降低0.39个百分点和0.61个百分点。这是因为一方面应诉的企业能够争取对本国有利的证据并纠正错误的计算方法，直接降低不利可得税率；另一方面由于加权平均税率是基于单独调查税率计算的，企业积极应诉也能够间接降低其他企业面临的加权平均税率。因此，帮助企业积极应诉"双反"调查具有十分重要的意义。

（三）"双反"调查涉及的法律费用

尽管缺乏"双反"调查涉及法律费用的全面统计，但多数案例都显示企业应对"双反"调查的过程中需要承担高额的法律费用，特别是律师费用。由于反倾销案件专业性极强，对律师业务要求非常高，律师在某种程度上形成了垄断，律师费用动辄几万元、十几万元，甚至上百万元，这对于企业是很大一笔支出。

企业应诉"双反"调查的案件中涉及的律师费用往往十分高昂：深圳中华自行车（集团）股份有限公司在应对反倾销案件中在律师费上花费了 100 万美元；浙江金洲管道科技股份有限公司曾经在五年内遭遇四次反倾销调查，仅律师费就支出了 400 万元；杭州宝晶生物股份有限公司在应对欧盟酒石酸的反倾销调查中，仅聘请律师项目上的花费就接近 100 万元；浙江安顺化纤有限公司为聚酯短纤维反倾销调查支付了约 100 万元；中国陶瓷工业协会在组织企业共同应对土耳其日用陶瓷反倾销案中支付律师费 50 万元。这些巨额的法律费用将成为阻碍企业积极应诉"双反"调查的很大障碍。

（四）开展"双反"诉讼保险的具体政策建议

为了帮助企业降低应诉"双反"调查的费用，设计以应诉"双反"调查费用为投保对象的保险产品有助于解决这个问题。开展"双反"保险首先需要保险公司根据现有信息进行保险产品设计，进而将保险产品推广至保险市场，而保险人的实际需求是保险市场得以运行的重要保证。为了激励保险公司提供"双反"诉讼保险，同时鼓励出口企业通过购买该险种的方式防范潜在诉讼，建议政府从提供信息共享平台和组织统一企业投保两个方面为"双反"诉讼保险市场成立提供支持。具体建议如下。

第一，在保险市场成立初期，由政府通过座谈会或调研的形式宣传"双反"诉讼保险并调查出口企业的投保需求，由行业协会形成配套资金池以帮助企业应诉。"双反"保险市场的建立最终还需要落实到出口企业，因此出口企业的自发购买保险行为才能够保证"双反"诉讼保险的实际作用，可以从以下几个方面加强该险种的宣传。一是由政府和保险公司为"双反"诉讼保险进行有力的宣传。政府和保险公司可以充分利用各类与出口企业密切联系的组织，如海关、进出口协会及各行业协会等，同时借助各类报纸、网络等新闻载体，在"双反"诉讼保险推出前期进行大力宣传。二是由政府部门组织出口企业的座谈会、实地调研或者问卷调查等形式了解企业的投保需求。在前期宣传工作的基础上，可以通过了解出口企业的投保需求来改进保险方案，以保证保险费用的实现。借鉴国内其他保险试点开展的经验，可以由商务部组织遭受过"双反"调查及出口份额较大的出口企业开展座谈会或者实地调研，切实了解出口企业在应诉中面临的具体困难。对投保需求更为准确的估计可以通过对出口企业投保需求的问卷调查来为改进"双反"诉讼保险产品方案提供指导。三是通过行业协会形成专利保险资金池，帮助企业抱团应诉"双反"调查。由政府为反倾销应诉提供资助容易留下"补贴"嫌疑，而且由行业协会形成的资金池有利于出口企业的共同应对。如果能结合行业协会的凝聚力，不仅有助于企业积极应诉，也有利于企业筹集资金缓解压力。

第二，由政府联合保险公司推出"双反"诉讼保险，为企业降低应诉成本。通过"双反"诉讼保险为企业赔付应诉费用有利于降低企业的实际应诉成本，但是该险种对于合作保险公司的业务背景有一定的要求。"双反"诉讼保险应该要求保险公司对于"双反"调查具有较为全面的认识，因此合作保险公司的选择应该着重考察其是否拥有较为深厚的出口贸易知识积累。目前针对出口贸易的保险主要由中国出口信用保险公司（简称中国信保）办理，该保险公司的业务范围囊括了中长期出口信用保险、海外投资保险、短期出口信用保险、与出口信用保险相关的信用担保业务和再保险业务等，为出口贸易保险积累了一定的经验，因此较适合作为合作保险公司。

由于"双反"调查应诉费用较高，加之调查案件的信息较为缺乏，保险公司将缺乏激励为"双反"调查应诉费用开发单独的险种，因此可以先通过部分地区试点开展该保险业务。建议由商务部牵头中国信保，首先在出口额较大的地区，针对一些处于被调查频率较高的行业中的企业提供"双反"诉讼保险，为当地出口企业的应诉费用进行投保。"双反"保险试点可以先从"双反"调查发生最为频繁的几个行业入手，这几个行业分别为：化学原料和化学制品制造业，黑色金属冶炼及压延加工业，有色金属冶炼及压延加工业，纺织业，纺织服装、鞋、帽制造业，非金属矿物制品业。由于保险业务的开展依靠保险公司，可以先根据地区出口份额的相对大小，选取几个地区的保险公司开展试点工作。以下省市在2007~2016年的平均出口额与地区生产总值比值均超过0.5，可以率先考虑纳入"双反"诉讼保险试点：广东省、上海市、浙江省、江苏省、天津市、福建省和北京市。

第三，商务部与保险公司建立"双反"信息共享平台，有助于保险公司根据出口企业的产品、行业特征以及被"双反"调查的概率设计保险产品。"双反"保险业务的主要考虑在于保险赔付金额与保费收入之间的关系。从保险人提供保险产品角度来看，由于不同出口产品面对的产品竞争程度、出口国家相应行业的生产率水平及国家贸易水平存在差异,不同类型产品面临"双反"调查的概率也不尽相同;此外,企业遭受"双反"调查以后应诉成功的概率有所区别,这也会进一步影响保险产品的实际赔付金额。从被保险人对于保险产品的需求来看,保险产品的保费支出、赔付比率及企业自身受到调查的概率是影响其购买保险产品的主要决定因素。

因此,保险公司提供的"双反"保险产品方案涉及对诸多相关因素的考察,商务部可以通过构建"双反"信息共享平台的方式帮助保险公司更好地制订产品方案。首先是保险产品的设计,主要体现在保费金额。"双反"保险产品的保费可以考虑通过"基准保费+额外费率×出口额"的形式计算,其中基准保费金额可以参考应诉"双反"调查节省的平均税额来制定,即(平均不利可得税率－平均加权平均税率)×被调查所涉产品出口总额×企业被调查比例;另外的额外风险系数可以结合影响"双反"调查发起的其他因素制定相应的系数,如出口国家的经济发展水平、相应行业的劳动生产率及同类产品的竞争程度等。其次是保险产品赔付规则的制定,包括赔付比例和最高赔付限额。借鉴其他诉讼保险产品的经验,可以为"双反"诉讼保险产品提供多种赔付比例方案以供保险人进行选择,如保费的10倍、15倍和30倍等,在保费赔付比例的基础上相应地调整保险产品的最高赔付金额。

二、行业协会应对"非市场经济地位"的策略分析[①]

在开放型市场竞争中,行业组织在保护国内产业、支持国内企业增强国际竞争力方面具有不容忽视的重要作用。行业组织主要是指行业协会、商会等行业中介组织,是行业自治的主体,在促进贸易发展以及应对贸易摩擦中具有重要作用。面对贸易摩擦,根据 WTO 对其成员提出贸易的公平性、非歧视性及取消数量限制的原则,政府行为受到限制,无法对企业做到全面保护;而涉案企业势单力孤,信息不完全,精力和资金不足,难以独自面对国际贸易纷繁复杂的局势,因此,行业协会等行业中介组织能够很好地弥补政府失灵的状况,并且能够通过行业内的协调行动实现有效组织,从而更好地应对贸易摩擦。可见,行业协会等行业中介组织在企业应对"双反"调查中具有举足轻重的地位。国家商务部发布的主要行业中介组织信息如表 5-8 所示。本小节主要对行业中介组织在应对"双反"调查中的策略进行深入的剖析。

---

① 本小节内容基于总课题"中国应对'双反'调查的策略研究与政策建议"成果整理而成,撰稿人为北京理工大学教授何海燕。

表 5-8 中国商务部发布的行业中介组织信息表

序号	行业中介组织名称	行业中介组织主页
1	中国工业经济联合会	http://www.cfie.org.cn/
2	中国企业联合会	http://cec1979.org.cn/
3	中国质量协会	http://www.caq.org.cn/
4	中国包装联合会	http://www.cpta.org.cn/
5	中国中小企业国际合作协会	http://www.chinasme.org.cn/
6	中国商业联合会	http://www.cgcc.org.cn/
7	中国物流与采购联合会	http://www.chinawuliu.com.cn/
8	中国煤炭工业协会	http://www.coalchina.org.cn/
9	中国机械工业联合会	http://cmif.mei.net.cn/
10	中国钢铁工业协会	http://www.chinaisa.org.cn/gxportal/xfgl/portal/index.html
11	中国石油和化学工业协会	http://www.cpcia.cn/
12	中国轻工业联合会	http://www.clii.com.cn/
13	中国纺织工联合会	https://www.cntac.org.cn/
14	中国建筑材料联合会	http://www.cbmf.org/
15	中国有色金属工业协会	http://www.chinania.org.cn/
16	中国塑料加工工业协会	http://www.cppia.com.cn/
17	中国家用电器协会	https://www.cheaa.org/
18	中国物资再生协会	http://www.crra.com.cn/
19	中国仪器仪表行业协会	http://www.cima.org.cn/
20	中国机床工具工业协会	http://www.cmtba.org.cn/
21	中国聚氨酯工业协会	http://www.pu.org.cn/
22	中国罐头工业协会	http://www.topcanchina.com/
23	中国五金制品协会	http://www.chinahardware.org.cn/
24	中国洗涤用品工业协会	http://www.ccia-cleaning.org/
25	中国自行车协会	http://www.china-bicycle.com/
26	中国氯碱工业协会	http://www.ccaia.org.cn/
27	中国农药工业协会	http://www.ccpia.org.cn/
28	中国氮肥工业协会	http://www.cnfia.com.cn/cn/index.html
29	中国磷肥工业协会	http://www.cpfia.org/web/index.php
30	中国耐火材料行业协会	http://zgnx.fm086.com/

续表

序号	行业中介组织名称	行业中介组织主页
31	中国水泥协会	http://www.dcement.com/Category_4100/Index.aspx
32	中国建筑玻璃与工业玻璃协会	http://www.glass.org.cn/
33	中国棉纺织行业协会	http://www.ccta.org.cn/
34	中国化学纤维工业协会	http://www.ccfa.com.cn/
35	中国服装协会	http://www.cnga.org.cn/
36	中国塑料机械工业协会	http://www.cpmia.org.cn/
37	中国石油和石油化工设备工业协会	http://www.cpeia.org.cn/
38	中国食品和包装机械工业协会	http://www.chinafpma.org/
39	中国汽车流通协会	http://www.cada.cn/
40	中国汽车工业协会	http://www.caam.org.cn/
41	中国照明电器协会	http://www.cali-light.com/index.php/cali/index/index.html
42	中国电器工业协会	http://www.ceeiagjb.com/
43	中国铸造协会	http://www.foundry.com.cn/

中国加入 WTO 的 15 年期限已到,《中国入世协定书》中关于中国"非市场经济地位"问题本应自动解除,然而我国主要的贸易伙伴如美国、印度和欧盟等仍旧不认可中国的"市场经济地位",在确定正常价值计算倾销幅度时仍然采用"非市场经济地位"条件下的替代国方法。这种做法容易将正常价值确定得较高,从而加大倾销幅度,最终会导致极高的惩罚性反倾销和反补贴税率。但值得关注的是,美国对"非市场经济地位"国家开出了"市场导向行业"的"绿色通道"。若被调查产品满足美国商务部市场导向行业测试标准,则可获得市场导向行业地位,那么在确定正常价值时可以不采用替代国方法,而直接采用该种产品在本国市场销售价格。这无疑是一利好信息。鉴于行业协会等行业中介组织属于自发性组织,管理比较松散,行业协会等行业中介组织在应对"双反"调查中采取何种措施才能更好地破解中国应诉企业"非市场经济地位"的"魔咒",需要基于一些案例来总结经验,吸取教训,以归纳形成我国行业协会的应对策略。

(一)行业协会应对"非市场经济地位"问题的策略分析

1. 中国机电产品进出口商会应对美国对中国彩电反倾销案例

2003 年 5 月 2 日美国 ITC 对原产于我国的彩电进行反倾销措施适用性调查。

涉案产品是 2002 年 10 月 1 日至 2003 年 3 月 31 日我国出口到美国的屏幕大于 21 英寸的彩电，四川长虹电子控股集团有限公司（简称长虹）、康佳集团股份有限公司、创维集团有限公司、海尔集团公司、海信集团有限公司、TCL 科技集团股份有限公司等主要彩电生产企业均是被调查的对象，2003 年 5 月 12 日 ITC 开始对我国出口的 21 英寸以上显像管彩电发起反倾销调查。我国共有 9 家企业应诉。在这次调查中应诉企业没有提出撤销中国的"非市场经济地位"的要求，而是采取了放任的态度，这是不可取的。但其充分积极地争取了"市场导向行业"这一待遇。在替代国的选择上，中国涉案企业提出了自己的抗辩理由，不同意选择印度为替代国。印度的彩电产业规模小、管理落后、竞争程度低，而我国的彩电业市场规模大、发展快、竞争也很充分。这样，我国彩电产品的生产成本必然会被高估，倾销幅度就会变大，致使最终裁决的反倾销税率普遍较高。2004 年 5 月 14 日 ITC 进行终裁投票，一致认为中国企业对美出口的彩电对美国产业造成了实质性损害。5 月 21 日美国商务部正式对我国出口美国的 21 英寸以上显像管彩电下达反倾销税令，在应诉企业中，厦门厦华科技有限公司（简称厦华）获得 5.22% 的最低单独税率，长虹获得了 26.37% 的最高单独税率，其他未应诉企业均一律适用 78.45% 的税率。

总的来看，尽管这个案例的结果并不是很理想，但是企业的据理力争及中国机电产品进出口商会的积极申辩，都产生了一定的积极作用，与初裁税率相比，终裁税率大大降低了。一种涉案产品应诉的成功离不开各相关企业的密切合作，然而每个企业都是处于自身利益的考量，因而协调合作的重任就落到了行业中介组织的肩上。本案中，中国机电产品进出口商会的作用也是不言而喻的，它的积极申辩与参与，使得厦华和长虹获得了单独税率。

2. 温州市烟具行业协会应诉欧盟对中国打火机反倾销案例

温州市烟具行业协会由当地企业于 1991 年自发组建而成立，具有业内新企业注册、行业信息收集、行业展会组织等权利，是真正意义上的企业自治组织。

当中国打火机产品占欧洲打火机市场约 40% 的份额后，2002 年 6 月欧盟对产自中国的打火机产品发起反倾销调查，企图通过征收高额的反倾销税，从而使中国打火机产品退出欧盟市场。温州市烟具行业协会获悉后，在 WTO 规定的 15 天的应诉期内及时组织会员企业，筹措资金、聘请律师，成立应诉小组，并紧急召开理事会员会议，选取 15 家企业进行无损害抗辩，应诉工作全面展开。聘请对外经济贸易大学的专家到现场举办讲座，通报情况和规则。温州市烟具行业协会及其核心会员企业积极应诉。温州市烟具行业协会向欧盟委员会递交了 4 次报告，说明中国企业不存在倾销的理由，并通过律师多次与对方交涉。反倾销调查是对被诉方的产品倾销、国内工业损害及两者之间的因果关系，从事实和法律上予以查证的过程。在收到温州打火机企业的应诉答复后，欧盟委员会在 2002 年 9 月两次到温州进行实地调查，对应诉企业的产品、销售、成本和财务等所有账目进行详细调查。2002 年 10 月，欧盟正式承认温州打火机企业的"市场经济地位"。并从无损害抗辩的 15 家企业中抽查了 3 家，对其开发设计的打火机从所用材料、功能结构、工艺流程、售货渠道、产品定价、最终市场等方面做了详细调查。面对应诉企业提出的意见和事实，欧盟方面表示理解和认可。在事前，温州市烟具行业协会对企业进行案前辅导，组织企业在现场进行准备。在欧盟官员实地调查期间，温州市烟具行业协会进行了大量游说工作，同时代表行业与各利益关系方进行沟通、磋商。另外，还积极与欧洲打火机企业协会沟通，陈述利害关系。在温州市烟具行业协会及其会员企业的积极努力下，2003 年 7 月 15 日欧洲打火机企业协会致函欧盟委员会，要求撤销反倾销申诉。根据欧盟的反倾销法规，只要申请方撤诉，反倾销申诉将立即终止。至此，这起"洋官司"也以中国打火机企业的胜利宣告结束。

3. 中国的家具行业协会应对美国发起的家具反倾销调查案例

2003 年 7 月，美国家具生产商合法贸易协会向美国政府递交反倾销申请，对我国家具产品发起反倾销调查，相关涉案企业众多，高达 211 家。2003 年 8 月 1 日，中国家具协会、香港家私协会、台湾区家具工业同业公会携手应对美国对华发起的反倾销调查。鉴于申请"市场经济地位"有难度，中国涉案企业和中国轻工工艺品进出口商会、中国家具协会极力争取"市场导向行业"，政府之间也为此举行过会晤，但结果不尽如人意。美国在初裁报告中指出，以提交证明材料太晚、考核时间不充分为由不予考虑这一请求，当时承诺将在后期进行考核。然而最终还是以提交的一系列证据时间过晚及证明材料不翔实为由，未给予中国家具行业"市场导向行业"待遇。此时，涉案企业和相关行业协会积极寻找替代国。中方企业请求以印度尼西亚作为替代国，而美方要求将印度作为替代国。美方认为，印度这个国家的经济发展实力和家具市场规模与我国相似，并且印度对此案提供信息便捷可靠；而中方企业认为印度尼西亚家具行业的生产成本和生产数量与我国更为贴近，请求使用印度尼西亚作为替代国。在这个问题上双方经过多次交涉，未达成一致意见，以美方要求将印度作为替代国而告终。

最终，其中 7 家强制应诉企业中的 6 家都获得 0.83%~15.87% 的较低的单独税率，而 115 家填写 A 卷的应诉企业获得 6.65% 的加权平均税率，其余未应诉企业及一家强制应诉企业（因未能提供在调查期间与其财务状况相一致的销售情况）则被征收高达 198.08% 的高额税率。这样，未积极应诉企业基本就失去了美国这一市场。

（二）基于案例的行业协会应对"非市场经济地位"的策略分析

通过以上案例分析，行业协会等中介组织采取的应对"非市场经济地位"的策略主要分以下三步。

第一步，积极申请获得"市场经济地位"或"市场导向行业"待遇。

中国的企业和行业协会都有获取"市场经济地位"或获得"市场导向行业"待遇以降低损害的愿望，但在实际操作过程中需要严格按照时间规定积极而详细地提交相应材料。行业协会应充分发挥其在政治资源、法律资源及研究能力方面的优势，尽最大可能争取涉案产品的"市场导向行业"待遇。首先，应建立反倾销预警机制，在调查发起方发起反倾销调查之前及时发现可能存在的苗头，并积极为应诉提前做好准备，收集相应的证明资料及数据，力求证明材料翔实且说服力强。避免提交资料时间过晚情况再度发生。其次，充分发挥与个别企业相比具备的优势，因我国行业协会的性质特殊，其最初是由我国政府出面组建的，其工作人员来自政府官员的比例较大，与政府之间的交流沟通更加方便、有效。基于这一特点，各行业协会应积极与政府各部门协调沟通，减少政府对此行业的市场干预，使得行业发展获得更多自主权，更加依赖市场的发展，在源头上满足美国的市场导向行业测试标准。

欧盟的打火机反倾销案例中，温州市烟具行业协会就积极申请斡旋获得了"市场导向行业"的认定。温州市烟具行业协会在应对欧盟的打火机反倾销案件前，通过制定诸如《温州市烟具行业维权公约》等一系列行业规范，形成了对知识产权的保护，对行业中的恶性竞争进行了遏制，温州市烟具行业协会还建立了打火机质检中心，对相关产品进行严格评估，并给出评估报告，以此作为整顿企业侵权行为的有效措施，形成了打火机生产企业良好的竞争环境。从而，温州市烟具行业协会拥有了很高的公信力。在反倾销案件中，温州市烟具行业协会承担了聘请应诉律师、成立应诉小组等责任，并通过正向激励的办法鼓励大企业率先加入到应诉中去。由此可见，温州市烟具行业协会在自身强大号召力的影响下发挥了巨大的作用。此外，温州市烟具行业协会积极和政府相关部门沟通，表达行业诉求，这向成员企业展示了其独有的资源优势，同时取得了政府的支持，形成了协会这一民间性自治组织与政府的良性互动。总的来说，温州市烟具行业协会在会员企业中形成了一股强劲的号召力，积累了令会员企业信服的声誉。温州市烟具行业协会从集体利益出发，成功地以集体行动的方式诠释了行业协会的重要作用，为积极应对欧盟反倾销诉讼，获得最后的胜诉做出了重大贡献。

第二步，当未获得"市场经济地位"或"市场导向行业"待遇时，指导各涉案企业独立申请"市场导向行业"企业待遇。

当涉案产品行业未通过"市场导向行业"的测试标准时，并不代表所有涉案企业因采用替代国方法计算正常价值而被征收高额反倾销税。因为在美国，反倾销税分为全国统一税率、单独税率、加权平均税率三种类型。各涉案企业可以通过积极应诉，填写单独税率申请表来证明自己是市场导向行业的企业，那么将会被征收较低的单独税率；即使不能获得较低的单独税率，也应该最大限度地争取加权平均税率，因为全国统一税率是非常高的。而存在"搭便车"心理不积极应诉的涉案企业或提交的调查问卷未被采纳的应诉企业则会被征收较高的全国统一税率。只要涉案企业积极应诉，填写调查问卷，配合起诉方的调查，即使无法得到单独税率，也可以争取到加权平均税率；相反，那些不应诉的企业因不作为而任人宰割，被征收较高的全国统一税率。

中国机电产品进出口商会充分利用了"市场导向行业"这个规定，及时提出了抗辩。关于政府对价格或产品的控制情况，中国机电产品进出口商会表示目前中国政府在市场经济中只发挥有限的作用，中国政府已经发布了消费品产业自由化和公司依法自主经营的法律法规。中国彩电生产商有权自主定价，自主选择供货商，自主签订彩电购销合同，融资也不受政府控制。就产权而言，中国彩电企业以私有为主，只有少数企业为集体所有或国家控股。并且，中国彩电企业均采用的是市场经济环境的经营模式。尽管据理力争，然而美国商务部仍然认为所提交证据并不充分，单独税率不能适用于整个彩电行业产业，仅适用于某几个特定出口彩电的企业。因此，厦华和长虹被认定为符合"市场导向行业"标准，获得了较低的单独税率，保住了美国的市场份额。

另外，为了减少适用高额的统一税率的企业税率，从整体上降低反倾销调查对我国经济的损害，行业协会等中介组织应充分发挥组织协调的功能，积极敦促不应诉企业认真对待，积极配合，也可以组织会员在一定时期内缴纳相应会费，以作为应对反倾销调查的启动资金，同时，及时与涉案会员进行沟通，帮助其树立应诉信心，在搜集资料、提供相关材料时为企业出谋划策。

第三步，在指导各涉案企业独立申请"市场导向行业"企业待遇的同时，积极寻找合适的替代国。

当应诉方被认定为是"非市场经济国家"或涉案产品请求"市场导向行业"待遇失败时，接下来的重要一步是积极寻找替代国。替代国的选取直接关系到最终税率的高低，是双方之间争执的核心问题。反倾销调查方在替代国的选择上具有较大的随意性。对"非市场经济国家"或"非市场导向行业"而言，在确定正常价值计算倾销幅度时需要以替代国生产要素价格为标准，而如若替代国选择适当，那么计算的倾销幅度将会很小甚至被认定为不存在倾销行为。所以在争取"市场经济国家"和"市场导向行业"地位方面无效的话，应该努力寻找对申诉方有利的替代国，以降低反倾销对应诉方带来的损害。美国对华彩电反倾销案例和家具反倾销案例中应诉方都提出了对以印度为替代国的抗议。在家具反倾销案例中仅有三家企业提出将印度尼西亚作为替代国的申请，而其他涉案企业及行业协会对此并没有作为。这也给了我国各行业协会警示，在替代国选择问题上应积极作为，单个企业较行业协会而言，力量还是太过薄弱，很难说服美方。而行业协会因其特殊的性质在与美方交涉中可以争取到有利条件。同时，行业协会在平时也应该注意与我国驻外经商机构及时沟通，了解各经济体同类产品的生产量、销量及生产成本、销售价格等情况，及时注意与我国整体经济发展水平及行业发展情况相似的经济体，搜集整理各类证明材料，以备不时之需。

三、中国行业协会如何应对"双反"职能分析——基于美国行业协会的经验[①]

"他山之石，可以攻玉"，为了更好地应对"双反"调查，降低我国因"双反"调查而产生的损害，我国行业协会等行业中介组织在借鉴他国先进经验的基础上应不断完善自身的职能。

（一）美国行业协会的特点及其在"双反"调查中的作用分析

在美国，不分行业类型和规模大小，几乎所有企业都参加协会，有的企业根据行业需要参加不止一个协会，一业多会现象非常普遍。大多数公司都是行业协会的成员，它们要么是按照所在地区，要么是按照产业、产品范围形成区域性或专业性协会。它们非常注重行业自律，不同行业设立相应的产业联盟，并建立相应的行业标准，自我监督、约束和管理。

美国行业协会的主要职能包括提供信息咨询服务、加强行业内外协调并影响政府产业政策的制定。

（1）提供信息咨询服务：行业协会的核心职能是为会员企业的经营管理做好服务，而市场信息对各企业在市场上的核心竞争力具有极大影响。基于此，行业协会大多建立健全的信息渠道，向会员企业提供包括国内和国外市场信息、技术信息、社会和政治信息、贸易信息及其他相关的信息咨询服务。例如，美国马铃薯协会和美国新奇士橘农协会的代表常年奔赴世界各地，将各地的价格及时反馈给协会，从而制定统一的价格，避免恶性竞争。而果农地里的每一棵果树的成熟

[①] 本小节内容基于总课题"中国应对'双反'调查的策略研究与政策建议"成果整理而成，撰稿人为北京理工大学教授何海燕和河南财经政法大学讲师蔡静静。

期都被输入协会的电脑,从而使产量均匀地分布在各个时期,以防市场波动,产生"果贱伤农"的现象。

(2)加强行业内外协调:行业协会通过细致的对内协调保持企业在市场上的收益和信誉,通过广泛的对外沟通,为企业维护交易权益创造良好的经营氛围。行业协会的广泛外部协调包括政府和企业之间的外部协调、消费者和企业之间的外部协调、国内外行业协会之间的外部协调,以及上下游行业之间的外部协调等。行业协会的内外部协调不仅有利于管理成本的降低和市场配置效率的提高,也使得行业协会拥有了较高的权威性和强大的凝聚力。

(3)影响政府产业政策的制定:在美国,《半导体芯片保护法》由美国半导体产业协会起草,并于国会讨论通过,并最终上升到《贸易的重要组成部分有关的知识产权协议》,最后上升为WTO《与贸易有关的知识产权协定》的7个重要组成部分之一。

(二)美国行业协会在"双反"调查等贸易摩擦中的作用分析

美国行业协会在"双反"调查等贸易摩擦中的作用主要可以包括以下几个方面。

1. 提起反倾销申诉,并代表行业利益对政府的裁决决策施加影响

统计资料显示,美国每年发起的300多起反倾销和反补贴诉讼案,几乎全部是行业协会充当申请者和组织者。例如,1998年美国诉中国蘑菇罐头倾销案由美国罐装蘑菇公平贸易联盟提起申请;1999年美国诉中国浓缩苹果汁倾销案由美国苹果协会向美国商务部递交申请;2002年美国诉中国轴承倾销案由美国轴承制造商协会提起反倾销调查申请;2003年美国诉中国木制卧室家具倾销案由美国家具制造商协会提起调查申请;2003年美国诉中国彩电倾销案由五河电子发明公司员工和国际电子业兄弟会及国际电子产品、家具和通讯工会联合提出。这些协会密切监测市场,一旦发现某种进口商品产生倾销苗头,立刻就会向美国商务部提起申请。在中美两国之间发生的贸易摩擦中,几乎都能见到美国行业组织的踪迹。

并且,行业协会就自己所代表的行业利益对政府的反倾销和反补贴终裁决策施加相应的影响,如20世纪90年代后期美国的钢铁反倾销案。由于世界各国对美国钢铁出口的迅猛增长,损害了美国钢铁产业的利益。美国钢铁协会为了能够保证政府顺利发起反倾销调查,提供了各方面的详细材料,并向美国国会提交了一系列和钢铁危机有关的立法草案。这些法案受到了美国总统的高度重视,并亲自向美国国会提交了行动计划。在行动计划中,总统保证采取行动保护美国的钢铁业,并保证在以后避免这种进口增多现象的出现。美国政府还为钢铁行业的利

益去和俄罗斯进行谈判，最后达成了协议。

2. 帮助企业开拓国际市场

美国马铃薯协会在成功开拓中国市场的活动中发挥了巨大作用。美国马铃薯协会中国总部在上海成立后，又在北京、广州、成都设立了联络处，使中国一跃成为全球拥有该协会办事处最多的国家。每年夏天，美国马铃薯协会在包括中国在内的许多国家举办"薯条推广比赛"，并对每个活动的创意效能进行评估，奖励最佳获奖者参观美国马铃薯种植。美国马铃薯协会甚至还办了一份沟通中国用户和美国市场的新闻简报和一个中文的"美国马铃薯协会"网站。由于美国马铃薯协会的努力，美国马铃薯制品对中国的出口每年都在增长。

3. 建立"双反"等贸易摩擦的预警机制

美国行业协会建立了"扣动扳机制度""工业分析办公室"等"双反"贸易摩擦预警机制。美国的"扣动扳机制度"主要是对贸易壁垒信息跟踪调查。该预警系统一旦从政府获知将遭到反倾销和反补贴投诉可能，就可以在海关总署网站上及时发布消息，并及时联系行业协会。企业一旦收到信息就会立即采取相应措施，如限制进出口等。

综上所述，由于美国经济的发达程度及市场经济的历史相对比较悠久，美国行业协会为了更好地为经济发展和企业服务，其特点和职能发展得相对比较完善。因此，我国行业协会在我国经济快速发展和转型期应该及时跟进，全面完善自己的职能，以实现为经济和企业发展提供优质服务的目标。

（三）我国行业协会在应对"双反"调查中的职能完善策略分析

尽管目前一些行业协会等中介组织在应对"双反"调查等贸易摩擦中已经起到了一定的积极作用，但大多数行业协会等中介组织还是比较松散，有的甚至没有作为。不论是企业还是政府都已经认识到行业协会等中介组织在创造良好的行业市场竞争环境、应对"双反"贸易摩擦中具有举足轻重的作用。因此，在借鉴美国行业协会有益做法的基础上，从"双反"调查前、调查中和调查后三个阶段完善我国行业协会等中介组织的服务职能。

1. "双反"调查前行业协会等中介组织的职能

"双反"调查前阶段行业协会等中介组织应采用事前预警策略。行业协会是"双反"预警体系的核心。行业协会要与政府部门经常深入企业了解情况并掌握第一手信息，建立健全进口"双反"预警监测机制。行业协会汇集从政府部门、涉案企业的各类相关信息，以及国外同行业协会反馈的一些行业信息。同时，行业协会还要充分发挥协调、联系和沟通方面的天然优势，充当调查机关与企业联系的纽带和桥梁，配合做好进口反补贴案件调查、裁决、协调上下游产业利益及救济措施、绩效评估等工作。把相关信息通过网站等媒体传递给涉案企业，使涉案企业能够及时而敏锐地判断出口产品存在遭受"双反"调查的风险程度，如果风险程度较大，要及时调整出口价格、出口国家和出口的市场份额，以避免遭受"双反"调查。

并且如果没有及时做出调整，而遭受到"双反"调查，行业协会的提前预警工作也会对涉案企业积极应诉提供充足的资料准备，并具有促进作用。

2. "双反"调查中行业协会等中介组织的职能

"双反"调查开始后，行业协会等行业组织应采用积极应对策略。首先在WTO规定的应诉期内及时组织应诉企业参加听证会，与国外调查机关和相关行业企业进行沟通、谈判等工作。同时需要为涉案企业提供国外的"双反"调查的相关信息。对涉案企业进行"双反"培训，并对应诉费用的分担等问题做出全面的方案，使各个企业合理分摊应诉费用，从而有力地提高应诉意愿，减少应诉阻力。

3. "双反"调查后行业协会等中介组织的职能

"双反"调查结束后，如果面临被征收反倾销和反补贴税，就需要采取事后弥补策略。行业协会利用自己的优势和特点，指导涉案企业采取"双反"规避措施。同时需要为日落复审时裁定是否还存在倾销行为做准备工作。行业协会需要利用自己的信息优势和信息渠道不断发布和收集出口市场信息，为出口企业降低市场集中度提供一定信息，并协调企业间的出口竞争，从而维护市场秩序，避免企业在同一个出口国市场上激烈竞争。

第四节 国家层面应对"双反"调查的策略研究

一、应对即将到来的反补贴调查浪潮[①]

随着《中国入世协定书》第15条中反倾销替代国做法的终止，欧美国家会将

---

① 本小节内容基于总课题"中国应对'双反'调查的策略研究与政策建议"成果整理而成，撰稿人为中国社会科学院世界经济与政治研究所研究员宋泓。

对华出口产品的限制重心转移到反补贴措施上,并发起更多的反补贴调查案例。对此,我们应提早做好准备。

(一)即将到来的对华出口产品的反补贴调查浪潮

为什么说欧美国家会对华出口产品发起新的反补贴调查浪潮呢?首先,摆脱反倾销替代国限制的中国出口产品将会给欧美国家带来冲击。面临中国进口产品竞争的当地产业非常恐惧,并促使政府采取措施防范,这是根本的原因。其次,现有的 WTO 法律法规及中国入世承诺中还有一些欧美国家可以利用的条款。其中,最重要的方面就是反补贴措施。

第一,《中国入世协定书》第 15 条的反补贴条款不会到期。

《中国入世协定书》第 15 条中,包含两方面的限制:其一,对于反倾销替代国做法的限制,即中国入世 15 年后到期[第 15 条(a)项(ⅱ)目];其二,对于反补贴替代国做法的限制[第 15 条(b)项]——没有明确的时间约束,也没有严格的具体操作要求,只是要求进口成员方在使用替代国的条件和情形计算补贴的程度时也要充分考虑到中国国内的情况。这为欧美国家留下了巨大的操作空间。

第二,对于补贴程度的计算和一经济体是否是市场经济无关。

不像反倾销调查中暗含着一个对于中国经济或者产业部门是否是市场经济的认定问题,在反补贴的调查中并没有这种默认。也就是说,不管中国是不是市场经济,只要进口方觉着不能根据《补贴与反补贴措施协议》中的第 14 条中的情况来评估中国企业的补贴幅度,就可以参照第三国的标准。这里,不存在"市场经济地位"的认定问题。

第三,在反倾销措施受到限制之后,欧美国家有可能会倚重反补贴手段。

到目前为止,欧美国家对华出口的产品的调查更多的是采取反倾销的形式,因为这种做法的举证责任在中方,成本较小。在这种做法不能继续之后,欧美国家对华出口产品的限制会更多地选择反补贴调查形式,虽然这种调查的成本较高,需要西方国家自己进行举证。

第四,欧美国家已经在进行这方面的理论和舆论准备。

有迹象显示,欧美国家已经在这方面采取行动了。首先,在理论上,打造国家资本主义的概念,将政府支持、国有企业及专制体制结合在一起,一方面丑化中国的发展模式,另一方面为自己的后续行动创建道德制高点。其次,在 2017 年召开的 WTO 部长会议期间,欧盟、美国、日本罕见地联合发表声明批评政府对于关键行业的支持导致的产能过剩、政府补贴及强制技术转让、本地化要求等做法,矛头直接针对中方,并声称在 WTO 及其他国际组织中开展合作,联合应对。

(二) 防患于未然

对于欧美国家的这种动向,我们需要提早做好应对准备。

第一,从战略上重视这个问题。一定要将这种应对作为中国与欧美国家之间的新型经济关系来对待,集中国家的力量,有组织、有秩序地进行。

第二,在每个具体的官司中,都要和欧美国家据理力争;即便是企业不应诉,政府也要有诉必应。

第三,成立多个政府支持的应对反补贴法律中心,培养大批量的律师团队。建议在北京、上海、广州、深圳,甚至更多的省会城市建立专门的公私合作的反补贴法律应诉中心,一方面积极应对案件,另一方面培育本土的国际律师团队。

第四,即便是失败的官司,也都要上诉WTO;通过这种法律斗争,争取将欧美国家对华反补贴起诉的规则和过程规范化、透明化。

第五,对于欧美国家及对我国恶意采取反补贴的其他国家进行重点的关注和有针对性的研究,备足弹药,必要的时候,要进行有力的反击。

第六,根本上要逐步改革国内的做法,减少国内的各种补贴,形成公平、公开和透明的竞争环境。

二、更好发挥WTO作用,积极化解中美贸易紧张关系的思考与建议[①]

当前,中美贸易关系处于中国加入WTO后最为紧张的时期。美国推出针对中国的单边主义征税措施,中国为维护自身利益,坚决反制。但中美贸易紧张关系如果不消除,两国经济都会受到较大负面影响,并影响整个世界经济。为化解中美贸易紧张关系,除中美积极谋求双边对话外,还应积极发挥WTO作为多边贸易体制核心的作用。

短期内,中美贸易紧张关系主要靠中美双边方式缓解,但长期而言,WTO应发挥建设性作用,并为WTO改革创造契机。

中美双方对话和谈判是缓解目前贸易紧张关系的最重要和最快见效的方式。中国已就美国基于"232调查"和"301调查"对中国产品加征关税诉诸WTO争端解决机制,美国也已就知识产权问题诉诸WTO争端解决机制。但WTO争端解

[①] 本小节内容基于总课题"中国应对'双反'调查的策略研究与政策建议"成果整理而成,撰稿人为中国社会科学院世界经济与政治研究所副研究员苏庆义。

决机制处理案件有自己的程序，时间较慢，无法在短期内给出中美贸易争端的结果。

WTO 作为第二次世界大战后世界多边贸易体制的核心内容，将为缓解中美贸易紧张关系提供制度保障。此次中美贸易紧张也是 WTO 顺应时代潮流、谋求改革的机遇。中美贸易紧张关系即便短期内得到缓和，但鉴于美国调整对华经贸策略，未来中美贸易将长期存在摩擦，需要制度层面的保障来管控分歧和风险。WTO 仍然是整个全球贸易的规则保障，并得到世界各国公认。如果 WTO 能发挥更加重要的作用，起到约束中美尤其是美国单边主义的作用，将大大降低中美贸易摩擦的概率和强度。而且，中美对 WTO 均有各自改革的诉求，将倒逼 WTO 改革。

发挥 WTO 作用来解决中美贸易紧张关系具有可行性，也符合中美双方各自利益。

中国一直强调坚决维护以 WTO 为核心的多边贸易体制，奉行多边主义。特朗普虽然在就任前声称要退出 WTO，但美国贸易代表办公室发布的贸易政策议程报告只是强调要改革 WTO，并没有退出的迹象。而且美国就知识产权问题将中国诉至 WTO 也说明美国政府不会放弃 WTO，仍会顾忌 WTO 对单边主义的约束功能，并寄希望于 WTO 发挥更加重要的功能。由此，在中国坚决维护 WTO 权威、美国仍没有放弃 WTO 的前提下，使 WTO 在解决中美贸易紧张关系中发挥建设性作用具备可行性。

发挥 WTO 作用来解决中美贸易紧张关系也符合双方各自利益。对于中国而言，坚决反对单边主义和贸易保护主义，但如果美国执意使用国内法避开 WTO 规则，中国尽管可以使用反制手段维护自身利益，但损失无法避免。而且会让国际社会误解，留下"好战"的不好印象。如果中国通过 WTO 来管控分歧，则会在道义上得到绝大多数国家支持，并给国际社会留下遵守规则的好印象。对于美国而言，其最终目的是希望中国在贸易差额和对等开放问题上满足自身期待，但是单边主义做法只会激起中国的反击，无法满足自身目的。美国寄希望于 WTO 改革并在其框架下管控分歧，有助于通过对话来满足自身期待。

对于更好发挥 WTO 作用、积极化解中美贸易紧张关系的建议包括几点。

第一，谋求 WTO 在争端解决机制领域的改革。一是改革 WTO 争端解决机制上诉机构大法官的甄选机制，讨论增加大法官人数的可行性，并制定路线图，比如，先将目前的常设法官人数 7 人制改进为 9 人制，并渐进增加人数；二是鉴于大国贸易争端对世界经济的影响更大，在处理争端时向大国贸易争端倾斜人力，并显著提升大国贸易争端的解决速度。上述改革将使 WTO 争端解决机制运行更加通畅，极大缩短中美贸易争端的解决时间。

第二，支持 WTO 改进贸易统计方法并及早推广。目前，WTO 已和 OECD 在贸易增加值统计方法上做出卓有成效的工作，并构建贸易增加值数据库。但这一统计方法仍未真正实施。未来需要向 WTO 成员推广贸易增加值统计方法，让各成员每年提供相关数据，以便让数据库每年都更新到最近年份，进而更好地理清各成员贸易收益。除此之外，还可以考虑在各成员贸易统计中区分内资企业和外资企业对贸易的贡献，从内外资角度统计外贸，以便让各成员认识到跨国公司在贸易中的作用。通过方法改进，让中美两国尤其是美国真正认识到其收益不仅表现在贸易差额方面，还体现为跨国公司收益，并认识到中国贸易顺差收益分散在参与全球价值链的各国。这有助于改变美国紧盯传统贸易差额的局限视角，放下对中国的偏见。

第三，推动 WTO 修改《与贸易有关的知识产权协定》。《与贸易有关的知识产权协定》在 2005 年修改过一次，但已过去十多年，世界各国对知识产权保护的要求发生变化，科技和社会进步也对知识产权保护提出新的要求。建议修改《与贸易有关的知识产权协定》，以便使其与时俱进。此次中美贸易紧张关系，起因是美国不满中国知识产权保护现状，修改《与贸易有关的知识产权协定》符合美国利益，有助于 WTO 框架下促使中国改善知识产权保护问题。对于中国而言，未来随着发展水平提升、创新能力提高，必然也在国际上有对自身知识产权保护的诉求，也需要通过《与贸易有关的知识产权协定》保护自身知识产权合法权益。中美双方共同推动修改《与贸易有关的知识产权协定》，既具有可行性，也符合双方各自利益。

三、建议我国政府发布关于《中国入世议定书》第 15 条的立场文件[①]

《中国入世议定书》第 15 条明确阐述，我国入世 15 年后，任何 WTO 成员在对我国企业发起反倾销调查时，不得再使用第三国替代的方法。但以美国和欧盟为代表的一些 WTO 成员执意不遵守这一条款。其中，美国不仅在对我国企业进行反倾销调查时继续使用第三国替代的方法，还将这一条款和是否承认我国的"市场经济地位"联系起来，并明确表示不承认我国的"市场经济地位"。为更好地争取国家利益，我国政府有必要发布关于《中国入世议定书》第 15 条的立场文件，全称为"中华人民共和国政府关于《中国入世议定书》第 15 条问题的立场文件"。

[①] 本小节内容基于总课题"中国应对'双反'调查的策略研究与政策建议"成果整理而成，撰稿人为中国社会科学院世界经济与政治研究所副研究员苏庆义。

（一）发布立场文件能以较小的成本争取到较大的收益

第一，发布立场文件成本小、获益大。发布立场文件属于我国单方面行为，仅需要花费少量时间起草文件，但是却能通过广泛传播让国内各界和国际社会了解我国政府在此问题上的立场，澄清问题。发布立场文件还有助于让国际社会认识到我国政府对该问题的重视。

第二，发布立场文件能清晰表明我国立场。我国已基于《中国入世议定书》第 15 条相关问题将美国和欧盟诉诸 WTO 争端解决机制，商务部也通过文章、新闻发布等形式阐明了我国立场。但是 WTO 仅局限于该领域人士了解情况。为让更多人了解我国立场，并且系统阐述而不是零碎地表明我国立场，有必要发布立场文件。

第三，发布立场文件有助于国际社会了解整个事情的来龙去脉，从而能争取国际社会的广泛支持。美国和欧盟在国际社会占据较强的话语权，它们的话语容易误导不明真相的人士。我国通过发布立场文件可以澄清该问题，从而尽可能争取到国际社会对我国立场的支持。

（二）发布立场文件的具体建议

第一，建议立场文件由我国商务部牵头起草，并由商务部授权发表。《中国入世议定书》第 15 条问题是一个国际贸易领域的争端，理应由我国商务部对外发声。立场文件可由商务部牵头起草，并吸纳相关学者、律师、企业组成起草小组。

第二，立场文件应包括《中国入世议定书》第 15 条的具体内容、"市场经济地位"和《中国入世议定书》第 15 条的区别、我国的立场、我国企业在反倾销调查中因为第三国替代遭受的损失、我国坚决捍卫以 WTO 为核心的多边贸易体制等内容。立场文件应清晰阐明《中国入世议定书》第 15 条的具体内容，让外界明白是否承认中国的"市场经济地位"和《中国入世议定书》第 15 条完全是两个问题：是否承认"市场经济地位"是双边问题，而《中国入世议定书》第 15 条涉及捍卫多边贸易体制问题。立场文件还应在表明我国立场的同时，通过具体数字说明我国入世后因为其他经济体使用第三国替代方法进行反倾销调查使我国企业遭受的损失。立场文件还应将此问题上升到是否认可 WTO 多边贸易体制的高度，明确阐明我国支持 WTO 多边贸易体制框架。

第三，建议立场文件用中文、英文、法文、西班牙文四种语言发布。除使用中文外，根据 WTO 使用的语言，还应包括英文、法文、西班牙文。

四、"非市场经济地位":韬光养晦,有所作为[①]

中国的"非市场经济地位"问题引发了国内外各方的激烈讨论,如何妥善应对该问题至关重要。本小节利用量化研究发现:"非市场经济地位"会显著提高一经济体对华发起反倾销调查的概率和数量,在中国加入 WTO 后美国对华反倾销调查的终裁税率显著提高了。但定量估算"非市场经济地位"的影响发现,其影响幅度较为有限。综合考虑,我们建议:中国应韬光养晦,通过市场化改革解决"非市场经济地位"问题,同时积极作为,利用反制措施和企业积极应诉缓解"非市场经济地位"的不利影响。

"非市场经济地位"是反倾销调查中长期困扰中国出口企业和政府的重要问题。本小节通过定量研究发现:一方面,一经济体认定中国为"非市场经济"会显著提高该经济体对华发起反倾销调查的概率和数量;并且,在中国加入 WTO 后,"非市场经济地位"显著提高了美国对华反倾销调查的终裁税率。另一方面,通过定量估算反倾销调查造成的出口损失和"非市场经济地位"的影响,发现"非市场经济地位"的影响幅度较为有限。综合考虑争取"市场经济地位"涉及的高昂成本及取得"市场经济地位"尚不能保证废除替代国做法的现实,建议中国当前韬光养晦,通过市场化改革渐进地解决"非市场经济地位"问题,通过反制措施遏制无端的反倾销调查,同时鼓励并帮助企业积极应诉,从企业层级缓解"非市场经济地位"的不利影响。

(一)"非市场经济地位"影响的定量研究结果

"非市场经济地位"显著提高了一经济体对华发起反倾销调查的概率和数量。本小节基于 1995~2015 年各经济体对华反倾销调查案例级数据进行定量研究发现:经济体层面上,一个经济体认定中国为"非市场经济"会使其对华发起反倾销调查的年均概率显著提高 12.7%,反倾销调查案件年均数量增加 19.2%;行业层面上,一个经济体认定中国为"非市场经济"会使特定行业对华发起反倾销调查的年均概率显著提高 5.04%,反倾销调查案件数量年均增加 7.39%。

"非市场经济地位"会提高美国对华反倾销调查中最终裁定的反倾销税率。利用美国 1980~2015 年发起反倾销调查的案例级数据的定量研究发现:首先,在

[①] 本小节内容基于子课题 1"对华'双反'调查的成因和'非市场经济地位'的影响"成果整理而成,撰稿人为对外经济贸易大学教授林桂军、厦门大学教授龙小宁与博士研究生张靖。本报告获得中华人民共和国常驻世界贸易组织代表、特命全权大使张向晨批示。

税率方面，不论中国加入 WTO 前还是加入 WTO 后，"非市场经济地位"经济体企业的反倾销税率都明显更高，详见表 5-9。其次，运用计量分析发现，在控制其他因素的影响后，中国加入 WTO 前，"非市场经济地位"没有显著影响，但在 2002 年后，"非市场经济地位"对反倾销税率产生了显著的正向影响。平均来看，"非市场经济地位"经济体的企业被征收的反倾销税率要比"市场经济地位"经济体的企业高约 43 个百分点。可见，"非市场经济地位"在中国加入 WTO 后是影响反倾销税率的重要因素。

表 5-9 美国反倾销平均税率：区分中国加入 WTO 前后与"市场经济地位"

经济体类别	1980~2001 年	2002~2015 年
"非市场经济地位"经济体	65.35%	84.09%
"市场经济地位"经济体	43.43%	32.76%

进而本小节利用定量研究结果并参考现有学术研究成果，结合中国 2000~2011 年的海关数据，估算了美国和欧盟对华反倾销调查给中国出口企业带来的损失上限[①]。结果发现：2000~2011 年中国企业因美国对华反倾销调查造成的年均出口损失上限为 25.16 亿美元，其中"非市场经济地位"的影响效应为 12.75 亿美元，占对美国年均出口总额的 0.63%；欧盟对华反倾销调查造成的年均出口损失上限为 12.06 亿美元，其中"非市场经济地位"的影响效应为 6.11 亿美元，占对欧盟年均出口总额的 0.36%，见表 5-10。如图 5-2 所示，从时间维度看，美国对华反倾销调查及其中"非市场经济地位"造成的出口损失占我国对其出口总额的比例有增长的趋势，但在各年度间也有波动：2000~2006 年均值为 0.52%，2007~2011 年均值达到 0.78%，而 2006 年和 2011 年分别达到 1% 左右的峰值。而欧盟对应的比例在 2000~2006 年的均值为 0.28%，在 2007 年后趋于平稳，基本保持在 0.45% 左右。特朗普领导下的美国政府有推行贸易保护主义的倾向，2017 年 11 月又鲜见地由美国商务部主动发起对华反倾销调查，因此，之后几年美国对华的反倾销调查及其中"非市场经济地位"造成的出口损失占比可能会高于 1%。相比之下，欧盟反倾销的相关损失占比则会保持在 0.4%~0.5%。相比之下，根据国家质量监督检验检疫总局发布的国外技术性贸易措施对中国出口企业的影响结果，2006~

---

① 具体做法为：利用海关数据计算涉案产品（HS-6 位编码）的年出口额，借鉴 Lu 等（2013）的研究结果，假设各经济体反倾销调查对被调查产品出口造成的损失相同，计算各经济体对华反倾销终裁税率对相应产品出口企业造成的损失额度。利用本小节研究成果，假设"非市场经济地位"在各经济体反倾销调查中效应相同，计算"非市场经济地位"的影响效应值。即根据涉案产品出口额及 Lu 等（2013）的研究，计算一个百分点反倾销税率的影响值，再乘以美国和欧盟的平均税率得到出口额损失上限，进而乘以"非市场经济地位"的贡献度得到"非市场经济地位"的效应值。需要注意的是，该估算值未考虑出口企业采取转移出口地等措施缓解反倾销调查影响的可能性，因此，估算结果为损失上限值。

2011年美国和欧盟借由技术性贸易壁垒对中国出口企业造成的损失占我国对其出口总额的比例分别为 6.70%和 7.14%。反倾销调查及"非市场经济地位"的损失与其他贸易壁垒的损失对比表明：虽然反倾销调查和"非市场经济地位"造成的出口损失金额可观，但这样的损失额度与其他贸易壁垒的出口损失相比仍有限，在可承受范围之内。

表 5-10　2000~2011 年反倾销导致的中国出口年均损失及"非市场经济地位"效应

关键变量	美国	欧盟
出口损失上限/亿美元	25.16	12.06
"非市场经济地位"效应/亿美元	12.75	6.11
"非市场经济地位"影响占比	0.63%	0.36%

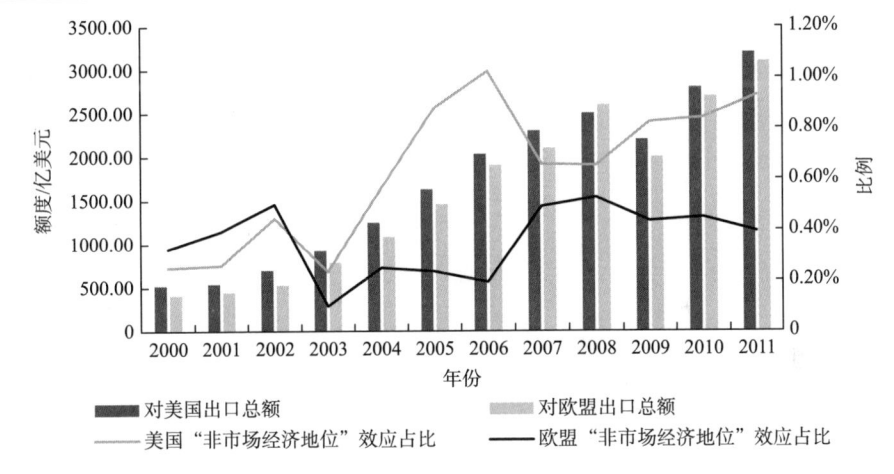

图 5-2　2000~2011 年中国对美国、欧盟出口总额与"非市场经济地位"效应占比

（二）争取"市场经济地位"的成果与挑战

当前，中国争取"市场经济地位"已取得一定成果，为下一步工作奠定了基础。在加入 WTO 的艰难谈判中中国政府在替代国做法上做出了一定期限内的让步，即在反倾销调查中允许当时国内法中已有关于"非市场经济地位"规定的经济体，在中国企业无法证明自身市场经济条件的情况下使用替代国价格计算出口产品的倾销幅度并明确约定此做法于 2016 年 12 月 12 日终止。此后，政府积极推动各经济体承认中国的"市场经济地位"并取得一定成果：2004 年 4 月 14 日新西兰成为第一个承认中国"市场经济地位"的国家。截至 2016 年已有 80 余个经济体承认中国具有"市场经济地位"，其中不乏澳大利亚、新加坡、韩国等发达经济体。

值得注意的是，承认"市场经济地位"与取消替代国做法并无必然联系，承认中国"市场经济地位"也并不意味着这些经济体必然会放弃在反倾销调查中使用替代国。从现实来看，"市场经济地位"与替代国做法间存在三种可能的联系：①不承认中国"市场经济地位"的经济体在反倾销调查中一定会使用替代国，典型代表是美国。美国一直不承认中国的"市场经济地位"，并根据国内法规定在反倾销调查中使用替代国；②承认中国"市场经济地位"，但在反倾销调查中仍然使用替代国。例如，南非于2004年承认中国的"市场经济地位"，但其未对国内法进行修改，在对华反倾销调查中仍然使用替代国；③回避"市场经济地位"问题，取消"非市场经济地位"概念，但仍沿用替代国做法。例如，2017年11月，欧洲议会通过欧盟反倾销调查新方法修正案，取消了"非市场经济国家"名单，但却引入了"市场严重扭曲"的概念。修正案规定在存在"市场严重扭曲"的情况下，欧盟可以弃用出口国的价格，使用第三国或国际价格来确定出口产品是否存在倾销。这意味着争取到其他经济体承认中国的"市场经济地位"并不能确保其彻底弃用替代国做法，"紧箍咒"仍可能牢牢地束缚着中国出口企业。

未来工作进入攻坚区，中国面临长期且艰难的博弈。虽然截至2017年已有80余个经济体承认中国"市场经济地位"，但主要发达经济体或与中国贸易往来密切的经济体，如美国、欧盟、日本、印度等仍拒绝承认中国为"市场经济地位"国家。这些经济体从自身利益出发，关联自身政治格局，在地缘政治、经济、军事、国际领导力等多个领域与中国存在较强竞争。在逆全球化和贸易保护主义背景下，要获得其对中国"市场经济地位"的承认面临重重困难和挑战，取消替代国做法可能更是一场旷日持久的拉锯战。

（三）政策建议

本小节的研究表明，尽管"非市场经济地位"增加了一经济体对华发起反倾销调查的概率和数量，提高了反倾销税率，但从出口损失上限的估算值看，"非市场经济地位"的负面影响虽然总额可观，占出口总额中的比例却较小。同时，应该意识到中国为争取"市场经济地位"已付出高昂的成本，部分经济体的"形式"承认并未能给中国出口企业带来实质的利益。因此，在"非市场经济地位"问题上，中国需要根本性的解决办法及策略性的应对措施。具体建议如下。

第一，坚持深化市场化改革，为企业争取市场经济条件提供支撑，使各经济体真正承认中国"市场经济地位"，放弃替代国做法。改革开放以来，中国在市场化改革中不断探索，求实创新，建设中国特色社会主义市场经济并取得了举世瞩目的成绩。但也应当看到在某些领域和环节中中国的市场化水平仍有待提高，其中与反倾销调查紧密相关的需要大力推进的改革领域包括：①汇率制度改革，汇率市场化与人民币国际化仍面临漫长道路；②取消外商对华投资中的各项限制，以最终实现负面清单管理模式；③政府的产业政策制定与实施，应尽量减少对生产性物质资料的价格影响与扭曲；④金融资源的市场化配置仍未实现，资本成本在不同种类企业之间仍存在差异；⑤在做大做强国有企业的同时需要继续关注决策的市场化过程。

第二，针对美国和欧盟等主要对华反倾销调查发起方和损失来源方，以及反倾销调查针对的主要产品，中国应采取多种策略应对。特别需要关注的是，在2017年12月28日，美国商务部在没有接到国内公司正式申诉的情况下自主对中国（铝合金制品）发起"双反"调查，标志着美国政府可能有意将"双反"措施发展为打击中国出口的工具，且不一定以本国行业利益为导向。对于未来可能发生的贸易战，中国应做好应对准备：①适时"以牙还牙"地采取反制措施，向对方的出口产品及时发起"双反"调查，使对方有所忌惮，同时保护国内相应产业；②鼓励企业积极应诉，争取企业层面的市场经济条件，以申请获得单独税率。反倾销调查应对主体是企业，企业的作为直接影响反倾销调查的裁定结果。当然，目前中国企业在"双反"应诉中面临诸多困难，政府应积极利用"四体联动"等协同机制，切实帮助企业解决应诉成本高昂等问题。

第三，敦促已经承认中国"市场经济地位"的经济体尽快取消对华反倾销调查中使用替代国的做法。在中国取得一经济体对"市场经济地位"的形式承认后，应尽快确保实际利益的实现。因此，政府应通过外交手段敦促对方及时修订国内法并防止其设置其他模糊概念来沿用替代国做法，从而保证承诺得到切实履行。同时，建立监督反馈机制，中国驻外机构和反倾销被调查企业应及时向政府部门反馈执行情况，及时纠正违反承诺或国内法仍使用替代国价格的错误做法。

第四，政府应加强中国市场化改革成果的宣传，争取国际支持。在过去数十年间，中国推进市场化改革的努力和进步不容置疑，应当获得世界各经济体的客观认同和公正评价。政府应充分利用国际媒体积极传递中国市场化改革的相关信息，让世界更多地了解中国的国情、道路选择、改革成果，以纠正不实报道与偏见，为中国企业在反倾销调查中取得市场经济条件和未来取消替代国做法奠定更广泛和坚实的舆论基础。

五、建立对华反倾销调查预警机制的若干建议[①]

自中国加入WTO后，以出口为导向的经济增长模式使得中国对外贸易不断

---

① 本小节内容基于总课题"中国应对'双反'调查的策略研究与政策建议"成果整理而成，撰稿人为厦门大学教授龙小宁与中山大学博士后方菲菲。

扩张，但也导致中国成为世界上反倾销调查最主要的受害者。1995~2015年，全球超过1/5的反倾销调查都指向了中国。因此，构建对华反倾销调查预警机制显得尤为重要。在此背景下，本小节基于反倾销调查动因的定量分析，构建反倾销调查的预警机制，以达到规避未来可能发生的反倾销调查，从而减少贸易损失的目的。具体而言，一是针对高收入经济体与低收入经济体分别建立预警机制，帮助企业有针对性地识别其他经济体反倾销调查策略；二是重点关注不承认中国"市场经济地位"及与中国没有签订自贸区协议的经济体，警惕其发起反倾销调查；三是及时更新经济体层面和产业层面的相关数据，根据不同经济体的不同行业有针对性地采取防范措施。

自1995年WTO成立以来，全球贸易自由化程度加深，旨在维护贸易公平、保护自身产业发展的反倾销调查被世界各经济体广泛使用。自中国加入WTO后，出口驱动的经济增长模式使其对外贸易额快速增长。中国在全球经济的贸易地位迅速上升的同时，也成为世界上反倾销调查最主要的受害者。世界银行公布的临时性贸易壁垒数据（Bown，2016）显示，1995~2015年共有31个经济体对华发起1013起反倾销调查，占同期全球反倾销调查总数的20.4%。在此背景下，探讨影响各经济体发起对华反倾销调查的因素，建立对华反倾销调查的预警机制具有十分重要的理论和实践意义。本小节基于经济体及行业层面的数据，采用严谨的现代计量回归分析方法，量化分析了对华反倾销的影响因素。

（一）对华反倾销调查动因的量化分析结果

本小节的量化分析结果显示，从经济体层面上看，中国的"非市场经济地位"、贸易逆差及两经济体的竞争是一经济体对华发起反倾销调查的主要原因，主要结果如下：①平均而言，承认中国的"市场经济地位"将使一经济体对华发起反倾销的概率下降12.7%，对华反倾销调查数目减少0.22起。②一经济体与中国的贸易逆差将提高其对华反倾销调查平均数目约0.12起。③一经济体与中国出口产品间的竞争关系将增加其对华发起反倾销调查的概率。④此外，高收入经济体与中低收入经济体对华反倾销的影响因素存在差异。一方面，中国出口的扩张和中国的"非市场经济地位"是高收入经济体对华发起反倾销的主要原因，而两经济体签订的自贸区协议将会减少这样的摩擦；另一方面，与中国的贸易逆差是中低收入经济体对华发起反倾销调查的主要原因。

从行业层面上看，进口方行业劳动生产率和人均产出的降低，以及贸易的不平衡是一经济体对华发起反倾销调查的主要影响因素。主要结果如下：①进口方行业的劳动生产率和人均产出的减少将显著提高其对华反倾销的概率，反倾销调查的数目也显著增加；②平均而言，进口方相关行业的贸易逆差将使其对华反倾销调查数目增加 0.1 起;③在此基础上区分高收入经济体与中低收入经济体,进口方行业劳动生产率的降低是高收入经济体对华发起反倾销的主要原因,而行业出口的增加及与中国的贸易逆差是中低收入经济体对华反倾销的主要原因。

(二)对华反倾销调查的现状及可能的影响因素

通过对反倾销调查数据的分析,我们发现,对华反倾销调查主要有数量多和发起方较集中的特点。以对华反倾销最频繁的十个经济体为例,表 5-11 总结了对华反倾销数前十位的经济体发起的反倾销调查数及其比例。

表 5-11　对华反倾销数前十位经济体发起的反倾销调查数及比例(1995~2015 年)

经济体	对华反倾销调查数/起	占所有对华反倾销调查数的比例
印度	173	17.08%
美国	131	12.93%
欧盟	122	12.04%
巴西	91	8.98%
阿根廷	87	8.59%
秘鲁	54	5.33%
墨西哥	51	5.03%
澳大利亚	46	4.54%
哥伦比亚	42	4.15%
加拿大	39	3.85%
合计	836	82.52%

由表 5-11 可知,1995~2015 年对华反倾销数前十位的经济体对华反倾销调查呈现以下特点:①中国的反倾销调查大部分是由这十个经济体发起,占同期对华反倾销调查的 82.52%;②其中大部分的反倾销案件集中来自印度、美国和欧盟;③相比于高收入经济体(包括美国、欧盟、澳大利亚和加拿大),中低收入经济体(包括印度、巴西、阿根廷、秘鲁、墨西哥和哥伦比亚)对华发起的反倾销调查数约多出 47%。

进一步通过分析各影响因素的分布情况,对这十个经济体对华反倾销的影响因素做出推测,具体结果如表 5-12 所示。

表 5-12　对华反倾销数前十位经济体发起反倾销调查可能的影响因素

经济体	发起反倾销调查可能的影响因素
印度	两经济体间竞争、贸易逆差、中国"非市场经济地位"
美国	中国出口扩张、中国"非市场经济地位"
欧盟	两经济体间竞争、中国出口扩张和中国"非市场经济地位"
巴西	两经济体间竞争
阿根廷	贸易逆差
秘鲁	两经济体间竞争
墨西哥	两经济体间竞争、贸易逆差
澳大利亚	中国出口扩张、自由贸易区
哥伦比亚	贸易逆差
加拿大	中国的出口扩张、中国"非市场经济地位"

由表 5-12 可知，各经济体对华发起反倾销调查的主要因素不尽相同，排名前三位的经济体对华反倾销的因素较接近，除了两经济体间竞争、中国出口扩张及贸易逆差外，中国"非市场经济地位"也是影响反倾销调查的主要因素之一。除了建立自由贸易区之外，其他因素皆可能使其他经济体更加频繁地对华发起反倾销调查。值得注意的是，澳大利亚于 2015 年与中国政府签订了自由贸易区协议，这可能会减少其之后对华反倾销调查的频率。

从行业层面上看，对华反倾销调查的产品集中在纺织业、基本金属制造业、金属制品业、化学及化工制品业、皮革及鞋类制造业等。此外，通过对比这十个经济体不同规模的行业和对中国最频繁发起反倾销调查的行业[①]，我们发现如下规律（表 5-13）。

表 5-13　对华反倾销数前十位经济体案件涉及主要行业及可能原因

经济体	案件涉及的主要行业	可能的原因
印度	化学及化工制品业、电气机械设备制造业、橡胶和塑料制品业、纺织业、基本金属制造业	生产率增速低、产出增速低、中国的出口增速高、贸易逆差
美国	化学及化工制品业、电气机械设备制造业、基本金属制造业、金属制品业、印刷及纸制品业	与中国相关产品存在竞争、个别行业生产率较低
欧盟	基本金属制造业、非金属制品业、纺织业、皮革及鞋类制造业	生产率增速低、中国的出口增速高、产出增速低、与中国相关产品存在竞争
巴西	基本金属制造业、化学及化工制品业、非金属制品业、皮革及鞋类制造业、纺织业	生产率增速低、产出增速低、与中国相关产品存在竞争、贸易逆差

---

① 这里只选取了 1995~2015 年该国（地区）对华发起反倾销调查产品涉及最多的前五个行业。

续表

经济体	案件涉及的主要行业	可能的原因
阿根廷	电气机械设备制造业、皮革及鞋类制造业、服装业、金属制品业、非金属制品业	中国的出口增速高、生产率增速低、产出增速低、贸易逆差
秘鲁	纺织业、金属制品业、皮革及鞋类制造业、家具制造业、橡胶和塑料制品业	中国的出口增速高、生产率增速低、产出增速低、贸易逆差
墨西哥	基本金属制造业、金属制品业、家具制造业、非金属制品业、电气机械设备制造业	生产率增速低、产出增速低、贸易逆差
澳大利亚	基本金属制造业、化学及化工制品业、金属制品业、汽车制造业、食品及饮料业	中国的出口增速高、生产率增速低、产出增速低、与中国相关产品存在竞争
哥伦比亚	纺织业、基本金属制造业、金属制品业、非金属制品业、橡胶和塑料制品业	生产率增速低、产出增速低、中国的出口增速高、贸易逆差
加拿大	基本金属制造业、金属制品业、电气机械设备制造业、化学及化工制品业、皮革及鞋类制造业	中国的出口增速高、生产率增速低、产出增速低、与中国相关产品存在竞争

通过分析这十个经济体对华反倾销调查涉及最多的行业，我们发现：①大部分涉案行业为发起方的主要行业，其对华发起反倾销调查的原因可能是保护自身产业、减少中国的出口产品对发起方市场的冲击，例如，美国的化学及化工制品业和电气机械设备制造业、巴西的基本金属制造业等；②部分行业虽为该经济体主要行业，但生产率增长率或产出增长率较低，这可能是其对华发起反倾销调查的原因，例如，印度的化学及化工制品业、欧盟的基本金属制造业等；③中国对外出口的增长率上升、贸易逆差可能是其他经济体对华发起反倾销调查的又一原因，例如，印度的纺织业、秘鲁的皮革及鞋类制造业、澳大利亚的金属制品业等。

（三）构建对华反倾销预警机制，维护贸易公平及稳定

对华反倾销预警机制是针对反倾销调查的第一道防线。由于不同经济体的经济发展水平不同，同时对于中国"市场经济地位"的认可程度存在差异，加之其进出口情况、劳动生产率及产业结构特征也会影响其对于中国发起反倾销调查行为，识别不同经济体对于中国企业发起的反倾销调查策略有助于帮助中国更好地避免和防范反倾销调查。具体建议如下。

1. 针对高收入经济体与低收入经济体分别建立预警机制，帮助企业有针对性地识别其他经济体反倾销调查策略

从其他经济体对于中国企业发起的反倾销调查案件来看，不同经济发展水平的经济体对华发起反倾销调查的动机存在很大差异。因此，针对高收入经济体和低收入经济体分别建立预警机制，能够更加准确地为出口企业规避反倾销调查提供依据。一是重点关注中国对高收入经济体的出口额，警惕出口扩张导致其对华

发起反倾销调查，这些高收入经济体主要包括美国、欧盟、加拿大、澳大利亚、韩国等。二是重点关注存在贸易逆差的中低收入经济体，这些经济体主要包括印度、巴西、阿根廷、秘鲁、墨西哥、哥伦比亚、南非等。

2. 重点关注不承认中国"市场经济地位"及与中国没有签订自贸区协议的经济体，警惕其发起反倾销调查

一方面，对于高收入经济体而言，认定中国"非市场经济地位"是其发起反倾销调查的重要动机，与中国是否签订自贸区协议也是影响其发起反倾销的重要因素。另一方面，对于低收入经济体而言，这两类信息不会影响其对中国发起反倾销调查，因而不需要特别关注。以下认定中国"非市场经济地位"的高收入经济体更容易对中国发起反倾销调查，应该作为重点关注对象：美国、欧盟、加拿大。同时，以下尚未与中国签订自贸区协议的高收入经济体也应该密切关注：美国、欧盟、加拿大。

3. 及时更新不同经济体产业层面的相关数据，根据不同经济体的不同行业有针对性地采取防范措施

定量分析的结果显示，不同经济体不同行业对华反倾销的原因可能存在差异，应该从以下几个方面采取防范。

一是定期跟踪各经济体经济发展的重点行业及产业指导政策的变化，重点关注各经济体生产率增速较慢的核心行业，例如，印度的化学及化工制品业、橡胶和塑料制品业，欧盟的基本金属制造业，巴西的化学及化工制品业，墨西哥的基本金属制造业，澳大利亚的基本金属制造业、化学及化工制品业和食品及饮料业，加拿大的化学及化工制品业等。

二是及时更新各经济体的各行业从中国的进出口额，重点关注中国出口份额较大、增速较高、存在贸易逆差的行业，例如，印度的纺织业、基本金属制造业和电气机械设备制造业，欧盟的基本金属制造业，巴西的纺织业和非金属制品业，阿根廷的电气机械设备制造业、金属制品业、非金属制品业和服装业，秘鲁的皮革及鞋类制造业，澳大利亚的金属制品业和汽车制造业，加拿大的基本金属制造业等。

三是及时更新各经济体相关数据及指标，对各经济体未来可能对华发起反倾销调查的行业进行预测。根据现有分析结果，我们依据各经济体宏观指标（如 GDP 增长率、汇率、失业率等），以及行业的生产率、人均产出、进出口额，并结合各经济体各行业现有对华发起反倾销调查的情况，对各经济体未来可能对华发起反倾销调查的行业做出预测，如表 5-14 所示。

表 5-14 未来可能对华发起反倾销调查的行业

经济体	未来可能对华发起反倾销调查的行业（按发起概率从大到小排序）
印度	化学及化工制品业；汽车制造业；广播、电视和通信设备制造业；服装业；电气机械设备制造业；木制品
美国	基本金属制造业；非金属制品业；木制品；电气机械设备制造业；化学及化工制品业；金属制品业
欧盟	电气机械设备制造业；非金属制品业；金属制品业；广播、电视和通信设备制造业；化学及化工制品业；服装业
巴西	金属制品业；非金属制品业；化学及化工制品业；橡胶和塑料制品业；电气机械设备制造业；家具制造业
阿根廷	橡胶和塑料制品业；化学及化工制品业；非金属制品业；家具制造业；办公设备制造业；服装业
秘鲁	皮革及鞋类制造业；家具制造业；电气机械设备制造业；汽车制造业；木制品；其他交通运输设备制造业
墨西哥	基本金属制造业；非金属制品业；其他交通运输设备制造业；金属制品业；纺织业；家具制造业
澳大利亚	基本金属制造业；电气机械设备制造业；金属制品业；服装业；办公设备制造业；广播、电视和通信设备制造业
哥伦比亚	橡胶和塑料制品业；金属制品业；基本金属制造业；服装业；广播、电视和通信设备制造业；纺织业
加拿大	金属制品业；基本金属制造业；服装业；非金属制品业；家具制造业；纺织业

六、完善产业政策制定 减少国际贸易争端[①]

《产业结构调整指导目录》中制定的鼓励类产业政策提高了相关行业遭受反倾销诉讼和反倾销措施的概率和案件数量，并且提高幅度在产能过剩行业和人力资本较低行业更大。因此，积极推动市场化改革、选择合理的产业政策类型、促进产业结构升级等举措将有利于减少我国出口企业遭受的反倾销诉讼。

（一）我国的产业政策简介

《产业结构调整指导目录》与《外商投资产业指导目录》是我国覆盖行业最广、最细的产业政策，前者原则上适用于我国境内的各类企业，而后者仅适用于外商投资的行业。《产业结构调整指导目录》由鼓励、限制和淘汰三类目录组成，不属于鼓励类、限制类和淘汰类的为允许类投资项目。《外商投资产业指导目录》则由鼓励、限制和禁止三类目录组成，不属于鼓励类、限制类和禁止类的外商投

---

① 本小节内容基于总课题"中国应对'双反'调查的策略研究与政策建议"成果整理而成，撰稿人为厦门大学教授龙小宁、华中师范大学讲师万威、中山大学博士后方菲菲。

资项目为允许类外商投资项目。

这两类产业政策在不同年份经历了不同程度的修订。《产业结构调整指导目录》的前身为1997年制定、2000年进行修订的《当前国家重点鼓励发展的产业、产品和技术目录》。《产业结构调整指导目录》于2005年制定之后,《当前国家重点鼓励发展的产业、产品和技术目录(2000年修订)》中执行的有关优惠政策,即调整为依据《产业结构调整指导目录》鼓励类目录执行。《产业结构调整指导目录》于2011年和2013年进行了修订[①],其中2013年的修订变动幅度不大。在后文的表述中《产业结构调整指导目录》包括了早期年份中《当前国家重点鼓励发展的产业、产品和技术目录》。《外商投资产业指导目录》则首次制定于1995年,之后分别于1997年、2002年、2004年、2007年、2011年、2015年及2017年进行了修订。其中1997年、2004年、2011年、2015年及2017年修订变动幅度不大。

(二)全球对华反倾销诉讼:行业层面的分析

我们根据世界银行全球反倾销数据库从4分位行业层面分析了世界各国对华反倾销情况,该数据库共收录了1297起对华反倾销诉讼的案件,其中最终实行反倾销措施的979起。这些案件主要涉及制造业,对应的反倾销诉讼案件1287起,其中实行反倾销措施的有970起。

表5-15列出了中国企业遭受反倾销诉讼案件数排名前十的4分位行业(均为制造业)、对应的反倾销诉讼案件数、实行反倾销措施的案件数、各年份涉及的鼓励类产业条款数量等信息。我国制造业共有489个4分位行业,而1997年、2000年和2005年涉及制造业4分位行业的鼓励类条款分别为246个、291个和264个,因此平均来讲每个4分位行业对应的鼓励类条款数大约是0.5个。而根据表5-15,遭受反倾销诉讼案件数较多的11个行业中,除了其他日用杂品制造之外,其他行业对应的鼓励类条款数普遍高于0.5个,尤其是钢压延加工、有机化学原料制造、初级形态的塑料及合成树脂制造、化学药品原药制造等。

表5-15　全球对华反倾销诉讼行业层面的分析

行业	遭受反倾销诉讼案件数/起	遭受反倾销措施的案件数/起	比重	鼓励类条款数/个		
				1997年	2000年	2005年
钢压延加工	139	117	0.84	8	11	12
有机化学原料制造	60	44	0.73	5	6	10

---

① 在本课题结项后,《产业结构调整指导目录(2019年本)》于2019年10月30日公布,自2020年1月1日起施行。《产业结构调整指导目录(2011年本)(修正)》同时废止。

续表

行业	遭受反倾销诉讼案件数/起	遭受反倾销措施的案件数/起	比重	鼓励类条款数/个		
				1997年	2000年	2005年
化学药品原药制造	58	48	0.83	2	3	3
无机盐制造	45	34	0.76	2	2	1
金属丝绳及其制品的制造	25	19	0.76	2	1	1
棉、化纤纺织加工	24	17	0.71	2	2	1
初级形态的塑料及合成树脂制造	24	19	0.79	3	4	5
车辆、飞机及工程机械轮胎制造	18	14	0.78	2	1	1
其他日用杂品制造	18	15	0.83	0	0	0
棉、化纤针织品及编织品制造	17	3	0.18	1	1	1
无机碱制造	17	14	0.82	1	2	1
制造业总数	1287	970	0.75	246	291	264

注：①《产业结构调整指导目录》在2011年进行了修订，但与之前的年份相比出现了很多较长的条款，一条较长的条款可能相当于之前几条较短的条款。因此，就条款数量而言2011年的版本与之前不具有可比性。②只有确认从国外进口的商品存在倾销，且造成实质性损害或损害威胁时，才能实施反倾销措施。③比重代表遭受反倾销措施的案件数与遭受反倾销诉讼案件数的比值

（三）产业政策对反倾销的影响

图5-3和图5-4直观描述了《产业结构调整指导目录》中鼓励类产业政策对反倾销的影响。根据图5-3和图5-4，没有鼓励类条款的行业和有鼓励类条款的行业遭遇反倾销诉讼和反倾销措施的平均案件数在1998年以前有相似的变动趋势，但在1998年以后有鼓励类条款的行业遭遇反倾销诉讼和反倾销措施的平均案件数相比没有鼓励类条款的行业呈现明显的上升趋势。鉴于1998年是《产业结构调整指导目录》中鼓励类产业政策首次实施的年份，图5-3和图5-4可能意味着，鼓励类产业政策的实施明显提高了行业遭遇反倾销诉讼和反倾销措施的平均案件数。

图5-3和图5-4虽然对《产业结构调整指导目录》的鼓励类产业政策的影响进行了直观描述，但更严谨的分析依赖于计量模型。回归分析发现：鼓励类产业政策使行业遭遇反倾销诉讼和反倾销措施的案件平均数分别显著增加了0.049个和0.052个。样本中行业遭遇反倾销诉讼和反倾销措施的案件数平均值分别为0.104个和0.078个，因此，鼓励类产业政策使行业遭遇反倾销诉讼和反倾销措施的案件数提高比重分别为47.12%和66.67%。

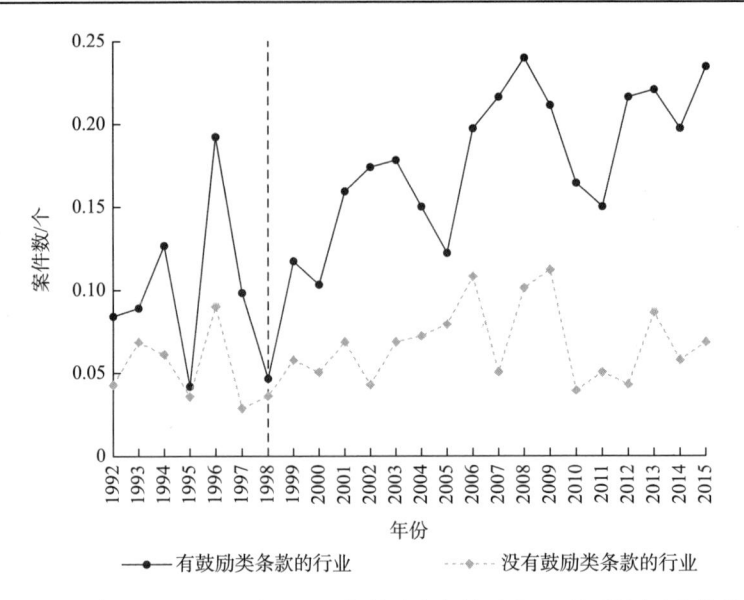

图 5-3　是否有《产业结构调整指导目录》鼓励类条款对遭遇反倾销诉讼案件数的影响

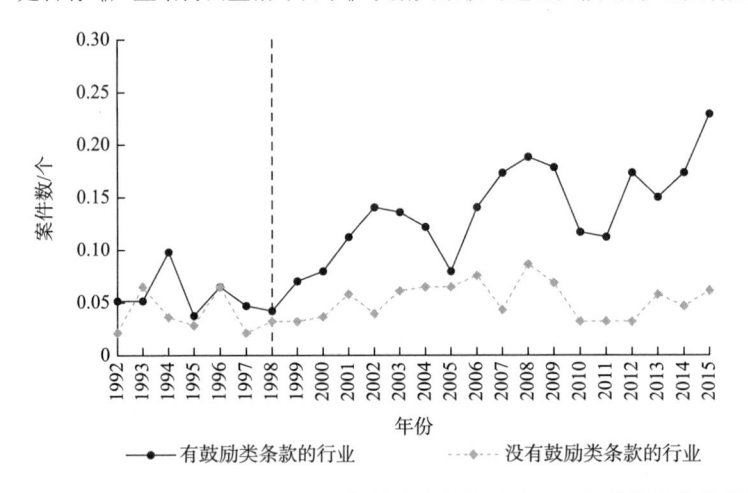

图 5-4　是否有《产业结构调整指导目录》鼓励类条款对遭遇反倾销措施案件数的影响

此外,《产业结构调整指导目录》和《当前国家重点鼓励发展的产业、产品和技术目录》中鼓励类产业政策的影响在不同的行业存在差异。具体来说,该政策对遭遇反倾销诉讼和反倾销措施案件数的影响在产能过剩行业及人力资本较低的行业较高。一方面,对于产能过剩的行业,鼓励类政策无疑起到了"火上浇油"的效果。人力资本较低的行业产品附加值较低,鼓励类政策也更可能提高这些行业遭遇反倾销诉讼和反倾销措施的案件数。另一方面,《产业结构调整指导目录》的限制类产业政策,以及《外商投资产业指导目录》的鼓励类、限制类和禁止类产业政策对行业遭遇反倾销诉讼和反倾销措施的案件数均没有显著的影响。

（四）完善产业政策制定，减少反倾销的具体建议

中国制定产业政策的重要目的包括促进企业创新、推动产业结构升级、优化资源配置、保护环境等。但产业政策同时也是对市场的干预，可能扭曲企业行为。特别地，鼓励类产业政策可能通过提供补贴，促使企业增加产量、降低价格，从而最终导致反倾销诉讼的增加。因此，一方面需要慎用产业政策，更多依赖市场的资源配置作用；另一方面在必须通过产业政策完成特定目标时，应该尽可能减少产业政策的负面影响。

第一，积极推动市场化改革，完善市场机制在资源配置中的决定性作用。鼓励类政策提高了企业的补贴，补贴导致企业更可能在国际市场进行低价倾销，最终提高了遭遇反倾销诉讼和反倾销措施的案件数。因此，应对反倾销诉讼的一个关键举措是：继续积极推动市场化改革，完善市场机制在资源配置中的决定性作用，进一步减少政府对于市场的干预。具体来说，应逐步减少产业政策条款，尤其是鼓励类的产业政策条款。

第二，合理选择产业政策类型，减少市场扭曲。《产业结构调整指导目录》中的鼓励类产业政策显著提高了我国企业遭遇反倾销诉讼和反倾销措施的案件数，但《外商投资产业指导目录》中的鼓励类产业政策对反倾销诉讼和反倾销措施的案件数却没有显著的影响。而这两类产业政策均可能达到促进企业创新、推动产业结构升级、保护环境、优化资源配置等目的。这意味着在政策目标一定的情况下，政府可以选择不同的政策达到这一目标。因此，政府应该合理选择产业类型，减少市场扭曲。

第三，产业政策应该限制而非鼓励产能过剩行业的发展。鼓励类政策对遭遇反倾销诉讼和反倾销措施案件数的增大作用在产能过剩行业更大。2009年9月国务院批转的《关于抑制部分行业产能过剩和重复建设引导产业健康发展的若干意见》指出，"相关行业管理部门要切实履行职责，抓紧制定、完善相关产业政策，尽快修订发布《产业结构调整指导目录》，进一步提高钢铁、水泥、平板玻璃、传统煤化工等产业的能源消耗、环境保护、资源综合利用等方面的准入门槛。"应该切实执行这一政策导向，采取更为有效的具体措施限制产能过剩行业的发展。

第四，调整产业结构，促进产业升级。鼓励类政策对遭遇反倾销诉讼和反倾销措施案件数的影响在人力资本较低的行业更高。人力资本较低的行业往往是比较低端的制造业，调整产业结构、促进产业升级才是减少反倾销的根本出路。适当补贴低端制造业以减少转型期的"阵痛"是可以的，但过分的补贴将维持本该

消失的产能,增加遭遇反倾销措施的案件数。具体来说,产业政策应该重点鼓励医药制造业、通信设备、计算机及其他电子设备制造业,仪器仪表及文化、办公用机械制造业等人力资本较高的制造业的发展。减少对皮革、毛皮、羽毛(绒)及其制品业,工艺品及其他制造业,纺织服装、鞋、帽制造业,纺织业等人力资本较低的行业的鼓励。

七、我国应对"双反"调查应该关注"南南保护主义"[①]

"双反"调查普遍存在"南南保护主义",即发展中国家发起的"双反"调查主要目标是来自其他发展中国家的进口产品。我国是"南南保护主义"的头号目标国,并且从案件数量上和涉案的出口额上都远超其他国家。来自发展中国家的"双反"调查还呈现出不同于发达国家"双反"调查的特征,包括时间较短、调查和裁决过程透明度较低、对我国的调查充斥着严酷性和歧视性等。反倾销调查不仅直接造成我国涉案产品出口额下降,出口企业大幅减少;还使得存活企业的出口产品数目减少,出口额倾向少数产品,出口稳定性降低。我国应加强与南方国家的战略合作、合理利用 WTO 争端解决机制并加快产品升级,以减少来自其他发展中国家的反倾销调查。

反倾销调查已成为世界各经济体最常用的贸易保护措施。与此同时,反倾销调查还呈现出新的特征,即除美国、加拿大和欧盟等传统使用经济体以外,印度、巴西、中国等新兴经济体正逐渐成为反倾销调查的主要发起方。自 20 世纪 90 年代以来,每年由这些新兴经济体发起的反倾销调查案件占所有案件的比重均高于 50%,部分年份占比达 70%以上。更值得注意的是,发展中国家发起的反倾销调查,目标主要是来自其他发展中国家的进口产品,即"南南保护主义"现象普遍存在(Bown,2013)。

(一)"南南保护主义"现状及特点

1. "南南保护主义"普遍存在

2008 年金融危机之后,世界经济正经历艰难的复苏阶段,新兴国家市场是为数不多的经济增长的重要来源地,任何寻求出口增长的国家都必须对新兴国家市场给予重视。随着贸易的增长,摩擦也在增多。金融危机之后,新兴国家市场的

[①] 本小节内容基于子课题 2 "'双反'调查对我国贸易和经济增长的影响"成果整理而成,撰稿人为厦门大学教授陈勇兵与博士研究生蔡博厚。

政策制定者正通过临时性贸易壁垒给双边贸易施加越来越多的限制（Bown，2013）。

临时性贸易壁垒包括反倾销调查、反补贴调查和保障性措施等，其中反倾销调查占据绝大多数。世界银行临时性贸易壁垒数据库中 24 个主要使用国的统计数据显示，截至 2011 年，我国从发达国家进口的商品中有 1.1%的进口额受临时性贸易壁垒影响，对应的来自发展中国家的产品中这一份额是 3.9%。除我国之外，其余发展中国家几乎一致呈现出完全不同的现象，"南南保护主义"盛行——这些国家实施的临时性贸易壁垒所覆盖的来自其他发展中国家的进口额份额，均高于所覆盖的来自发达国家的进口额份额。"南南保护主义"兴起的另一体现是，包括我国和印度、马来西亚、印度尼西亚、泰国等一系列国家在内，自 20 世纪 90 年代亚洲金融危机之后，对发达国家的出口中有相当大一部分受临时性贸易壁垒影响；但自 2006 年以来，出口的商品中受来自发达国家的临时性贸易壁垒影响的份额正逐渐下降，而受其他发展中国家的临时性贸易壁垒影响的份额却不断上升，并逐渐超过前者。

改革开放以来，特别是 2001 年加入 WTO 之后，我国对外贸易迅猛增长，快速融入全球市场并取得极大成就。我国遵循比较优势、凭借成本优势、实施出口导向战略获取了丰厚的贸易利益，2013 年我国贸易总额就已高居世界首位。出口的增长也为国家的经济发展做出了巨大贡献，2010 年我国 GDP 就达到了世界第二名的位置。但与此同时，我国与各主要贸易伙伴的贸易顺差逐年拉大，我国商品在对外贸易过程中遭遇的摩擦也与日俱增。据 WTO 统计，1995~2013 年我国共遭遇 719 起反倾销调查，排在第一位，而第二位的韩国仅有 201 起。截至 2017 年底，我国已连续 23 年成为世界上遭遇反倾销调查最多的国家。

由于我国是遭遇反倾销调查最多的国家，我国同时成为"南南保护主义"的头号目标国。如表 5-16 所示，反倾销调查双边运用的目标国（地区）中前 6 位均为我国，而 6 个反倾销调查发起方中有 4 个为发展中国家。其中，另一发展中大国印度以 132 起案件数位居首位。不仅数量较多，我国出口产品受影响的贸易额比重也较高。Bown（2013）根据世界银行数据统计发现，这 4 个发展中国家针对我国实施的临时性贸易壁垒覆盖的双边贸易额均超过 10%，最高可达到 23.2%，占比远高于发达国家（地区）针对我国所实施的临时性贸易壁垒。

表 5-16　反倾销调查的双边运用

进口国（地区）	出口国（地区）	案件数/起	受临时性贸易壁垒影响的双边贸易额
印度	中国	132	23.2%
美国	中国	97	9.1%
欧盟	中国	85	7.3%

续表

进口国（地区）	出口国（地区）	案件数/起	受临时性贸易壁垒影响的双边贸易额
阿根廷	中国	68	10.9%
土耳其	中国	60	15.7%
巴西	中国	50	18.8%
印度	欧盟	41	

资料来源：Blonigen 和 Prusa（2016）；Bown（2013）

此外，2011年G20成员中的发展中国家从我国进口的商品中，平均有10.8%的进口额受临时性贸易壁垒的影响，而这些国家从其他发展中国家和发达国家的进口中仅分别有2.3%和1.7%受影响。反观我国的出口，对G20成员中的发达国家（地区）的出口中仅有4.7%受临时性贸易壁垒影响，而对G20成员中的发展中国家的出口中受影响份额则高达10.8%，是前者的两倍以上。对比2001年与2011年的数据还可发现，以我国为目标的行为并不是一个新现象，该现象2001年就存在，且在我国加入WTO之后不断加剧。我国出口到G20成员中的发展中国家的产品受临时性贸易壁垒影响的贸易额，从2001年的4.2%上升到2011年的10.8%。

应该看到，"南南保护主义"普遍存在，且我国所遭遇的来自南方国家的反倾销调查不论是案件数量上，还是涉及的出口额上均远高于其他国家。这可能是由于我国与其他发展中国家之间在工业化发展阶段上具有同质性，而与发达国家在贸易结构上却有一定互补性，因此我国产品在其他发展中国家市场中与本土商品竞争更为激烈。同时，我国出口的迅猛增长远超其他发展中国家，对它们的出口造成的冲击远大于它们相互间的影响，为保护本国产业，我国也更多遭到来自其他发展中国家的反倾销调查。基于此，我国应对"双反"调查更应该关注"南南保护主义"。

2. "南南保护主义"有别于南北间摩擦

相比于发达国家，其他发展中国家对我国发起的反倾销调查呈现出一些不同的特点。我国与印度同为金砖国家，都是发展中大国。"中国龙"与"印度象"在诸多领域存在竞争关系，"龙象之争"渗透到两国发展的各个环节，而经贸领域的摩擦与争端则是其中的典型事例（王孝松和谢申祥，2013）。因此，我们以印度为例具体分析。

首先，印度处理反倾销重大案件所需的初裁时间从过去的6~7个月缩短到现在的2.5~3个月，而美国的初期调查报告需要4.5~5个月，澳大利亚需要5个月，欧盟则需要9个月。印度处理反倾销案件速度的加快和反倾销调查期的过短会给遭受反倾销调查的被诉方带来负面影响，即反倾销调查不能全面反映被诉方的生产与销售的客观情况,从而产生以偏概全的后果,并导致反倾销随意性的增加和被诉方遭受反倾销措施的可能性。

其次,印度反倾销调查和裁决的透明度较低,不利于被诉方的积极应诉。具体表现为:①对外国倾销产品的起诉和发起反倾销调查的公告不及时;②利害关系方不能方便地获得有关反倾销发起公告、初步裁决及最终裁决等方面的法律文件;③支撑裁决的关键信息不予披露,或者不按规定在最终裁决前进行信息披露等。这实际上剥夺了被诉方的知情权,对被诉方的成功应诉构成了障碍,大大提高了最终征收反倾销税的可能性。WTO 数据显示,1995 年至今,印度的反倾销成功率(即一定时期内实施反倾销措施的案件占同时期反倾销调查案件总数的比率)为 72.6%,远超同期全球反倾销调查 64.4% 的成功率水平。

更重要的是,印度对我国的反倾销充斥着严酷性和歧视性。如表 5-17 所示,从 1995 年至 2010 年,我国是印度反倾销的头号目标国,反倾销案件数量高居首位。同时,印度对我国反倾销的最终征税比例和我国商品被征收的反倾销税率都远高于平均水平。深入考察印度反倾销案例还可发现,当同一商品除我国外还涉及其他被诉方时,我国商品的反倾销税率通常显著高于其他经济体商品被征收的税率。

表 5-17 印度反倾销主要目标排名(1995~2010 年)

位次	经济体	反倾销调查数量/起	反倾销调查数量占比	最终征税数量/起	最终征税数量占比	平均税率
1	中国	142	22.3%	109	76.8%	117.5%
2	韩国	48	7.5%	35	72.9%	46.9%
3	欧盟	47	7.4%	31	66.0%	79.4%
	世界	637	100.0%	450	70.6%	77.7%

资料来源:王孝松和谢申祥(2013)。

由于这些特征的存在,相比于发达国家,来自其他发展中国家的反倾销可能给我国对这些国家的出口造成更大的破坏。虽然我国与其他发展中国家贸易的规模还远不及我国与发达国家贸易的规模,但随着全球化进程和我国的对外开放进程不断推进,我国与其他发展中国家的贸易势必还会不断发展。因此,未雨绸缪,我国在应对"双反"调查时不能忽视"南南保护主义"的存在。

(二)"南南保护主义"造成的影响

1. 被调查产品出口额大幅减少,大量企业退出出口市场

反倾销调查造成的直接后果是我国被调查产品的出口额显著下降。我们仍以印度为例,研究发现,印度对我国反倾销后,我国涉案产品的出口额平均减少了

40%左右，印度反倾销税率每提高 1%，我国涉案产品的出口额减少 0.8%。而被调查产品出口额的减少主要是由我国企业退出印度市场导致的。印度反倾销使我国涉案产品的出口商数目减少 13%左右，而存活下来的涉案企业的平均出口额小幅下滑，但并不显著。根据出口增长的二元边际理论划分，印度对我国反倾销主要导致广度边际的变动（出口商数目减少），而深度边际基本不变（平均出口额变化不显著）。

进一步研究表明，我国的退出企业主要为出口额较小的企业、直接出口企业和单一产品的直接出口企业，对应的存活企业多为出口额较大的企业、贸易公司和多产品出口企业。退出企业多为中小企业的原因在于中小企业生产成本较高、效率较低，抗打击能力较弱；也无法像贸易公司通过其他国家市场，或像多产品企业通过其他产品市场的调整来弥补反倾销市场上该产品的经营损失，在遭遇反倾销调查时更容易退出印度市场。

2. 存活企业缩减出口产品数目，我国出口稳定性下降

企业的出口增长也有二元边际：我们定义企业内深度边际表示某一产品出口额的变动或产品平均出口额的变动；广度边际则表示企业产品数目（产品范围）的变化。虽然此前的研究表明，存活下来的涉案企业的平均出口额没有显著的变化，但这并不代表反倾销对存活企业没有影响。在企业出口总额基本不变的现象背后，隐藏着的是企业出口结构的变化。对企业内变化的研究发现，印度反倾销促使存活企业调整出口产品结构，缩减出口产品范围，放弃了部分边缘产品，并倾向出口表现较好的核心产品，将出口额集中到更少的产品上。企业的出口增长转而依赖这些持续出口的核心产品，新产品的出口份额有所下降。这些结果表明，印度对我国反倾销导致我国出口企业的出口沿着深度边际增长。

尽管沿着二元边际的任一边际都可以实现贸易的总增长，但其含义有所不同：若一国贸易增长主要来源于深度边际，则表明大部分对贸易的贡献来自少数企业和少数产品，这将导致贸易极易遭受外部冲击的影响从而导致增长大幅波动；相反，如果主要沿广度边际实现增长，表明出口国有多元的生产结构，企业有较强的国际竞争力，外部冲击对贸易的作用力会减弱（陈勇兵和陈宇媚，2011）。而印度对我国的反倾销恰恰导致了我国对印度出口调整为沿深度边际增长，这使得我国对印度出口在未来可能面临更大的风险，再次遭遇反倾销调查时会遭受更大的冲击。

因此，印度对我国反倾销带来的影响不仅是当下的直接影响，更由于改变我国及我国企业的出口结构，从而影响了我国对印度未来的出口。我国应对来自南方国家的"双反"调查，应该重视广度边际，包括企业内的广度边际。

（三）应对"南南保护主义"的若干政策建议

应对双反调查不仅需要企业在调查发起后积极应诉，同行业企业间相互协作，还需要政府提供适当帮助，培养配备高素质人才。除此之外，针对其他发展中国家发起的反倾销调查，我们也需要一些有针对性的策略，本小节提出如下战略性建议。

1. 加强南南合作，消除贸易壁垒

Prusa 和 Teh（2010）的研究指出特惠贸易协定（preferential tariff agreements，PTA）对反倾销的使用有很大影响：PTA 会减少对 PTA 成员发起的反倾销调查数量，同时增加对非 PTA 成员发起和实施的反倾销数量；这一结果在 PTA 额外包含关于反倾销的条款时还会得到增强。随后的一些研究也得到了类似的结论。

有鉴于此，我国应加强与印度等发展中国家的贸易伙伴关系，携手推动双边自由贸易协定取得新进展。同时在自由贸易协定中明确对贸易救济措施的使用做出详细规定，体现出自由贸易协定在区域内限制使用贸易救济措施以促进贸易自由化的宗旨。良好的外部环境和正常国际贸易秩序对于任何国家的经济发展来说都是十分重要的。我国与南方各国携手，共同反对单边主义和贸易保护主义，维护正常国际贸易秩序，有利于为双方创造更加有利的贸易环境和机会，实现互利共赢。

2. 合理利用 WTO 争端解决机制

前文已经指出，"南南保护主义"相比于发达国家的反倾销存在一些不同特征，其中就包括反倾销调查和裁决透明度较低：部分发展中国家由于自身关于反倾销法律法规的不完善，调查和裁决过程本身存在许多漏洞；部分国家出于保护本国产业的目的，在没有及时发出公告、没有给出关键信息的情况下做出裁决等。这给我国作为被诉方的成功应诉构成了障碍，提高了我国企业最终被征收反倾销税的可能。同时，部分国家还存在某些不合理的针对我国的裁决，如同一涉案产品我国被征收的税率远高于其他被诉国产品。

这是违背 WTO 原则、滥用贸易救济措施的错误做法。我国政府要为企业提出诉求提供有效途径，帮助企业通过 WTO 启动贸易争端解决机制，对案件进行申诉以维护我国自身的利益。我们必须认识到，一味退让带来的不是我们想要的双赢局面，而是他国对我国正当贸易权利的进一步忽视。我国必须表现出维护自身利益、维护多边贸易体制、尊重公平的多边贸易规则、坚决反对各种形式的贸易保护主义的决心。我国对法律和国际机构的善用并不与和平崛起战略相违背，相反，还可以向世界表明我国是一个重视法制的国家，赢得他国尊重，提升国际地位。

3. 加快产业升级，强化创新驱动

研究发现，印度对我国反倾销最多的产品主要是有机和无机化学品及化学制品、电子产品等，均为印度的主要产业。其他发展中国家对我国的反倾销也存在类似状况。由于我国与其他主要发展中国家的产品技术差距不大，并且产业结构相似度更高，相比于发达国家，我国产品更容易遭遇其他发展中国家的"双反"调查。

为此，我国企业应加快技术进步以促进产品升级，培育自主创新品牌，增加产品技术含量及附加值，拉大我国与其他发展中国家的行业差异度。这就要求企业增强自主创新能力。因此，我国应加快建立以企业为主体、市场为导向、产学研用深度融合的技术创新体系，倡导创新文化，强化知识产权保护，支持大众创业、万众创新，使科技创新成为产业升级的持续驱动力。这也与现阶段我国经济发展要推动经济高质量发展的根本要求相吻合。

4. 建立反倾销预警系统，防患于未然

反倾销是有规律可循的，也是可以预警的，在愈演愈烈的国际反倾销实践中，许多国家（地区）都建立了相应的预警预报机制，如美国的"扣动扳机制度"、欧盟的"进出口产品预警机制"和印度的"大宗商品进出口监测机制"等。

我国也应建立政府信息通报预警系统，对案发率高的敏感产品和敏感国家实行重点监控，及时通报国外相关市场和产品的价格信息，以及反倾销动态。同时，通过对这些产品的出口数量、出口价格进行监控、限制，以防止国内企业出口出现一哄而上、低价竞销的恶性竞争情况，从而有效避免对我国的反倾销制裁。

第五节 我国对外反倾销调查的策略研究

一、我国对外反倾销现状及政策建议[①]

本小节首先对我国对外反倾销现状，包括立案数量、国家（地区）分布、行

---

① 本小节内容基于子课题 2 "'双反'调查对我国贸易和经济增长的影响"成果整理而成，撰稿人为中国世界贸易组织研究会副研究员杨凤鸣、厦门大学教授龙小宁和硕士研究生王进宇。

业分布、反倾销调查的效率以及反倾销措施进行统计分析，然后初步评估我国贸易救济效果，最后根据统计结果给出相应的政策建议。我国反倾销调查对象主要集中在美国、日本、韩国和欧盟；涉案产品种类较少，主要分布在化工、钢铁、塑料橡胶及木浆纸板产业；早期我国反倾销调查耗时较长，但近年来调查效率逐步提高；反倾销措施以征收从价税为主，被诉方常消极应诉。尽管反倾销调查在一定程度上限制了被指控国涉案产品对我国的出口，但贸易转移效应削弱了反倾销的贸易救济作用，政府和企业仍应长期做好倾销防范工作。

（一）我国发起的反倾销调查现状

1. 反倾销数量较少，但反倾销措施执行率较高

相对于发达国家及少数发展中国家而言，中国反倾销立案数量较少，截至2017年总数位列世界第七位。1997~2017年我国发起反倾销案件及执行反倾销措施的案件数量分布如表5-18所示。按照被诉方口径统计[①]，1997~2017年中国共发起了261起原始反倾销调查，占全球反倾销案件数量的5.21%，其中终裁为肯定性裁决的案件有222起。2001~2005年中国在反倾销立案数量上表现突出，这主要是受中国加入WTO的影响。2001年中国成为WTO成员，对外开放程度进一步提高，关税壁垒大幅下降，随之而来的是贸易摩擦加剧，贸易救济工具使用更加频繁。整体而言，中国发起的反倾销数量占全球比重较低，这与中国相对较大的进口规模（进口总额连续八年位列世界第二）并不匹配。相应地，在中国的反倾销案例中，最终采取实质性反倾销措施的比例远高于全球平均水平。除2005年外，中国反倾销措施执行率始终高于全球平均执行率，这表明中国在反倾销立案上的态度是审慎的，通常是在有比较充足的证据证明国外企业在华确有倾销行为并已对国内相关产业造成实质性损害的情形下才予以立案。

表 5-18 中国发起反倾销数量及占全球比重（1997~2017 年）

年份	立案数量 中国/起	立案数量 全球/起	立案数量 中国比重	实施反倾销措施数量 中国/起	实施反倾销措施数量 全球/起	实施反倾销措施数量 中国比重	执行率 中国	执行率 全球
1997	3	240	1.25%	3	123	2.44%	100.00%	51.25%
1998	0	233	0	0	157	0		67.38%
1999	7	366	1.91%	7	227	3.08%	100.00%	62.02%

---

① 在同一日期针对相同产品发起的反倾销调查，如果涉及两个被诉方，则被统计为两起反倾销案件。如未特别注明，本小节的案件数目均是按被诉方口径统计。本小节的案例数据主要来自世界银行全球反倾销数据库，对于该数据库中缺失的数据，由中国贸易救济信息网提供的数据补充。

续表

年份	立案数量 中国/起	立案数量 全球/起	立案数量 中国比重	实施反倾销措施数量 中国/起	实施反倾销措施数量 全球/起	实施反倾销措施数量 中国比重	执行率 中国	执行率 全球
2000	6	280	2.14%	6	167	3.59%	100.00%	59.64%
2001	17	357	4.76%	11	218	5.05%	64.71%	61.06%
2002	30	303	9.90%	26	188	13.83%	86.67%	62.05%
2003	22	237	9.28%	20	149	13.42%	90.91%	62.87%
2004	27	224	12.05%	19	156	12.18%	70.37%	69.64%
2005	24	180	13.33%	13	117	11.11%	54.17%	65.00%
2006	10	202	4.95%	10	123	8.13%	100.00%	60.89%
2007	4	160	2.50%	4	120	3.33%	100.00%	75.00%
2008	14	234	5.98%	13	157	8.28%	92.86%	67.09%
2009	17	213	7.98%	16	145	11.03%	94.12%	68.08%
2010	8	171	4.68%	7	104	6.73%	87.50%	60.82%
2011	5	157	3.18%	4	97	4.12%	80.00%	61.78%
2012	9	201	4.48%	9	145	6.21%	100.00%	72.14%
2013	11	275	4.00%	9	179	5.03%	81.82%	65.09%
2014	7	224	3.13%	5	156	3.21%	71.43%	69.64%%
2015	11	222	4.95%	11	144	7.64%	100.00%	64.86%
2016	5	292	1.71%	5	204	2.45%	100.00%	69.86%
2017	24	234	10.26%	24	169	14.20%	100.00%	72.22%
总计	261	5005	5.21%	222	3245	6.84%	85.06%	64.84%

2. 调查对象比较集中且大多同时存在多个被诉方

1997~2017年中国共向全球28个经济体发起过261起反倾销调查（表5-18），图5-5列示了被指控对象的国家（地区）分布。调查对象主要集中在美国、日本、韩国和欧盟[①]，其中美国48起、日本47起、韩国39起、欧盟27起，对这四个经济体发起的反倾销调查数量共占中国发起的反倾销调查案件总量的61.69%。这与中国的主要进口来源国（地区）的分布大体一致，美国、日本、韩国及欧盟都是中国的主要贸易伙伴，双方贸易量大，容易引起贸易摩擦。按起诉方口径统计[②]，中国共发起100起反倾销调查，其中有73%的案件涉及多个被诉方，只有27%的反倾销调查是对单一经济体发起的，由此可见，中国对外反倾销不存在特别针对哪一个国家或地区的情况。

---

① 针对所有欧盟国家发起调查的案件，将欧盟视为一个经济体。
② 在同一日期针对相同产品发起的反倾销调查，不论有多少个被诉方，均计为一个反倾销案件。

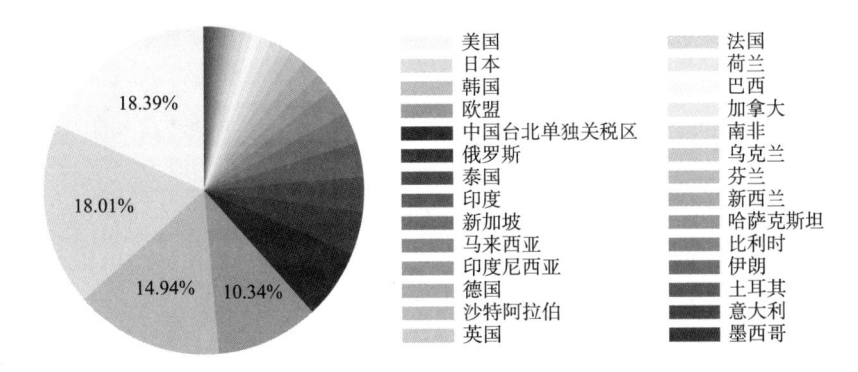

图 5-5　我国对外反倾销国家（地区）分布

图例按比例大小从上往下、先左后右依次排列

3. 涉案行业主要为化学产品、钢铁、塑料橡胶和木浆纸板行业

如图 5-6 所示，1997~2017 年中国共对 11 个行业（按 HS 编码分类）发起过反倾销调查，案件在不同行业间分布极不均匀，涉案行业主要集中在化学产品、钢铁及其制品、木浆纸板和塑料橡胶行业。以案例-产品对[①]为统计口径，中国发起的反倾销调查共含有 458 个案例-产品对（包含被重复调查的产品），涉及化学产品、钢铁及其制品、木浆纸板和塑料橡胶行业的案例-产品对数量分别为 192 个、108 个、51 个和 44 个，共占比 86.24%，其余七大行业所牵涉的案例-产品对数量相对较少。

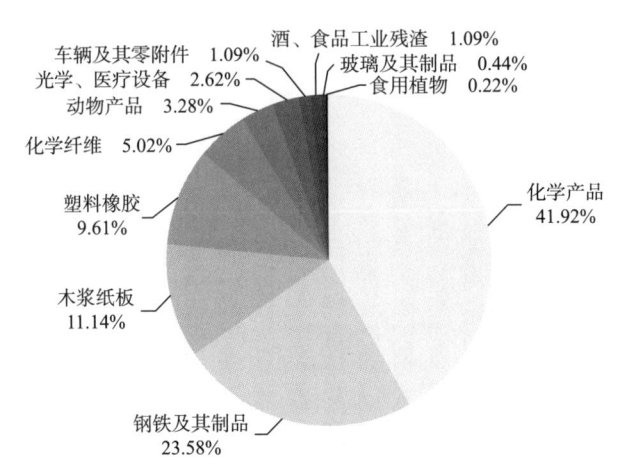

图 5-6　我国反倾销行业分布

本图数据因进行了四舍五入，存在比例相加不等于 100% 的情况

---

① 如果一起案件涉及两种产品（HS-6），则计为两个案例-产品对。

涉案行业高度集中的原因有三点。其一，中国的许多化工产品，尤其是高附加值的石化产品，起步较晚，处于成长发展期，原材料进口依存度较高，国外出口商为争夺中国市场，存在强烈的倾销动机。其二，化学产品、钢铁及其制品、塑料橡胶和木浆纸板行业均属于资本密集型产业，存在规模经济，同时大量吸收就业，非常容易受到产业周期性影响，在经济衰退时，政府倾向于采取反倾销措施以实现贸易限制。其三，上述四类行业产业高度集中，企业具备成功申请反倾销调查的能力。根据《中华人民共和国反倾销条例》第十七条，支持反倾销的厂商的产量必须高于行业总产量的25%，且高于反对者总产量。受限于协调成本，集中度较低行业的厂商常常会放弃申诉，提出立案申请的往往是集中度很高的行业。

4. 早期反倾销调查耗时较长，近年来调查效率逐步提高

图5-7展示了1997~2017年中国对外反倾销调查平均耗费时间。在中国发起的261起反倾销调查中，最终进入终裁程序的案件有228起。在进入终裁程序的案件中，只有34.65%的案件结案时间不超过一年，满足《中华人民共和国反倾销条例》的基本规定。在中国使用反倾销这一贸易救济工具的早期（1997~2000年），由于缺乏实践经验，调查进展缓慢，平均耗时17个月。在初入世阶段（2001~2005年），中国进一步对外开放，贸易摩擦加剧，案件数量多，同时相关人才匮乏，更无法顾及时效性，所以案件调查时间仍然较长，平均在18个月左右。

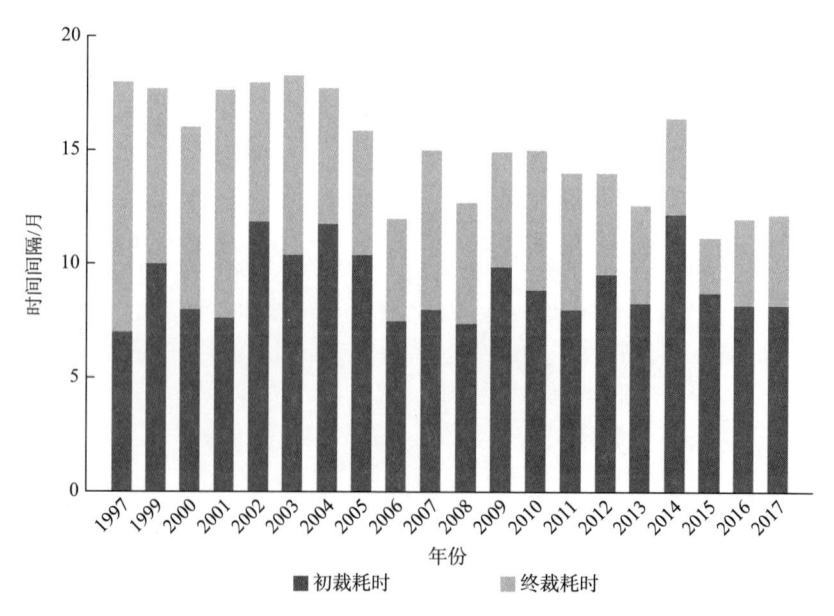

图5-7 我国对外反倾销调查耗时（1997~2017年）

但近年来，中国反倾销调查周期逐步缩短，2006年后，从立案到终裁耗时大

幅下降，2006~2017年整个调查程序平均耗时约为13个月，调查效率普遍较高[①]。尤其是在2015年，所有案件耗时都短于一年，最快的仅9个月就完成终裁并发布反倾销措施。近年来反倾销调查时间的缩短除了得益于经验的增长和人才储备的相对增加，还得益于2004年反倾销调查机关做出的一系列调整。根据中国2004年修订的《中华人民共和国反倾销条例》，反倾销调查机关由对外贸易经济合作部和国家经济贸易委员会负责改为由商务部负责，这避免了因各部门之间案件受理角度不同而降低案件审理效率的情况。

5. 反倾销措施以征收从价税为主，应诉方态度消极

在中国1997~2017年发起并最终采取反倾销措施的222起案例中，有213起案例的反倾销措施是对倾销产品征收从价税；有1起是接受个别厂商的价格承诺，同时对其余厂商征收从价税；其余8起案例是和被指控国签署价格承诺协议。最终反倾销措施为征收从价税的案例中，平均税率水平[②]为39.65%，远低于其他国家的反倾销税率。在213起征收从价税的案例中，共对508个外国公司征收单独税率，其中，2009年对美国发起的白羽肉鸡反倾销调查案有35家美国企业获单独税率，2016年对美国发起的干玉米酒糟反倾销调查案获单独税率的企业有44家，2017年对巴西发起的白羽肉鸡反倾销调查案获单独税率的企业有31家，其余案件获单独税率的企业平均数量仅为2家。通常情况下，积极应诉的企业能够通过配合调查获得低于其他企业的单独税率，本小节的统计结果在一定程度上反映出外国出口商在应对中国反倾销调查时的消极态度。

（二）贸易转移效应削弱了贸易救济效果

通过对2001~2013年发起的反倾销调查进行经验研究，我们发现，中国对外反倾销具有一定的贸易限制效应（被指控国涉案产品对我国的出口额减少）和显著的贸易转移效应（非被指控国涉案产品对我国的出口额增加）。

图5-8描述了涉案产品与未涉案产品进口额在反倾销各个阶段的变化，横轴表示与立案当年的时间间隔（单位：年），纵轴表示进口额随时间变化的系数，两条垂直于横轴的虚线分别标记反倾销冲击临界点和终裁发布临界点[③]。如图5-8（a）所示，在立案当年（对应图5-8横轴刻度0），被指控国为规避临时反倾销税（在

[①] 耗时较长的反倾销案件往往是因为证据搜集难度大，有的甚至不得不在中途撤回。2014年的平均初裁时间较长，即是因为涉及两起在初步调查期间撤回的案件，从立案到案件撤回即已耗时18个月，极大地拉长了当年的平均调查时长。

[②] 根据一般税率（排除获单独税率企业以外的其他企业的反倾销税率）计算。

[③] 样本中立案和终裁时点平均间隔为1.37年，此处取立案当年的下一年度作为终裁时点。

初裁决定中发布）而在短期内大量向我国出口涉案产品，但出口额在立案后的下一年度（通常临时反倾销措施已发布）随即出现下降趋势。在终裁发布一年后，反倾销调查并没有持续地发挥贸易限制作用；但在终裁发布四年后，被指控国涉案产品对我国的出口额急转直下，这可能是因为被指控国即将面临日落复审，为避免反倾销执行期进一步延长，而有意控制涉案产品对我国的出口。总体来看，反倾销的确在一定程度上对倾销国家涉案产品对我国的出口起到了限制作用。然而，贸易转移效应使贸易救济效果大打折扣。如图 5-8（b）所示，在立案后，来自非被指控国的涉案产品进口额相对没有被调查的产品来自相同进口来源国的进口额有明显的增长。经验研究表明，肯定性终裁使涉案产品平均非被指控国进口额增长 52.41%，反倾销税率每提高一个百分点，非被指控国进口额将增长 0.91%。我们还发现，当被指控国只涉及单一国家、涉案产品反倾销税率较高、竞争性较弱或非被指控国进口市场份额较高时，这种贸易转移效应在经济意义上会更加显著。

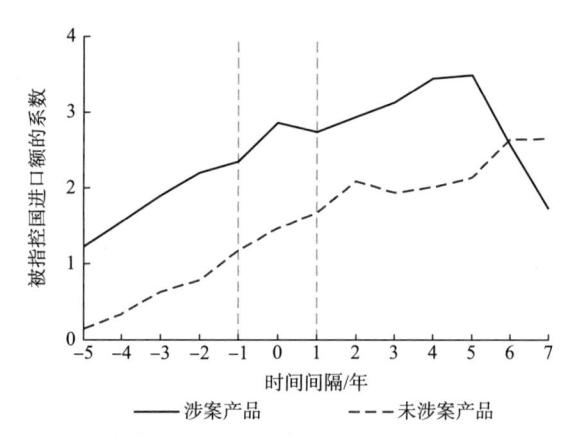

（a）来自被指控国涉案产品与未涉案产品进口额时间趋势

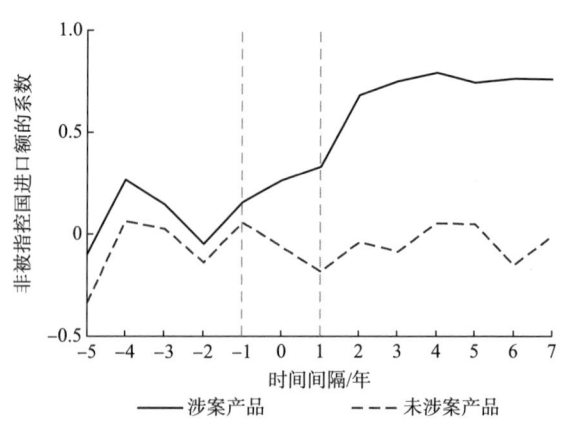

（b）来自非被指控国涉案产品与未涉案产品进口额时间趋势

图 5-8　涉案产品与未涉案产品进口额时间趋势图

进一步地，我们发现，贸易转移效应主要存在于车辆及其零附件、食用植物和化学产品行业（图5-9）。具体原因如下：首先，涉及这些行业的案件大部分是对单一国家发起的，存在多个潜在的贸易转移渠道；其次，车辆及其零附件、食用植物行业反倾销税均较高，涉案产品受到严重的实质性影响；最后，这几个行业的非被指控国整体市场份额普遍较高，未遭受反倾销调查的国家具备产品供应的能力。在以上三个因素的共同作用下，来自非被指控国的涉案产品进口额显著增长。与此相应地，倾销主体从被指控国转移到其他非被指控国，我国继而又对其他国家在同一行业发起新的反倾销调查。化学产品是被调查次数最高的行业，同时是涉案国家较多的行业。

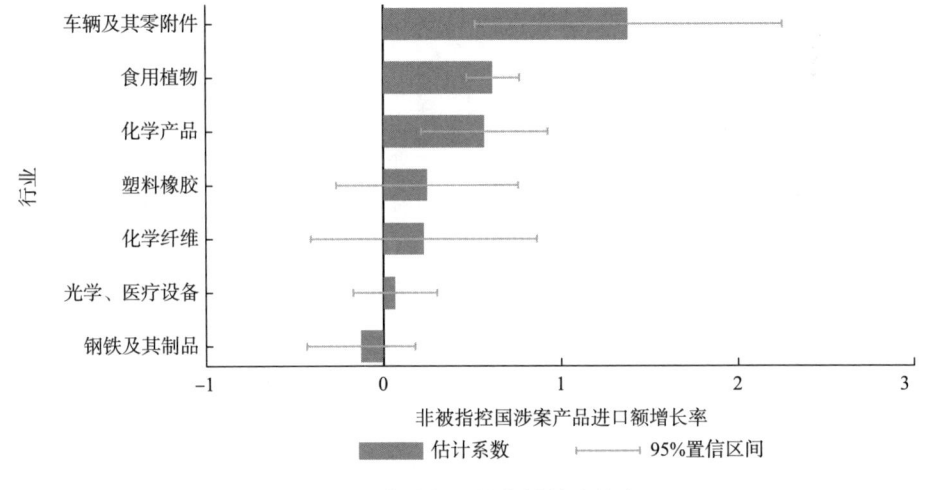

图 5-9　各个行业的贸易转移效应

（三）如何更有效地开展对外反倾销调查？

我国对外反倾销调查虽然在近年来效率有所提高，但仍面临不少挑战。下面从企业和国家层面提出更加有效地开展对外反倾销调查的具体建议。

1. 帮助培养企业的反倾销意识

虽然我国的部分企业已有反倾销意识并付诸行动，但仍有相当部分企业的观念停留在旧体制中，当遭受倾销损害时，不是积极运用法律武器进行反倾销申诉，而是习惯性地寻求政府帮助，甚至要求国家禁止进口或者对相关产品实施进口配额。不仅如此，在同行业其他企业需要申诉支持时，不仅不能助其一臂之力，反而会因为担心生产成本、经营状况等商业秘密泄露而拒不配合。

企业需要更好地培养市场经济和全球化意识，增强利用国际贸易的相关法规维护自身利益的维权意识，这样才会在遭遇倾销损害时，适时申请反倾销调查。企业还需了解反倾销的法律法规，熟悉其调查程序、申请资格和损害确认标准，才能在申请反倾销调查时提供有力的证据支持，成功立案。政府应加强对反倾销法规的宣传，除了通过官网和其他网络形式公开法规文件、发放调查问卷、开展反倾销讲座等之外，可以通过电话访谈、邮件等方式有针对性地将相关信息直接传达给相关企业，也可定期组织企业学习反倾销法规，辅以国内外典型反倾销案例作为参考，并配备专业人士指导。

2. 建立"反倾销导向"的会计系统

倾销和损害认定的大部分信息均基于财务数据，如果企业会计账目混乱，将很难提供成本、销售价格、产销量、库存、劳动生产率等方面的详细数据指标，也难以证实外国出口商存在倾销行为且企业遭遇损害的事实，更无法证明倾销与损害之间存在因果关系。同时，倾销证据收集不是一项短期工作，而是贯穿企业的整个生命周期。一方面，反倾销制裁是有期限的，外国企业倾销可能在反倾销期限过后卷土重来；另一方面，在反倾销期限内，外国竞争对手也可能虎视眈眈，贸易转移效应不容忽视，非被指控国随时可能坐收渔利并产生继发性倾销行为，企业需要及时甄别外国竞争者是否存在倾销行为。因此我国企业亟须建立和使用规范完善的"反倾销导向"会计系统，使反倾销预警机制警钟长鸣。

3. 建立长效的反倾销专业人才培养机制

反倾销调查和诉讼虽然始于企业行为，但过程中许多环节需要政府有所作为，尤其是反倾销领域专业人员的培养。反倾销的调查过程，是中外企业及律师的整体实力和法律知识的持久较量，而目前中国反倾销领域的专业人员还很匮乏，尤其是熟悉反倾销法律条款和实际操作程序的律师。由此导致受到外国倾销行为损害的企业，在提起反倾销诉讼的实际运作中，得不到相关的法律咨询和服务，无法有效维护自身权益，从而造成不必要的损失。反倾销调查和裁决工作是一项法律性、专业性、时效性极强，工作量相当大的工作，为保证调查与裁决的公正性，必须尽快健全组织机构、配备得力人员，建立一支能适应调查工作需要、高素质的反倾销专业人才队伍。政府应当引导科研机构、高等院校、骨干企业，尽快培养一批精通反倾销业务的律师、会计师等专业人才。

二、对外反倾销需关注贸易转移效应[①]

本小节首先评估了中国对外反倾销的贸易转移效应,发现反倾销调查使来自非被指控国的涉案产品进口额显著增长。特别地,被指控国只涉及单一国家、反倾销税率较高、竞争性较弱或非被指控国进口市场份额较高的涉案产品,贸易转移效应更大。进一步分析发现,贸易转移来源于非被指控国的涉案产品平均进口额的显著增长。因此,实施对外反倾销措施要高度重视贸易转移效应。

随着多边贸易体制对传统贸易壁垒的制约,WTO《反倾销协议》被各成员争相援引,反倾销已成为全球范围内使用范围最广、实施最频繁的一种贸易救济措施。自1997年起,截至2017年,中国共发起反倾销调查261起,占全球反倾销案件的5.21%,发起数量位列全球第七位。那么,中国对外反倾销措施的实施能否对国内相关行业起到预期的贸易救济效果呢?对这个问题的回答,将为我们如何在WTO框架下使用贸易救济工具保护国内产业免受不公平竞争提供微观证据与政策参考。

毫无疑问,反倾销调查会抑制来自被指控国倾销产品的进口,但同时,对外反倾销还存在贸易转移效应,即一国对另一国发起的反倾销调查会使来自非被指控国的涉案产品进口额增加。原因主要有两个方面:其一,仅针对部分外国出口商征收高额反倾销税,其他非被指控国的"关税"就相对下降,来自非被指控国的涉案产品价格竞争力增强,从而增加对中国的出口,贸易转移产生;其二,反倾销措施会导致进口价格和国内价格上升,进而诱发潜在的国外出口商对中国的出口(苑涛,2009)。反倾销措施引发的贸易转移效应使得进口来源可以由被指控存在倾销的国家转向未被指控的其他国家,这样的结果导致反倾销的实施并未完全达到保护国内产业的目的,真正受益的除了进口国的进口竞争产业,还有那些未遭到反倾销调查的其他出口国的出口企业。鉴于此,对外反倾销政策的有效性就成为目前有待检验的重要课题。

针对欧美发达国家发起的反倾销调查,大量研究表明,贸易转移效应削弱了反倾销调查的贸易救济效果,如 Prusa(1997)、Brenton(2001)、Krupp 和 Skeath(2002)、Carter 和 Gunning-Trant(2010)及 Cohen-Meidan(2013)等。尽管人们对反倾销的贸易转移效应的存在与作用并未达成共识,研究结论因样本设置、对象选择、时间跨度和研究主题不同而有所差异,但总体而言,贸易转移效应在

[①] 本节内容基于子课题2"'双反'调查对我国贸易和经济增长的影响"成果整理而成,撰稿人为厦门大学教授陈勇兵与硕士研究生王进宇。

许多国家都是一个普遍现象，包括墨西哥（Niels，2003）、印度（Ganguli，2008）和中国（Park，2009）。

围绕中国对外反倾销的研究，早期受限于数据，仅集中在对单个案例的探讨上。宾建成（2003）对中国首例进口新闻纸反倾销措施的执行效果展开评估，肯定了反倾销措施对国内新闻纸产业较好的产业救济效果。沈瑶和王继柯（2004）研究1999年的丙烯酸酯案，发现贸易转移效应严重削弱了反倾销措施的有效性，为此，中国接着于2001年10月对马来西亚等国发起反倾销调查。随着案例的累积和微观数据可获得性的提高，对反倾销贸易效应的研究得以在更深的层面上进行。鲍晓华（2007）利用1997~2004年中国发起的反倾销案件数据和海关数据对中国反倾销措施的贸易救济效果进行评估，认为尽管中国对外反倾销措施存在贸易转移效应，但是由于贸易限制效应的作用，贸易救济效果还是比较明显。Park（2009）采用进口市场份额指标分析1997~2004年中国对外反倾销案例，发现被指控国涉案产品占中国进口的市场份额下降，由此认为中国反倾销申诉具有贸易转移效应。

本小节从反倾销的贸易转移效应方面评估反倾销的贸易救济效果，以期为中国对外反倾销政策的有效性提供依据。具体地，我们基于2001~2013年的反倾销案例数据和中国海关数据，对中国对外反倾销调查的贸易转移效应展开评估。研究样本共包含81起终裁为肯定性裁决的案例，共有48种HS-6产品和114个案例-产品对，涉及7个HS-2行业（化学产品、塑料橡胶、木浆纸板、化学纤维、钢铁及其制品、车辆及其零附件、光学和医疗设备）。本小节重点关注涉案产品非被指控国进口额对立案和终裁的反应。经验研究结果表明，对外反倾销促进了非被指控国涉案产品进口额的增长。我们还发现，针对只有单一被指控国、反倾销税率较高、竞争性较弱或市场份额较低的产品发起的反倾销调查，存在更大的贸易转移效应。进一步分析发现，涉案产品非被指控国进口额沿深度边际扩张，即贸易转移来自涉案产品非被指控国平均进口额显著增长，同时非被指控国进口价格有下降的迹象，可能存在继发性倾销行为。

（一）中国对外反倾销存在贸易转移效应

1. 非被指控国进口额在肯定性终裁发布后显著上升

反倾销立案调查对非被指控国进口额没有显著影响，但肯定性终裁使涉案产品非被指控国进口额增长52.41%，这一估计结果具有1%的显著性水平。肯定性终裁对非被指控国进口额的影响实质上是通过对涉案产品进口商征收反倾销税直接影响被指控国进口，进而影响国内进口商对来自非被指控国涉案产品的需求，最终影响非被指控国涉案产品进口额。反倾销税对非被指控国进口额有显著的正的影响，反倾销税率每提高一个百分点，非被指控国进口额将增长0.91%。

图5-10直观地描述了非被指控国进口额在反倾销调查前后的时间趋势，横轴表示与立案年度的时间距离（单位：年），纵轴表示来自非被指控国进口额对数的回归系数，两条垂直于横轴的虚线分别标记反倾销冲击临界点和终裁发布临界点[①]。从图5-10可以看到，在反倾销调查开始前，非被指控国涉案产品和未涉案产品进口额的时间趋势是一致的，二者在立案当年（对应图5-10横轴刻度0）开始出现差异。反倾销调查程序启动后，涉案产品非被指控国进口额相对于未涉案产品小幅增长，这种相对增势一直持续到立案后的第三年，尤其是在终裁节点前后，涉案产品非被指控国进口额增长十分显著。

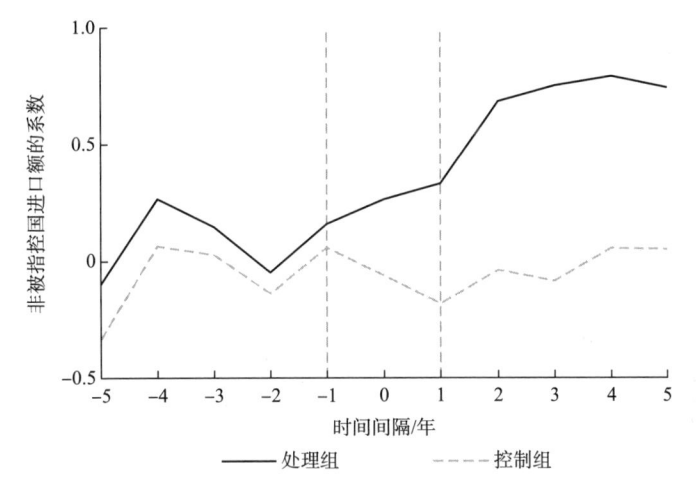

图5-10 非被指控国进口额时间趋势

2. 贸易转移在反倾销措施执行期内持续且具有时滞性

图5-11描述了分期的反倾销冲击年度处理效应，方便我们比较整个反倾销程序中每一年度涉案产品和未涉案产品之间的差异及差异的统计显著性。图5-11中两条垂直于横轴的虚线分别标记反倾销冲击临界点和终裁发布临界点。涉案产品非被指控国进口额在立案当年（对应图5-11横轴刻度0）与未涉案产品几乎没有差别，随着肯定性终裁的发布（立案后第一年或立案后第二年），贸易转移效应逐渐变得显著，在立案后的第三年涉案产品非被指控国进口额增长最为明显，反倾销调查对涉案产品非被指控国进口额的正向影响在冲击发生后五年内是持续的。年度处理效应的估计结果与图5-10所呈现的时间趋势一致。

[①] 立案和终裁时点平均间隔为1.37年，此处取立案当年的下一年度作为终裁时点。

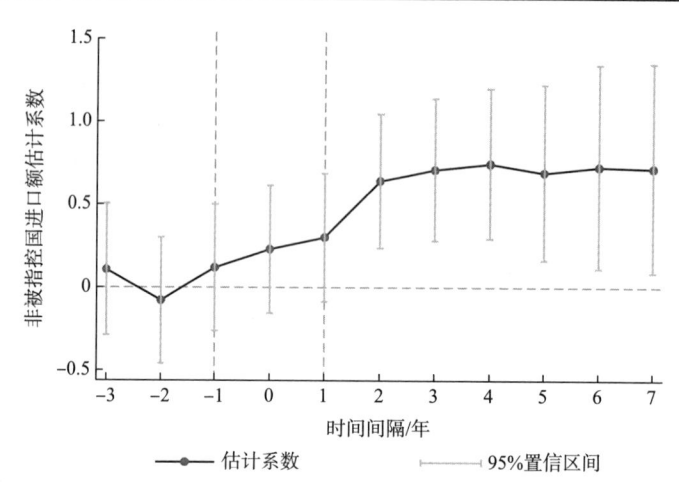

图 5-11　反倾销冲击年度处理效应

我们注意到，贸易转移效应不是在调查启动后就立即出现的，而是具有一定的时滞性。这可能是因为，在反倾销冲击发生时，进口商因受到追溯征收反倾销税威胁[①]而即刻减少对倾销产品的进口，然而受贸易双方前期签订的合同的影响，尽管存在反倾销税预期，合同仍需履行，被指控国进口额只是小幅变化，相应地，非被指控国进口需求变化微小，尽管立案调查后平均进口额增加，但不具有显著性。基于我国的反倾销调查基本上是以肯定的裁决结案的历史经验，在立案调查后进口商可能已预期到将会征收反倾销税，开始转而向第三方国家拓展贸易，在终裁发布后，国内进口商已做好相应部署，非被指控国进口额随即大幅上升。

（二）不同特质的涉案产品贸易转移幅度不同

1. 被指控国数目越少，贸易转移效应越大

中国对外反倾销调查具有同时存在多个被诉方的普遍特征。对于有多个被诉方的涉案产品，肯定性终裁使非被指控国进口额显著增长 40.73%，而对于只有单个被诉方的涉案产品，肯定性终裁使非被指控国进口额显著增长 135.47%，贸易转移效应远大于同时对多个国家发起调查的案例，这可能是因为，对于同时存在多个被诉方的涉案产品，其贸易转移渠道在一定程度上受到了限制。在所有涉案行业中，贸易转移效应最为显著的行业——车辆及其零附件所涉及的案例就是针对单一经济体发起的。

---

① 对于在立案后短期内大量进口倾销产品的情况，可以追溯征收反倾销税。

2. 反倾销税率越高，贸易转移效应越大

我们将涉案产品按反倾销税率的高低进行分类，将平均反倾销税率高于第 50 百分位数的产品定义为高倾销税率产品，将平均反倾销税率低于第 50 百分位数的产品定义为低倾销税率产品。经验研究发现征收高反倾销税率的涉案产品，非被指控国进口额在肯定性终裁发布后增长了 74.93%，这一估计结果在 1% 的置信水平上显著；而征收较低税率的产品非被指控国进口额几乎不受反倾销调查影响。进口商对不同反倾销税率水平的不同反应，证实了进口商只有在成本受到实质性的影响，即进口计税价格（含反倾销税）增长时，才会改变其进口行为。

3. 产品竞争性越弱，贸易转移效应越大

通常进口产品的进口来源国数量越多，产品竞争性越强。本小节将进口来源国数量高于第 50 百分位数的产品定义为强竞争性产品，将进口来源国数量低于第 50 百分位数的产品定义为弱竞争性产品。经验研究发现，对于竞争性较强的产品，贸易转移效应几乎不存在，而对于竞争性较弱的产品，其非被指控国进口额受肯定性终裁的影响非常大，平均增长 76.78%，这一估计结果具有 1% 的显著性水平。强竞争性产品和弱竞争性产品的非被指控国进口额在反倾销期间的反应截然不同，这可能是因为：一方面，对于竞争性较弱的产品，外国出口商更有动力追逐垄断地位，在涉案国家受到贸易限制时，非被指控国有强烈的动机迅速瓜分市场；另一方面，相比于竞争性较强的产品，单个弱竞争性产品的供给者对整个进口市场的影响较大，从而在市场需求遭受不利冲击时，弱竞争性产品对需求变动的反应更剧烈。

4. 非被指控国进口份额越高，贸易转移效应越大

非被指控国进口份额间接体现出被指控国在进口市场的垄断地位，来自非被指控国的涉案产品进口份额越低，则被指控国垄断地位越高。相比于非倾销进口份额低于第 50 百分位数的产品，进口份额高于第 50 百分位数的产品的贸易转移效应在经济和统计意义上都更加显著。这可能是因为，非被指控国进口市场份额低，往往意味着被指控国在这种产品的生产上具有垄断地位或者具有比较优势，而其他国家即使是在存在大量市场需求的情况下，仍然没有能力增加供应。

（三）贸易转移的来源及隐忧

1. 进口来源更加集中

非被指控进口来源国数目在肯定性终裁发布后平均减少 1.31 个，且在 10% 的

置信水平上显著,相当于进口来源国数目普遍减少 10.08%[①]。其中,在位进口国数目在立案调查和肯定性终裁发布后均显著下降,在位者在立案和终裁后分别平均减少 1.17 个、1.18 个。在新进入中国市场的进口来源国中,涉案产品与非涉案产品每年活跃在中国市场的进口国平均数目没有差别,但涉案产品新进入者增量在肯定性终裁后显著下降。在涉案产品新进入者增量下降的同时,涉案产品与非涉案产品新进入者数目相差无几,反映出涉案产品新进入者存活率更高。由上述可知,在反倾销调查冲击发生后,厂商主要是从原有的进口来源国进口,而不是寻找新的进口渠道,不仅如此,相对于反倾销冲击发生之前,进口来源更加集中。进一步研究发现,进口来源主要是集中到了市场份额较高,即具有较高市场影响力的国家,尤其是在反倾销调查前即已进入中国市场且市场份额高于 3% 的进口来源国。

广度边际(非被指控进口来源国数目)紧缩可能是因为:其一,拓展新的贸易渠道成本高昂,当从新的进口来源国进口的成本高于反倾销税时,企业并不愿意放弃之前的合作,对进口商来说,向现有的出口商进口产品更有利可图;其二,具备供应能力的国家数量有限,即使企业想要拓展贸易渠道,也无从寻找合作方;其三,集中进口是进口商在调整进口来源后提高议价能力的需要。

2. 单个非被指控国的平均进口额显著增加

来自既有进口渠道的涉案产品(国家-产品层面)进口额在立案后显著增长了 35.39%,在肯定性终裁发布显著增长了 30.54%。经验研究发现,无论是从进口额、进口数量还是从进口份额来看,非被指控国涉案产品均有扩张的迹象,深度边际(单个非被指控国的平均进口额)无疑是贸易转移增长的贡献者。

3. 非被指控国进口价格下降,可能存在继发性倾销行为

来自既有进口渠道的非被指控国涉案产品进口价格在立案后下降幅度高达 9%,这一估计结果具有 10% 的显著性水平;在肯定性终裁发布后没有继续下降。我们并没有看到贸易救济政策所预期的国内市场价格上升的迹象,不仅如此,根据《中华人民共和国反倾销条例》,价格低于正常价值 2% 且进口量不属于可忽略不计的,即可能对国内产业造成实质性损害,根据我们的估计结果,在反倾销调查启动后,倾销主体很可能从被指控存在倾销的对象转移到其他未被指控的对象,国内竞争性企业仍然受到不公平竞争的威胁。

---

① 进口来源国平均数目为 13 个,1.31/13=0.1008。

（四）如何有效规避贸易转移？

上述结论引发了相关政策思考。由于反倾销本身固有的针对性和差别待遇，贸易转移效应很难避免，对外反倾销并没有完全实现提高国内价格和国内厂商份额的目的。在制定反倾销政策时，我们应致力于使国内相关产业真正受益于反倾销贸易救济政策，而不是仅满足于被指控国进口份额的减少。针对如何有效规避贸易转移现象，下面提出四点建议。

1. 适当扩大被指控国范围

根据本小节的研究结果，对于同时对多个国家发起调查的产品，其贸易转移效应远小于只对单个国家发起调查的产品。在启动反倾销调查时，一方面，受限于调查成本，某些同样存在倾销行为的国家可能成为漏网之鱼，使得国内企业继续受到倾销的损害；另一方面，非被指控国在反倾销调查程序启动后价格竞争力提高，继而抢占市场份额，国内企业仍然面临激烈的竞争。因此，商务部应综合考虑成本因素和贸易转移给国内产业造成的损失，在不违反 WTO 规则的前提下适当扩大被指控国的范围，以可置信的反倾销威胁达到控制进口总量的目的，尤其是对化工产品、车辆及其零附件这样资本集中度高且非被指控国占有较高市场份额的行业。

2. 制定反倾销措施时兼顾"贸易转移"与"贸易限制"

在中国 1997~2016 年发起并最终采取反倾销措施的 198 起案例中，有 189 起案例的反倾销措施是对倾销产品征收从价税，有 1 起是接受个别厂商的价格承诺，同时对其余厂商征收从价税；其余 8 起案例是和被指控国签署价格承诺协议。诚然，反倾销税的征收抑制了被指控国的进口，但是，贸易转移效应的存在，使反倾销的贸易救济效果大打折扣。反倾销税率与非被指控国进口额存在正向相关关系使得反倾销税率的确定比只考虑限制倾销产品进口时更加复杂。肯定性终裁给非被指控国带来瓜分中国市场的机会，不仅如此，非被指控国涉案产品在中国市场的扩张还伴随着价格下跌的迹象，不管价格下降是由于规模经济带来的效率提升，还是由于非被指控国恶意倾销，都同样给国内竞争性企业带来严峻的考验。反倾销税率的制定需兼顾贸易限制效应和贸易转移效应，尤其是在非被指控国边际成本较低且占有较大市场份额的情况下，对被指控国的打压为其提供了倾销的土壤，国内厂商继而面临新的威胁，此时征收反倾销税可能并非最优选择，价格承诺或许更有利于提高国内市场价格，政府应视市场条件采取适当的反倾销措施。

3. 健全原产地规则，谨防反倾销规避行为

在非被指控国增长的份额中，我们并不能完全分辨是否存在被指控国以第三方国家作为中介向中国出口的情况，如在第三方国家组装，或者经由第三方国家二次销售来规避反倾销措施。在国际贸易中，健全的原产地规则协议有助于维护良好的贸易环境，针对被指控国可能存在的反倾销措施规避行为，我们应通过明确的条款和严格的法律约束来使反倾销落到实处。

4. 提高产品竞争力才是民族企业立足之本

贸易转移效应体现出进口商对进口产品存在较高的依赖性，即使对部分国家涉案产品实施反倾销措施，仍难以改变国内相关产业的市场地位，说明国内相关产业自身的确存在短板。反倾销调查不可能一味地着眼于某些行业的利益，还要兼顾消费者利益和保持市场竞争性。贸易救济政策只能在合理、合法的范围内尽量为国内产业争取健康的生存环境，企业最终还是要提高产品竞争力，才能实现自我救赎。

三、对外反倾销需关注国内企业进口产品转换[①]

本小节评估了中国反倾销对涉案企业[②]进口行为的影响，发现反倾销会使涉案企业进行进口产品转换。具体表现为：①涉案企业会降低来自被指控国的涉案产品的进口比例，增加其他非涉案产品的进口比例；②涉案企业在对非涉案产品的进口调整过程中，相对于新产品，会显著增加持续进口产品的进口比重，增加其他非涉案产品的进口种类，这种调整使涉案企业对非涉案产品的进口集中度上升；③涉案企业对非涉案产品进口种类的增加主要来自与涉案产品不相似的产品，通过增加高要素密集度的产品的进口，减少低要素密集度的产品的进口，反倾销使涉案企业的进口要素密集度升高。政府可以对技术含量低的倾销产品增加反倾销力度，同时适时为小微企业提供合理的融资支持。

（一）研究背景

自 1997 年对外发起首例反倾销调查以来，我国对外反倾销经历了从初始时调

---

① 本小节内容基于子课题 2 "'双反'调查对我国贸易和经济增长的影响"成果整理而成，撰稿人为厦门大学教授陈勇兵与硕士研究生张晓倩。

② 本小节的涉案企业特指从被指控国进口遭受反倾销调查产品作为生产要素的国内非进口竞争性企业。

查效率较低、相关法规不完善到调查日渐高效、法规不断健全的发展历程，截至2016年，中国共对外发起反倾销调查237起，占全球反倾销案件的4.9%，发起数量位列全球第七位，对调控外国倾销产品起到了一定的"安全阀"作用。那么，中国反倾销对从被指控国进口涉案产品作为中间品的国内企业会产生怎样的影响呢？对这个问题的回答，将有助于政府和企业了解中国对外反倾销的经济效应，对进一步健全和完善中国贸易救济体系具有一定的指导意义。

首先，由于反倾销使国内相关产业在一定程度上免于不公平竞争，进口竞争性企业应是这一政策的受益者。Konings 和 Vandenbussche（2005）运用欧盟企业数据分析反倾销前后欧盟内制造业企业市场势力的变化，发现反倾销调查显著提升了当地企业的成本加成率；Rovegno（2013）以美国反倾销为例，发现在乌拉圭回合前，美国反倾销对当地行业成本加成产生积极影响；Vandenbussche 和 Viegelahn（2018）研究印度反倾销的经济效应后，发现国内企业产品转换行为和本地新企业进入等因素使这一政策对国内进口竞争性企业利润率的提升效果不显著；陈清萍和鲍晓华（2017）以中国对外反倾销为例，发现我国反倾销有效地救济了国内进口竞争性企业，但救济效果在不同企业之间存在差异。

其次，除了进口竞争性企业，从被指控国进口遭受反倾销调查产品作为生产要素的国内非进口竞争性企业即涉案企业也会受到反倾销政策的影响。Vandenbussche 和 Viegelahn（2018）在研究印度反倾销对国内涉案企业的影响后，发现印度反倾销会导致涉案企业降低对涉案产品的进口，并同时减少以这种涉案产品为原料的产出品的生产。在此基础上，我们进一步想问，在减少对涉案产品进口份额的同时，涉案企业会如何调整其他非涉案产品的进口？

基于此，本小节从反倾销如何影响国内企业进口产品转换这一视角出发，分析反倾销政策的贸易效果。假设企业同时生产多种产品，生产每种产品所需的中间品既可以从国内采购，也可以从国外进口。进一步假设企业从国外进口中间品的单价较低，但固定成本较高；企业从国内采购同种中间品的单价较高，但固定成本较低。基于以上假设，反倾销会通过多种途径影响涉案企业调整中间品进口结构。

其一，进口品之间的相互替代。若一国对来自国外某个国家的某种产品发起反倾销调查并做出肯定性终裁，商务部会依据《中华人民共和国反倾销条例》对来自该国家的涉案产品征收反倾销税。无论涉案企业转向其他非被指控国进口涉案产品还是继续从被指控国进口这种涉案产品，涉案产品的进口成本都会较之前有所上升，若涉案企业不能将中间品进口成本的上升完全转嫁到产出品上，企业利润就会受到损害。在利润最大化目标的驱动下，涉案企业应对策略之一就是进口一种别的成本相对更低的中间品作为涉案产品的替代品，以期在不影响产出的前提下，降低对涉案产品的进口依赖。

其二，产出需求降低。若涉案企业不选择进行中间品替代，而是按照政策发生前的进口结构继续进口，则中间品进口成本的上升就意味着在反倾销措施执行期，以涉案产品为中间品的制成品的最优产量将低于反倾销之前的最优产量，而这种制成品最优产量的下降会反过来使涉案企业减少对涉案中间品的进口需求。

其三，由进口变为国内采购。由于相比进口，从国内采购的固定成本较低，因此，当制成品的产量较低时，企业的最优选择是从国内采购中间投入品；只有当产量高于某一门槛值时，企业才有动力克服进口所需的较高固定成本，转向从国外进口中间投入品。反倾销使涉案企业对以涉案产品为投入品的制成品的最优产量下降，而产量的下降可能会使涉案企业停止进口涉案中间品而转向从国内采购。

无论上述哪种途径发挥作用，涉案产品在涉案企业中间品进口总额中的比重都会下降，即发生进口产品转换行为。本小节基于2001~2013年的反倾销案例数据和中国海关数据，对中国反倾销调查的进口产品转换效应展开评估。研究样本共包含54起终裁为肯定性裁决的案例，共有48种HS-6产品和114个案例-产品对，涉及7个HS-2行业。本小节重点关注涉案企业在反倾销立案和终裁前后进口行为的改变。经验研究结果发现，反倾销会使涉案企业显著降低来自被指控国的涉案产品在企业中间品进口总额中的份额，不仅如此，涉案产品进口成本的上升还会使涉案企业减少涉案产品占全部生产要素的比例。我们进一步发现，涉案企业对非涉案产品的进口做出了以下调整：一是显著增加非涉案产品中持续进口产品的进口份额；二是增加其他非涉案产品的进口种类，且这种增加主要来自与涉案产品不相似的产品；三是增加高要素密集度中间品的进口，同时减少低要素密集度中间品的进口，这种进口产品的转换使涉案企业中间品进口要素密集度较政策发生之前有所增加。

（二）中国反倾销存在贸易限制效应

1. 被指控国涉案产品进口份额减少

反倾销立案使涉案企业对来自被指控国的涉案产品的进口份额降低0.2个百分点。样本中涉案产品占企业中间品总额的比重平均为6.2%，这就意味着中国反倾销会使涉案企业对来自被指控国的涉案产品进口份额下降3.2%[①]。涉案企业减少涉案产品的份额在一定程度上与立案存在调查效应有关，因为立案在很大程度上意味着企业未来对涉案产品的进口成本会有所增加，为实现生产投入的最优配置，企业在预期到这一风险以后，会尽早对进口结构进行调整。

---

① (0.2%/6.2%)×100%=3.2%。

相比立案，肯定性终裁对涉案企业的影响有所增大。涉案企业在肯定性终裁发布后对来自被指控国的涉案产品的进口比例平均降低 0.6 个百分点，也就是说，肯定性终裁会使涉案企业对来自被指控国的涉案产品进口份额降低 9.7%[①]。

2. 非涉案产品进口份额增加

尽管企业有转向其他非被指控国进口涉案产品的可能性，但总体上，进口成本的上升会使涉案企业降低涉案产品在企业中间品进口总规模中的比例，增加非涉案产品在企业中间品进口总规模中的比例。其中，反倾销立案会使企业对涉案产品的进口比例降低 0.3 个百分点，肯定性终裁会使企业对涉案产品的进口比例降低 0.6 个百分点。

（三）中国反倾销使国内进口企业出现进口产品转换

接下来，我们进一步分析，涉案企业会如何调整非涉案中间品的进口，并尝试回答如下问题：①涉案企业会如何调整其他非涉案中间品之间的相对进口比例？②企业是否会新增其他中间品来替代涉案产品，即企业对其他中间品的进口种类是否会增加？

1. 非涉案产品中持续进口产品份额增加

我们以持续存在[②]的多产品进口企业为研究对象，将涉案企业每期进口的产品分为持续进口产品、新进产品和退出产品三大类，以细致考察涉案企业对非涉案产品的进口调整过程。研究结果发现，涉案企业会显著增加非涉案中间品中持续进口的那部分产品的比重。我们认为，这是因为在受到外部不利冲击以后，维持企业生产运营的稳定性会成为大多数涉案企业进行决策的出发点。考虑到相比持续进口的中间品，新中间品可能存在与涉案企业已有生产线匹配程度不高、和其他投入品之间的协作程度不高等一系列问题，而使涉案企业整体生产的不确定性和风险增加，因此，涉案企业会优先选择增加持续进口产品的比例。

2. 非涉案产品进口种类数增加

尽管在规模上涉案企业会增加持续进口产品在企业非涉案中间品进口中的比重，但这并不意味着在产品类别上涉案企业会停止对新产品的尝试，为此，我们计算了涉案企业所进口的非涉案中间品种类数这一指标，以期从进口范围这一维

---

① (0.6%/6.2%) × 100%=9.7%。
② 持续存在特指企业对非涉案产品的进口总额至少连续两年不为零。

度考察涉案企业对非涉案中间品的进口转换情况。结果发现，当企业进口的某种中间品受到反倾销调查后，涉案企业会额外多增加 1~2 种新中间品的进口。我们认为，这是因为在市场经济环境中，追求利润最大化是企业经营的目标，当企业采购的某种中间品因被征收反倾销税而成本上升时，若企业不能将要素价格的上升完全传导至产品，那么，继续采用政策发生前的进口结构无疑会使企业利润减少。为实现新政策环境下利润最大化，企业会尝试增加新中间品作为涉案产品的替代品。

3. 非涉案产品进口集中度上升

我们还计算了涉案企业对非涉案中间品的进口倾斜度（泰尔指数），以期从进口产品结构这一维度考察涉案企业对非涉案中间品的进口转换情况。结果发现，反倾销会使涉案企业对非涉案产品的进口集中度上升。结合上文分析所得结论——涉案企业不会显著增加新中间品的进口份额但会增加新中间品的进口种类数，这意味着反倾销会使涉案企业投入到每种新产品上的资金份额较之前有所减少。

（四）中国反倾销使国内企业进口要素密集度上升

接下来，我们进一步分析上述产品转换行为会对涉案企业的进口要素密集度产生何种影响。

1. 非相似产品进口增加

我们首先分析涉案企业对非涉案中间品进口种类的增加是来自与涉案产品相似的产品还是其他产品。如果来自相似产品，企业进口要素密集度不会发生显著变化，但若来自非相似产品，企业进口的要素密集度就可能受影响。为此，我们将企业非涉案中间品进口种类的增加分解为来自相同 HS-4 位编码下的产品和其他产品两类。我们发现，反倾销调查会使涉案企业进口更多与涉案产品差别较大的中间品。我们认为，这可能与中国对外反倾销的行业集中度较高有关。中国对外反倾销涉及化工业、塑料制品业、食品制造业、钢铁业、纸制品业、纺织业、光纤制造业、汽车业和仪器仪表业九大行业，针对化工业和塑料制品业的反倾销案件占比高达 72%（陈清萍和鲍晓华，2018）。尽管企业在相似进口产品中进行产品转换的调整成本相对较低，但反倾销较高的行业集中度表明中国在日后对与涉案产品相似的产品发起反倾销调查的概率较高，这也就意味着相似产品在未来可能会面临多次反倾销，继而需要多次进行进口产品转换。考虑到多次调整的成本之和可能比"一步到位"式调整更高，企业在调整进口产品时，会减少在相似产品中的产品转换，以降低企业未来再次受到反倾销调查不利影响的可能性。

2. 非涉案产品进口要素密集度上升

我们借鉴 Lall（2000）对产品的分类方法，将 266 种 HS-6 分位进口中间品按要素密集度分为十大类型（钱学锋和王备，2017），并在此基础上分析反倾销如何影响涉案企业对非涉案产品的进口要素密集度。研究结果发现，在企业进口的某种中间品受到反倾销调查以致进口成本增加后，企业会增加要素密集度高的产品类别的进口，并同时降低要素密集度低的产品类别的进口。我们认为，企业之所以会选择增加进口高要素密集度产品，是因为在反倾销以后，涉案产品的进口成本上升，其他非涉案产品的进口成本相对下降，尽管要素密集度低的产品成本更低，但考虑到技术进步和产品升级才是企业维持竞争力的根本保证，企业会在新产品的选择中更加偏好选择要素密集度高的产品，这在一定程度上表明反倾销有倒逼企业技术升级的作用。

（五）政策建议

1. 对技术含量低的倾销产品增加反倾销力度

在长期，反倾销有助于涉案企业加快技术升级，实现良性发展。本小节研究发现，中国对外反倾销可在一定程度上促使在这一政策冲击中存活下来的涉案企业增加对非涉案中间品的进口种类，增加高要素密集度中间品的进口，减少低要素密集度中间品的进口。已有文献研究表明，中间品进口种类的增加和进口要素密集度的提高有助于企业提升全要素生产率、改进技术水平、完善产品质量、优化资源配置等（余淼杰和智琨，2016；钱学锋等，2016；钱学锋和王备，2017）。也就是说，以涉案产品作为生产的中间品的非进口竞争性企业，在面临反倾销带来的不利成本冲击的时候，被迫选择的产品转换行为实际上有利于企业的技术升级。尽管从短期来看，一部分企业受到损害退出市场，且消费者福利受损，但在长期，存活下来的企业是优胜劣汰的选择，企业技术升级最终会给这部分企业带来更高的绩效水平。鉴于此，对于某些技术含量低且属于恶意倾销的进口产品，反倾销对进口竞争性企业和非进口竞争性企业都有比较积极的作用，政府可考虑在 WTO 框架下适当增加对反倾销这一贸易救济政策的使用。

2. 政府需适时为小微企业提供合理的融资支持

尽管反倾销可在一定程度上倒逼部分涉案企业进行技术升级，但由反倾销产生的进口成本上升也会导致部分具有小规模、单一进口结构、面临较强融资约束和低生产率特征的企业出现经营困难，甚至破产倒闭。政府在制定政策时应以整体社会福利最大化为目标，兼顾多方利益。为此，政府可以适时出台相应的配套扶持政策，为在贸易冲击中受到损害以至于陷于经营困境的企业提供必要合理的融资支持，以降低其在短期内因某一中间品进口成本的剧烈变化带来的流动性约束而倒闭的风险。

第六节 本章研究论文成果

一、产业政策与反倾销[①]

本小节分析了产业政策对反倾销的影响。《产业结构调整指导目录》与《外商投资产业指导目录》是中国覆盖行业最广、最细的产业政策。本小节根据这两类产业政策制定和调整的信息，结合世界银行全球反倾销数据库，使用倍差法实证分析发现：①《产业结构调整指导目录》中的鼓励类产业政策显著增加了遭受反倾销诉讼和反倾销措施的概率和案件数。在提高幅度上，该政策使遭受反倾销诉讼和反倾销措施的案件数分别提高了47.12%和66.67%。②《产业结构调整指导目录》中的限制类产业政策对遭受反倾销诉讼和反倾销措施的概率和案件数没有显著影响。③《外商投资产业指导目录》中的鼓励、限制和禁止等各类产业政策对遭受反倾销诉讼和反倾销措施的概率和案件数也没有显著影响。进一步的机制分析发现，《产业结构调整指导目录》中的鼓励类产业政策增加遭受反倾销诉讼和反倾销措施的概率和案件数主要通过加剧产能过剩。另外，本小节发现，《产业结构调整指导目录》中鼓励类产业政策对反倾销的影响主要发生在中国加入WTO以后。本小节的分析促进了对华反倾销动因的理解，同时表明中国积极推动市场化改革、选择合理的产业政策类型、抑制产能过剩等有利于减少反倾销。

（一）文献和研究概览

随着全球贸易自由化的推进，传统的贸易壁垒的使用越来越受到限制，反倾销等非关税壁垒逐步成为各国保护本国产业的工具。随着中国开放程度的提高，中国与世界主要经济体间的贸易争端也愈演愈烈。目前中国已成为反倾销的主要

[①] 本小节内容基于总课题"中国应对'双反'调查的策略研究与政策建议"成果整理而成，撰稿人为厦门大学教授龙小宁、华中师范大学讲师万威和中山大学博士后方菲菲。

受害国。因此，研究各国对华反倾销的动因，对减少中国在反倾销中的损失就显得尤为重要。

一项反倾销调查涉及进口国（即诉讼国）和出口国（即被调查国）。因而研究反倾销的动因无非基于三个方面：一是进口国的因素；二是进口国与出口国之间的经贸关系；三是出口国因素。

对进口国因素的研究，一部分文献主要集中在 GDP 增长率、失业率等宏观特征，一般来讲，进口国 GDP 增长率下降和失业率的上升均将导致更多的反倾销调查（Knetter and Prusa，2003；Irwin，2005；于津平和郭晓菁，2011）。另一部分文献则基于政治经济学的分析认为进口国将反倾销作为反制的工具（Feinberg and Reynolds，2006；Moore and Zanardi，2011），并且进口国的利益集团可能会游说政府进行反倾销（Evans and Sherlund，2011；李坤望和王孝松，2008）。

对于进口国与出口国之间的经贸关系的研究主要集中在进口渗透率[①]（沈国兵，2007；梁俊伟和代中强，2015）、两国是否签订自由贸易协定（王孝松和谢申祥，2009）、进口国是否承认出口国的"市场经济地位"（周灏，2011）、两国之间的产品竞争程度（梁俊伟和代中强，2015）及汇率（Knetter and Prusa，2003；梁俊伟和代中强，2015）等。这些研究发现进口渗透率较低、两国签订自由贸易协定、进口国承认出口国的"市场经济地位"、两国之间的产品竞争程度较小及出口国货币相对进口国货币升值等均导致较少的反倾销。

对出口国特征的研究较少，主要是研究出口国的报复能力对反倾销的影响，这些研究表明出口国的报复能力强有助于减少反倾销（Blonigen and Bown，2003；王孝松和谢申祥，2009）。可见，现有文献主要从进口国的因素以及进口国与出口国之间的经贸关系这两个方面研究反倾销的动因。本小节以各国对华反倾销为例，分析了出口国即中国的产业政策对反倾销的影响。

本小节产业政策的信息来源于《产业结构调整指导目录》和《外商投资产业指导目录》，这两个目录是中国目前覆盖行业最广、最细的产业政策。反倾销的信息则来源于世界银行全球反倾销数据库（Bown，2016）。本小节研究发现：①《产业结构调整指导目录》中的鼓励类产业政策显著增加了遭受反倾销诉讼和反倾销措施的概率和案件数。在提高幅度上，该政策使遭受反倾销诉讼和反倾销措施的案件数分别提高了 47.12%和 66.67%。②《产业结构调整指导目录》中的限制类产业政策对遭受反倾销诉讼和反倾销措施的概率和案件数没有显著影响。③《外商投资产业指导目录》中的各类产业政策对遭受反倾销诉讼和反倾销措施的概率和案件数也没有显著影响。进一步的机制分析发现，《产业结构调整指导目录》中的鼓励类产业政策显著增加了遭受反倾销诉讼和反倾销措施的概率和案件数主要

[①] 进口渗透率反映了进口国某行业进口额与该行业 GDP 的比值。

是通过加剧产能过剩。另外我们也发现,《产业结构调整指导目录》中鼓励类产业政策对反倾销的影响主要发生在中国加入 WTO 以后。

与之前的文献相比,本小节有以下几个方面贡献:①从研究内容上,本小节分析了出口国产业政策对反倾销的影响,相比其他因素,产业政策的作用可能更根本。②从研究方法上,本小节主要根据产业政策制定和调整的准自然实验分析反倾销的动因,相比以往普遍使用的非准自然实验的方法,本小节的研究结论更加可信。③从指标构建上,本小节的产业政策指标细化到《国民经济行业分类》4分位行业,相比以往研究产业政策的文献(黎文靖和郑曼妮,2016;余明桂等,2016)[①],本小节产业政策指标的构建更细、更具体。

本小节余下的部分如下:第二部分是研究设计与数据;第三部分是分析产业政策对反倾销的影响;第四部分是研究结论与政策建议。

(二)研究设计与数据

1. 研究设计

本小节分析产业政策对反倾销的影响。其中,衡量反倾销的变量来源于世界银行全球反倾销数据库(Bown,2016);衡量产业政策的变量来源于各年份的《产业结构调整指导目录》和《外商投资产业指导目录》,通过手动整理获得。回归方程如下:

$$y_{it} = \text{IP}_{it} + \beta'\text{otherIP}_{it} + \gamma'Z_{it} + \text{year}_t + f_i + \varepsilon_{it} \quad (5\text{-}1)$$

其中,y_{it} 为反映反倾销的变量,包括 dum_AD_{it}、dum_Mes_{it}、sum_AD_{it} 和 sum_Mes_{it}。dum_AD_{it} 为 4 分位行业 i 在 t 年是否遭受反倾销诉讼;dum_Mes_{it} 为 4 分位行业 i 在 t 年是否遭受反倾销措施。对于遭受反倾销诉讼的案件,只有诉讼国确认存在倾销,且对诉讼国的行业造成实质性损害或损害威胁时,才能实施反倾销措施。sum_AD_{it} 为 4 分位行业 i 在 t 年遭受反倾销诉讼的案件数;sum_Mes_{it} 为 4 分位行业 i 在 t 年遭受反倾销措施的案件数。IP_{it} 为反映产业政策的变量,主要包括 $\text{dum\_encourage}_{it}$ 和 $\text{dum\_f\_encourage}_{it}$。其中,$\text{dum\_encourage}_{it}$ 为 4 分位行业 i 在 t 年是否有《产业结构调整指导目录》中的鼓励类条款;$\text{dum\_f\_encourage}_{it}$ 为 4 分位行业 i 在 t 年是否有《外商投资产业指导目录》中的鼓励类条款。otherIP_{it} 为《产业结构调整指导目录》和《外商投资产业指导目录》中的其他产业政策,具体来说包括《产业结构调整指导目录》中的限制类产业政策以及《外商投资产业指导目录》中的限制类和禁止类产业政策。β' 和 γ' 分别为对应变量的系数;year_t

---

[①] 本小节仅分析了制造业,共涉及 489 个 4 分位行业。而黎文靖和郑曼妮(2016)与余明桂等(2016)则主要根据行业是否有"鼓励"等字眼界定行业是否实施了鼓励类产业政策。

为年份固定效应；f_i 为 4 分位行业固定效应；ε_{it} 为随机扰动项。本小节控制了 4 分位行业和年份固定效应，且关键解释变量为 0-1 变量，因此本小节使用的是倍差法。

本小节主要使用普通最小二乘（ordinary least squares，OLS）模型进行分析，并将回归系数的标准误在 4 分位行业层面进行聚类。Angrist 和 Pischke（2008）在广为引用的《基本无害的计量经济学》中指出，虽然在被解释变量是有限应变量（limited dependent variable）的情况下使用非线性模型可以更好地近似条件期望函数，但是当考虑边际效应时，OLS 模型与非线性模型下的结论差别将会变得很小[①]，并且他们认为这一判断很稳健。鉴于本小节的被解释变量为离散变量，是一种有限应变量，而本小节主要关注的是产业政策对反倾销的边际影响，因而，主要使用 OLS 模型进行分析。同时，本小节也采用了非线性模型作为稳健性检验。

2. 数据

1）产业政策

本文分析中使用的产业政策数据来源于《产业结构调整指导目录》与《外商投资产业指导目录》，前者由鼓励、限制和淘汰三类目录组成，后者则由鼓励、限制和禁止三类目录组成，不属于目录列明项目的为允许类投资项目。在各年度中这两类指导目录进行了相应的调整，更详细的介绍请见本章第四节第六小节。

2005 年 12 月国务院公布的《促进产业结构调整暂行规定》指出，"《产业结构调整指导目录》原则上适用于我国境内的各类企业。其中外商投资按照《外商投资产业指导目录》执行。《产业结构调整指导目录》是修订《外商投资产业指导目录》的主要依据之一"。

2）其他数据

反倾销数据是基于 Bown（2016）建立的全球反倾销数据库（1988~2015 年），该数据取自世界银行的官方网站。全球反倾销数据库中公布了遭受反倾销调查产品的 8 位或者 10 位 HS 编码。HS 编码的前 6 位数是国际标准编码，6 位以后的编码为各国根据自己的实际制定，因此，本小节选取前 6 位 HS 编码。各年份产品的 6 位 HS 编码分类标准存在差异，本小节根据联合国官网公布的调整方法，统

[①] 相比非线性模型，Angrist 和 Pischke（2008）更推崇 OLS 模型，但是对于非线性模型而言，还有很多问题要处理，而在 OLS 模型中，这些问题的处理都已经标准化了。在使用工具变量或者面板数据时，非线性模型还会遇到更复杂的问题。由于边际效应标准误的计算，额外的复杂性还会出现在统计推断中。奥卡姆剃须刀原理指出，"如无需要，能简勿繁"（entities should not be multiplied unnecessarily）。

一换算到 2002 年的标准[①]。由于联合国官网公布的调整方法的最早年份为 1992 年，因此本小节的样本区间为 1992~2015 年。另外，我们根据 Brandt 等（2017）提供的匹配方法将 6 位 HS 编码与 2002 年修订的《国民经济行业分类》的 4 分位编码进行匹配。另外，本小节的 4 分位行业级数据的行业分类标准是 2002 年修订的《国民经济行业分类》。

3. 描述性统计

1）全球对华反倾销调查：行业间的差异

根据世界银行全球反倾销数据库中的信息，可以从 4 分位行业层面分析世界各国对华反倾销诉讼案件在各行业间的分布。本章第四节第六小节中的表 5-15 列出了中国企业遭受反倾销诉讼案件数排名前十的 4 分位行业（均为制造业），对应的遭受反倾销诉讼案件数和遭受反倾销措施的案件数，以及 1997 年、2000 年和 2005 年涉及的鼓励类产业条款数量等信息。从表 5-15 中可以大致看出，遭受反倾销诉讼案件数排名靠前的行业也对应较多的鼓励性条款。

2）《产业结构调整指导目录》与反倾销

上文所述的反倾销和产业政策之间的粗略关系在本章第四节第六小节中的图 5-3 和图 5-4 中更直观地得以表现。1998 年以后有鼓励类条款的行业相比没有鼓励类条款的行业在反倾销案件数上呈现出明显的上升趋势，而两类行业在之前并无显著差别。因为《产业结构调整指导目录》中鼓励类产业政策是在 1998 年首次实施，图中变化趋势可能的含义是：鼓励类产业政策的实施明显提高了行业遭受反倾销诉讼和反倾销措施的平均案件数。

3）《外商投资产业指导目录》与反倾销

图 5-12 和图 5-13 分别直观描述了《外商投资产业指导目录》中的鼓励类产业政策对遭受反倾销诉讼和反倾销措施案件数的影响。由于《产业结构调整指导目录》是《外商投资产业指导目录》制定的一个参考，因此，为了避免《产业结构调整指导目录》的影响，图 5-12 和图 5-13 均将样本按照行业在《产业结构调整指导目录》中是否有鼓励类条款进行区分。根据图 5-12 和图 5-13，有《外商投资产业指导目录》鼓励类条款的行业相比无《外商投资产业指导目录》鼓励类条款的行业遭受反倾销诉讼和反倾销措施案件数在《外商投资产业指导目录》首次实施的 1995 年以后并没有一个明显的上升趋势，直观地表明了《外商投资产业指导目录》的鼓励类政策对行业遭受反倾销诉讼和反倾销措施的案件数没有显著影响。

---

① 具体网址为 https://unstats.un.org/unsd/trade/classifications/correspondence-tables.asp，该网站提供了不同年份 6 位 HS 编码的换算方法。

(a) 无《产业结构调整指导目录》鼓励类条款的行业

(b) 有《产业结构调整指导目录》鼓励类条款的行业

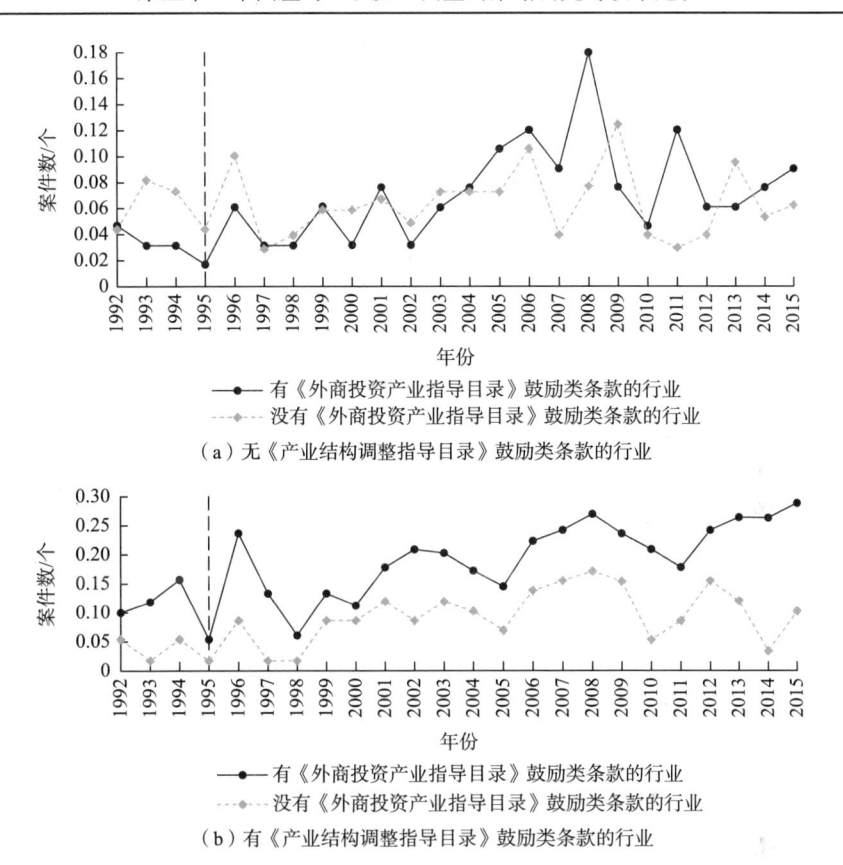

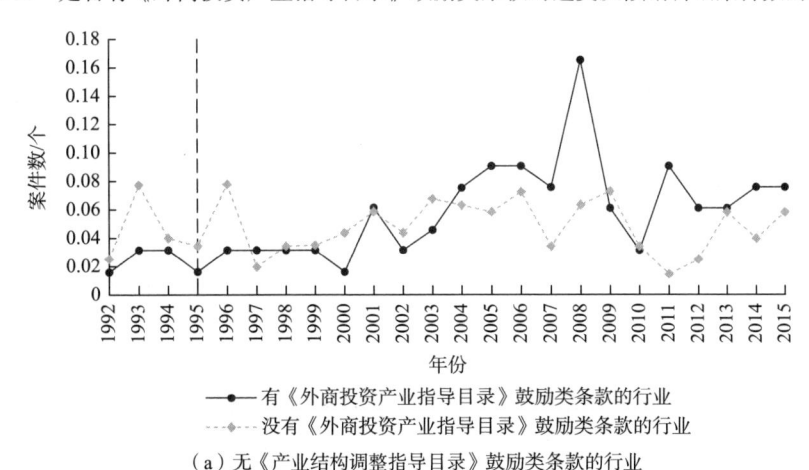

图 5-12 是否有《外商投资产业指导目录》鼓励类条款对遭受反倾销诉讼案件数的影响

(a) 无《产业结构调整指导目录》鼓励类条款的行业

（b）有《产业结构调整指导目录》鼓励类条款的行业

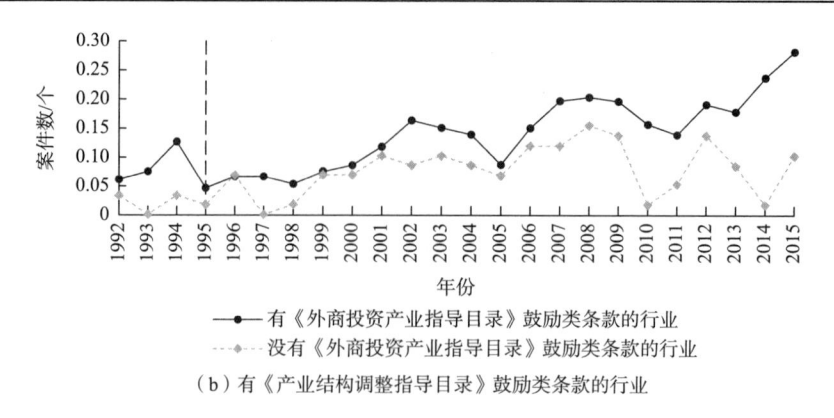

图 5-13 是否有《外商投资产业指导目录》鼓励类条款对遭受反倾销措施案件数的影响

4）全样本描述性统计

表 5-19 是本小节的描述性统计。表 5-19 中绝大部分遭受反倾销诉讼的案件（均值为 0.104）都会被实施反倾销措施（均值为 0.078）。在样本期内，是否有《产业结构调整指导目录》和《外商投资产业指导目录》中鼓励类条款的均值相近，分别为 0.217 和 0.260。考虑到，1998 年以前《产业结构调整指导目录》尚未实施，以及 1995 年以前《外商投资产业指导目录》也尚未实施。因此，受《产业结构调整指导目录》和《外商投资产业指导目录》中鼓励类条款影响的行业要分别超过 21.7%和 26%。

表 5-19 描述性统计

变量名	含义	均值	标准误	最小值	最大值	观测值
dum_AD	是否遭受反倾销诉讼	0.066	0.249	0	1	11 736
sum_AD	遭受反倾销诉讼的案件数	0.104	0.566	0	24	11 736
dum_Mes	是否遭受反倾销措施	0.054	0.226	0	1	11 736
sum_Mes	遭受反倾销措施的案件数	0.078	0.464	0	23	11 736
dum_encourage	是否有《产业结构调整指导目录》中的鼓励类条款	0.217	0.412	0	1	11 736
dum_restrict	是否有《产业结构调整指导目录》中的限制类条款	0.094	0.291	0	1	11 736
encourage	《产业结构调整指导目录》中的鼓励类条款数量	0.419	1.149	0	14	11 736
restrict	《产业结构调整指导目录》中的限制类条款数量	0.157	0.649	0	10	11 736
dum_f_encourage	是否有《外商投资产业指导目录》中的鼓励类条款	0.260	0.439	0	1	11 736
dum_f_restrict	是否有《外商投资产业指导目录》中的限制类条款	0.096	0.294	0	1	11 736
dum_f_prohibit	是否有《外商投资产业指导目录》中的禁止类条款	0.015	0.120	0	1	11 736

(三)产业政策对反倾销的影响

1.《产业结构调整指导目录》与反倾销

1)基准回归结果

表 5-20 分析了《产业结构调整指导目录》中的产业政策对反倾销的影响。根据表 5-20,是否有《产业结构调整指导目录》中的鼓励类条款(dum_encourage)的回归系数始终显著为正,即行业有鼓励类条款对行业是否遭受反倾销诉讼(dum_AD)、是否遭受反倾销措施(dum_Mes)、遭受反倾销诉讼的案件数(sum_AD)及遭受反倾销措施的案件数(sum_Mes),均有显著为正的影响。这表明《产业结构调整指导目录》中的鼓励类产业政策显著增加了行业遭受反倾销诉讼和反倾销措施的概率和案件数。而是否有《产业结构调整指导目录》中的限制类条款(dum_restrict)的回归系数则不显著,这表明《产业结构调整指导目录》中的限制类产业政策对行业遭受反倾销诉讼和反倾销措施的概率和案件数没有显著影响。

表 5-20 《产业结构调整指导目录》与反倾销的基准回归

变量	(1) dum_AD	(2) dum_Mes	(3) sum_AD	(4) sum_Mes
dum_encourage	0.017*	0.022***	0.049*	0.052***
	(0.009)	(0.009)	(0.025)	(0.019)
dum_restrict	−0.002	0.006	0.083	0.073
	(0.015)	(0.014)	(0.079)	(0.071)
4 分位行业固定效应	是	是	是	是
年份固定效应	是	是	是	是
R^2	0.274	0.246	0.381	0.340
样本数	11 736	11 736	11 736	11 736

注:括号中的数值为对 4 分位行业进行聚类的稳健标准误
***、*分别表示在 1%、10%的显著性水平下显著

从数值上看,根据第(3)列,有鼓励类产业政策使遭受反倾销诉讼案件数提高了 0.049 个,考虑到样本中反倾销诉讼案件数均值为 0.104 个,因而鼓励类产业政策使行业遭受反倾销案件数在均值水平上提高了接近 50%。根据第(4)列,有鼓励类产业政策使行业遭受反倾销措施案件数提高了 0.052 个,考虑到样本中行

业遭受反倾销措施案件数均值为 0.078 个,因而鼓励类产业政策使行业遭受反倾销措施案件数在均值水平上提高了约 66.67%。因此,鼓励类产业政策对反倾销的影响不仅在统计上显著,而且在经济上的影响也非常大。

2)稳健性检验

第一,产业政策条款数量。行业在《产业结构调整指导目录》中的鼓励类(或限制类)条款越多,通常意味着该行业被鼓励(或限制)的程度越大。表 5-21 分析了《产业结构调整指导目录》中鼓励类条款和限制类条款数量对于反倾销的影响。《产业结构调整指导目录》在 2011 年进行了修订,但与之前的年份相比出现了很多较长的条款,一条较长的条款可能相当于之前几条较短的条款。就条款数量而言,2011 年的版本与之前不具有可比性。因此,表 5-21 仅包括了 2010 年及之前的样本。

根据表 5-21,行业鼓励类条款越多,遭受反倾销诉讼和反倾销措施的概率越大、案件数越多。因此,表 5-21 也表明鼓励类产业政策提高了行业遭受反倾销诉讼和反倾销措施的概率和案件数,而限制类产业政策对行业遭受反倾销诉讼和反倾销措施的概率和案件数则没显著影响。

表 5-21 稳健性检验:产业政策条款数量

变量	(1) dum_AD	(2) dum_Mes	(3) sum_AD	(4) sum_Mes
encourage	0.013**	0.013***	0.068*	0.047**
	(0.006)	(0.005)	(0.040)	(0.024)
restrict	−0.001	0.007	0.043	0.031
	(0.006)	(0.008)	(0.034)	(0.029)
4 分位行业固定效应	是	是	是	是
年份固定效应	是	是	是	是
R^2	0.300	0.266	0.378	0.347
样本数	9291	9291	9291	9291

注:括号中的数值为对 4 分位行业进行聚类的稳健标准误
*、**、***分别表示在 10%、5%、1%的显著性水平下显著

第二,剔除钢压延加工业。根据表 5-15,489 个 4 分位行业在样本期内遭受反倾销诉讼的案件为 1287 起,而钢压延加工业有 139 起,占比约 11%。因此,本小节的结论有可能仅反映了其他影响钢铁业发展的事件,而非本小节所关注的产业政策。因此,在表 5-22 中,我们剔除钢压延加工业作为稳健性检验。相比表 5-20,表 5-22 中 dum_encourage 的系数有所下降,但结论与表 5-20 一致。

表 5-22　稳健性检验：剔除钢压延加工业

变量	（1）dum_AD	（2）dum_Mes	（3）sum_AD	（4）sum_Mes
dum_encourage	0.016*	0.021**	0.032*	0.041***
	（0.009）	（0.008）	（0.018）	（0.014）
dum_restrict	−0.004	0.004	0.013	0.009
	（0.015）	（0.014）	（0.034）	（0.030）
4 分位行业固定效应	是	是	是	是
年份固定效应	是	是	是	是
R^2	0.261	0.230	0.307	0.287
样本数	11 712	11 712	11 712	11 712

注：括号中的数值为对 4 分位行业进行聚类的稳健标准误
***、**、*分别表示在 1%、5%、10%的显著性水平下显著

第三，非线性模型。本小节主要采用 OLS 进行分析，我们在表 5-23 中使用非线性模型作为稳健性检验。当被解释变量为 dum_AD 和 dum_Mes 时，我们使用 logistic 模型进行分析，当被解释变量为 sum_AD 和 sum_Mes 时，我们使用负二项模型进行分析。由于非线性模型控制 4 分位行业固定效应会损失很多样本，因此表 5-23 中未控制 4 分位行业固定效应①。表 5-23 的结论仍与表 5-20 一致。

表 5-23　稳健性检验：非线性模型

变量	（1）dum_AD	（2）dum_Mes	（3）sum_AD	（4）sum_Mes
dum_encourage	0.443***	0.565***	0.445***	0.547***
	（0.151）	（0.162）	（0.117）	（0.132）
dum_restrict	−0.022	0.089	0.043	0.055
	（0.170）	（0.180）	（0.126）	（0.139）
4 分位行业固定效应	否	否	否	否
年份固定效应	是	是	是	是
样本数	11 736	11 736	11 736	11 736

注：括号中的数值为对 4 分位行业进行聚类的稳健标准误
***表示在 1%的显著性水平下显著

---

① 实际上即使我们使用非线性模型控制固定效应，本小节的结论也是成立的。

3）平行趋势检验

使用倍差法要求平行趋势假设成立。表 5-24 中 dum_encourage-1、dum_encourage-2、dum_encourage-3、dum_encourage-4 和 dum_encourage-5 衡量了产业政策之前的效应，其中，dum_encourage-1 代表假设《产业结构调整指导目录》中的鼓励类条款提前 1 年发生但是提前 1 年各行业实际上均没有鼓励类条款，dum_encourage-2 代表假设《产业结构调整指导目录》中的鼓励类条款提前 2 年发生但是提前 2 年各行业实际上均没有鼓励类条款，其他以此类推。根据表 5-24，这些系数并没有呈现上升的趋势[①]且基本都不显著，表明本小节的结论并非反映鼓励类产业政策实施之前的因素。dum_encourage-2 的系数显著为负，可能是因为《产业结构调整指导目录》在 2000 年进行了调整，两年前正好是 1998 年，因此，dum_encourage-2 的系数显著为负可能反映了 1998 年亚洲金融危机的影响。具体来说，如果 2000 年受《产业结构调整指导目录》中的鼓励类产业政策影响比较大的行业，正好是 1998 年受金融危机冲击导致国际需求下降比较大行业，那么，就会导致 dum_encourage-2 的系数显著为负。

表 5-24　平行趋势检验

变量	（1）dum_AD	（2）dum_Mes	（3）sum_AD	（4）sum_Mes
dum_encourage	0.017*	0.021**	0.049*	0.051***
	(0.009)	(0.009)	(0.026)	(0.019)
dum_restrict	−0.002	0.007	0.083	0.073
	(0.015)	(0.014)	(0.079)	(0.071)
dum_encourage-1	−0.010	−0.012	−0.017	−0.013
	(0.013)	(0.010)	(0.011)	(0.009)
dum_encourage-2	−0.028**	−0.033**	−0.041*	−0.040**
	(0.013)	(0.014)	(0.021)	(0.019)
dum_encourage-3	0.009	−0.011	−0.011	−0.027
	(0.017)	(0.016)	(0.023)	(0.026)
dum_encourage-4	0.006	−0.016	0.000	−0.016
	(0.013)	(0.012)	(0.015)	(0.013)
dum_encourage-5	0.010	0.000	0.025	0.016
	(0.013)	(0.012)	(0.024)	(0.022)
4 分位行业固定效应	是	是	是	是
年份固定效应	是	是	是	是

---

① 是指并没有呈现从 dum_encourage-5 到 dum_encourage-1 系数依次上升的趋势。

续表

变量	（1）dum_AD	（2）dum_Mes	（3）sum_AD	（4）sum_Mes
R^2	0.275	0.246	0.382	0.340
样本数	11 736	11 736	11 736	11 736

注：括号中的数值为对4分位行业进行聚类的稳健标准误
***、**、*分别表示在1%、5%、10%的显著性水平下显著

4）考虑行业时间趋势

内生性问题主要表现为反向因果和遗漏变量。《产业结构调整指导目录》由国家发展和改革委员会负责制定和实施，而反倾销主要涉及的部门是商务部，因此，反倾销不大可能影响产业政策的制定。即使商务部因为担心反倾销的问题，而希望国家发展和改革委员会减少鼓励类产业政策，也只会导致表5-20中的回归系数低估。因此，本小节的结论不可能反映的是反向因果的内生性问题。

表5-24中我们通过平行趋势检验排除了鼓励类产业政策实施之前因素对本小节结论的影响。这在一定程度上可以排除遗漏变量对本小节结论的影响。在表5-25中，我们控制了2分位行业固定效应与年份固定效应的交互项，通过控制不同行业的时间趋势变化，以进一步排除遗漏变量的问题对本小节结论的影响。表5-25的回归系数相比表5-20有了一定程度的下降，但《产业结构调整指导目录》中的鼓励类产业政策仍然显著提高了行业遭受反倾销措施的概率和案件数量，同时该政策对行业遭受反倾销诉讼的概率和案件数量也有正的影响，且 t 值①大于1在统计上也接近显著。

表5-25 考虑行业时间趋势

变量	（1）dum_AD	（2）dum_Mes	（3）sum_AD	（4）sum_Mes
dum_encourage	0.012	0.019**	0.021	0.037**
	（0.010）	（0.009）	（0.019）	（0.015）
dum_restrict	−0.013	−0.006	0.003	−0.000
	（0.015）	（0.014）	（0.032）	（0.027）
4分位行业固定效应	是	是	是	是
2分位行业固定效应×年份固定效应	是	是	是	是
R^2	0.329	0.301	0.467	0.428
样本数	11 736	11 736	11 736	11 736

注：括号中的数值为对4分位行业进行聚类的稳健标准误
**表示在5%的显著性水平下显著

---

① t 值为系数除以标准误。

2.《外商投资产业指导目录》与反倾销

1)基准回归结果

在表5-20~表5-25中,我们主要分析了《产业结构调整指导目录》中产业政策对反倾销的影响。表5-26我们分析《外商投资产业指导目录》中的产业政策对反倾销的影响。在表5-26中,我们使用OLS模型控制4分位行业和年份固定效应。根据表5-26,《外商投资产业指导目录》中的鼓励类、限制类和禁止类产业政策对反倾销均没有显著影响。

表5-26 外资产业政策对反倾销的影响

变量	(1) dum_AD	(2) dum_Mes	(3) sum_AD	(4) sum_Mes
dum_f_encourage	0.002	0.005	−0.062	−0.043
	(0.010)	(0.009)	(0.062)	(0.055)
dum_f_restrict	−0.017	−0.007	−0.008	0.010
	(0.013)	(0.013)	(0.033)	(0.031)
dum_f_prohibit	−0.020	0.001	−0.032	−0.000
	(0.046)	(0.030)	(0.048)	(0.031)
dum_encourage	0.017*	0.022**	0.058*	0.058**
	(0.009)	(0.009)	(0.032)	(0.024)
dum_restrict	−0.002	0.007	0.082	0.072
	(0.015)	(0.014)	(0.078)	(0.070)
4分位行业固定效应	是	是	是	是
年份固定效应	是	是	是	是
R^2	0.274	0.246	0.382	0.341
样本数	11 736	11 736	11 736	11 736

注:括号中的数值为对4分位行业进行聚类的稳健标准误
**、*分别表示在5%、10%的显著性水平下显著

2)稳健性检验

第一,考虑共线性。为了避免《外商投资产业指导目录》中的产业政策和《产业结构调整指导目录》中的产业政策存在共线性,表5-27中我们仅控制了《外商投资产业指导目录》中的产业政策。表5-27中各解释变量的系数与表5-26相比变动很小,表明《外商投资产业指导目录》中的鼓励类、限制类和禁止类产业政策对反倾销没有显著影响,这一结论不受共线性的影响。

表 5-27　外资产业政策对反倾销的影响：考虑共线性

变量	（1）dum_AD	（2）dum_Mes	（3）sum_AD	（4）sum_Mes
dum_f_encourage	0.005	0.008	−0.054	−0.034
	（0.010）	（0.009）	（0.059）	（0.052）
dum_f_restrict	−0.017	−0.006	−0.006	0.013
	（0.013）	（0.013）	（0.034）	（0.032）
dum_f_prohibit	−0.022	−0.002	−0.039	−0.007
	（0.047）	（0.030）	（0.048）	（0.033）
4 分位行业固定效应	是	是	是	是
年份固定效应	是	是	是	是
R^2	0.274	0.245	0.380	0.338
样本数	11 736	11 736	11 736	11 736

注：括号中的数值为对 4 分位行业进行聚类的稳健标准误

第二，非线性模型。在表 5-28 中我们使用非线性模型作为稳健性检验。我们使用 logistic 模型进行分析，当被解释变量为 dum_AD 和 dum_Mes 时，我们使用负二项模型进行分析。由于非线性模型控制 4 分位行业固定效应会损失很多样本，因此表 5-28 没有控制 4 分位行业固定效应，结论仍与表 5-26 一致。

表 5-28　外资产业政策对反倾销的影响：非线性模型

变量	（1）dum_AD	（2）dum_Mes	（3）sum_AD	（4）sum_Mes
dum_f_encourage	0.162	0.206	0.024	0.038
	（0.148）	（0.158）	（0.111）	（0.123）
dum_f_restrict	−0.121	0.003	0.072	0.126
	（0.193）	（0.204）	（0.133）	（0.148）
dum_f_prohibit	−1.232	−0.781	−1.074	−0.640
	（0.814）	（0.804）	（0.735）	（0.754）
dum_encourage	0.410***	0.515***	0.431***	0.523***
	（0.155）	（0.166）	（0.121）	（0.137）
dum_restrict	0.002	0.104	0.047	0.051
	（0.170）	（0.180）	（0.127）	（0.140）
4 分位行业固定效应	否	否	否	否
年份固定效应	是	是	是	是
样本数	11 736	11 736	11 736	11 736

注：括号中的数值为对 4 分位行业进行聚类的稳健标准误
***表示在 1% 的显著性水平下显著

另外,因为《外商投资产业指导目录》首次实施是在1995年,而本小节的样本期从1992年开始,所以有可能导致对于既定的4分位行业,《外商投资产业指导目录》中各类产业政策随时间变动较小,从而导致表5-26和表5-27中控制4分位行业固定效应进行分析无法得出显著性的结论[①]。但是表5-28中在没有控制4分位行业固定效应的情况下,《外商投资产业指导目录》中各类政策对反倾销仍没有显著性影响,因此我们可以排除这种担忧。

3. 机制分析

对于产能过剩行业进行鼓励可能增加这些行业的倾销行为。表5-29分析了产业政策、产能过剩和反倾销之间的关系。韩国高等(2011)发现1999~2008年黑色金属、有色金属、石化炼焦、化学原料、矿物制品、化学纤维和造纸制品等七个行业一直属于产能过剩行业。这一发现与国务院发展研究中心《进一步化解产能过剩的政策研究》课题组等(2015)的发现一致。因此,基本可以认为这些行业在样本期一直属于产能过剩行业。

在表5-29中,dum_encourage×EC代表是否有《产业结构调整指导目录》中的鼓励类条款与是否为产能过剩行业的交互项,该系数在奇数列始终显著为正,表明《产业结构调整指导目录》中的鼓励类产业政策对反倾销的增大作用在产能过剩行业更大。同时,我们发现dum_encourage的系数变得很小且不显著,表明《产业结构调整指导目录》中的鼓励类产业政策对反倾销的增大作用在非产能过剩行业很小。因此,《产业结构调整指导目录》中的鼓励类产业政策主要是通过加剧产能过剩导致反倾销。在偶数列,我们考虑了外资产业政策的影响,并加入是否有《外商投资产业指导目录》鼓励类条款与是否为产能过剩行业的交互项(dum_f_encourage×EC),发现dum_f_encourage×EC始终不显著。表明《外商投资产业指导目录》中的鼓励类产业政策并没有增加反倾销,主要是因为没有加剧产能过剩。

表5-29 机制分析

变量	(1) dum_AD	(2) dum_AD	(3) dum_Mes	(4) dum_Mes	(5) sum_AD	(6) sum_AD	(7) sum_Mes	(8) sum_Mes
dum_encourage×EC	0.057***	0.054**	0.053***	0.050**	0.201**	0.245*	0.146*	0.186
	(0.022)	(0.025)	(0.019)	(0.023)	(0.099)	(0.147)	(0.075)	(0.118)
dum_f_encourage×EC		0.015		0.014		−0.162		−0.153
		(0.029)		(0.027)		(0.198)		(0.176)

---

① 因为个体固定效应模型是根据解释变量在个体的组内变化进行回归分析,如果解释变量对于既定的个体随时间变化较小,此时便不适合用固定效应模型。

续表

变量	(1) dum_AD	(2) dum_AD	(3) dum_Mes	(4) dum_Mes	(5) sum_AD	(6) sum_AD	(7) sum_Mes	(8) sum_Mes
dum_encourage	−0.001 (0.009)	−0.000 (0.009)	0.005 (0.009)	0.005 (0.008)	−0.014 (0.023)	−0.014 (0.023)	0.006 (0.019)	0.004 (0.019)
dum_restrict	−0.004 (0.015)	−0.004 (0.015)	0.004 (0.014)	0.005 (0.014)	0.076 (0.076)	0.074 (0.072)	0.068 (0.068)	0.065 (0.066)
dum_f_encourage		−0.002 (0.008)		0.001 (0.007)		−0.025 (0.021)		−0.007 (0.016)
dum_f_restrict		−0.018 (0.013)		−0.008 (0.012)		−0.010 (0.031)		0.010 (0.030)
dum_f_prohibit		−0.019 (0.047)		0.001 (0.030)		−0.053 (0.055)		−0.019 (0.040)
4分位行业固定效应	是	是	是	是	是	是	是	是
年份固定效应	是	是	是	是	是	是	是	是
R^2	0.275	0.276	0.247	0.247	0.384	0.386	0.342	0.344
样本数	11 736	11 736	11 736	11 736	11 736	11 736	11 736	11 736

注：括号中的数值为对4分位行业进行聚类的稳健标准误

***、**、*分别表示在1%、5%、10%的显著性水平下显著

4. 加入WTO的影响

一个值得关注的问题是，《产业结构调整指导目录》中的鼓励类产业政策对反倾销的影响，在中国加入WTO前后是否有明显的变化。表5-30分析了《产业结构调整指导目录》中的鼓励类产业政策对反倾销的影响在中国加入WTO前后的差异。根据表5-30，是否有《产业结构调整指导目录》中的鼓励类条款与中国是否加入WTO的交互项（dum_encourage × WTO）的系数显著为正，表明《产业结构调整指导目录》中的鼓励类产业政策对反倾销的影响在中国加入WTO以后有明显的上升。同时，我们发现dum_encourage的系数不显著为负，表明《产业结构调整指导目录》中的鼓励类产业政策对反倾销的促进作用主要在中国加入WTO之后。

表 5-30 产业政策对反倾销的影响在加入 WTO 前后的差异

变量	(1) dum_AD	(2) dum_Mes	(3) sum_AD	(4) sum_Mes
dum_encourage × WTO	0.031*	0.029*	0.093**	0.084**
	(0.018)	(0.016)	(0.041)	(0.040)
dum_encourage	−0.007	−0.001	−0.024	−0.015
	(0.014)	(0.013)	(0.025)	(0.024)
dum_restrict	−0.005	0.003	0.073	0.064
	(0.015)	(0.014)	(0.076)	(0.068)
4 分位行业固定效应	是	是	是	是
年份固定效应	是	是	是	是
R^2	0.275	0.246	0.382	0.341
样本数	11 736	11 736	11 736	11 736

注：括号中的数值为对 4 分位行业进行聚类的稳健标准误

*、**分别表示在 10%、5%的显著性水平下显著

（四）研究结论与政策建议

随着中国开放程度的提高，中国与世界主要经济体间的贸易争端也愈演愈烈，中国出口企业频繁遭到反倾销调查。现有文献主要从进口国因素及进口国与中国的经贸关系这两个角度研究对华反倾销的原因。本小节试图根据中国产业政策制定和调整的准自然实验，研究中国自身的产业政策对中国遭受反倾销的影响。

本小节利用 4 分位行业级面板数据，使用倍差法实证研究发现：①《产业结构调整指导目录》中的鼓励类产业政策显著增加了行业的遭受反倾销诉讼和反倾销措施的概率和案件数。《产业结构调整指导目录》中的鼓励类产业政策使遭受反倾销诉讼和反倾销措施案件数在均值水平上分别提高了 47.12%和 66.67%。②《产业结构调整指导目录》中的限制类产业政策对行业遭受反倾销诉讼和反倾销措施的概率和案件数没有显著影响。③《外商投资产业指导目录》中的鼓励、限制和禁止等各类产业政策对行业遭受反倾销诉讼和反倾销措施的概率和案件数没有显著影响。进一步的机制分析发现，《产业结构调整指导目录》中的鼓励类产业政策显著增加行业遭受反倾销诉讼和反倾销措施的概率和案件数主要通过加剧产能过剩实现。另外，我们发现《产业结构调整指导目录》中鼓励类产业政策对反倾销的影响主要发生在中国加入 WTO 以后。

中国制定产业政策的重要目的包括促进企业创新、推动产业结构升级、优化

资源配置、保护环境等。但产业政策同时也是对市场的干预，可能扭曲企业行为。特别地，鼓励类产业政策可能通过提供补贴或者减免税收，促使企业增加产量、降低价格，从而最终导致反倾销的增加。因此，一方面需要慎用产业政策，更多地依赖市场的资源配置作用；另一方面在必须通过产业政策完成特定目标时，应该尽可能减少产业政策的负面影响。据此，根据本小节的实证结论，我们提出以下政策建议。

第一，积极推动市场化改革，完善市场机制在资源配置中的决定性作用。《产业结构调整指导目录》中的鼓励类产业政策提高了企业的补贴或税收减免幅度，从而导致企业更可能在国际市场进行低价倾销，最终提高了遭遇反倾销诉讼和反倾销措施的概率和案件数。因此，应对反倾销诉讼的一个关键举措是：继续积极推动市场化改革，完善市场机制在资源配置中的决定性作用，进一步减少政府对于市场的干预。具体来说，应逐步减少产业政策条款，尤其是鼓励类的产业政策条款。

第二，合理选择产业政策类型，减少市场扭曲。《产业结构调整指导目录》中的鼓励类产业政策显著提高了我国企业遭遇反倾销诉讼和反倾销措施的概率和案件数，但《外商投资产业指导目录》中的鼓励类产业政策对我国遭受反倾销诉讼和反倾销措施的概率和案件数却没有显著的影响。而这两类产业政策均可能达到促进企业创新、推动产业结构升级、保护环境，优化资源配置等目的。这意味着在政策目标一定的情况下，政府可以选择不同的政策达到这一目标。因此，政府应该合理选择产业类型，减少市场扭曲。

第三，产业政策应该限制而非鼓励产能过剩行业的发展。鼓励类政策对遭遇反倾销诉讼和反倾销措施案件数的增大作用在产能过剩行业更大。2009 年 9 月国务院批转的《关于抑制部分行业产能过剩和重复建设引导产业健康发展的若干意见》指出，"相关行业管理部门要切实履行职责，抓紧制定、完善相关产业政策，尽快修订发布《产业结构调整指导目录》，进一步提高钢铁、水泥、平板玻璃、传统煤化工等产业的能源消耗、环境保护、资源综合利用等方面的准入门槛"。应该切实执行这一政策导向，采取更为有效的具体措施限制产能过剩行业的发展。

二、美国对华反倾销的出口产品种类溢出效应探究[①]

本小节基于 2000~2006 年企业–产品微观数据，使用面板双重差分模型考察美

---

① 本小节内容基于总课题"中国应对'双反'调查的策略研究与政策建议"成果整理而成，撰稿人为厦门大学教授龙小宁、中山大学博士后方菲菲、美国斯通希尔学院副教授 Chandra Piyush。

国对华反倾销措施是否导致了企业内部出口产品种类发生变化。结果发现，美国对华反倾销措施显著增加了受影响企业销至美国的非倾销产品出口额和出口量，即存在出口产品种类的溢出效应，这一效应随企业所有制不同以及是否为多行业企业有所不同。进一步的研究发现，美国对华反倾销措施仅增加了非倾销产品至企业原有出口渠道的出口。因此，企业积极应对国外反倾销措施的一个有效途径是扩展新产品种类，将出口更多转移至非倾销产品上，从而稳定出口，减少反倾销措施带来的不利影响。

（一）研究背景

反倾销调查是 WTO 框架下维护贸易公平的措施之一，其目的在于抵制外国厂商低于公平价值销售产品的行为。然而，随着贸易全球化不断深化，一些国家对本国产业的保护倾向越来越强，反倾销调查已然成为主要的贸易保护措施。对外贸易快速增长的中国成为反倾销调查的最主要受害者，而美国是向中国发起反倾销调查的主要国家之一。据全球反倾销数据（Bown，2016）统计，1995~2015 年中国共遭受 131 起来自美国的反倾销调查，占同期国外对华反倾销调查总量的 12.93%。其中，超过 72% 的被调查产品被裁决为有出口倾销行为，显著高于同期全球反倾销中"有罪"裁决（倾销裁决）的比例。那么，中国企业在遭遇如此多的反倾销裁决时应如何应对？解答这一问题对中国企业在国际贸易中保持竞争力有重要意义。

旨在探讨出口企业如何应对反倾销裁决的文献大多关注受反倾销调查企业出口地转移等对策，本小节则关注反倾销措施的实施是否导致企业在既有产品间的出口变化，即是否会改变出口产品的种类，转向出口更多非倾销产品。从理论上看，对于受反倾销影响的多产品企业而言，反倾销措施使被调查产品出口美国的贸易成本上升，这也意味着非调查品出口美国的贸易成本相对降低。在此情况下，多产品企业可能通过向美国出口更多非调查品的形式来弥补由被调查产品出口减少带来的部分损失[①]。鉴于企业在产品调整过程中需要额外的成本，从而多行业出口企业将更容易实现这样的调整；反之，单行业企业由于缺少可调整的产品种类，实现这种调整的困难更大[②]。此外，与国有企业相比，外资企业通常具有更高的生产率和更好的学习效应，在强烈的利益驱动下可能有更强的动力对产品结构进行

---

① 一般而言，同一企业生产的产品较为相似。为简化分析，本小节假定非调查品与被调查品存在一定替代性。在此条件下，反倾销措施都将使得非调查产品至美国的贸易成本相对降低，从需求角度看，消费者购买非调查品的决策将受到二者相对价格变化的影响，进而影响非调查品至美国的出口。出于简化分析的考虑，本小节没有探讨非调查品与被调查品完全不可替代的情形。

② 多行业企业通常具有更大的产品调整空间，因其人员和设备较完善，中间品及原材料更具多样性。

调整。据此，我们推测反倾销措施实施后，同一企业生产的其他产品至美国的出口将会增加，且多行业企业和外资企业的表现更为明显。

为验证这一假说，本小节基于 2000~2006 年中国海关进出口数据库、世界银行临时性贸易壁垒数据库（Bown, 2016）及中国工业企业数据库三个微观数据库，应用面板双重差分模型重点研究美国对华反倾销措施是否导致企业出口产品种类存在溢出效应。具体而言，本小节研究美国对华反倾销措施对受影响企业销至美国的非倾销产品出口额、出口量及出口价格的影响。我们发现，2000~2006 年美国对华反倾销措施使受影响企业非倾销产品至美国的出口额上升 6.9%~9.1%，出口量增长 5.4%~7.8%，而产品出口价格没有显著变化；这些结果支持了反倾销措施使受影响企业出口产品向非倾销产品转移这一假说。进一步的异质性分析表明，只有外资企业和多行业企业存在类似的产品种类溢出效应，而国有企业和单行业企业没有显著的溢出效应，这些异质性结果也支持产品种类存在溢出效应。此外，本小节发现美国对华反倾销措施仅提高了非倾销品至原有出口渠道的出口，而至非原有出口渠道的出口没有显著变化，进一步验证了本小节的机制。

本小节和以往文献有以下几方面的联系和区别：第一，虽然本小节机制与 Lu 等（2013）的研究不同，但我们的发现也传递了相似的信息，即相比单产品企业，多产品企业更有能力应对反倾销调查[①]。第二，同 Chandra 和 Long（2013a）与蒋为和孙浦阳（2016）的研究类似，本小节基于美国对华反倾销调查，发现反倾销对出口企业的影响具有异质性。一方面，蒋为和孙浦阳（2016）的研究发现，反倾销措施将降低调查品和非调查品至美国的出口增长率，但与此同时，产品与市场越多元化的企业受反倾销措施的负面影响也越小，产品多元化程度高的企业至美国出口增加，这意味着多产品企业对美国的非调查品出口增加，与本小节的异质性检验结果和机制相同。另一方面，虽然 Chandra 和 Long（2013a）的研究发现美国对华反倾销将降低中国出口企业生产率，但同时他们也发现反倾销对生产率的影响在很多维度上存在异质性。例如，反倾销仅导致原始出口密度（出口占销售额比例）较高的企业出口降低，而新进入市场的企业出口反而增加；同理，这些出口企业的非调查品出口额也可能增加。第三，大部分文献从国家宏观层面或行业中观层面上探讨反倾销带来的贸易效应（Prusa, 1997；Bown and Crowley, 2006, 2007；王孝松等, 2015），或仅考察反倾销调查或措施对被调查产品的影响（沈国兵, 2012；Lu et al., 2013），而本小节样本由三个微观数据库匹配而成，数据更加翔实，第一次从企业-产品层面考察反倾销措施对产品种类的溢出效应，填补了微观层面研究的空白。第四，本小节结论对中国企业如何积极应对反倾销

---

① Lu 等（2013）发现，反倾销措施实施后，多产品企业更不容易退出市场。这可能是因为多产品企业可通过非调查品补贴被调查产品带来的部分损失。

调查具有重要的实践意义。此外，本小节还丰富了使用中国微观数据研究贸易政策对企业绩效影响的文献（Lu et al.，2013；Chandra and Long，2013a，2013b；Qiu and Yu，2014）。

本小节余下部分安排如下：第二部分是文献回顾和总结；第三部分介绍本小节数据、研究问题和估计方法；第四部分和第五部分是对本小节经验结果的说明，包括基准回归、异质性检验和稳健性检验；第六部分是结论与启示。

（二）文献综述

自 1995 年 WTO 成立以来，贸易市场自由化程度加深，关税的地位渐渐被贸易补救措施取代，反倾销等政策成为政府最重要的贸易保护措施之一，研究反倾销问题的文献也层出不穷。现有文献通常探讨反倾销动因和反倾销效应两类主题（Blonigen and Prusa，2001），本小节与探讨反倾销效应的文献相关。在这类文献中，Prusa（1997）使用美国数据得到反倾销调查将使进口从被指控国向非被指控国转移的结论。此后，诸多文章表明临时性贸易壁垒（如保障措施、反倾销等）将抑制指控国与被指控国的贸易，并且潜在增加了该指控国从非被指控国的进口（Brenton，2001；Prusa，2001；Bown and Crowley，2006，2007；Ganguli，2008；Park，2009；Bown，2007；Chandra，2014）。还有一些文献认为反倾销措施不仅对进口国贸易产生影响，而且可以保护本国企业免于竞争，进而提高企业市场份额和生产率（Konings and Vandenbussche，2005，2008）。与此同时，Pierce（2011）认为反倾销措施虽然提高了进口国企业以产出衡量的盈利生产率，但以企业单位产出衡量的实际生产率反而下降。相比以上针对指控国的分析，从微观层面分析反倾销调查（措施）对被指控国影响的文献并不多。例如，Brambilla 等（2012）使用越南家庭数据探讨了 2003 年美国对鲶鱼实施反倾销措施对越南鲶鱼厂商的影响，发现反倾销措施导致越南鲶鱼出口量减少。

长期以来，中国是反倾销调查的主要对象，而美国、欧盟和印度是对华发起反倾销调查的主要力量。针对这一现象，部分文献从国家（地区）或行业层面探讨了反倾销调查对中国出口的影响。这些研究表明反倾销调查不仅显著抑制了中国的出口（杨仕辉等，2012a；王孝松等，2015），而且对比较优势不同的行业存在不同影响（沈国兵，2012；杨仕辉等，2012b）。只有少数文献使用多行业微观数据探讨对华反倾销的贸易效应，如 Lu 等（2013）使用 2000~2006 年海关交易数据研究发现，美国对华反倾销调查显著减少了中国出口企业数目，而企业平均出口量没有显著变化，而且相比于单一产品的出口企业，多产品出口企业更可能不再向美国出口被调查品。Chandra 和 Long（2013a）同样使用 2000~2006 年中国海关进出口数据库，发现美国对华反倾销调查显著降低了中国受影响出口企业的生产率。蒋为和孙浦阳（2016）从企业层面研究发现，2000~2010年美国对华反倾销措施不仅降低了被调查产品至美国的出口增长率，而且至其他地区的出口增长率也显著下降。

虽然有少数文献探讨了反倾销措施对出口产品的转移效应，但这些研究大多针对某一特定行业，如Baylis和Perloff（2010）的研究表明美国对墨西哥番茄发起的反倾销调查不仅导致番茄出口转移至其他国家，而且显著增加了其替代产品（如番茄酱）对美国的出口；沈国兵（2008）以木制卧室家具为例，发现美国对中国木制卧室家具的反倾销措施具有显著的贸易抑制效应，并且导致贸易向相近产品（如金属和塑料家具）转移；冯宗宪和向洪金（2010）以2002~2007年欧美对华纺织品反倾销调查为例，验证了反倾销措施的贸易破坏效应、贸易转向效应和贸易偏转效应。现有文献中仅有蒋为和孙浦阳（2016）从企业层面探讨了反倾销措施对非调查品出口的影响，他们的结论表明，美国对华实施反倾销措施通过影响企业的绩效和融资情况，进而导致非调查品至美国的出口增长率显著降低。

本小节还与探讨贸易政策对多产品企业影响的文献相关。近年来出现了大量针对贸易与多产品企业的研究。一般而言，一国贸易主要集中在少数几个大型出口企业，而这些企业通常是多产品企业（Bernard et al.，2011；Berthou and Fontagne，2013）；其中，大部分多产品企业出口不同的产品至不同的国家或地区（Arkolakis et al.，2010；Berthou and Fontagne，2013；Qiu and Zhou，2013），并且拥有较高的生产率，企业绩效更好（Goldberg et al.，2010）。因此，探讨反倾销措施对多产品企业的影响，对企业如何稳定出口、减少反倾销措施带来的不利影响具有重要的指导意义。

与现有研究相比，本小节的贡献主要有以下几个方面：首先，我们使用的样本包含所有工业行业，相比针对某一特定行业的反倾销调查研究，本小节的结论更具一般性；其次，与大部分研究从宏观层面考察反倾销措施的贸易效应相比，本小节从企业-产品微观层面探讨反倾销措施的影响，数据更加翔实、丰富；再次，以往大部分文献仅考察了反倾销调查（措施）对被调查产品的影响，尚未有文献从产品层面探讨反倾销措施对受影响企业生产的非倾销产品的影响，即反倾销措施是否导致受影响企业产品种类的溢出，本小节尝试填补这一空白；最后，本小节还丰富了使用中国微观数据研究贸易政策对企业绩效影响的文献。

（三）研究设计

1. 资料来源及说明

本小节使用的样本为2000~2006年企业-产品月度数据，该数据由三个微观数据库匹配得到。其中，企业–产品出口数据来自中国海关总署，包含2000~2006年每个企业每月每种产品进口或出口的交易信息，如产品HS-8位编码、进出口价格、数量、贸易额、企业名称、贸易伙伴等指标。

美国对华反倾销措施数据来自世界银行临时性贸易壁垒数据库（Bown，2016）。该数据库涵盖33个国家和地区1980~2015年发起的所有反倾销调查，包括被调查产品名称、HS-10位编码、调查时间、调查结果、反倾销裁决时间等信息。根据美国反倾销调查制度，反倾销调查的对象是产品。若被调查的中国产品被最终倾销裁决，则所有在中国境内出口该产品的企业都需要缴纳反倾销税。基于以上规定，我们选取了样本区间内美国针对中国发起的所有反倾销调查案例，并根据以下三个条件对样本进行筛选：①保留在2000年之前被最终倾销裁决，且执行期一直延续到2000年之后的案例；②保留在2000~2006年被最终倾销裁决的案例；③参照Lu等（2013）的做法，以HS-6位编码为标准，保留每个产品被第一次反倾销调查的案例[①]。最终样本包含美国2006年之前对华反倾销裁决的54个案例[②]。

企业的其他指标由中国工业企业数据库数据计算得出。该数据库包含企业的销售额、增加值、利润等主要财务指标，以及企业名称、就业人数、成立年份等其他企业特征指标。

在数据处理过程中，我们首先保留中国海关进出口数据库中出口至美国的交易数据，合并成企业–产品月度出口数据；其次，通过产品HS-6位编码，得到企业–产品月度出口数据，与世界银行临时性贸易壁垒数据库中美国2006年之前对华发起的反倾销调查数据相匹配；最后，通过企业名称、地址及年份信息，将以上数据与中国工业企业数据库进行匹配。由于本小节重点考察生产厂商在应对美国对华实施反倾销措施时，既有出口产品种类的调整，因此除了参照Qiu和Yu（2014）的方法剔除中国工业企业数据库中不合理的观测值外，本小节还对数据进行了如下处理：①剔除样本区间内只生产一种产品的企业（以HS-6位编码为标准）；②保留在反倾销措施实施之前有两种及以上出口产品的企业（以HS-6位编码为标准）[③]；

[①] HS-6位编码为国际标准编码。事实上，仅有1个案例（案例编号：US-AD-1046）的HS-6位编码与之前的案例重复，因此我们仅保留产品HS编码的前6位进行匹配。

[②] 在我们的样本区间内Bown（2016）数据中没有针对某一行业（以HS-2位编码为标准）的反倾销调查案例，因此我们无法在行业维度上进行探讨，这是本小节的局限性之一。具体案例信息备索。

[③] 由于本小节仅考虑企业在既有产品间的出口转移，该处理方法可能导致反倾销措施对产品的转移效应因部分单产品企业的剔除而被高估或者低估。一方面，我们剔除了受反倾销措施影响而退出市场的单产品企业，同样受影响的多产品企业则可能通过技术创新将出口转移至新产品，因而反倾销措施对企业产品的转移效应可能被扩大；另一方面，我们也剔除了在反倾销措施实施之后进入市场的单产品企业，这些企业可以依据调查结果自主选择非倾销品进行出口，这将使反倾销措施对企业出口产品的转移效应被弱化。现有数据条件使我们无法判断某一出口产品究竟是企业已经在国内市场销售的产品，还是新开发的产品，因此本小节无法回答出口产品进入和退出问题。

③根据 Ahn 等（2011）与 Tang 和 Zhang（2012）对贸易中间商的定义，剔除了企业名称中含有表示"贸易"词汇的企业[①]；④剔除裁决为有倾销行为的产品样本区间内所有的观测值。据此得到本小节主要的研究样本，包括 2000~2006 年 28 952 家企业[②]共 1 117 631 个观测值。

2. 研究问题与估计方法

（1）研究问题。本小节针对截至 2006 年美国对华发起的反倾销调查，重点考察中国企业在美国反倾销措施影响下出口产品种类如何变化。为此，我们以受美国对华反倾销措施影响的企业生产的非倾销产品作为处理组，以不受反倾销影响企业生产的非倾销产品作为对照组，运用面板双重差分方法估计美国对华反倾销措施对受影响企业出口产品种类的影响。具体而言，我们引入一个关键解释变量 AD_{it}，其中，i 为企业，t 为时间（以月为单位）。因此，AD_{it} 实际上是两个虚拟变量的交叉项，表示为 $AD_{it} = D_i \times D_{t_i}$。其中，$D_i$ 为企业 i 是否受到反倾销措施影响的虚拟变量，若企业 i 生产的产品在样本区间内曾被最终裁决为倾销产品，即企业受到了反倾销措施的影响，则 $D_i = 1$，否则 $D_i = 0$；t_i 为企业初次受到反倾销措施影响的时间，若 t 在企业初次受到反倾销影响的时间（t_i）之后，则 $D_{t_i} = 1$，否则为 0。即处理组为受反倾销措施影响的企业生产的非倾销品，对应 $AD_{it} = 1$；而对照组为不受反倾销措施影响的企业生产的非倾销品，对应 $AD_{it} = 0$。因此，为了叙述方便，下文统称 $AD_{it} = 1$ 对应的产品为受影响企业非倾销产品。值得注意的是，我们的样本中不包括受影响企业生产的被倾销裁决的产品[③]。

（2）估计方法。我们研究的重点是关注 AD_{it} 的系数 β_1，该系数在数学上表示处理组与对照组的差异。同时，为控制其他因素对产品出口的影响，我们还加入一组企业特征作为控制变量，并且控制了各种固定效应。具体的计量模型表达式如下：

$$\text{EXPORT}_{ijt} = \beta_1 AD_{it} + BX_{it} + \alpha_{ij} + \alpha_t + \varepsilon_{ijt} \tag{5-2}$$

其中，EXPORT_{ijt} 为被解释变量，表示受反倾销措施影响的企业 i 生产的非倾销品 j 的出口指标，包括产品的出口额、出口数量以及出口价格；X_{it} 为企业随时间变化的控制变量，包括企业规模、年龄及劳动生产率；B 为企业控制变量 X 对应的系数；α_{ij} 为企业-产品固定效应，以控制每个企业产品不随时间变化的特征；α_t 为

[①] 企业名称中表示贸易的词汇包括经贸、工贸、科贸、进出口、外贸、贸易和外经。
[②] 实际匹配样本为包括 43 389 家企业的非平衡面板，与戴觅等（2014）的匹配成功率相当，匹配成功率较高。由于本小节需要进一步匹配滞后 1 年的企业数据，故样本最终仅含 28 952 家企业。
[③] 即本小节使用的样本不包含任何被倾销裁决的产品观测值，不论在该产品被裁决为倾销品之前还是之后。

以月份-年度为单位的时间固定效应；ε_{ijt} 为误差项；同时所有系数的标准误都在企业-产品水平上进行聚类处理。

（3）对照组的选取问题。根据上文所述，本小节选取的处理组为受影响企业非倾销产品，而对照组为不受反倾销措施影响的企业生产的非倾销产品。为排除生产率和规模效应对结果造成的影响，我们在回归中加入企业劳动生产率和企业规模（企业就业人数）作为控制变量，并且加入企业-产品固定效应控制不随时间变化的企业特征。但仍无法排除处理组企业和对照组企业在反倾销裁决前存在的时间趋势差异。为排除这一可能，我们参照 Lu 等（2013）的做法，在回归中加入一个新变量 Pre_{it}，该变量实际为两个虚拟变量的交叉项，表示为 $\text{Pre}_{it} = D_i \times \text{Pre-time}_{it}$。其中，$\text{Pre-time}_{it}$ 的表达式为

$$\text{Pre-time}_{it} = \begin{cases} 1, & t \in [t_i - 12, t_i) \\ 0, & \text{其他} \end{cases} \quad (5\text{-}3)$$

其中，当 t 在企业初次受到反倾销措施影响前 12 个月内时，$\text{Pre-time}_{it} = 1$；否则 $\text{Pre-time}_{it} = 0$。此时，相应的表达式如下：

$$\text{EXPORT}_{ijt} = \beta_0 \text{Pre}_{it} + \beta_1 \text{AD}_{it} + BX_{it} + \alpha_{ij} + \alpha_t + \varepsilon_{ijt} \quad (5\text{-}4)$$

我们关注 Pre_{it} 的系数 β_0，若 β_0 显著，则表示处理组和对照组在反倾销措施实施前就已经存在时间趋势上的差异；若 β_0 不显著，则表示处理组和对照组在反倾销措施实施前并不存在时间趋势上的差异，对照组的选取合理。我们通过式（5-4）对该问题进行检验，结果表明对照组和处理组在反倾销措施之前并无时间趋势上的差异，因此对照组的选取是合适的。

3. 变量定义及描述性统计

（1）被解释变量：产品出口。该指标包括每个企业每种产品当月出口至美国的出口额（export）、出口数量（quantity）及出口价格（price）三个变量。这些变量由中国海关进出口数据库计算得出，由于海关数据记录了单个企业每种产品每月的所有交易，因此出口额为单个企业当月同一产品销至美国的交易额总和，出口数量为单个企业当月同一产品销至美国的交易量之和，出口价格为单个企业当月同一产品销至美国所有交易价格的均值，这些指标在回归中均取自然对数。

（2）解释变量。本小节的关键解释变量为 AD_{it}，其定义如上文所示。

（3）控制变量。参照 Chandra 和 Long（2013a）的设定，本小节使用企业年龄和企业规模作为控制变量。另外，诸多研究表明较高的生产率是企业出口的重要原因（Melitz，2003；de Loecker，2007），因此我们还引入企业劳动生产率作为控制变量，该指标等于企业人均增加值。值得注意的是，由于本小节研

究样本为企业-产品月度面板数据,而中国工业企业数据库为企业-年度面板数据,我们使用相关指标的上年数值和当年数值进行线性外推,计算出企业每月的实际年龄(real_age)、近似的就业人数(approxi_employ)及近似的劳动生产率(approxi_lp)[①]。

除此之外,本小节还控制了时间固定效应和企业-产品固定效应。为了更直接地对比处理组和对照组的差异,表5-31列出了关键解释变量AD_{it}的描述性统计结果,表5-32列出了两组相关变量的描述性统计及t检验结果。

表5-31 变量的描述性统计(一)

变量	观测值	均值	标准差	最小值	最大值
AD_{it}	1 117 631	0.26	0.44	0	1

表5-32 变量的描述性统计(二)

	变量	处理组 观测值	处理组 均值	对照组 观测值	对照组 均值	t检验
被解释变量	log export	287 580	9.52	830 050	10.12	114.80***
	log quantity	286 043	7.98	827 811	8.52	88.61***
	log price	286 429	1.61	827 457	1.65	7.53***
控制变量	log approxi_lp	269 795	4.03	792 917	3.86	−80.41***
	log approxi_employ	287 541	6.15	830 007	5.95	−76.64***
	log real_age	286 679	2.22	827 176	2.21	−9.03***

***表示在1%的显著性水平下显著

鉴于我们的样本不包含样本区间内裁决为有倾销行为的产品,AD_{it}的均值为0.26表示约有26%的观测值为受影响企业非倾销产品,其余74%的观测值对应未受反倾销措施影响的企业生产的非倾销产品。对比处理组与对照组的指标,我们发现处理组企业通常拥有更高的劳动生产率、就业规模更大并且经营时间更长;而对照组企业通常拥有更高的出口额、更大的出口量以及更高的出口价格。

[①] 实际年龄(real_age)=当年年份−成立年份+月份/12;近似的就业人数或劳动生产率通过以下公式计算得出:$approxi\_factor_{imy} = \left(1 - \frac{t}{12}\right) factor_{i,y-1} + \frac{t}{12} factor_{iy}$,其中,$i$为企业,$m$为月份,$y$为年份,factor为企业就业人数(employ)或劳动生产率(lp)。

(四)经验结果分析

1. 基准回归结果

本小节的基准回归结果如表5-33所示。其中,第(1)列、第(3)列和第(5)列仅控制月份-年度固定效应和企业-产品固定效应,第(2)列、第(4)列和第(6)列除固定效应外,还加入企业劳动生产率、就业规模及企业年龄作为控制变量。

表5-33 基准回归结果

变量	(1) log export	(2) log export	(3) log quantity	(4) log quantity	(5) log price	(6) log price
AD	0.087***	0.067***	0.075***	0.053***	0.010	0.011
	(0.018)	(0.018)	(0.018)	(0.019)	(0.007)	(0.007)
log approxi_lp		0.082***		0.071***		0.012***
		(0.007)		(0.007)		(0.003)
log approxi_employ		0.224***		0.199***		0.027***
		(0.013)		(0.014)		(0.005)
log real_age		0.015		0.004		0.016*
		(0.021)		(0.022)		(0.009)
常数项	9.685***	8.072***	8.260***	6.882***	1.464***	1.198***
	(0.023)	(0.099)	(0.023)	(0.100)	(0.009)	(0.038)
月份-年度固定效应	是	是	是	是	是	是
企业-产品固定效应	是	是	是	是	是	是
观测值	1 117 630	1 059 072	1 113 854	1 056 198	1 113 886	1 055 594
R^2	0.742	0.740	0.807	0.805	0.933	0.934

注:括号内值为标准误,并已在企业-产品水平上进行聚类处理
***、*分别表示在1%、10%的显著性水平下显著

根据表5-33的回归结果,我们发现美国对华反倾销措施使受影响企业非倾销产品的出口额上升了6.9%~9.1%[第(1)列和第(2)列],出口量增加了5.4%~7.8%[第(3)和第(4)列][1];然而这些产品的出口价格没有显著变化。以上结果支

---

[1] 由式(5-2)推导可得,出口额、出口量及出口价格变化的百分比与系数 β_1 的关系为 $[\exp(\beta_1)-1]\times 100\%$。本小节所有被解释变量变化比例的大小均由上式计算得出。

持美国对华实施反倾销措施后，受影响企业可能将出口转移至非倾销产品上这一假说。这体现为受影响企业非倾销产品的出口额和出口量均上升，而出口价格没有显著差异[①]。

2. 美国对华反倾销措施对非倾销产品出口影响的异质性研究

如果反倾销措施造成产品种类发生变化，那么这种影响应该因为企业所有制形式不同或企业是否是多行业企业而有差异。因此，本小节接下来从企业所有制和企业是否为多行业企业两方面入手，探讨美国对华反倾销措施对受影响企业非倾销产品的异质性影响。

（1）外资企业和国有企业的差异。由于国有企业与外资企业在资本构成、公司治理等方面存在差异，因此面对美国对华实施的反倾销措施，这两类企业也应该会有不同反应。与国有企业相比，一方面，受利润率强烈驱动的外资企业可能有更强的动力调整产品结构；另一方面，外资企业可能具有更高的生产率，学习效应更快（余淼杰，2011）。因此，我们推测出口企业在应对美国对华反倾销措施时，外资企业会更灵活地调整出口产品种类，而国有企业由于缺乏有效的激励机制，产品种类调整可能较为迟钝。

为探讨美国对华反倾销措施对不同所有制企业影响的差异，首先，我们生成两个子样本：第一个子样本仅包含 19 188 家外资企业共 882 350 个观测值，第二个子样本仅包含 2462 家国有企业约 50 997 个观测值。接下来，我们分别对这两个子样本进行回归，结果见表 5-34。

表 5-34 外资企业与国有企业子样本回归

变量	外资企业			国有企业		
	（1）	（2）	（3）	（4）	（5）	（6）
	log export	log quantity	log price	log export	log quantity	log price
AD	0.057***	0.043**	0.014*	0.041	0.114	−0.090*
	(0.021)	(0.021)	(0.008)	(0.084)	(0.094)	(0.048)
log approxi_lp	0.086***	0.073***	0.013***	0.087**	0.107***	−0.010
	(0.008)	(0.008)	(0.003)	(0.040)	(0.041)	(0.013)

---

① 反倾销措施对非倾销产品的价格没有显著影响的原因可能是：一方面，如果非倾销产品价格显著降低，那么可能会提高美国对该产品发起反倾销调查的概率；另一方面，若非倾销产品价格显著上升，虽然可以减少美国对该产品发起反倾销调查的可能，但价格上升可能导致该出口产品市场竞争力下降，出口减少，企业无法通过出口产品的调整达到稳定出口、减少反倾销调查影响的目的。因此，反倾销的产品溢出效应主要通过非倾销品的出口量而非价格进行调整。

续表

变量	外资企业			国有企业		
	（1）	（2）	（3）	（4）	（5）	（6）
	log export	log quantity	log price	log export	log quantity	log price
log approxi_employ	0.259***	0.232***	0.030***	0.028	0.021	−0.001
	（0.015）	（0.015）	（0.006）	（0.055）	（0.056）	（0.024）
log real_age	0.025	0.022	0.009	0.096*	0.126**	−0.012
	（0.032）	（0.032）	（0.013）	（0.053）	（0.055）	（0.023）
常数项	7.867***	6.710***	1.169***	8.820***	6.838***	2.010***
	（0.117）	（0.117）	（0.044）	（0.468）	（0.477）	（0.190）
月份-年度固定效应	是	是	是	是	是	是
企业-产品固定效应	是	是	是	是	是	是
观测值	834 122	831 638	831 496	45 473	45 284	45 322
R^2	0.747	0.803	0.932	0.756	0.853	0.949

注：括号内值为标准误，并已在企业-产品水平上进行聚类处理；用 Stata 进行回归时会自动剔除有部分变量缺失的观测值

***、**、*分别表示在 1%、5%、10%的显著性水平下显著

表 5-34 第（1）列和第（2）列的结果表明，当美国对华实施反倾销措施时，受影响的外资企业非倾销产品的出口额和出口量均显著上升，分别提高了 5.9%和 4.4%；相反，受影响的国有企业非倾销产品的出口额和出口量均没有显著变化。与基准全样本企业回归结果不同，受影响的外资企业非倾销产品的出口价格水平显著提高了 1.4%，而受影响的国有企业非倾销产品价格反而降低了 9.4%。这意味着美国对华实施反倾销措施后，受影响的外资企业将出口转移至非倾销产品，并且显著提高其出口价格；而受影响的国有企业没有对出口产品种类进行调整，非倾销产品的价格水平反而降低，与预期一致[①]。

（2）单行业企业和多行业企业的差异。已有研究表明多产品企业比单产品企业生产率高，并且拥有更好的绩效水平（Goldberg et al.，2010；Arkolakis et al.，2010）；与此同时，反倾销措施对绩效越好、产品多元化程度越高的企业的负面影响也越小（蒋为和孙浦阳，2016）。若多产品企业原本已经在多个行业生产产品，

[①] 中国出口企业有大量外资企业，因此与内资企业一样，外资企业也是受反倾销措施影响的主体。但我们认为这不会削弱本小节的政策意义，主要原因如下：第一，反倾销调查针对的是特定产品，对外资和内资企业一视同仁，二者均需缴纳反倾销税；第二，只要在中国境内生产经营的企业，无论外资还是内资，其产值都会计入 GDP，并且外资企业雇员大部分为中国公民；第三，我们发现外资企业能够对反倾销调查迅速做出转变，而国有企业没有这样的机制，这对国有企业应当如何积极应对反倾销调查具有很好的借鉴作用。

相比单一行业企业,多产品企业产品调整余地更大,人员和设备更完善,中间品和原材料更具多样性,则可以更容易地实现产品种类的改变。因此,多行业企业在面对美国的反倾销措施时,应该比单行业企业更容易调整出口产品的种类,即有更显著的产品种类溢出效应。

为验证这一推论的准确性,本小节按照 HS-2 位编码,将样本分为两个子样本。第一个子样本包含 13 297 家多行业企业(至少有两种产品的 HS-2 位编码不相同)851 836 个观测值,第二个子样本包含 15 655 家单行业企业(所有产品的 HS-2 位编码都相同)共 265 795 个观测值。这两个子样本的回归结果见表 5-35。

表 5-35　多行业企业与单行业企业子样本回归

变量	多行业企业			单行业企业		
	(1) log export	(2) log quantity	(3) log price	(4) log export	(5) log quantity	(6) log price
AD	0.077***	0.063***	0.011	1.2×10^{-5}	−0.012	0.010
	(0.019)	(0.020)	(0.008)	(0.055)	(0.060)	(0.023)
log approxi_lp	0.079***	0.067***	0.013***	0.091***	0.081***	0.010**
	(0.009)	(0.009)	(0.003)	(0.013)	(0.013)	(0.005)
log approxi_employ	0.227***	0.203***	0.027***	0.215***	0.189***	0.026***
	(0.016)	(0.016)	(0.006)	(0.025)	(0.026)	(0.009)
log real_age	0.015	0.002	0.019*	0.016	0.011	0.009
	(0.025)	(0.027)	(0.011)	(0.036)	(0.037)	(0.015)
常数项	7.881***	6.684***	1.208***	8.642***	7.481***	1.175***
	(0.117)	(0.117)	(0.045)	(0.177)	(0.184)	(0.066)
月份-年度固定效应	是	是	是	是	是	是
企业-产品固定效应	是	是	是	是	是	是
观测值	805 909	803 333	803 428	253 163	252 865	252 166
R^2	0.741	0.795	0.925	0.718	0.828	0.959

注:括号内值为标准误,并已在企业-产品水平上进行聚类处理
***、**、*分别表示在1%、5%、10%的显著性水平下显著

表 5-35 第(1)列~第(3)列多行业企业子样本的回归结果表明,若企业为多行业企业,那么在受美国对华反倾销措施影响后,企业非倾销产品的出口额和出口量分别提高了 8.0%和 6.5%,而出口产品价格没有显著差异,与基准回归结果相似。相反,若企业为单行业企业,受影响企业的出口没有显著向非倾销产品转移[第(4)列~第(6)列]。这些结果表明美国对华实施反倾销措施后,多行

业出口企业更容易实现出口产品种类的转移,支持了本小节关于出口产品种类溢出效应的理论推断。

3. 影响机制的进一步说明

根据上文分析,本小节发现在美国实施反倾销措施后,由于受影响企业的被调查品出口至美国的贸易成本上升,非倾销产品出口至美国的贸易成本则相对降低,其出口显著增加,企业可能存在产品种类溢出效应。这一效应在外资企业和国有企业、多行业企业和单行业企业间存在差异。在本小节理论机制下,对受影响的企业而言,反倾销措施使调查产品出口至指控国的贸易成本上升,不仅意味着非倾销产品出口至指控国的贸易成本相对降低,还意味着非倾销产品出口至其他国家的贸易成本也相对减少,那么非倾销产品至其他国家的出口也应当增加。为检验这一机制是否成立,本小节使用受影响企业非倾销产品至其他国家的出口额(export_withoutUS)、出口量(quantity_withoutUS)及产品出口价格(price_withoutUS)作为被解释变量进行回归,回归结果见表5-36。

表5-36 非倾销品至其他国家的出口回归

变量	(1) log export_withoutUS	(2) log export_withoutUS	(3) log quantity_withoutUS	(4) log quantity_withoutUS	(5) log price_withoutUS	(6) log price_withoutUS
AD	0.027	−0.021	0.014	−0.032	0.014	0.010
	(0.040)	(0.041)	(0.034)	(0.035)	(0.010)	(0.010)
log approxi_lp		0.130***		0.107***		0.022***
		(0.016)		(0.014)		(0.004)
log approxi_employ		0.367***		0.326***		0.049***
		(0.030)		(0.026)		(0.007)
log real_age		0.123**		0.073		0.045***
		(0.053)		(0.045)		(0.014)
常数项	5.726***	2.903***	4.958***	2.568***	1.024***	0.557***
	(0.056)	(0.217)	(0.049)	(0.189)	(0.013)	(0.053)
月份-年度固定效应	是	是	是	是	是	是
企业-产品固定效应	是	是	是	是	是	是
观测值	1 117 631	1 059 072	1 117 637	1 059 072	1 117 637	1 059 072
R^2	0.766	0.765	0.782	0.782	0.795	0.792

注:括号内值为标准误,并已在企业-产品水平上进行聚类处理
***、**分别表示在1%、5%的显著性水平下显著

与基准模型结构相同，表 5-36 第（1）列、第（3）列、第（5）列仅控制月份-年度固定效应和企业-产品固定效应，第（2）列、第（4）列、第（6）列除了固定效应外还在回归中控制了企业特征。我们发现，不论是受影响企业非倾销产品销至其他国家的出口额、出口量还是出口价格的系数都不显著，与我们的预期不相符。

我们推测这可能与该国（除美国外）是否为企业原有出口渠道有关。具体而言，一方面，若某国为企业原有出口渠道，那么受影响企业在出口时可直接通过该渠道将非倾销产品销往该国，非倾销产品至这些国家的出口增加；另一方面，若某国并非企业原有的出口渠道，那么企业需要额外的成本建立新的贸易渠道，受影响企业非倾销产品出口至这些国家的贸易成本相对较高，出口可能不会增加。如果企业原有的出口渠道较单一，那么非倾销产品出口增加可能绝大部分表现为至原有渠道出口的增加，因此我们观察不到非倾销产品至其他国家出口的显著变化。

为了验证此推断，首先，我们将出现在样本中第一年的贸易伙伴定义为原有出口渠道，其他国家为非原有出口渠道；其次，我们分别计算每家企业每种产品每月至原有出口渠道和非原有出口渠道的出口额、出口量和平均价格[①]；最后，我们剔除每家企业出现在样本中第一年的所有观测值。据此，我们得到包含 27 515 家企业超过 852 255 个观测值的新样本，其回归结果见表 5-37。由结果可知，若其他国家为该企业原有出口渠道，那么非倾销产品的出口额和出口量将显著增加；若其他国家为该企业非原有出口渠道，那么非倾销产品至这些国家的出口额和出口量没有显著变化。该结果与我们的推断一致。

表 5-37　区分原有出口渠道与非原有出口渠道的回归

变量	原有出口渠道			非原有出口渠道		
	（1）	（2）	（3）	（4）	（5）	（6）
	log export	log quantity	log price	log export	log quantity	log price
AD	0.347***	0.191***	0.009***	−0.018	−0.018	0.005
	(0.023)	(0.019)	(0.002)	(0.042)	(0.036)	(0.012)
log approxi_lp	0.058***	0.040***	0.001	0.133***	0.108***	0.028***
	(0.007)	(0.006)	(0.001)	(0.017)	(0.015)	(0.005)
log approxi_employ	0.190***	0.151***	−0.001	0.316***	0.280***	0.051***
	(0.014)	(0.012)	(0.001)	(0.031)	(0.028)	(0.008)
log real_age	0.001	−0.011	0.001	0.092*	0.039	0.053***
	(0.020)	(0.016)	(0.001)	(0.056)	(0.048)	(0.016)

---

① 若企业只出口至美国，那么表明该企业至原有其他渠道或非原有其他渠道的出口为 0。

续表

变量	原有出口渠道			非原有出口渠道		
	(1) log export	(2) log quantity	(3) log price	(4) log export	(5) log quantity	(6) log price
常数项	0.946***	0.631***	0.026***	0.536**	0.436**	0.170***
	(0.099)	(0.082)	(0.006)	(0.231)	(0.202)	(0.062)
月份-年度固定效应	是	是	是	是	是	是
企业-产品固定效应	是	是	是	是	是	是
观测值	807 846	808 012	808 012	808 972	808 995	808 962
R^2	0.861	0.880	0.880	0.792	0.799	0.821

注：括号内值为标准误，并已在企业-产品水平上进行聚类处理。
***、**、*分别表示在1%、5%、10%的显著性水平下显著

综上所述，美国对华实施反倾销措施后，受影响企业非倾销产品销至美国的出口额增加，出口量也显著提高，而出口价格没有显著变化。这一影响随企业所有制和企业是否为多行业企业而有所不同。具体而言，对于外资企业或多行业企业，受反倾销措施影响的企业出口会向非倾销产品转移，并且受影响的外资企业非倾销产品出口价格也显著提高；对于国有企业或单行业企业，没有发现出口产品种类的溢出效应，受影响国有企业生产的非倾销产品出口价格反而下降。此外，非倾销产品至原有出口渠道的出口显著提高，但是至非原有出口渠道的出口额和出口量没有显著变化。这些结果支持我们的理论假说，即反倾销措施实施后，受影响企业将出口转移至非倾销产品。

（五）稳健性检验

以上研究结果表明，美国对华反倾销措施的实施可能导致受影响企业出口从倾销产品向非倾销产品转移，这一影响随企业所有制不同及是否为多行业企业而有所差异。为使结果更让人信服，本小节进一步从以下四方面对结果进行稳健性检验。

1. 使用企业年度指标作为控制变量

为了匹配中国工业企业数据库与企业-产品月度出口数据，上文使用线性加权求和的方法近似计算了企业的月度指标，并作为控制变量加入回归。为此，我们首先检验直接使用企业年度指标作为控制变量回归时结果是否稳健（表5-38）。

表 5-38 使用企业年度指标作为控制变量的回归

变量	(1) log export	(2) log quantity	(3) log price
AD	0.066***	0.053***	0.011
	(0.018)	(0.019)	(0.007)
log lp	0.110***	0.091***	0.019***
	(0.007)	(0.007)	(0.003)
log employ	0.265***	0.243***	0.024***
	(0.014)	(0.014)	(0.005)
log age	−0.020	−0.029	0.015
	(0.023)	(0.024)	(0.010)
常数项	7.782***	6.589***	1.206***
	(0.103)	(0.102)	(0.037)
月份-年度固定效应	是	是	是
企业-产品固定效应	是	是	是
观测值	1 085 042	1 081 813	1 081 386
R^2	0.741	0.805	0.934

注：括号内值为标准误，并已在企业-产品水平上进行聚类处理
***表示在1%的显著性水平下显著

表 5-38 的结果表明，当使用企业年度指标作为控制变量时，受影响企业非倾销产品出口额和出口量分别增加 6.8% 和 5.4%，而这些产品的出口价格没有显著变化，该结果与基准模型相似。因此，当控制变量更换为企业年度指标时，结论仍然成立。

2. 对照组改为产品虽遭受反倾销调查但未被最终倾销裁决的企业

除了被最终倾销裁决的产品外，还有一类产品虽然受到反倾销调查，但没有被最终裁决为倾销产品。理论上，企业会更加谨慎地出口这类产品，以减少由该产品被最终倾销裁决造成不必要的损失。因此，我们推测相比受反倾销调查但没有被最终倾销裁决的产品，企业更倾向将出口转移至没有被调查的产品上。为此我们将对照组更换为样本企业生产的曾受反倾销调查但没有被最终倾销裁决的产品，对基准回归进行稳健性检验（表 5-39）。

表 5-39　更换对照组的回归

变量	(1) log export	(2) log export	(3) log quantity	(4) log quantity	(5) log price	(6) log price
AD	0.178*	0.175*	0.176*	0.176*	0.011	0.008
	(0.093)	(0.095)	(0.097)	(0.100)	(0.029)	(0.030)
log approxi_lp		0.053***		0.048***		0.004
		(0.014)		(0.014)		(0.005)
log approxi_employ		0.178***		0.143***		0.034***
		(0.026)		(0.025)		(0.010)
log real_age		0.012		0.011		−0.002
		(0.052)		(0.050)		(0.015)
常数项	8.919***	7.709***	7.594***	6.648***	1.376***	1.113***
	(0.115)	(0.229)	(0.120)	(0.227)	(0.040)	(0.078)
月份-年度固定效应	是	是	是	是	是	是
企业-产品固定效应	是	是	是	是	是	是
观测值	323 970	303 652	322 409	302 588	322 657	302 453
R^2	0.776	0.775	0.814	0.812	0.923	0.925

注：括号内值为标准误，并已在企业-产品水平上进行聚类处理

***、*分别表示在1%、10%的显著性水平下显著

表5-39第（1）列和第（2）列的结果表明，相比受反倾销调查的非倾销产品，受影响企业非倾销产品的出口额增加了19.1%，该系数约为基准回归系数的2.1~2.8倍；与此同时，受影响企业非倾销产品的出口量提高了19.2%，约为基准回归系数的2.5~3.6倍；这些产品的出口价格仍然没有显著差异。回归结果表明产品受反倾销调查后，虽然没有被最终裁决为倾销产品，但企业仍然会相应减少这类产品的出口，以规避反倾销裁决带来的负面影响。因此，相比这类企业，受影响企业的产品种类溢出效应比基准模型更加显著。这也从侧面说明了反倾销调查仍会对没有被最终裁决为有倾销行为的产品造成负面影响。

3. 将贸易中间商重新加入样本

理论上，中国工业企业数据库中的企业都是生产厂商，但在匹配过程中，我们仍发现约有400家工业企业的名称包含表示贸易的词汇，这可能是因为部分工业企业在进行一般贸易的同时也生产产品。为检验结果的稳健性，我们将这些贸易中间商重新加入样本进行回归，结果见表5-40。

表 5-40　保留贸易中间商的样本回归

变量	(1) log export	(2) log export	(3) log quantity	(4) log quantity	(5) log price	(6) log price
AD	0.079***	0.061***	0.068***	0.048***	0.010	0.011
	(0.018)	(0.018)	(0.018)	(0.019)	(0.007)	(0.007)
log approxi_lp		0.080***		0.069***		0.013***
		(0.007)		(0.007)		(0.003)
log approxi_employ		0.219***		0.194***		0.027***
		(0.013)		(0.013)		(0.005)
log real_age		0.025		0.015		0.015*
		(0.020)		(0.021)		(0.008)
常数项	9.680***	8.077***	8.251***	6.884***	1.466***	1.200***
	(0.023)	(0.096)	(0.023)	(0.097)	(0.009)	(0.037)
月份-年度固定效应	是	是	是	是	是	是
企业-产品固定效应	是	是	是	是	是	是
观测值	1 156 706	1 095 216	1 152 917	1 092 327	1 152 860	1 091 642
R^2	0.740	0.738	0.805	0.803	0.933	0.934

注：括号内值为标准误，并已在企业-产品水平上进行聚类处理

***、*分别表示在1%、10%的显著性水平下显著

表 5-40 的结果表明，在加入贸易中间商后，受影响企业非倾销产品的出口额增加了 6.3%~8.3%，出口量增长了 4.9%~7.0%，产品出口价格系数仍不显著，这与基准回归结果相似，再次支持了本小节的结论。

4. 排除美国 05.1 号进口政策管理条例的影响

通过对比前文外资企业与国有企业的结果发现，受影响的外资企业在应对反倾销时能够及时调整出口产品，非倾销产品的出口额和出口量显著增加，而受影响的国有企业没有类似变化。根据 2005 年 4 月 5 日美国政府公布的 05.1 号进口政策管理条例[①]，在不具有"市场经济地位"的国家（如中国）经营的来自具有"市场经济地位"国家或地区（包括港澳台地区）的纯外资及港澳台企业，若遭受来自美国的反倾销调查时，可以通过提交简单的申请材料直接获得"市场经济地位企业"的认定及单独的反倾销税率。这意味着虽然反倾销政策对外资

---

① 资料来源：http://enforcement.trade.gov/policy/bull05-1.pdf。

企业一视同仁，但对来自具有"市场经济地位"国家或地区的纯外资及港澳台企业，它们可能会有所放松，给予较低的反倾销税率。为排除这一政策对结果的影响，我们进行了两组稳健性检验。一是剔除 2005 年 4 月之后的所有外资及港澳台企业，得到包含 24 698 家企业 688 598 个观测值的子样本一[①]；二是剔除 2005 年 4 月之后的所有样本，得到包含 21 537 家企业 560 595 个观测值的子样本二。这两组子样本的回归结果见表 5-41，第（1）列~第（3）列为子样本一的回归，第（4）列~第（6）列为子样本二的回归。

表 5-41 排除美国 05.1 号进口政策管理条例影响的回归

变量	（1）log export	（2）log quantity	（3）log price	（4）log export	（5）log quantity	（6）log price
AD	0.089***	0.076***	0.009	0.090***	0.072***	0.016*
	（0.022）	（0.022）	（0.009）	（0.024）	（0.025）	（0.010）
log approxi_lp	0.080***	0.075***	0.008**	0.089***	0.084***	0.007*
	（0.009）	（0.009）	（0.003）	（0.010）	（0.010）	（0.004）
log approxi_employ	0.183***	0.166***	0.018***	0.213***	0.191***	0.022***
	（0.015）	（0.015）	（0.006）	（0.017）	（0.017）	（0.006）
log real_age	0.005	−0.004	0.015	0.009	0.003	0.010
	（0.024）	（0.025）	（0.010）	（0.025）	（0.026）	（0.009）
常数项	8.361***	7.116***	1.253***	8.202***	7.005***	1.211***
	（0.113）	（0.115）	（0.044）	（0.124）	（0.125）	（0.046）
月份-年度固定效应	是	是	是	是	是	是
企业-产品固定效应	是	是	是	是	是	是
观测值	652 507	650 549	651 655	529 219	527 391	529 219
R^2	0.745	0.811	0.939	0.753	0.811	0.938

注：括号内值为标准误，并已在企业-产品水平上进行聚类处理
***、**、*分别表示在 1%、5%、10%的显著性水平下显著

理论上，在 2005 年美国 05.1 号进口政策管理条例实施后，相比其他企业，来自具有"市场经济地位"国家或地区的纯外资及港澳台企业受美国对华反倾销调查的影响较小，这些企业在调整出口产品种类时驱动力也较小。因此剔除这些

---

① 由于数据识别的困难，我们无法判断企业是否完全属于具有"市场经济地位"的国家或地区，我们将所有外资及港澳台企业从样本中剔除。这里的外资及港澳台企业指纯外资企业、外资控股企业、所有含有外资成分的企业以及中国港澳台资企业。

企业后，产品溢出效应应该更大。表 5-41 第（1）列~第（3）列剔除 2005 年 4 月后外资及港澳台企业的结果表明，当美国对华实施反倾销措施时，受影响企业非倾销产品出口额和出口量分别提高了 9.3% 和 7.9%，显著高于基准回归中的结果（6.9%~9.1% 和 5.4%~7.8%），与预期相符。而剔除 2005 年 4 月后所有样本的估计也有类似结果，进一步表明了本小节结论的稳健。

综上所述，美国对华实施反倾销措施使受影响企业将出口转移至非倾销产品这一结论不受其他市场因素的影响。在使用不同控制变量、更换对照组样本、将贸易中间商加入样本及排除美国 2005 年 05.1 号进口政策管理条例对结果的影响后，本小节研究结论依然稳健。

（六）结论与启示

为研究美国对华实施反倾销措施是否对出口企业有出口产品种类方面的影响，本小节通过匹配 2000~2006 年中国海关进出口数据库、中国工业企业数据库及世界银行临时性贸易壁垒数据库，运用面板双重差分模型从微观层面考察了美国对华反倾销措施对受影响企业销至美国的非倾销产品出口额、出口量及出口价格的影响。

本小节研究表明，2000~2006 年美国对华反倾销措施使受影响企业非倾销产品出口额上升 6.9%~9.1%，出口量增加了 5.4%~7.8%，而对这些产品的出口价格没有显著影响。异质性分析的结果表明，美国对华反倾销措施对受影响企业非倾销产品的影响随企业所有制不同和企业是否为多行业企业而有所差异。具体而言，我们发现受影响外资企业和多行业企业存在产品种类溢出效应，国有企业和单行业企业则没有显著调整出口产品种类，并且该效应与贸易伙伴是否为企业原有出口渠道有关。其他稳健性检验的结果进一步支持了本小节的结论，即美国对华反倾销措施将导致受影响企业出口向非倾销产品转移，存在产品种类的溢出效应。由于数据的局限性，我们的研究忽略了企业获得不同反倾销税率对出口产品种类的影响；而且由于企业提供的产品信息有限，现阶段我们也无法验证积极应对反倾销措施的企业是更强调自己的优势产品的企业，还是产品更加多样化的企业。这也是未来值得进一步研究的方向。

在全球经济增长放缓的背景下，反倾销调查已成为各国重要的贸易保护工具。出口导向的经济增长模式使中国贸易总额占全球的比重不断上升，中国出口产品在国际市场上可能将遭受更多的反倾销调查。因此，本小节对企业应当如何积极妥善应对国外反倾销调查、减少反倾销措施带来的不利影响及稳定出口有十分重要的指导意义。具体而言，单行业企业应当不断创新，开拓新产品，扩展自身产品覆盖的行业范围，以便更加灵活地将出口转移至其他行业的非倾销产品上，避免由于出口产品种类单一带来贸易摩擦。国有企业应当结合自身特征，提高生产效率，及时调整产品种类，积极应对国外反倾销措施。综上所述，企业在面对国外反倾销措施时，应当不断创新，积极开拓新产品，及时调整出口产品种类，以稳定企业出口、减少反倾销调查对企业造成的负面影响。这对保持企业在国际市场上的竞争力具有非常重要的实践意义。

三、中国对外直接投资具有跨越贸易壁垒的动机吗？[①]

本小节利用2003~2015年中国对178个国家和地区境外投资的面板数据，实证分析了东道国贸易壁垒对中国对外直接投资的影响。研究结果表明：首先，中国对外直接投资具有显著的跨越东道国反倾销调查的动机。其次，中国跨越反倾销贸易壁垒的对外直接投资行为在发达和发展中国家、"一带一路"沿线国家和非"一带一路"沿线国家、承认和不承认中国"市场经济地位"的国家之间存在异质性。这些结果在采用不同的因变量和自变量的度量方法时依然稳健。因此，实证结果具有可靠性。本小节对中国企业"走出去"及"一带一路"倡议的有效实施具有重要的借鉴意义。

（一）研究背景

随着中国经济实力稳步提升和"走出去"战略的深入实施，近年来，中国对外直接投资规模迅猛增长。自2003年中国有关部门权威发布年度数据以来，中国已连续8年位列全球对外直接投资流量前三，对世界经济的贡献日益凸显，2019年流量是2002年的51倍，占全球比重连续4年超过一成，中国对外直接投资在全球对外直接投资中的影响力不断扩大。随着中国"一带一路"建设、国际产能和装备制造合作的持续推进，中国对外直接投资还将继续保持高速增长。

现有文献主要从东道国角度考察了中国企业"走出去"的原因，研究发现中国企业"走出去"具有获取东道国资源、市场和战略资产的动机（Buckley et al., 2007；蒋冠宏和蒋殿春，2012a, 2012b；罗伟和葛顺奇, 2013；王永钦等, 2014；杨娇辉等, 2016）。然而，现有研究大都忽略了贸易壁垒跨越很可能也是中国企业"走出去"的原因之一。

随着多边贸易协定的开展和贸易自由化进程的持续推进，以关税为代表的传

---

① 本小节内容基于总课题"中国应对'双反'调查的策略研究与政策建议"成果整理而成，撰稿人为河南财经政法大学讲师张相伟与厦门大学教授龙小宁。

统贸易壁垒不断削减,而其他的贸易政策工具如反倾销壁垒的使用则越来越频繁。反倾销措施作为 WTO 框架下维护公平贸易的三种反制措施之一,历来被列为"三大例外"的允许范畴(WTO 允许的三大"例外措施"指反倾销、补贴与反补贴和保障措施),其初衷是针对贸易伙伴倾销行为的一种约束。然而,现实中反倾销却经常沦为实施贸易保护主义的工具,已成为各国贸易保护的最重要手段。据 WTO 统计,自 1995 年开始,截至 2015 年中国已连续 21 年成为世界上受到反倾销调查最多的国家。尤其是 2001 年以来,中国遭受反倾销调查的次数呈现快速增长的趋势。由于面对东道国的贸易壁垒,出口企业可能会选择在东道国直接投资建厂而继续保持在东道国的市场份额。而近年来中国遭受的反倾销调查和对外直接投资也呈现了相似的增长趋势。因此,本小节推测近年来中国对外直接投资快速增长的背后,中国企业频繁遭受反倾销调查可能是其中的主要推动因素之一。

(二)文献综述

面对东道国的贸易壁垒,出口企业为能继续保持东道国的市场份额,通常会采取两种战略:一是在没有设置贸易壁垒的第三国投资建厂,然后再从第三国出口到目标国市场。二是直接在实施贸易壁垒的东道国建厂,服务东道国市场。

关于贸易壁垒是否会诱发跨越贸易壁垒型国际投资行为,在理论层面,目前学术界并未完全达成一致。Horst(1971)、Horstmann 和 Markusen(1987,1992)、Bhagwati 等(1987)研究发现进口国的高关税壁垒增加了企业的出口成本,当企业出口成本足够大时便会诱发企业在东道国设厂投资。然而,后续的研究指出,企业通过对外直接投资跨越贸易壁垒是有条件的,与东道国关税水平、市场结构、运输成本、企业可转移的成本优势相关(Blonigen and Ohno,1998;Belderbos et al.,2004;Campa et al.,1998;Haaland and Wooton,1998;Behrens et al.,2007;孙文莉和伍晓光,2012)。Dinopoulos(1989,1992)的研究则认为跨越贸易壁垒投资的企业负担了应对贸易壁垒的成本,却使所有企业受益,由于"搭便车"问题的存在,诱发式对外直接投资行为可能并不存在。

除了以上的理论分析,学者也利用跨国贸易与投资数据进行了实证检验。20 世纪 70 年代末至 90 年代末,日本是遭受欧美反倾销调查频率最高、数量最多的国家,同时有许多日本企业在欧美开展跨国经营。因此,现有文献对日本企业的研究最为丰富。Azrak 和 Wynne(1995)、Blonigen 和 Feenstra(1997)、Belderbos(1997)分别基于日本的跨国(地区)投资数据,证实了日本流向美国和欧盟的对外直接投资与对方对日本发起的反倾销数量正相关。而且,不仅实际实现的反倾销裁定具有影响,即使反倾销案件最终并未征收反倾销税(即反倾销威胁)也促进了日本对美国的直接投资。然而,Blonigen(2002)的研究却发现,在控制了影响企业跨国投资的其他因素后，并没有证据表明日本企业具有跨越美国反倾销壁垒的境外投资行为。

更近的研究开始对中国企业遭受反倾销调查的情况进行了研究，研究结论也尚未达成一致。部分学者认为中国对外直接投资跨越贸易壁垒的动机并不强烈。例如，卢进勇和郑玉坤（2004）研究发现，中国对外直接投资有近一半是属于贸易促进型，跨越贸易壁垒市场导向的对外直接投资占比很小。沈国兵（2011）通过对中国2004~2009年对外直接投资区位分布的分析，发现中国通过境外投资规避欧美反倾销的做法尚属于起步阶段，特别是对美国跨越式的投资更少，反倾销更多的是导致企业到一些避税天堂国家进行投资。徐世腾（2011）、张小鹿（2015）分别通过对中国对外直接投资和遭受反倾销调查现状的分析，同样认为中国对外直接投资并不具有跨越贸易壁垒的倾向。然而，也有研究得出了与之相反的结论。杜凯和周勤（2010）以中国对外劳务合作和工程承包及对外设计咨询作为对外直接投资的代理变量，研究发现以反倾销和关税为代表的贸易壁垒是刺激中国企业"走出去"的重要因素。李猛和于津平（2013）、李猛和王纪孔（2014）认为中国对外直接投资企业具有跨越反倾销的动机，而且，其效应与东道国的宏观经济特征相关。

现有研究加深了本小节关于贸易壁垒与对外直接投资之间关系的认识，但仍具有诸多值得拓展的空间。第一，现有文献主要以日本等发达国家为研究对象，然而，随着发展中国家日益成为遭受反倾销调查的主要对象及发展中国家跨国企业的快速成长，发展中国家是否也会出现跨越反倾销壁垒的国际投资现象？中国作为世界上最大的发展中国家，不仅是遭受反倾销调查最严重的国家，也是世界第二大对外直接投资国，以中国为例，研究发展中国家贸易壁垒与国际投资之间的关系显得尤为重要。第二，已有研究主要以构建数理模型的定性分析和数据描述性分析为主，运用现代计量分析方法的实证研究相对较少。第三，现有少量关于中国的研究，结论尚未达成一致。研究方法主要为描述性的定性分析，定量研究中，数据较为陈旧，样本选择和研究方法等均存在值得改进的地方。而且，已有研究均忽略了贸易壁垒与对外直接投资之间可能存在的内生性问题。

本小节主要有以下几点贡献：第一，基于2003~2015年中国对178个国家和地区对外直接投资的面板数据，实证分析了中国跨越贸易壁垒的对外直接投资现象，样本量较大，并从多个方面对实证结果进行了稳健性检验。第二，分析了贸易壁垒对中国对外直接投资的异质性影响，尤其是首次分析了东道国承认中国"市场经济地位"与否的影响。第三，考虑了贸易壁垒与对外直接投资之间可能存在的内生性问题。

(三)理论和假设

1. 贸易壁垒与中国对外直接投资

跨越贸易壁垒的国际投资理论最早见于 Mundell（1957）关于贸易和投资关系的理论，Mundell（1957）研究认为外生的贸易保护的增加引起了国家之间资本边际收益的差异，从而导致了资本的国际流动。与上述研究不同，Bhagwati 等（1987）、Dinopoulos（1989，1992）认为进口国的贸易保护水平是内生的，进口国的贸易保护水平不仅会引致跨越贸易壁垒的直接投资，而且，跨越贸易壁垒型国际投资行为也会影响进口国的贸易保护需求，该理论被称为补偿性对外直接投资理论。该理论认为，在东道国进行直接投资的企业为实现两个时期的利润最大化，即使短期内遭受损失，也会在第一时期进行跨越贸易壁垒的境外投资。短期损失是企业当前为预防未来贸易保护所付出的成本，因为企业相信跨越贸易壁垒的对外直接投资通过在东道国投资建厂，增加了当地就业，并取代了被认为是减少了国外就业的出口。贸易保护的压力因此得到减轻，从而降低了未来贸易保护的可能性以及潜在的贸易保护程度。而外国投资者短期遭受的损失也能够被随后降低的贸易保护威胁所抵消，因此由这种贸易壁垒引致的对外直接投资被称为补偿性对外直接投资。祝福云（2011）基于 Jones（1965）一般均衡模型的研究，发现跨越反倾销的对外直接投资能够削弱东道国未来的贸易保护壁垒。因此，补偿性对外直接投资理论表明东道国贸易壁垒与对外直接投资之间的关系是双向的，东道国贸易壁垒不仅会诱发跨越贸易壁垒的对外直接投资行为，贸易壁垒引致的对外直接投资反过来也会减少东道国对企业未来的贸易保护威胁。

目前，以关税为代表的传统贸易壁垒不断削减，各国实施贸易壁垒的主要工具为反倾销等其他非关税壁垒（Blonigen and Bown, 2003）。与传统的贸易壁垒相比，反倾销不仅具有形式上的合法性，而且便于操作，目标针对性强，在执行、操作等具体环节具有很大的模糊性、随意性和不透明性，往往造成税率高、杀伤力强的贸易保护结果（王孝松等，2015）。因此，根据以上理论，与传统贸易壁垒相比，反倾销不仅会诱发企业的国际投资行为，而且其强度甚至可能会超过关税等其他贸易壁垒。故针对世界平均关税水平不断下降、中国连续多年来成为遭受反倾销调查最多的国家，以及被征收高额反倾销税的事实（王孝松等，2015），本小节提出以下两个理论假说。

假说 H1：中国跨越关税壁垒型的对外直接投资行为不明显。

假说 H2：对华反倾销引致了中国跨越反倾销壁垒型对外直接投资。

2. 贸易壁垒对中国对外直接投资的异质性影响

相对于发展中国家，发达国家通常对华反倾销的数量多，实施力度大，以美国和欧盟为例，根据 WTO 的统计，1995~2017 年美国和欧盟对华实施的反倾销数量占世界对华反倾销数量的比例和占所有对华反倾销指控国（地区）的比重均近 1/4，而且，最终对华采取反倾销措施的案件平均数量也高于其他发展中国家，对中国企业征收的反倾销税也很高。同时，由于发达和发展中国家的经济和制度环境不同，中国在发达国家和发展中国家进行投资所面临的风险和投资动机也存在差异。因此，考虑到发达国家和发展中国家对华反倾销的不同特点，以及投资环境的差异。本小节提出理论假说 H3。

假说 H3：中国跨越反倾销壁垒的对外直接投资行为在发达与发展中国家间存在异质性。

"一带一路"倡议已成为中国当前阶段最重要的区域发展与合作平台之一，"一带一路"沿线国家也正逐渐成为中国对外直接投资的重要区位。考虑到"一带一路"和非"一带一路"沿线国家之间的经济发展和制度环境及它们对华反倾销调查的特征存在较大差异，对华反倾销壁垒引致的对外直接投资效应可能也具有异质性。因此，本小节提出理论假说 H4。

假说 H4："一带一路"和非"一带一路"沿线国家对华反倾销引致的对外直接投资效应存在差异。

在对华贸易争端中，东道国是否承认中国的"市场经济地位"非常重要。它不仅是计算"双反"税率的关键因素，也是《中国入世议定书》第 15 条引发争议的核心。根据第 15 条（a）项（ⅱ）目，如果中国生产商不能明确证明在制造、生产和销售该产品方面具备市场经济条件，进口国就可以使用替代国价格计算产品的正常价值，并由此确定倾销幅度与反倾销税率。其中，替代国的选择及替代国国内价格的认定是论辩双方反复争论的焦点，调查发起国经常罔顾事实，使用西班牙、新加坡等经济水平与生产成本远高于中国的经济体作为替代国，大幅虚增了中国出口企业的成本，导致中国企业在反倾销诉讼中屡屡败诉，并被实施高额的反倾销税。而且，在反倾销调查中替代国的使用屡屡得逞的情况下，一些国家开始进一步滥用这一做法。因此，本小节提出理论假说 H5。

假说 H5：中国在承认中国"市场经济地位"与否的国家间跨越反倾销壁垒的对外直接投资行为具有异质性。

(四)模型、变量和数据

1. 模型设定与变量说明

自 Tinbergen(1962)将引力模型引入国际贸易问题研究中以来,引力模型逐渐被应用到国际投资的研究中(Eaton and Tamura, 1994; Blonigen, 2005; Buckley et al., 2007)。参照 Di Mauro(2000)、蒋冠宏和蒋殿春(2012a)的研究,本小节模型设定如下。

$$\ln Y_{it} = C + \alpha \ln \text{GDP}_{it} + \beta \text{tradebarrier}_{it} + \gamma \ln \text{dist}_{it} + \theta X_{it} + \eta_i + \mu_t + \varepsilon_{it} \quad (5-5)$$

其中,i 为东道国;t 为年份;Y_{it} 为中国第 t 年对 i 国的对外直接投资流量,在稳健性检验中,本小节也用对外直接投资的存量来表示;tradebarrier$_{it}$ 为本小节的自变量,即东道国每年对华发起反倾销案件的数量和关税水平。其中,由于反倾销调查具有持续性,借鉴 Barrell 和 Pain(1999)的做法,本小节采用东道国对华发起反倾销数量的存量表示。同时,根据上文的理论分析,考虑到反倾销政策的实施具有滞后性和缓解反倾销与对外直接投资之间的双向因果关系而造成的内生性问题,本小节将东道国对华发起反倾销数量存量的滞后一期作为自变量。对于关税壁垒,由于当年的关税税率并不适用于下一年度,故不存在持续性影响。GDP$_{it}$ 为东道国 GDP;dist$_{it}$ 为中国与东道国之间的距离,用来衡量投资的运输成本[①];X_{it} 为其他控制变量;η_i 和 μ_t 分别为国家固定效应和时间固定效应;ε_{it} 为随机误差项;C 为常数项。对各国而言,中国每年的 GDP 相同,在年份上的差异亦被年份固定效应所控制,因而略去。

除了控制标准贸易引力模型的变量之外,参照以往的研究,本小节还控制了东道国资源、人均 GDP、技术和产权保护水平及中国对东道国的出口量等变量。

2. 样本区间选择与资料来源

本小节样本的选择如下。首先,由于中国从 2003 年才开始正式公布对外直接投资数据,故时间跨度为 2003~2015 年。其次,对样本做了以下处理:第一,中国在避税天堂国家和地区的投资通常出现"往返"现象,可能会对估计结果产生影响(Kolstad and Wiig, 2012),故本小节剔除了开曼群岛和英属维尔京群岛等公认的避税天堂国家和地区的样本。第二,去掉对外直接投资流量为负值的观测值[②]。第三,剔除样本期间中国对其一直没有进行出口贸易的东道国样本。第四,根据

[①] 这里遵循蒋殿春和张庆昌(2011)、蒋冠宏和蒋殿春(2012b)的做法,用双边以城市人口为权重的加权距离和国际原油价格的乘积来衡量距离成本。其原因为:第一,双边之间的地理距离是恒定不变的,采用个体固定效应模型估计引力模型时,不能被识别。第二,距离成本与航运成本等因素相关。

[②] 中国官方的统计数据不能很好地解释在什么情况下对外直接投资为负值(Yao et al., 2016)。

Razin 和 Sadka（2007）的建议，将对外直接投资流量的缺失值替换为零值[①]。第五，由于样本中对外直接投资存在诸多零值，参照 Busse 和 Hefeker（2007）的建议，利用公式 $y=\ln(x+\sqrt{x^2+1})$ 对对外直接投资变量进行转换。因此，本小节最终选取了 2003~2015 年中国进行对外直接投资的 178 个国家和地区为样本。

主要资料来源如下：对外直接投资数据取自《2015 年中国对外直接投资统计公报》，反倾销数据取自中国贸易救济信息网，东道国平均关税税率、GDP 规模、人均 GDP、资源和技术水平数据取自世界银行 WDI 数据库，部分资源数据也来源于联合国商品贸易数据库[②]，制度数据取自美国传统基金会数据库，每年加权的国际原油价格数据取自国际货币基金组织中的世界经济展望（world economic outlook）数据库。中国与世界各国首都之间的直线距离数据取自 CEPII 数据库。需要说明的是，本小节中所有涉及的宏观经济变量的绝对量指标，均利用以 2010 年为基期的美元 GDP 平减指数进行了价格平减。主要变量的含义和描述性统计见表 5-42。

表 5-42 变量含义与描述性统计

变量名	变量含义	样本量	均值	标准差	最小值	最大值
lnofdi_f	中国对东道国对外直接投资流量对数值	2167	5.34	7.86	-5.38	26.64
lnofdi_s	中国对东道国对外直接投资存量对数值	2167	10.30	6.86	-5.38	30.62
sad_ff	中国遭受反倾销存量（最终至终止）（单位：个）	2167	10.07	19.53	0	88.00
sad_pf	中国遭受反倾销存量（初步至终止）（单位：个）	2167	11.25	21.80	0	100.00
tariff	东道国加权平均关税水平	1691	5.86%	5.06%	0	31.11%
lndist	两国之间的距离成本	2064	13.64	0.55	11.53	14.66
lngdp	东道国 GDP 对数值	2124	10.39	2.32	5.05	16.58
lnexport	中国对东道国出口对数值	2158	6.59	2.45	-2.65	12.84
lnpgdp	东道国人均 GDP 对数值	2124	8.50	1.54	5.27	11.86
tech	东道国技术水平（东道国高科技产品出口占比）	1687	9.16%	11.42%	0	73.64%
resource	东道国资源禀赋（东道国矿石和金属产品占比）	1739	8.56%	14.52%	0	86.42%
prights	东道国产权保护水平	1910	45.49	24.50	0	95.00

注：sad_ff 为中国遭受反倾销调查的存量（反倾销调查的作用从反倾销最终措施实施至反倾销措施终止）；sad_pf 为中国遭受反倾销调查的存量（反倾销调查的作用从反倾销初步措施实施至反倾销措施终止）

---

① Razin 和 Sadka（2007）认为用零值替代缺失值的原因如下：一是准备成本阻止了本国的对外直接投资活动；二是测量误差。

② 本小节采用世界银行 WDI 数据库中东道国矿石和金属产品的出口占比来度量资源禀赋，然而，其数据缺失较为严重，借鉴张慧（2014）的做法，采用联合国商品贸易数据库中第 27 类、第 28 类和第 68 类等三类产品的比例进行补全。

(五) 实证结果及解释

1. 初始检验

表5-43报告了利用固定效应模型估计的东道国贸易壁垒对中国对外直接投资的基本回归结果,其中,为确保估计结果的稳健性,本小节依次加入其他控制变量。其中,第(1)列仅加入了基本引力模型的控制变量,第(2)列、第(3)列和第(4)列则加入了其他控制变量。

表 5-43 贸易壁垒对中国对外直接投资影响的基本结果

变量	(1) lnofdi_f	(2) lnofdi_f	(3) lnofdi_f	(4) lnofdi_f
sad_ff	0.0976***	0.0989***	0.1054***	0.0989***
	(0.0355)	(0.0363)	(0.0367)	(0.0364)
tariff	−0.0174	−0.0191	−0.0555	0.0027
	(0.0634)	(0.0637)	(0.0648)	(0.0697)
lndist	−20.4087***	−20.8647***	−20.9524***	−22.0862***
	(1.9258)	(2.4253)	(2.5132)	(2.5877)
lngdp	3.3520**	3.5908**	6.9904***	6.9723***
	(1.5180)	(1.5802)	(2.3226)	(2.2647)
lnexport		−0.1250	−0.3094	−0.5323
		(0.3308)	(0.3417)	(0.3725)
lnpgdp			−5.0484*	−5.1770*
			(2.6196)	(2.6461)
tech			−0.0021	0.0025
			(0.0252)	(0.0280)
resource			−0.0207	−0.0250
			(0.0292)	(0.0314)
prights				−0.0582*
				(0.0296)
常数项	247.2054***	251.7284***	191.2747***	210.1029***
	(39.6052)	(42.9200)	(56.6819)	(56.3944)
样本量	1450	1450	1258	1211

注:括号内为稳健性标准误;各模型均控制了国家和时间固定效应
***、**、*分别表示在1%、5%、10%的显著性水平下显著

表 5-43 的研究结果表明，无论是仅加入基本引力模型的控制变量，还是加入其他控制变量，反倾销变量的回归系数均显著为正，关税的回归系数不显著。表明反倾销与中国对外直接投资呈现出了比较显著的正相关性，反倾销贸易壁垒引致中国企业"走出去"，而关税对中国对外直接投资并没有显著影响。其原因在于，随着全球贸易自由化进程的持续推进，以关税为代表的贸易壁垒逐渐减少，世界平均关税水平不断下降。因此，本小节的假说 H1 和假说 H2 得到验证。其他控制变量的回归结果也与现有文献基本一致，东道国 GDP 的系数显著为正，表明中国对外直接投资具有市场寻求的动机；东道国人均 GDP 不仅衡量了东道国的购买力水平，也衡量了其劳动力成本，东道国人均 GDP 的系数显著为负，表明中国对外直接投资具有降低成本的动机（蒋冠宏和蒋殿春，2012b）；东道国产权保护水平显著为负，表明中国企业倾向于向制度比较差的地区投资，其原因在于中国企业更善于利用复杂的人际关系进行寻租（Morck et al.，2008；Yeung and Liu，2008）；东道国资源禀赋的系数不显著，主要是因为中国对外直接投资资源寻求的动机与东道国制度相关（Kolstad and Wiig，2012；杨娇辉等，2016）；表 5-43 第（4）列东道国技术水平的系数为正但不显著，其原因在于东道国技术对对外直接投资的影响是双重的。一方面是以获取东道国技术为目的的技术寻求型动机，该动机与"技术溢出"假说密切相关（Fosfuri and Motta，1999；Driffield and Love，2003）；另一方面是利用企业技术优势的技术开发型动机（Driffield and Love，2003），此动机与传统的生产折衷理论一致（Dunning，1982）。

2. 异质性分析

1）发展中和发达国家间的异质性

根据国际货币基金组织关于国家类型的分类标准，本小节对发达和发展中国家分别进行了分样本考察，结果如表 5-44 所示。研究发现，发达国家对华反倾销的对外直接投资引致效应大于发展中国家，假说 H3 得到支持。其原因为：一方面，发达国家对华实施的反倾销数量多，力度大；另一方面，中国在发达国家往往具有技术寻求的动机，但其也往往对中国实施严格的技术壁垒，从而进一步促进了中国的对外直接投资。其他控制变量的结果也与现有文献基本一致，例如，东道国制度水平在发展中国家显著为负，在发达国家不显著，进一步验证了中国企业更善于在制度较差的国家投资进行寻租；中国对东道国的出口与对外直接投资在发达国家呈现显著的替代效应，在发展中国家则具有互补作用；发达国家劳动力成本对中国对外直接投资具有显著的负向影响。

表 5-44　贸易壁垒对发展中国家和发达国家的异质性影响

变量	发展中国家 (1) lnofdi_f	发展中国家 (2) lnofdi_f	发达国家 (3) lnofdi_f	发达国家 (4) lnofdi_f
sad_ff	0.0980***	0.0942**	0.0711*	0.1697***
	(0.0354)	(0.0366)	(0.0413)	(0.0543)
tariff	−0.0534	−0.0163	1.0475*	0.5235
	(0.0625)	(0.0683)	(0.6193)	(0.5424)
lndist	−16.4740***	−16.8105***	−26.8843***	−27.1849***
	(2.5922)	(3.6552)	(2.1190)	(4.4271)
lngdp	5.9435***	5.2940*	3.0205	41.4592***
	(1.9719)	(2.8362)	(3.2200)	(10.4215)
lnexport		0.2444		−3.4407***
		(0.3871)		(1.0759)
lnpgdp		−1.1857		−38.2480***
		(2.6457)		(9.5668)
tech		0.0140		0.0308
		(0.0347)		(0.0364)
resource		−0.0082		−0.1826
		(0.0314)		(0.1363)
prights		−0.0585*		−0.0005
		(0.0327)		(0.0531)
常数项	171.4573***	175.0016**	327.2519***	−2.6×10²
	(53.0091)	(80.0182)	(46.2944)	(179.7975)
样本量	1064	841	386	370

注：括号内为稳健性标准误；各模型均控制了国家和时间固定效应

***、**、*分别表示在1%、5%、10%的显著性水平下显著

2) "一带一路"和非"一带一路"沿线国家间的异质性

表 5-45 报告了对"一带一路"和非"一带一路"沿线国家间的分样本结果①。其中，第（1）列和第（2）列分别为贸易壁垒对"一带一路"沿线发展中国家与发达国家的影响，第（3）列和第（4）列分别为贸易壁垒对非"一带一路"沿线

---

① 本小节"一带一路"沿线国家范围包括64个国家，具体可向作者索取。

发展中国家与发达国家的影响。从表 5-45 的回归结果中，本小节发现东道国对华反倾销对"一带一路"和非"一带一路"沿线国家引致的跨国直接投资效应存在异质性影响，假说 H4 得到验证。在"一带一路"沿线国家样本中，反倾销对对外直接投资的影响主要体现在发展中国家；在非"一带一路"沿线国家样本中，反倾销对发展中国家对外直接投资的引致效应则小于发达国家。其原因可能在于"一带一路"沿线国家样本中，对华实施反倾销调查的国家除以色列之外，均是发展中国家，而且，根据 WTO 的统计，截止到 2016 年 12 月，发展中国家对华反倾销数量占整个"一带一路"沿线国家对华反倾销总量的 98.3%；而在非"一带一路"沿线国家样本中，对华发起反倾销调查的则大都是发达国家，而且，发达国家对华实施的反倾销数量具有集聚效应，实施力度大，数量多。因此，非"一带一路"沿线国家中，反倾销对发达国家对外直接投资的引致效应大于发展中国家。其他控制变量的结果，也与现有文献基本一致，不再赘述。

表 5-45　贸易壁垒对"一带一路"和非"一带一路"沿线国家的异质性影响

变量	"一带一路"沿线国家		非"一带一路"沿线国家	
	发展中国家	发达国家	发展中国家	发达国家
	（1） lnofdi_f	（2） lnofdi_f	（3） lnofdi_f	（4） lnofdi_f
sad_ff	0.1588**	0.0833	0.0571*	0.1691**
	（0.0712）	（0.0589）	（0.0301）	（0.0621）
tariff	−0.0536	−0.4990	0.0326	0.7921
	（0.1076）	（1.3400）	（0.0762）	（0.6351）
lndist	−18.0035***	−7.3450	−18.2917***	−22.8780***
	（6.5583）	（9.3090）	（5.3946）	（5.2652）
lngdp	8.7467***	26.6128**	1.3161	70.1900***
	（2.5927）	（7.9397）	（7.1827）	（10.5161）
lnexport	−0.8215	−0.1511	0.3856	−2.9365**
	（0.9292）	（2.0446）	（0.4994）	（1.3127）
lnpgdp	−0.4604	−16.6962	2.2229	−66.5818***
	（2.2905）	（10.7059）	（7.4960）	（10.6522）
tech	−0.0674*	0.0321	0.0564	0.0148
	（0.0354）	（0.0752）	（0.0537）	（0.0418）

续表

变量	"一带一路"沿线国家		非"一带一路"沿线国家	
	发展中国家	发达国家	发展中国家	发达国家
	（1）lnofdi_f	（2）lnofdi_f	（3）lnofdi_f	（4）lnofdi_f
resource	−0.0381	−0.2212	0.0083	−0.2915**
	（0.0583）	（0.8195）	（0.0326）	（0.1291）
prights	0.0023	0.0293	−0.1027**	0.0738
	（0.0412）	（0.0945）	（0.0408）	（0.0625）
常数项	149.9889	-2.7×10^2	264.0988	$-8.0 \times 10^{2***}$
	（112.2968）	（252.9680）	（170.5554）	（214.8480）
样本量	344	74	497	296

注：括号内为稳健性标准误；各模型均控制了国家和时间固定效应
***、**、*分别表示在1%、5%、10%的显著性水平下显著

3）东道国承认中国"市场经济地位"与否的异质性

表5-46对承认中国"市场经济地位"与否的国家进行了分样本分析。其中，第（1）列和第（2）列为承认中国"市场经济地位"国家对华反倾销调查的对外直接投资引致效应，第（3）列和第（4）列为其他国家对华反倾销调查的对外直接投资引致效应。本小节发现，无论是仅加入基本引力模型的控制变量，还是加入所有其他控制变量，东道国对华反倾销调查对承认中国"市场经济地位"国家的对外直接投资的引致效应均小于不承认中国"市场经济地位"的国家，假说H5得到验证。因为在反倾销调查中，如果东道国不承认中国的"市场经济地位"，通常会采用替代国做法，进而向中国企业征收更高的反倾销税。其他控制变量的结果与现有文献基本一致，不再赘述。

表5-46　贸易壁垒对承认中国"市场经济地位"与否的异质性影响

变量	承认中国"市场经济地位"国家		不承认中国"市场经济地位"国家	
	（1）lnofdi_f	（2）lnofdi_f	（3）lnofdi_f	（4）lnofdi_f
sad_ff	0.0907*	0.0743*	0.0948**	0.1170**
	（0.0463）	（0.0428）	（0.0434）	（0.0466）
tariff	−0.0995	0.0269	0.0206	0.0057
	（0.0783）	（0.1008）	（0.0941）	（0.0915）

续表

变量	承认中国"市场经济地位"国家		不承认中国"市场经济地位"国家	
	(1) lnofdi_f	(2) lnofdi_f	(3) lnofdi_f	(4) lnofdi_f
lndist	−15.0096***	−12.2600***	−21.8961***	−24.2692***
	(1.7935)	(4.5241)	(2.3561)	(3.1726)
lngdp	6.0754***	8.8540	3.0573*	7.9246***
	(1.8228)	(5.5833)	(1.6726)	(2.5438)
lnexport		0.9076		−1.0411*
		(0.7046)		(0.5598)
lnpgdp		−6.1964		−5.6317**
		(7.0447)		(2.5790)
tech		−0.0002		0.0009
		(0.0330)		(0.0427)
resource		0.0142		−0.0523
		(0.0461)		(0.0378)
prights		0.0492		−0.1123***
		(0.0586)		(0.0306)
常数项	147.9735***	35.1628	269.0528***	232.9925***
	(39.1253)	(139.1031)	(45.5920)	(59.1528)
样本量	550	451	879	739

注：括号内为稳健性标准误；各模型均控制了国家和时间固定效应
***、**、*分别表示在1%、5%、10%的显著性水平下显著

3. 稳健性检验

本小节将分别从因变量和自变量不同的度量方式等方面对上述结果进行稳健性检验。

1）对中国对外直接投资存量的影响

表5-47报告了以中国对外直接投资存量作为因变量的估计结果。其中，第（1）列、第（2）列和第（3）列分别为全样本、全样本中的发展中国家和发达国家样本，第（4）列、第（5）列与第（6）列、第（7）列分别为"一带一路"与非"一带一路"沿线国家样本中的发展中国家和发达国家样本，第（8）列和第（9）列分别为承认与不承认中国"市场经济地位"国家的样本。从表5-47的回归结果中，本小节研究发现，即使以中国在东道国对外直接投资的存量作为本小节的被解释变量，结果仍与前文一致。

表 5-47 贸易壁垒对中国对外直接投资存量的影响

变量	全样本 (1) 全部国家 lnofdi_s	全样本 (2) 发展中国家 lnofdi_s	全样本 (3) 发达国家 lnofdi_s	"一带一路" (4) 发展中国家 lnofdi_s	"一带一路" 沿线国家 (5) 发达国家 lnofdi_s	非"一带一路" (6) 发展中国家 lnofdi_s	非"一带一路" 沿线国家 (7) 发达国家 lnofdi_s	承认与不承认中国"市场经济地位" (8) 承认中国"市场经济地位"国家 lnofdi_s	承认与不承认中国"市场经济地位" (9) 不承认中国"市场经济地位"国家 lnofdi_s
sad_ff	0.0956**	0.0711**	0.1519**	0.1334***	0.1085***	0.0235	0.1434**	0.0743*	0.1170**
	(0.0381)	(0.0336)	(0.0616)	(0.0465)	(0.0252)	(0.0366)	(0.0654)	(0.0428)	(0.0466)
tariff	0.0269	−0.0147	1.4642**	0.0420	1.6030	−0.0150	1.5054**	0.0269	0.0057
	(0.0648)	(0.0638)	(0.6265)	(0.0741)	(0.8671)	(0.0802)	(0.6169)	(0.1008)	(0.0915)
控制变量	是	是	是	是	是	是	是	是	是
常数项	297.0007***	231.0284***	−2.4×10²	132.9234***	−2.8×10²	444.8300***	−7.0×10²	35.1628	232.9925***
	(46.4025)	(56.9439)	(230.0651)	(40.3383)	(280.9347)	(155.2920)	(293.4411)	(139.1031)	(59.1528)
样本量	1211	841	370	344	74	497	296	451	739

注：括号内为稳健性标准误；各模型均控制了国家和时间固定效应

***、**、*分别表示在1%、5%、10%的显著性水平下显著

2）基于自变量的不同度量方式

与前文自变量的度量方式不同，前文假设东道国对华反倾销的作用区间为东道国当年对华实施最终反倾销措施至反倾销措施终止，由于东道国对华实施初步反倾销措施时就会对企业的投资决策产生影响，此处将以东道国实施反倾销初步措施至反倾销措施终止作为反倾销的作用区间。结果如表5-48所示，本小节发现，即使采用不同的方式度量自变量，结果仍与前文一致。因此，本小节的实证结果具有稳健性。

（六）结论与启示

本小节基于2003~2015年中国对178个国家和地区对外直接投资的面板数据，实证分析了反倾销和关税水平对中国对外直接投资的影响。研究发现，首先，东道国对华反倾销显著促进了中国对外直接投资，而东道国关税壁垒对中国对外直接投资的影响并不明显。因此，中国对外直接投资具有跨越东道国反倾销壁垒的动机。其次，中国跨越反倾销壁垒的对外直接投资行为在发达和发展中国家、"一带一路"和非"一带一路"沿线国家、承认中国"市场经济地位"和不承认中国"市场经济地位"的国家之间存在异质性。在整个样本中，反倾销对发达国家对外直接投资的引致效应大于发展中国家；在"一带一路"沿线国家样本中，反倾销对对外直接投资的影响主要体现在发展中国家；在非"一带一路"沿线国家样本中，反倾销对发展中国家对外直接投资的引致效应则小于发达国家；东道国对华反倾销调查对不承认中国"市场经济地位"国家的对外直接投资的引致效应大于承认中国"市场经济地位"国家。最后，本小节分别从因变量和自变量的不同度量方式等方面进行稳健性检验，结果依然稳健。因此，本小节的实证结果具有可靠性。

尽管随着世界各国多边贸易协定的开展和贸易自由化进程的持续推进，以关税为代表的传统贸易壁垒不断削减，但是，近年来，随着贸易保护主义的抬头，全球贸易摩擦日益增加，以反倾销为代表的贸易政策工具被越来越频繁地使用，以反倾销为代表的贸易壁垒已成为各国实施贸易保护的重要手段。中国作为连续多年来遭受反倾销损害最严重的国家，反倾销壁垒对中国经济的长远发展造成了严重的影响。本小节研究发现，中国企业表现出了跨越反倾销壁垒而进行国际投资的动机。因此，利用对外直接投资来规避国外对华反倾销是一个行之有效的途径。企业通过"走出去"到东道国投资建厂，不仅可以减缓未来东道国对华反倾销的频率和威胁，同时可以使中国企业能够充分利用境内和境外"两个市场、两种资源"，在全球范围内配置资源，进而不断提高中国企业的国际化能力和全球竞争力。尤其是，中国在"一带一路"沿线国家具有更显著的跨越反倾销壁垒的对

表 5-48　贸易壁垒对中国对外直接投资的影响：基于自变量的不同度量方式

变量	全样本			"一带一路"沿线国家		非"一带一路"沿线国家		承认与不承认中国"市场经济地位"国家	
	（1）全部国家	（2）发展中国家	（3）发达国家	（4）发展中国家	（5）发达国家	（6）发展中国家	（7）发达国家	（8）承认中国"市场经济地位"国家	（9）不承认中国"市场经济地位"国家
	lnofdi_f	lnofdi_f	lnofdi_f	lnofdi_f	lnofdi_f	lnofdi_f	lnofdi_f	lnofdi_f	lnofdi_f
sad_pf	0.0835**	0.0810**	0.1624**	0.1342**	0.0869	0.0519*	0.1473**	0.0668*	0.0935*
	(0.0381)	(0.0322)	(0.0670)	(0.0621)	(0.0843)	(0.0277)	(0.0693)	(0.0350)	(0.0511)
tariff	0.0045	-0.0138	0.5676	-0.0518	-0.4168	0.0339	0.8181	0.0305	0.0023
	(0.0690)	(0.0675)	(0.5478)	(0.1040)	(1.2869)	(0.0760)	(0.6187)	(0.1012)	(0.0899)
控制变量	是	是	是	是	是	是	是	是	是
常数项	208.9228***	177.0208**	-3.0×10^2	151.7809	-2.9×10^2	267.7951	-8.3×10^2***	38.7936	232.3158***
	(58.2966)	(79.8734)	(176.7410)	(109.9441)	(277.6352)	(169.6478)	(218.9549)	(138.8651)	(63.0055)
样本量	1211	841	370	344	74	497	296	451	739

注：括号内为稳健性标准误；各模型均控制了国家和时间固定效应。
***、**、*分别表示在1%、5%、10%的显著性水平下显著

外直接投资行为，利用对外直接投资来规避东道国贸易壁垒，不仅可以有效降低东道国对华的贸易保护威胁，同时有助于中国"一带一路"建设的持续推进。当然，中国在利用对外直接投资来规避东道国贸易壁垒时，也应注意防范东道国的其他经济和制度风险等。同时，中国可以借鉴和吸收20世纪80年代日本企业在面对美国和欧盟的贸易壁垒时，跨越贸易壁垒而进行对外直接投资的经验和教训。

参 考 文 献

鲍晓华. 2007. 反倾销措施的贸易救济效果评估. 经济研究，(2)：71-84.
宾建成. 2003. 中国首次反倾销措施执行效果评估. 世界经济，(9)：38-43.
陈清萍，鲍晓华. 2017. 对外反倾销是否救济了中国进口竞争性企业？. 上海经济研究，(3)：40-48.
陈清萍，鲍晓华. 2018. 中国对外反倾销：实施、测度及趋势. 上海经济研究，(5)：105-117.
陈勇兵，陈宇媚. 2011. 贸易增长的二元边际：一个文献综述. 国际贸易问题，(9)：160-168.
戴觅，余淼杰，Maitr M. 2014. 中国出口企业生产率之谜：加工贸易的作用. 经济学（季刊），(2)：675-698.
杜凯，周勤. 2010. 中国对外直接投资：贸易壁垒诱发的跨越行为. 南开经济研究，(2)：44-63.
冯宗宪，向洪金. 2010. 欧美对华反倾销措施的贸易效应：理论与经验研究. 世界经济，(3)：31-55.
国务院发展研究中心《进一步化解产能过剩的政策研究》课题组，赵昌文，许召元，等. 2015. 当前我国产能过剩的特征、风险及对策研究——基于实地调研及微观数据的分析. 管理世界，(4)：1-10.
韩国高，高铁梅，王立国，等. 2011. 中国制造业产能过剩的测度、波动及成因研究. 经济研究，(12)：18-31.
蒋殿春，张庆昌. 2011. 美国在华直接投资的引力模型分析. 世界经济，(5)：26-41.
蒋冠宏，蒋殿春. 2012a. 中国对发展中国家的投资——东道国制度重要吗？. 管理世界，(11)：45-56.
蒋冠宏，蒋殿春. 2012b. 中国对外投资的区位选择：基于投资引力模型的面板数据检验. 世界经济，(9)：21-40.
蒋为，孙浦阳. 2016. 美国对华反倾销、企业异质性与出口绩效. 数量经济技术经济研究，33(7)：59-76.
黎文靖，郑曼妮. 2016. 实质性创新还是策略性创新？——宏观产业政策对微观企业创新的影响. 经济研究，(4)：60-73.
李坤望，王孝松. 2008. 申诉者政治势力与美国对华反倾销的歧视性：美国对华反倾销裁定影响因素的经验分析. 世界经济，(6)：3-16.
李猛，王纪孔. 2014. 东道国宏观经济特征、反倾销与中国对外直接投资. 世界经济研究，(4)：

73-79，89.

李猛，于津平. 2013. 中国反倾销跨越动机对外直接投资研究. 财贸经济，（4）：76-88，49.

梁俊伟，代中强. 2015. 发展中国家对华反倾销动因：基于宏微观的视角. 世界经济，（11）：90-116.

卢进勇，郑玉坤. 2004. 化解反倾销困局——中国企业海外直接投资与应对反倾销. 国际贸易，（3）：42-44.

罗伟，葛顺奇. 2013. 中国对外直接投资区位分布及其决定因素——基于水平型投资的研究. 经济学（季刊），（3）：1443-1464.

钱学锋，毛海涛，徐小聪. 2016. 中国贸易利益评估的新框架——基于双重偏向型政策引致的资源误置视角. 中国社会科学，（12）：83-108，206.

钱学锋，王备. 2017. 中间投入品进口、产品转换与企业要素禀赋结构升级. 经济研究，（1）：58-71.

沈国兵. 2007. 美国对中国反倾销的宏观决定因素及其影响效应. 世界经济，（11）：11-23.

沈国兵. 2008. 美国对中国反倾销的贸易效应：基于木制卧室家具的实证分析. 管理世界，（4）：48-57，186-187.

沈国兵. 2011. 美国对华反倾销对中国内向和外向FDI的影响. 财贸经济，（9）：63-70，135.

沈国兵. 2012. 显性比较优势与美国对中国产品反倾销的贸易效应. 世界经济，（12）：62-82.

沈瑶，王继柯. 2004. 中国反倾销实施中的贸易转向研究：以丙烯酸酯为例. 国际贸易问题，（3）：9-12.

孙文莉，伍晓光. 2012. 汇率、贸易壁垒与企业"诱发性"对外投资决策. 财贸研究，（2）：67-75.

王孝松，谢申祥. 2009. 中国究竟为何遭遇反倾销——基于跨国跨行业数据的经验分析. 管理世界，（12）：27-38.

王孝松，谢申祥. 2013. 发展中大国间贸易摩擦的微观形成机制——以印度对华反倾销为例. 中国社会科学，（9）：86-107，206.

王孝松，翟光宇，林发勤. 2015. 反倾销对中国出口的抑制效应探究. 世界经济，（5）：36-58.

王永钦，杜巨澜，王凯. 2014. 中国对外直接投资区位选择的决定因素：制度、税负和资源禀赋. 经济研究，（12）：126-142.

徐世腾. 2011. 中国海外直接投资中的贸易保护因素实证研究. 经济问题，（7）：54-57.

杨娇辉，王伟，谭娜. 2016. 破解中国对外直接投资区位分布的"制度风险偏好"之谜. 世界经济，（11）：3-27.

杨仕辉，邓莹莹，谢雨池. 2012a. 美国反倾销贸易效应的实证分析. 财贸研究，（1）：77-84.

杨仕辉，许乐生，邓莹莹. 2012b. 印度对华反倾销贸易效应的实证分析与比较. 中国软科学，（5）：48-57.

于津平，郭晓菁. 2011. 国外对华反倾销的经济与政治动因. 世界经济研究，（5）：20-26，87.

余森杰. 2011. 加工贸易、企业生产率和关税减免——来自中国产品面的证据. 经济学（季刊），（4）：1251-1280.

余森杰, 金洋. 2018. 产能过剩的现状、前因后果与应对. 长安大学学报(社会科学版),（5）:48-60.

余森杰，智琨. 2016. 进口自由化与企业利润率. 经济研究，（8）：57-71.

余明桂，范蕊，钟慧洁. 2016. 中国产业政策与企业技术创新. 中国工业经济，（12）：5-22.

苑涛. 2009. 反倾销的经济影响：对中国的分析. 北京：人民出版社.

张慧. 2014. 中国服务贸易国际竞争力的影响因素及变动情况——基于1982~2011年数据的经验研究. 国际经贸探索，(6)：56-67.

张小鹿. 2015. 中国对外直接投资是否为规避贸易壁垒——基于东道国特征的分析. 经济视角，(7)：19-24.

周灏. 2011. 中国"非市场经济地位"问题及其对反倾销裁决的影响——基于美国对华反倾销裁决的实证分析. 国际贸易问题，(9)：95-105.

祝福云. 2011. 跨越反倾销的外商直接投资、就业与东道国福利——基于Jones（1965）一般均衡模型的研究. 经济问题，(3)：52-56.

Ahn J, Khandelwal A K, Wei S J. 2011. The role of intermediaries in facilitating trade. Journal of International Economics, 84 (1): 73-85.

Angrist J D, Pischke J S. 2008. Mostly Harmless Econometrics: An Empiricist's Companion. New Haven: Princeton University Press.

Arkolakis C, Ganapati S, Muendler M A. 2010. The extensive margin of exporting products: a firm-level analysis. NBER Working Papers, No.16641.

Azrak P, Wynne K. 1995. Protectionism and Japanese direct investment in the United States. Journal of Policy Modeling, 17 (3): 293-305.

Barrell R, Pain N. 1999. Trade restraints and Japanese direct investment flows. European Economic Review, 43 (1): 29-45.

Baylis K, Perloff J M. 2010. Trade diversion from tomato suspension agreements. Canadian Journal of Economics, 43 (1): 127-151.

Behrens K, Gaigné C, Ottaviano G I P, et al. 2007. Countries, regions and trade: on the welfare impacts of economic integration. European Economic Review, 51 (5): 1277-1301.

Belderbos R A. 1997. Antidumping and tariff jumping: Japanese firms' DFI in the European Union and the United States. Review of World Economics, 133 (3): 419-457.

Belderbos R, Vandenbussche H, Veugelers R. 2004. Antidumping duties, undertakings, and foreign direct investment in the EU. European Economic Review, 48 (2): 429-453.

Bernard A B, Redding S J, Schott P K. 2011. Multiproduct firms and trade liberalization. The Quarterly Journal of Economics, 126 (3): 1271-1318.

Berthou A, Fontagné L. 2013. How do multiproduct exporters react to a change in trade costs?. The Scandinavian Journal of Economics, 115 (2): 326-353.

Bhagwati J N, Brecher R A, Dinopoulos E, et al. 1987. Quid pro quo foreign investment and welfare: a political-economy-theoretic model. Journal of Development Economics, 27 (1/2): 127-138.

Blonigen B A. 2002. Tariff-jumping antidumping duties. Journal of International Economics, 57 (1): 31-49.

Blonigen B A. 2005. A review of the empirical literature on FDI determinants. Atlantic Economic Journal, 33 (4): 383-403.

Blonigen B A, Bown C P. 2003. Antidumping and retaliation threats. Journal of International Economics, 60 (2): 249-273.

Blonigen B A, Feenstra R C. 1997. Protectionist threats and foreign direct investment. NBER Working Paper, No. 5475.

Blonigen B A, Ohno Y. 1998. Endogenous protection, foreign direct investment and protection-building trade. Journal of International Economics, 46 (2): 205-227.

Blonigen B A, Prusa T J. 2001. Antidumping. NBER Working Paper, No. w8398.

Blonigen B A, Prusa T J. 2016. Dumping and antidumping duties. Handbook of Commercial Policy, 1: 107-159.

Bown C P. 2007. China's WTO entry: antidumping, safeguards, and dispute settlement. NBER Working Paper, No. 13349.

Bown C P. 2013. Temporary trade barriers database: update through 2013. World Bank.

Bown C P. 2016. Temporary trade barriers database: update through 2016. World Bank.

Bown C P, Crowley M A. 2006. Policy externalities: how US antidumping affects Japanese exports to the EU. European Journal of Political Economy, 22 (3): 696-714.

Bown C P, Crowley M A. 2007. Trade deflection and trade depression. Journal of International Economics, 72 (1): 176-201.

Brenton P. 2001. Anti-dumping policies in the EU and trade diversion. European Journal of Political Economy, 17 (3): 593-607.

Brambilla I, Porto G, Tarozzi A. 2012. Adjusting to trade policy: evidence from US antidumping duties on Vietnamese catfish. Review of Economics and Statistics, 94 (1): 304-319.

Brandt L, van Biesebroeck J, Wang L H, et al. 2017. WTO accession and performance of Chinese manufacturing firms. American Economic Review, 107 (9): 2784-2820.

Buckley P J, Clegg L J, Cross A R, et al. 2007. The determinants of Chinese outward foreign direct investment. Journal of International Business Studies, 38 (4): 499-518.

Busse M, Hefeker C. 2007. Political risk, institutions and foreign direct investment. European Journal of Political Economy, 23 (2): 397-415.

Campa J, Donnenfeld S, Weber S. 1998. Market structure and foreign direct investment. Review of International Economics, 6 (3): 361-380.

Carter C A, Gunning-Trant C. 2010. U.S. trade remedy law and agriculture: trade diversion and investigation effects. Canadian Journal of Economics, 43 (1): 97-126.

Chandra P. 2014. WTO subsidy rules and tariff liberalization: evidence from accession of China. The Journal of International Trade & Economic Development, 23 (8): 1170-1205.

Chandra P, Long C. 2013a. Anti-dumping duties and their impact on exporters: firm level evidence from China. World Development, 51: 169-186.

Chandra P, Long C. 2013b. VAT rebates and export performance in China: firm-level evidence. Journal of Public Economics, 102: 13-22.

Cohen-Meidan M. 2013. The heterogeneous effects of trade protection: a study of US antidumping duties on Portland cement. Review of Industrial Organization, 42 (4): 369-394.

de Loecker J. 2007. Do exports generate higher productivity? Evidence from Slovenia. Journal of International Economics, 73 (1): 69-98.

Di Mauro F. 2000. The impact of economic integration on FDI and exports: a gravity approach. CEPS Working Document, No. 156.

Dinopoulos E. 1989. Quid pro quo foreign investment. Economics & Politics, 1 (2): 145-160.

Dinopoulos E. 1992. Quid pro quo foreign investment and VERs: a Nash bargaining approach. Economics & Politics, 4 (1): 43-60.

Driffield N, Love J H. 2003. Foreign direct investment, technology sourcing and reverse spillovers. The Manchester School, 71 (6): 659-672.

Dunning J H. 1982. Explaining the international direct investment position of countries: towards a dynamic or developmental approach//Black J, Dunning J H. International Capital Movements. London: Palgrave Macmillan: 84-121.

Eaton J, Tamura A. 1994. Bilateralism and regionalism in Japanese and US trade and direct foreign investment patterns. Journal of the Japanese and international economies, 8 (4): 478-510.

Evans C L, Sherlund S M. 2011. Are antidumping duties for sale? Case-level evidence on the Grossman-Helpman protection for sale model. Southern Economic Journal, 78(2): 330-357.

Evenett S J, Vermulst E, Sud J D. 2016. Normal value in anti-dumping proceedings against China post-2016: are some animals less equal than others?. Global Trade and Customs Journal, 11(5): 212-218.

Feinberg R M, Reynolds K M. 2006. The spread of antidumping regimes and the role of retaliation in filings. Southern Economic Journal, 72 (4): 877-890.

Fosfuri A, Motta M. 1999. Multinationals without advantages. Scandinavian Journal of Economics, 101 (4): 617-630.

Ganguli B. 2008. The trade effects of Indian antidumping actions. Review of International Economics, 16 (5): 930-941.

Goldberg P K, Khandelwal A K, Pavcnik N, et al. 2010. Multiproduct firms and product turnover in the developing world: evidence from India. Review of Economics and Statistics, 92 (4): 1042-1049.

Haaland J I, Wooton I. 1998. Antidumping jumping: reciprocal antidumping and industrial location. Weltwirtschaftliches Archiv, 134 (2): 340-362.

Horst T. 1971. The theory of the multinational firm: optimal behavior under different tariff and tax rates. Journal of Political Economy, 79 (5): 1059-1072.

Horstmann I J, Markusen J R. 1987. Strategic investments and the development of multinationals. International Economic Review, 28 (1): 109-121.

Horstmann I J, Markusen J R. 1992. Endogenous market structures in international trade(natura facit saltum). Journal of International Economics, 32 (1/2): 109-129.

Irwin D A. 2005. The rise of US anti-dumping activity in historical perspective. The World Economy, 28 (5): 651-668.

James C, Devaux M, Sassi F. 2017. Inclusive growth and health. OECD Health Working Papers.

Jones R W. 1965. The structure of simple general equilibrium models. Journal of Political Economy, 73 (6): 557-572.

Knetter M M, Prusa T J. 2003. Macroeconomic factors and antidumping filings: evidence from four countries. Journal of International Economics, 61 (1): 1-17.

Kolstad I, Wiig A. 2012. What determines Chinese outward FDI?. Journal of World Business, 47 (1): 26-34.

Konings J, Vandenbussche H. 2005. Antidumping protection and markups of domestic firms. Journal of International Economics, 65 (1): 151-165.

Konings J, Vandenbussche H. 2008. Heterogeneous responses of firms to trade protection. Journal of International Economics, 76 (2): 371-383.

Krupp C M, Skeath S. 2002. Evidence on the upstream and downstream impacts of antidumping cases. The North American Journal of Economics and Finance, 13 (2): 163-178.

Kurlantzick J. 2016. State Capitalism: How the Return of Statism is Transforming the World. New York: Oxford University Press.

Lall S. 2000. The technological structure and performance of developing country manufactured exports, 1985-98. Oxford Development Studies, 28 (3): 337-369.

Lu Y, Tao Z G, Zhang Y. 2013. How do exporters respond to antidumping investigations?. Journal of International Economics, 91 (2): 290-300.

Melitz M J. 2003. The impact of trade on intra-industry reallocations and aggregate industry productivity. Econometrica, 71 (6): 1695-1725.

Moore M O, Zanardi M. 2011. Trade liberalization and antidumping: is there a substitution effect?. Review of Development Economics, 15 (4): 601-619.

Morck R, Yeung B, Zhao M Y. 2008. Perspectives on China's outward foreign direct investment. Journal of International Business Studies, 39 (3): 337-350.

Mundell R A. 1957. International trade and factor mobility. American Economic Review, 47 (3): 321-335.

Niels G. 2003. Trade diversion and destruction effects of antidumping policy: empirical evidence from Mexico. Working Paper.

Park S. 2009. The trade depressing and trade diversion effects of antidumping actions: the case of China. China Economic Review, 20 (3): 542-548.

Pierce J R. 2011. Plant-level responses to antidumping duties: evidence from US manufacturers. Journal of International Economics, 85 (2): 222-233.

Prusa T J. 1997. The trade effects of U.S. antidumping actions//Feenstra R C. The Effects of U.S. Trade Protection and Promotion Policies. Chicago: University of Chicago Press: 191-214.

Prusa T J. 2001. On the spread and impact of anti-dumping. Canadian Journal of Economics, 34 (3): 591-611.

Prusa T J, Teh R. 2010. Protection reduction and diversion: PTAs and the incidence of antidumping disputes. NBER Working Papers, NO.16276.

Qiu L D, Yu M. 2014. Multiproduct firms, export product scope, and trade liberalization: the role of managerial efficiency. Working Papers 022014, Hong Kong Institute for Monetary Research.

Qiu L D, Zhou W. 2013. Multiproduct firms and scope adjustment in globalization. Journal of

International Economics, 91 (1): 142-153.

Razin A, Sadka E. 2007. Corporate transparency, cream-skimming and FDI. European Economic Review, 51 (5): 1263-1276.

Rovegno L. 2013. Trade protection and market power: evidence from US antidumping and countervailing duties. Review of World Economics, 149 (3): 443-476.

Tang H W, Zhang Y F. 2012. Quality differentiation and trade intermediation. Medford: Department of Economics, Tufts University.

Tinbergen J. 1962. An analysis of world trade flows in shaping the world economy. New York Twentieth Century Fund, 5: 27-30.

Vandenbussche H, Viegelahn C. 2018. Input reallocation within multi-product firms. Journal of International Economics, 114: 63-79.

Yao S J, Wang P, Zhang J, et al. 2016. Dynamic relationship between China's inward and outward foreign direct investments. China Economic Review, 40: 54-70.

Yeung H W C, Liu W D. 2008. Globalizing China: the rise of mainland firms in the global economy. Eurasian Geography and Economics, 49 (1): 57-86.

后　　记

推进高水平对外开放与普惠制改革是成功应对贸易纠纷的根本路径

在撰写研究项目总报告的过程中，我们逐渐认识到研究团队在过去几年中进行的是一个"牵一发而动全身"的项目。这样说的原因在于，研究过程中我们发现，虽然"双反"调查直接关系的是被调查的那些中国出口企业，但调查的成功应对却在不同程度上涉及这些企业所在的各个行业及与它们相关联的其他行业、这些企业所处的各个地区及它们周边的其他地区，以及主管这些企业的各个部委和其他相关政府部门。

相应地，从研究问题的层次上看，涵盖的也不只是微观层级的企业效率问题，还有行业协会职能、保险产品提供等中观层级的问题，更有产业政策等涉及政府与市场关系问题的宏观层级治理问题。简言之，"双反"调查的应对研究关系到我国经济发展的方方面面和经济治理的各个环节。因此，项目研究形成的政策建议既有针对如何增强企业销售能力和创新能力等微观层级的问题，也有关于如何改进行业协会等组织的职能和增加诉讼保险等服务提供的中观层级的问题，更包含如何推行产业政策、理顺政府与市场关系、提高治理水平等宏观层级的问题。

在这里，我们首先总结国家自然科学基金应急管理项目的主要研究成果，随后在这些研究发现的基础上，结合中美贸易战的背景，从微观、中观和宏观等不同角度，来讨论新时代中国应该如何推进更高层次、更高水平的开放经济建设。

一、主要研究发现总结

在课题研究过程中，各子课题在遵循国家自然科学基金应急管理项目内容要求的基础上，采用理论、实证、文本、访谈、定性、定量等多重分析角度，对相关问题进行了深入细致的分析。具体研究成果在本书的各个章节中已有细致的阐述和讨论，在这里不再赘述。而各个子课题和总课题的研究成果中可总结出一些具有一般性的共性规律，我们将在这里着重讨论。

首先，在研究中我们发现针对西方国家"双反"调查和"非市场经济地位"的相关问题，可能存在两个不同方向的认知偏差。一方面，对"双反"调查和"非市场经济地位"问题的关注度过高，使得对这一类案件的直接经济影响有所夸大；另一方面，则因为对"双反"案件的关注过于狭窄，只着眼于欧美等发达国家和地区，却忽略了近年来发展中国家的对华贸易纠纷，导致未能充分认识国际贸易纷争的普遍性和经济因素的决定性作用。而这两个不同方向的认知偏差，都容易引起政策制定过程中的政治导向和片面化倾向，可能导致所产生的应对政策和解决方法的政治化和碎片化。定势思维倾向和系统性缺失在未来的中国经贸政策制定中，是需要特别预防的问题。

具体而言，我们发现，对华反倾销、反补贴和"双反"调查的发起方虽然曾以美国和欧盟等发达经济体为主，但中国入世以来，印度、巴西等发展中经济体也开始频繁发起针对中国企业的反倾销、反补贴和"双反"调查。1995~2015年印度对华发起反倾销调查的数量占到美欧印对华反倾销调查总数的40%，其肯定性裁决比例更是高达80.92%。可见，与中国发生贸易纠纷不再只是西方发达经济体的独占领域，发展中经济体也越来越多地卷入对华贸易争端，因此我们关注的视角也不能只聚焦于西方发达经济体对中国崛起的围追堵截。

与此相应地，我们的研究发现贸易摩擦与纠纷发生的范围有扩大趋势，其发生的原因不能简单归为西方国家对中国的政治打压及发起国国内的政治状况，而更主要是由各种经济动因引发的，既包括调查发起国国内经济增长率、通货膨胀率、贸易逆差和汇率等宏观因素，也包括其相关行业就业率、劳动生产率及与中国出口产品之间竞争关系等行业层级因素。

相比之下，"非市场经济地位"的认定与对应的替代国做法虽然对反倾销、反补贴和"双反"调查的发起及惩罚性税率的决定起到一定的作用，但影响是有限的。我们的研究发现，是否给予中国"非市场经济地位"对发展中国家对华反倾销、反补贴和"双反"调查的发起及惩罚性税率没有显著的影响，而相关认定对发达国家对华反倾销、反补贴和"双反"调查的发起及惩罚性税率虽有一定的影响，会显著提高调查发起的概率和惩罚性税率，但影响幅度有限。根据我们的定量估计，2000~2011年中国企业因美国对华反倾销调查造成的年均出口损失上限仅占对美国年均出口总额的0.63%，欧盟的对应比例为0.36%，而2006~2011年美国和欧盟借由技术性贸易壁垒给中国出口企业造成的损失则占美国和欧盟出口总额的6.70%和7.14%。

其次，在研究过程中，我们探究对华贸易纠纷的起因，发现除了发起国自身的经济发展减缓、就业情况堪忧、行业竞争力降低等因素外，更有中国出口产品的价格偏低、过于倚重价格竞争的原因。而后面现象的出现，至少一部分归因于我国产业政策中针对某些产业和产品实施补贴所造成的产能过剩。

研究团队针对反倾销调查进行产业政策的相关分析，按照《产业结构调整指导目录》将我国行业划分为有鼓励类条款的行业和没有鼓励类条款的行业，对比研究发现：有鼓励类条款的行业相比没有鼓励类条款的行业遭遇反倾销诉讼和反倾销措施的平均案件数在1998年后呈现明显的上升趋势，而两类行业在《产业结构调整指导目录》中鼓励类产业政策首次实施的1998年之前遭遇反倾销诉讼和反倾销措施的平均案件数有相似的变动趋势。此外，鼓励类政策对遭遇反倾销诉讼和反倾销措施案件数的影响在产能过剩行业及人力资本降低的行业更大。

而针对反补贴调查的研究则发现，我国实施的补贴政策是美国反补贴调查的重要依据。且美国对专项性补贴认定的范围逐年扩大，不仅将专项性强的国有企业补贴作为反补贴调查的主要目标，既涵盖企业专项性、产业专项性和地区专项性补贴，同时具体包括了产业政策贷款、土地使用权优惠、高新技术企业税收优惠、行业用电优惠、生产线升级补贴、本地中小企业扶持项目、高科技基地拨款、出口资金补贴等补贴形式。

可见，我国产业政策的实施已经成为引发对华反倾销、反补贴及"双反"调查等贸易纠纷的一个主要原因，而这关系到应该如何理顺政府与市场之间关系的根本问题。

再次，研究的另一个主要发现是反倾销、反补贴和"双反"调查等贸易纠纷及"非市场经济地位"认定在其中所起的直接影响虽然幅度有限，但却在下列各领域产生了更为重要的影响与挑战。其一是贸易纠纷除了对被调查企业和行业产生影响之外，还对相关产业、价值链及相关地区产生了不容忽视的间接影响。一方面通过影响被诉产业的关联产业，反倾销、反补贴及"双反"调查等贸易纠纷给中国相关产品的上下游产业带来了数倍于被诉产业本身所承受的损失和各行业全球价值链参与度的降低。另一方面，针对某一行业发起的反倾销调查，会对严重依赖这一行业的地区产生相当大的冲击，带来就业、税收等各方面的压力。美欧针对我国光伏产品发起的反倾销调查即是典型的例证。

其二是通过示范效应，近年来其他国家对华发起的反倾销、反补贴及"双反"调查对未来全球贸易纠纷如何解决可能产生不利于中国的影响。一方面，在西方国家加大对华贸易调查的背景下，越来越多的国家包括发展中国家也日益增加对华的贸易调查，并且经常利用中国的"非市场经济地位"来获取有利于本国的裁决结果。这种对中国"市场经济地位"的质疑和挑战，给中国企业在全球市场上的运营和投资带来不利效果，也给中国在国际经贸关系中的声誉和定位造成负面影响。

针对这一现状，虽然我国在WTO框架下提起多项起诉，但因WTO争端解决机制在制度设计、程序效率及公正性等方面的局限性，起诉的效果不尽人意。与此同时，欧美等国还通过国内法律的制定和修改来规避甚至违背WTO的相关规定，这一做法事实上削弱了中国一直倡导的以WTO为代表的多边经贸机制的作用，可能会进一步提高双边机制在未来国际经贸关系治理中的作用。

其三是对中国经济改革与政策制定可能产生的不良影响。全球一体化虽然给中国的经济增长和社会发展带来了不容置疑的机遇，但随之而来也有收入分配、生态环境等方面的负面效应。对这些重要经济社会问题的讨论本来是我国新时代发展的必然要求，但不能因噎废食，因为一些消极副作用的出现，就全面否定全球一体化对经济发展的关键性推动作用。针对如何解决全球一体化带来的消极作用，需要进行深入的研究和制订具体的解决方案，这本身是困难重重的任务，而反倾销、反补贴及"双反"调查等贸易纠纷的频繁出现则可能在短期内给我国经济社会发展带来更多的挑战。因此要特别警惕由于短期的挫折而选择减少甚至抛弃对全球一体化的支持。

最后，研究发现，在应对反倾销、反补贴及"双反"调查等贸易纠纷的过程中，中国企业已经从应诉、生产、销售、投资等各领域采取了多种短、中、长期的自主应对措施。在短期内，不少出口企业积极应诉，成功获得否定性裁决或争取到低税率；在中期内，出口企业通过转移出口目的地和调整产品种类来应对反倾销、反补贴及"双反"调查等贸易纠纷；在较长期内，中国企业通过产品创新和对外直接投资来绕过贸易壁垒。

但在企业的各种具体应对方案的实施过程中也遇到了诸多困难，其有效性需要在未来有所提高。在反倾销、反补贴及"双反"调查的应诉方面，普遍存在企业消极应对的现象，究其原因，一来是应讼费用的高昂和应讼经验的缺乏，二来则是应诉行为具有较大的正外部性，积极应诉的企业不仅可以为自身获得较低的税率，并且可以帮助整个行业降低税率，因而企业个体没有足够的动机采取社会要求的最优应诉水平。同时，在产品和出口市场多元化等中期应对措施的实施过程中，企业遭遇销售能力不高的困难；在创新和投资等长期应对方案的推进中，企业更面临创新能力不强和投资经验不足的挑战，目前观察到的出口企业采取的创新多为边际创新。这些困境与我国企业多年来只关注生产过程而不关注销售和创新等上游和下游环节密切相关。

上面讨论的企业面临的各种挑战，不仅需要企业自身的努力，也涉及更高层级的制度讨论。一方面，积极应诉的企业可以为整个行业带来正外部性特征，这就要求：①通过行业协会或其他社会组织为其应诉进行资助；②推动诉讼保险等新的保险业服务产品的试点和实施，通过市场机制的建立和完善来帮助和支持企业应诉。另一方面，在改革开放初期，我国经济和科技发展水平的局限性决定了基于劳动力优势的低成本生产制造是实现快速增长的必经之路，但在经济总量已居世界第二的当今，则亟须提高我国企业的销售和创新能力。特别值得关注的是，相较于生产环节，销售和创新过程中对知识产权、合同保护等法治环境有更高的质量要求，这是我国制度环境建设中需要面临的重要挑战。

二、本书对解决中美贸易争端等国际贸易纠纷的启示

虽然对华反倾销、反补贴和"双反"调查只是西方国家同我国之间最常见的贸易纠纷形式，但针对这些调查的研究成果却揭示出诸多一般性的规律，这些规律不只适用于对华反倾销、反补贴和"双反"调查的分析，也与当前的中美贸易争端息息相关，还对中国今后的改革开放及经济发展具有重要的借鉴意义。因此，本书所对应的应急管理项目的现实意义远远超出"双反"调查这一具体问题的应对措施。

（一）国际贸易纠纷需要系统性、制度性应对

中美贸易战的发生虽然晚于对华反倾销、反补贴和"双反"调查的频频发起，但我们认为两者的缘起是同出一辙，有着相同的本质原因：一是国际社会对全球一体化负面影响及中国经济高速发展在其中所起作用的担忧，二是中国企业在运营过程中仍确实存在的各种非市场化因素的影响。

因此，在应对中美贸易战的过程中，应该与应对反倾销、反补贴和"双反"调查一样，既要依赖企业、行业协会等市场主体的自主应对，又需要从国家和行业层次思考和解决产业政策制定、"竞争中性"等涉及政府与市场关系的宏观问题。换言之，需要设计和制订系统性、制度化的解决方案。

（二）有效应对贸易纠纷可以帮助推动体制改革

2018年是中国改革开放40周年，40年中取得的举世瞩目的经济发展成就很

大程度上归功于对外开放政策的实施，同时开放政策也在很多关键领域中起到了推动国内改革的作用。例如，外贸权的放开在一定程度上推动了内贸市场的准入，外商直接投资的引进带来了营商环境的改善，中美投资协定的谈判过程催生了国内关于负面清单管理模式的讨论等。

同理，我们针对反倾销、反补贴和"双反"调查案例的研究，揭示出诸多国内经济体制中与市场经济运行仍不相匹配的特征。如果能够在应对这些国际贸易纠纷的同时，也可以推动相关的体制机制改革，以帮助市场力量在资源配置中发挥更重要的作用，那么就会有另一个熠熠生辉的开放推动改革的鲜活案例。因此，应该超越被动应对反倾销、反补贴和"双反"调查等贸易纠纷的定位，主动通过国内的经贸体制改革来从根本上解决贸易纠纷发生的根源。

（三）微观层级解决方案需要宏观环境支撑

从市场主体的角度分析，中国企业需要在短期内更加积极地参与到反倾销、反补贴和"双反"调查案件的应诉中，更需要在继续保持高水平生产能力的同时，着力增强销售能力、创新能力和投资布局的能力，以图在中长期内通过产品、市场多元化和创新及投资的方式，来根本性地解决国际贸易纠纷问题。

因为外部性的存在，企业应诉积极性的提高必须通过行业层级的互助或保险市场中诉讼保险产品的提供等方式来解决，这就涉及市场主体的建立和市场机制的改善。此外，企业销售能力和创新能力的提高，还需要依靠产权、合同等法律的有效实施；类似地，企业的投资动力更加依赖能够提供长期稳定可靠保护的法治环境。可见，贸易纠纷的根本解决要求进一步提高法治水平。

（四）打造法治化营商环境、推行普惠制待遇是必由之路

在改革开放的初期，苦于国际社会对我国国内经济情况缺乏了解和信心，我们经常以特惠待遇为途径来吸引外商投资，例如，为外资企业提供更优惠的税收、土地、外汇政策等。与此同时，从计划经济转变而来的我国市场经济中，也存在大量针对民营企业的不平等待遇，包括投资、市场准入、信贷等方面。随着中国加入WTO后国民待遇原则的要求，对外资企业的特惠待遇逐步取消，而内资企业中国有与民营之间的差别虽然有减少的趋势，却仍普遍存在。这就造成了国有企业享有各种事实上的优惠待遇，包括土地使用、资金信贷、财政补贴等，而这些恰好成为其他国家对华反倾销、反补贴和"双反"调查的事实依据。

全球一体化和市场经济的发展都要求高效率地配置各种资源，而平等竞争的

市场环境是资源能够高效配置的前提条件。因此,深度融入全球经济体系的国家都需要坚持竞争中立政策,对不同所有制、不同规模、不同行业的企业,无论内资外资、国有民营、大中小企业,也无论制造业、服务业企业,都要提供普惠待遇,以保障公平竞争的市场环境。

这就要求提供良好的营商环境,为企业增长和经济发展提供重要基础条件。一个好的营商环境,要具备几个法治化的特征:公平、透明、普惠性、可预期性。其中的普惠性和可预期性尤为重要,要求制度和政策具有空间和时间上的稳定性,不人为歧视,不朝令夕改。这样的营商环境才能够给予企业长期发展的信心,因而是一个地区投资旺盛和创新发展的最关键因素。法治化营商环境的建设同时可以从根本上消除别国针对中国出口企业发起反倾销、反补贴和"双反"调查的依据,使这些贸易纠纷案件成为无源之水、无本之木。

(五)新时代经济发展需要更高层次的改革开放

行文至此,本书的研究发现已经呈现出清晰的逻辑脉络。从上面的讨论应该可以得出这样的结论:理顺政府与市场关系,打造法治化营商环境,是成功应对反倾销、反补贴及"双反"调查等贸易纠纷和打好中美贸易战的长期保障,而推进更高层次、更高水平的改革开放和全面推进我国产业转型升级则是成功应对反倾销、反补贴及"双反"调查等贸易纠纷和打好中美贸易战的根本路径。反之,新时代经济发展,以更高层次的改革开放和产业转型升级为动力,也必然要求高水平的经济治理、社会治理和政府治理,关系顺畅的政府与市场关系,以及优越的法治化营商环境。

作为逻辑链条中的中间一环,更高层次的改革开放起着承上启下、不可替代的作用。更高水平的对外开放让中国可以进一步引进国际先进经验,而更深层次的改革又可以进一步激发中国的制度改革红利,同时有利于更好地吸收国际经验并与国情相结合。具体而言,在更高水平的对外开放中需要提供国际公认的普惠待遇,这为国内改革提供了新的挑战和机遇;在更高水平、全方位的对外开放中需要扩大外资准入的领域,要求保证国内政策制定与实施过程中的透明度、合规化,这也将有利于国内政策制度的规范化和政府治理水平的提高。

我们完成的这项国家自然科学基金应急管理项目,虽然以西方国家对华"双反"调查等贸易纠纷为立足点,但研究成果不仅提出了针对具体问题的微观和中观层次的解决方案和政策建议,也揭示了我国对外贸易与国民经济总体发展之间的密切联系及产业政策等宏观层级问题在影响贸易纠纷中的重要作用。在经济改革进入"深水区"的新时代,很多具体问题的解决都是牵一发动全身的系统性工程,涉及方方面面的冲突和利益,需要很多宏观层次的全盘改革与谋划。具体到贸易纠纷问题的解决，便需要从根本上重新思考产业政策如何制定和实施，以更有效地推动更高水平、更高层次的对外开放。

虽然对华反倾销、反补贴和"双反"调查等贸易纠纷仍在日益增加，但我们发现，中国出口企业可以通过各种策略减少调查带来的损失，尤其是中长期方面产品、市场多元化和创新与投资方面的应对措施，反而帮助我国企业增强了竞争力；此外，企业能否成功应对也依赖于中观和宏观层级制度环境的进一步改善。因此，我们研究得到的总体启示是：在全球一体化受到暂时挫折的"阴霾天气"中，中国应该吹响更高水平对外开放的号角。

龙小宁

2019年3月于厦门